한국 민속과 오늘의 문화

한국민속과 오늘

초판 1쇄 발행 1994. 6. 25
초판 4쇄 발행 2003. 3. 25

지은이   임재해
펴낸이   김경희
펴낸곳   (주)지식산업사
주소   서울시 종로구 통의동 35-18
전화   (02)734-1978(대)
팩스   (02)720-7900

인터넷한글문패 지식산업사
인터넷영문문패 www.jisik.co.kr
전자우편 jsp@jisik.co.kr, jisikco@chollian.net

등록번호 1-363
등록날짜 1969. 5. 8

책값 12,000원

이 책을 읽고 지은이에게 문의하고자 하는 이는 지식산업사 e-mail로 연락 바랍니다.

물구나무서서 보는 우리 문화

세상을 물구나무선 채로 바라보면 여러 모로 새롭다. 세상이 거꾸로 보이는 까닭에 새롭게 보이는 것만은 아니다. 보이지 않던 사실이 새삼스럽게 눈에 띄는가 하면 늘 보아오던 사실도 일상적 인식과 달리 새롭게 보이기 때문이다. 물구나무선 채로 길을 걸어가는 사람을 바라보라. 물구나무서기가 여의치 않으면 허리를 구부리고 다리 사이로 보아도 좋다. 어떤 방식이든 거꾸로 보기만 하면 된다. 그러면 사람들의 걸음걸이가 예사롭지 않음을 발견할 수 있다. 한결같이 춤추듯 걷고 있기 때문이다. 이렇듯 거꾸로 보게 되면 사람이 곧 춤추는 존재라는 사실을 새삼스레 인식하게 된다. 따라서 가끔씩 세상을 거꾸로 볼 필요가 있다. 그러면 평소에 보이지 않던 세상의 진면목을 볼 수 있을 뿐 아니라, 고정관념으로 가려져 있던 숨은 진실을 발견하는 충격까지 느낄 수 있다.

그러나 대다수 사람들은 이렇게 거꾸로 보기를 주저한다. 물구나무서기를 하기도 어렵고 귀찮을 뿐더러, 다리 사이로 얼굴을 내밀고 보는 일은 유치한 짓거리로 여기는 까닭이다. 이제 다 큰 어른이 어린 아이들처럼 물구나무서기를 새로 배우고 또 다리 사이로 세상을 거꾸로 바라본다는 것은 체면이 깎이는 일이라 생각하는 탓이다. 귀찮은 일은 비켜가고 점잖은 일만 가려 하게 되면, 세상은 언제까지나 우리의 삶과 생각을 상식이라는 테두리 속에 가두어놓고 제멋대로 놀아나게 된다. 더군다나 그 상식이란 것이 보편적인 삶의 진실을 담고 있는 것이 아니라, 몇몇 사람들의 잘못된 고정관념을 무리하게 일반화해놓고 있다는 데에서 문제가 심각하다.

우리가 민속학의 처지에서 오늘의 세상을 보려는 것도 우리의 삶을 엉뚱하게 옭아매고 있는 그릇된 상식에서 해방되기 위한 것이다. 현대 산업사회에 새삼스레 민속 따위가 무슨 소용이 있는가 하고 외면해버리는 일은 마치 물구나무서기를 귀찮게 여긴 나머지 삶의 실상을 상식이라는 이름으로 어긋지게 이해하며 만족하는 일이나 다름없다.

혼히 민속은 한 민족의 과거 생활을 보여주는 삶의 양식이며, 민속학은 지난날의 문화를 체계적으로 해명하는 분과학문 정도로 알기 일쑤이다. 제법 적극적으로 관심을 지닌 이라도 온고지신(溫故之新)의 학문 또는 전통문화를 연구하는 학문으로 이해하는 수준에서 머문다. 그런 면도 없지는 않다. 그러나 민속이 과거의 것만은 아니듯이, 민속학 또한 전통문화에만 매달려 있는 것도 아니다. 민속은 과거의 문화이자 조상들의 삶인 동시에, 오늘 여기서 살아가고 있는 지금의 문화이자 우리들의 삶이다. 그리고 계속해서 내일로 이어져갈 미래의 문화이자 이름 모를 우리 후손들의 삶을 틀지워가는 민족문화이기도 하다. 따라서 민속은 이미 만들어진 전통에서 머물지 않고 새로운 전통을 만들어가는 원동력이자 지향점이 되기도 하는 것이다. 그러므로 민속학은 민속이라는 문화적 준거 위에서 오늘 우리들의 문화를 분석하고 비판할 수 있는 역량을 발휘하는 데 남다른 구실을 할 수 있다.

민속학 쪽에서 제기되는 문화의 분석과 비판 역량은 특히 개성 있고 소중하다. 왜냐하면 마치 물구나무서기 해서 세상을 바라보듯 오늘의 문화를 거꾸로 바라보는 시각을 확보할 수 있는 까닭이다. 그러면 그냥 걸어가는 것처럼 보이던 오늘의 문화가 사실은 신바람나게 춤추는 문화로 이해될 수 있는 길이 열린다. 거꾸로 본다고 해서 삐딱하게 본다거나 삐뚤게 보는 것은 아니다. 민속은 민중들의 일상생활 속에서 형성된 문화이다. 머리 속에서 굴리는 관념의 문화라기보다 발로 겪는 체험의 문화가 민속이다. 그 눈높이는 낮게 마련이고, 인식의 근거도 경험에서 우러나온 것이다. 자연히 세상을 보는 시각이 다르다. 민속학적 시각에서 오늘의 문화에 시비를 거는 것은 마치 물구나무선 채로 세상을 바라보며 세상 꼴을 이야기하는 것이나 다

름없다. 따라서 서구문화에 익숙한 지식인들이 서구문화를 준거로 우리 문
화를 보는 시각에 비하면 눈높이가 아주 낮다. 꼿꼿이 선 채로 대상을 바라
보는 것이 아니라, 눈높이를 발이 있던 자리까지 최대한 낮추어서 대상을
보는 까닭이다.

골프나 볼링을 즐기는 사람들은 예사 사람들이 아무 데서나 자리를 펴고
앉아 고스톱치는 것을 마땅찮게 본다. 천박한 노름쟁이들처럼 인식하여 부
끄러운 일로 여긴다. 고스톱이 망국병이나 되는 듯이 비난의 목소리를 높일
만하다. 그리고 설이나 추석 같은 음력에 따른 전통명절을 공휴일로 지정하
는 일도 도무지 납득할 수 없다. 후진국에서나 쓰는 음력을 아직도 청산하
지 못하고 새삼 전통이니 뭐니 하면서 신정을 제쳐둔 채 전통 설을 연휴로
정하자니 반대할 만도 하다. 그러나 이것은 태음력도 태양력과 마찬가지로
과학적인 역법의 하나임을 인식하지 못하고 있는 탓이다. 뿐만 아니라 굿을
포함한 민속신앙은 더욱 홀대받아왔다. 한갓 주술로서 타파의 대상이 되어
야 할 미신으로 간주해버린 일제 이후의 식민지적 시각과 별다른 차이가 없
다. 최근에 민속연구가 축적되면서 미신이라는 인식은 어느 정도 극복되는
듯하나, 근본적인 인식의 전환은 이루어지지 않았다. 굿의 주술적 전통에서
예술적 전통과 변혁적 전통이 비롯되고 지속되어 역사발전이 이루어지고 있
다는 사실을 적극적으로 이해하지 못하고 있다.

탈에 대한 이해도 마찬가지이다. 가장행렬이나 탈춤판에 쓰는 '가면'(假
面)으로 이해하면 탈은 한갓 참얼굴을 가리는 '거짓얼굴'에 지나지 않는
다. 우리 민족의 전통 탈이라 하여 옛 모습의 탈을 그대로 모방하여 거듭
깎는 일을 보람으로 여기는 것이나, 탈과 탈춤을 문화재로 지정하여 보존하
는 일도 소극적인 탈의 이해에 머무는 것이다. 탈을 오늘의 문화로 되살려
내려면, 탈에 대한 이해를 근본적으로 바꾸어야 한다. 탈은 우리 삶을 부자
유스럽게 하고 풍요로운 삶을 앗아가는 일종의 재앙이다. 일상적인 삶 속에
서 문제되는 모순이요, 질병이며, 변고이자 허물이 곧 탈이다. 탈은 이러한
삶의 여러 허물들을 드러내서 비판적으로 인식함으로써 삶의 모순을 극복하
고자 하는 것이다. 그러므로 탈은 실상을 가리는 '가면'이 아니라 오히려

가려져 있는 삶의 진실을 돋보여주는 '덧뵈기'인 것이다.

민속을 오늘의 문화와 관련지워 재인식하고 민속문화의 논리를 통해 오늘의 문화를 가늠하는 일은 곧 탈을 '가면'으로 쓰는 것이 아니라 '덧뵈기'로 쓰는 것이나 다름없는 일이다. 다시 말하면 서양의 가장무도회에서 쓰이는 가면을 쓰고 우리 문화를 보는 것이 아니라, 덧뵈기 노릇을 하는 우리 전통 탈을 쓰고서 우리 문화를 보는 것이다. 이런 식으로 우리 문화현상을 보면 오늘 우리가 부닥뜨리고 있는 삶의 문제들과 현실의 구조적 모순들을 새삼스레 탈잡아볼 수도 있고, 전에 탈로 여겨졌던 것들이 뜻밖에 의미깊은 삶의 가치로 재인식되기도 한다. 이처럼 시각을 낮추어서 현실을 눈여겨보면 '있어야 할' 미래도 전망할 수 있다.

민속은 앞으로 '있어야 할 것'이라기보다는 벌써부터 '있었던 것'이다. '있어야 할 것'에 비추어 오늘의 문화 현실을 진단하고 적절한 처방을 내릴 수 있으며 또 그렇게 하는 것이 더 미래지향적인 것 같기도 하다. 그러나 '있어야 할 것'은 구체적으로 경험하지 못한 사실이자 불확실한 전망이다. 그러기에 시행착오를 일으킬 수도 있다. '있어야 할 것'을 생각하면 고도의 산업사회가 이상적일 수 있다. 그러나 경제적으로 풍요로운 사회를 겨냥하고 있는 성장 위주의 산업사회는 마침내 환경오염의 수준을 넘어서 지구의 생태계를 위협하는 상황까지 조성하고 있다. 그 결과 환경문제에 비상이 걸리고 녹색운동과 생명운동이 대두되기에 이르렀다. 이 문제를 해결하는 길은 '있어야 할 것'보다 오히려 '있었던 것'에서 찾아야 한다. 리우 환경회담에서 '생물종 다양성 협약'이 이루어지는가 하면, 유엔에서 '토착종족 보호의 해'를 지정하는 일 따위는 한결같이 지속 가능한 지구사를 위하여 '있었던 것'을 없어지지 않도록 잘 보존하자는 것이다. 그것이 환경위기로부터 지구를 구하는 가장 현실적인 길이기 때문이다. 자연과 더불어 공생하는 가운데 마련된 각종 민속문화의 전통은 환경위기에 빠진 인류의 미래사를 담보하고 전망하는 생명문화로서 한층 구체적인 대안문화 구실을 하게 될 것이다.

이 책은 《한국민속과 전통의 세계》와 짝이 되는 일란성 쌍생아 가운데 아우 뻘이 되는 책이라 하겠다. 앞의 책은 '전통의 세계'에 초점을 맞추긴 하였지만, 현실문제와 밀접한 상관성 속에서 민속현상들을 다루었고 민속에 준거를 두고 현실문제를 검토했다는 점에서 '오늘의 문화'까지 겨냥하는 이 책의 시각과 그리 다르지 않다. 그것은 민속이 한갓 잔존문화가 아니라 오늘의 문화를 낳게 한 모태이자, 지금 우리 문화의 갈 길을 점검하고 방향 잡아주는 실제적 구실을 감당하기 때문이다. 더 적극적으로 말하면 민속의 연구는 물구나무서기 한 채로 현실문화를 점검하는 작업이라고 해도 좋기 때문이다.

특히 민속과 오늘의 문화를 표방하는 이 책에서는 최근의 정치현실과 맞물려 전개되는 문화운동 및 변혁의 전통을 직접 다루는가 하면, 공휴일 정책과 고스톱, 노래운동, 댐건설과 수몰민의 문제 등 전통적인 개념에서 민속이라 할 수 없는 당면한 문화현상들을 적극 끌어들여 한국사회의 변동을 다룬다. 이런 것들이 바로 현실적인 사회문제이자 뽀두라진 문화현상인 까닭이다. 당면한 문제들은 덮어두고서 전공을 따지고 대상을 가려가며 실제적인 문제들을 요모조모 피해다니는 상투적 연구에 스스로 머물러 있으면서, 말로만 오늘의 민중문화도 적극적으로 다루어야 한다거나, 민속이 한갓 잔존물이 아니라는 따위의 상식석 주상을 되풀이하는 것은 연구자로서 자신의 허물을 가리려는 말짓거리에 지나지 않는다. 교사적 태도로 지시하는 말은 누구든지 할 수 있다. 중요한 것은 실천적 연구의 보기를 남기는 일이다.

이를테면 우리나라 성인들 가운데 80퍼센트 이상이 즐긴다는 고스톱의 문화적 의미와 놀이의 기능을 적극적으로 분석하지 않고 겉으로 돌며 비아냥거리기만 해서 무슨 소용이 있는가. 마치 스스로는 한국 사람에 소속되어 있지 않는 국외자인 것처럼, 고스톱의 천박성을 부당하게 들먹이며 한국인들의 놀이문화 부재를 아무리 개탄한들 문제는 조금도 해결되지 않는다. 이처럼 고스톱을 도박이나 천박한 놀이로 매도하는 것을 통해서 기껏 자신의 도덕성이나 짐짓 확보하려 들어서는 우리 사회와 문화현실을 적극적으로 연구한다고 당당하게 말할 수 없다. 그러는 사이에 어지간한 사람들은 범접하기 어려운 골프와 스키, 윈드서핑과 같은 외래적인 놀이들을, 마치 바람직한 놀이문화나 되는 것처럼 상대적으로 부추겨주는 꼴이 되고 만다. 의식적이든 무의식적이든 우리 문화를 보는 눈이 이렇게 삐뚤어져 있다는 사실을 부인할 수 없다. 그것은 자기가 서 있는 위치를 의식하지 않은 채, 마치 한반도 바깥에서 구경하듯 멀찌감치서 우리 문화를 넘겨다보기 때문이다.

민속을 보든 문화를 보든 자기가 발을 딛고 있는 현장에서 출발해야 한다. 앞의 책에서도 내가 터잡고 사는 안동을 중심으로 논의를 편 것이 많듯이 이번 책도 마찬가지이다. 민속학자들은 비교민속이라는 관점에서 나라와 나라 사이의 민속을 거시적으로 비교연구할 수도 있다. 그러나 기본적인 현지조사와 연구의 출발점은 일정한 지역으로 한정되어 있어야 한다. 민속학자는 구체적인 자기 '필드'(field)를 가져야 한다는 말이다. 자연히 이 책에서도 구체적인 대상을 다룬 논의들은 안동지역을 중심으로 한 것이다. '부분이 전체이고 전체가 곧 부분'이라는 사실을 이해하지 못하면, 한반도의 한 구석을 차지하는 안동지역의 민속과 동시대 문화현상을 중심으로 오늘의 문화를 이모저모 따져보겠다는 것이 시대상황에 걸맞지 않는 것처럼 여겨질지 모른다. 왜냐하면 '국제화' 또는 '국제경쟁력 강화'라는 말이 집권자에 의하여 마치 개방과 수용이 바로 국제화이자 국제경쟁력을 기르는 것으로 착각하게 하는 경향이 있는 까닭이다.

과연 진정한 국제화는 무엇인가. 이를테면 언어의 국제화는 결코 우리 말을 버리고 외국어를 익혀 능숙하게 구사하는 것이 아니다. 국제사회에서 우리 말이 공식용어로 통용될 수 있도록 우리 말의 위상을 높이는 것이 바로 한국어의 국제화이자 우리 말의 국제경쟁력을 강화하는 일이다. 상품수출의 경우도 마찬가지이다. 상표사용료를 끊임없이 지급하면서 우리 상품에다 서구의 유명상표를 붙여서 외국상품인 양 둔갑시킨 상태로 세계시장에 수출하여서는 결코 우리 상품의 국제경쟁력을 확보할 수 없다. 우리 상표로서 우리 상품이 보증될 수 있어야 국제화가 가능하다. 민속학이나 문화연구는 더욱 그렇다. 독창적인 연구를 통해 학문의 국제화를 성취하려면 자기 민속을 자기 시각으로 보아야 한다. 남의 눈을 빌려와서 우리 문화를 보아내겠다는 사고야말로 학문의 식민지화를 자초하는 일이다. 외국 이론을 적용하지 않

고서는 우리 문화를 제대로 해석할 수 없다는 종속적인 의식으로는 독창적
인 연구로 나아갈 수 없을 뿐 아니라, 학문의 국제경쟁력 따위는 결코 확보
할 수 없다. 그것은 곧 외국상표를 달고 국제시장에서 유명상품인 양 행세
하려는 일이나 다름없기 때문이다.

공교롭게도 이 책에는 영어, 프랑스어, 일어로 발표된 글이 한 편씩
수록되어 있다. 물론 발표지면들은 외국인을 대상으로 한 잡지들이거나 외
국에서 간행된 잡지이다. 참고 삼아 발표지면과 경과를 밝혀둔다. 〈한국사
회의 변동과 문화적 전통의 변혁성〉은 Korea Journal(Vol. 31, No. 3, Autumn,
1991)에 "Tradition in Korean Society : Continuity and Change"로 발표하
고, 뒤에 이 원고를 보완하여 《문학과 사회》 19호에 실었으며, 〈탈의 조형
미가 지닌 형상성과 사회적 기능〉은 《한국의 탈》(행림출판사, 1988)에 수록
하였던 원고를 편집자의 요청에 따라 Revue de Corée(Vol. 22, No. 4, Hiver,
1990)에 "L'esthétique des masques coréens et leur fonction sociale"이라는 논
제로 번역하여 발표하게 되었다. 그리고 〈풍농기원의 굿놀이와 모내기노래
의 주술성〉은 일본에서 간행되는 계간 《自然と文化》 29(夏季號, 1990)에
"韓國の豊作祈願の呪術的行事と田植歌"로 발표되었으며, 한글로는 이 책
에 처음 수록되어 발표된다.

이들 원고는 외국어로 처음 발표되었더라도 어느 것이나 초고는 한글로
작성되었다. 나의 작문 능력이 한글에 한정되어 있는 까닭이다. 따라서 영
어, 프랑스어, 일어로 발표된 원고는 모두 편집자들이 위촉한 관련 전문가
들의 번역에 의한 것이다. 그러므로 나로서는 외국어로 발표된 원고를 책임
질 처지가 못 될 뿐 아니라, 굳이 국내에서 간행되는 책에 외국어로 발표된
원고를 수록할 필요를 느끼지 못하기 때문에 모두 한글 원고를 실었다. 결
국 이들 원고는 나의 외국어 문장에 의해서가 아니라 번역을 통해 국제화를
획득하게 된 것이다. 그러므로 내 원고가 획득한 국제화는 외국어의 능숙한
구사나 외국이론의 해박한 수렴에서 비롯된 것이 아님을 증언하고 있다.

최근에 국제화를 위하여 한글전용을 폐지하고 한자를 섞어 써야 한다는
국한문혼용 주장이 새로 제기되는가 하면, 심지어 가게의 간판까지 일본인

과 중국인의 편의를 위해 한자로 쓰자는 주장까지 한다. UR협상에서 쌀시
장개방을 막아내지 못한 집권층이 자기 변명으로 내놓은 '개방화', '국제
화'라는 구호가 정치적 목적성을 가지고 하나의 담론으로 형성되면서, 엉뚱
하게도 사대화 또는 종속화의 길이 곧 국제화인 것처럼 오도되고 있다. 진
정한 국제화는 한자나 영어를 문장에 섞어 써서 외국인들이 읽기 쉽도록 하
는 것이 아니라, 한글로 우수한 문학작품과 학술적인 논문을 써서 그들이
이를 읽으려고 한글을 배우지 않을 수 없도록 하는 것이다. 다시 말하면 한
자혼용이나 영어병용은 국제화가 아니라 오히려 종속화인 동시에 우리 한글
의 국제적 지위를 낮추는 것일 따름이다.

간판도 한글로 써서 걸어야 외국관광객들이 한 단어라도 한국어를 익히기
위해 노력하고, 학술적인 글도 한글로 써야 한국학에 관심을 가진 외국학자
들이 한국어를 익히게 된다. 외국인들이 한국어로 말하고 한국어를 읽으며
한국어로 된 저작을 자기 나라 말로 번역하여 출판하고자 할 때 국어의 진
정한 국제화가 획득되는 것이다. 시원찮은 내용의 글은 온통 한자나 영어투
성이로 써두어도 한국인은 물론 일본인이든 미국인이든 아무도 읽어주지 않
는다는 사실을 명심해야 한다.

나는 외국인을 상대로 인사를 할 때에 먼저 한국말로 한다. 만날 때마다
거듭하다보면 어떤 외국인이라도 며칠 가지 않아서 나에게 한국말로 인사를
먼저 건네게 된다. 우리 대학에 있는 외국인 교수도 으레 나에게는 한국말
로 인사를 하고 받는다. 외국에 가서 학술발표를 할 때나 강연을 할 때에도
우리 말로 하는 것을 전제로 한다. 그러면 그들은 한국어를 배운 통역자를
찾아서 모셔오느라 분주하다. 자연히 그 장소에서는 한국어를 익힌 사람이
대접을 받고 동료들로부터 부러움을 사게 된다. 내 연구발표나 강연이 귀담
아들을 만했다면 그들에게 한국어를 익히고자 하는 욕구를 더 강하게 불러
일으킬 수도 있다. 만일 내가 아무리 훌륭한 발표를 했더라도 그 나라 말로
술술 이야기했다면, 결코 그들로 하여금 한국어를 배우게 할 수 없다. 특히
일본과 중국을 여행할 때는 명함도 한글로 박아간다. 한자로 박아가면 일본
인들은 나를 중국인으로, 중국인들은 나를 일본인으로 간주할 수 있기 때문

이다. 한글로 된 명함을 주면 그런 엉뚱한 오해를 줄일 뿐 아니라, 우리나라 고유의 문자를 그들에게 확실하게 각인시켜줄 수 있다.

최근 보도에 의하면 외국 어느 나라의 교과서에 '한국은 중국과 일본 글자를 함께 쓰고 있다'고 엉뚱하게 우리나라를 소개한 경우가 있다고 한다. 한자를 계속 혼용하는 한 그런 오해에서 벗어날 길이 없다. 이제 한국인들이 많이 드나드는 동남아 일대의 관광지에는 한국말을 할 줄 아는 이들이 제법 늘었다. 한국어가 어느 정도 국제화되고 있는 셈이다. 그것은 영어나 외국어를 능숙하게 구사하는 지식인들에 의해서가 아니다. 오직 우리나라 말밖에 할 줄 모르는 나 같은 무식쟁이 관광객들이 그들에게 한국어를 익히도록 동기를 부여해준 것이다. 외국어에 무식한 사람들이야말로 우리말을 국제화하는 데 훨씬 더 적극적인 구실을 한 것이다. 아직도 국제화를 위해서는 외국어를 자유롭게 구사해야 한다는 고정관념에서 벗어나기 어려운 사람들에게, '미국 사람들이 외국어를 능숙하게 구사한 까닭에 국제화에 성공하였는가, 아니면 그들이 국제사회에서 영어만을 사용하여 국제화에 성공하였는가' 되물어보라.

나는 지금껏 열 손가락이 모자랄 만큼의 책을 썼다. 그러면서도 내가 개인적으로 낸 저서들은 한결같이 책 제목부터 한글로 썼다. 본문에서도 부득이한 경우 아주 드물게 한자나 영어를 괄호 안에 묶어넣었다. 그럼에도 불구하고 한자혼용을 원한다는 일본인 학자들이 이 책들을 구해 읽고서 자기들 논문에 인용하는 한편, 일어로 번역출판을 하려고 동의서를 보내오기조차 한다. 심지어 일본에서 개최된 한 국제학회에서 나의 발표를 들은 어떤 일본인 학자는 일본인답지 않게 한국어로 질의를 하여 다른 일본인들의 부러움을 샀다. 그리고 발표를 마친 뒤에 나의 책 《설화의 현장론적 분석》을 내보이며, 이 책을 읽기 위해서는 사투리까지 익혀야 하므로 어렵기 짝이 없다며 혀를 내두르기도 하였다. 그래서 나는 한국설화를 제대로 공부하려면 한국어 사투리까지 어느 정도는 알아야 한다고 일러주었다. 물론 그도 공감하였다.

외국인을 상대하거나 외국여행을 할 때에는 외국어보다 한국어를 쓰라고 하는 것은 우리의 상식을 뒤집어엎는 진실이다. 외국에 나가서 달러 대신 한국돈을 써보라고 하는 것도 바보스런 주장이지만 거꾸로 보면 납득이 간다. 외국에서는 외국어만 통용된다는 상식에 사로잡혀 있으면 한국어는 국제사회에서 죽은 언어가 되고 마는 것처럼, 외국에서는 달러만 통용된다는 고정관념에 사로잡혀 있으면 한국돈은 국제사회에서 휴지가 되고 만다. 외국에 나가서도 우리 돈을 자꾸 쓰게 되면 마침내 우리 돈도 국제사회에서 통용되게 마련이다. 실제로 중국에서는 한국돈을 제값으로 받아챙기는 사례가 있다. 외국여행에 익숙하지 않은 예사 사람들처럼 외국에 가서도 한국어로 말하고 한국돈을 쓰려고 부닥뜨려보듯이, 행세하는 사람들의 수준 높은 시각과 달리 눈높이를 바닥까지 낮추어서 거꾸로 대상을 보게 되면, 다목적 댐이 다목적 이익을 가져오지 않고 오히려 다목적 손해를 가져올 뿐 아니라, 때로는 사람들의 삶을 문화적으로 퇴행시키기도 한다는 사실을 새삼 인식하게 될 것이다. 이 책은 알게 모르게 이러한 세상보기의 한 방식에 입각해 있다.

이 책의 교정은 지식산업사에서 서선이 씨와 조경숙 씨가 담당하였다. 교정지가 나에게 넘어왔을 때에는 석사과정의 김호태 선생과 학부의 신재은이 교정을 거들어주었다. 선이 씨 의견이 원고 분량이 너무 많고 내용의 층차도 심하다고 하여, 시용향악보 소재 무가를 다룬 난삽한 원고와 술문화의 전통을 다룬 가벼운 논설 등 여덟 편의 원고는 당초 출판계획을 바꾸어 이 책에서 빼기로 하였다. 그리고 교정을 도와준 김 선생은 문장 가운데 동어반복이 있음을 지적하고 재은이는 글의 형식이 통일되어 있지 않음을 지적하였다. 여러 지면에서 제각기 발표했던 원고들을 한데 묶은 까닭에 일관된 한 편의 유기적인 원고와 달리, 어떤 문장은 거듭 나타날 수도 있고 또 글의 형식도 발표 지면에 따라 다를 수밖에 없다고 설득시켰지만 책을 묶는 처지로서도 여전히 불만스럽기 짝이 없다. 생각 같아서는 모든 원고를 되짚어가면 다시 뒤쳐서 쓰고 싶지만, 이미 발표된 원고를 한가로이 매만질 겨를을 마련하지 못했다. 다음 책을 다져서 낼 수밖에 없다. 그래도 편집부 경숙 씨의 충고에 따라 관련 사진들을 넣은 것은 읽는이를 위해 다행스러운 일이라 여기며, 귀한 사진자료 일부를 제공해준 김복영 씨께 고마움을 전한다.

졸업을 앞둔 고수옥이 신년 인사로 십장생이 그려진 카드를 보내왔다. 카드 안쪽에는 1993년 12월 23일에 쓴 편지글이 있었다. 수옥이는 서울에서 고등학교까지 다니다가 민속학을 공부하겠다고 안동대학 민속학과를 찾아온 학생이다. "시린 가슴 안고 왔던 안동이 어느덧 따뜻함으로 더해가는 찰나에 이젠 서서히 이별을 준비해야 한다니 아쉽기 짝이 없습니다"로 시작된 그의 문장이, "늘 연구실 문틈으로 새어나오는 불빛과 고르게 울리는 컴퓨터 자판 두드리는 소리 또한 제게 많은 거름이 되었습니다"고 한 구절에 이르렀을 때 갑자기 얼굴이 달아올랐다. 학생들이 교수 연구실에서 새어나오는 불빛이나 자판 두드리는 소리마저 예사로 지나쳐버리지 않고 주목하고 있다는 사실을 의식하는 순간 상기되지 않을 수 없다. 왜냐하면 그들에게 삶의 좋은 보기가 되도록 온전한 대학 선생 노릇을 한다는 것이 참으로 어렵다는 사실을 새삼 실감한 까닭이다.

항상 정돈되지 않아 어지럽기 짝이 없는 연구실 상태라든가, 공공연히 언급한 약속을 지키지 못하는 등 남사스러운 일들이 한두 가지가 아니다. 이 책만 해도 그렇다. 일란성 쌍생아로 자처한 《한국민속과 전통의 세계》를 3년 전에 묶어내면서 이 책의 간행 사실을 머리말 삼아 예고하였는데, 출판사 사정으로 이제서야 책을 내게 되었으니 학생들 보기에 민망스러울 따름이다. 이 책을 기다린 독자들에게는 더 이를 말이 없다. 출판과정에 원고가 분실되어 뜻하지 않게 작업이 늦었다고 하는 변명보다, 다음 작업들을 앞당겨 함으로써 그동안의 공백을 메우는 것이 내가 감당해야 할 책임이라 생각하며 머리말을 서둘러 여민다.

1994년 정초 솔뫼골에서

임 재 해

차 례

제2부 민속문화의 변동양상과 오늘의 문화

16

제3부 민속놀이와 민속신앙의 전승양상

제 4 부   민속연구의 현황과 비판적 검토

18

제 1 부   민속연구의 새로운 지평 모색

한국사회의 변동과 문화적 전통의 변혁성
세시풍속의 변화와 공휴일 정책의 문제
탈의 조형미가 지닌 예술적 형상성과 사회적 기능
고스톱의 사회사와 민중적 현실인식

한국사회의 변동과 문화적 전통의 변혁성

1. 전통의 지속과 변화를 보는 틀

  사회의 변동은 전통의 지속과 변화에 일정한 영향을 미친다는 사실에 동의하더라도, 사회변동과 전통의 전개양상이 어떠한 유기적 관계 속에 놓여 있는가 하는 문제에 부딪히게 되면 쉽게 대답을 내놓기 어렵다. 변동의 양상과 전통의 변화를 보는 시각이 저마다 다를 뿐 아니라, 구체적으로 파악하고 있는 변동의 상황과 전통의 대상이 서로 다를 수 있기 때문이다. 따라서 우리는 이 문제를 다루는 준거를 미리 마련해둘 필요가 있다. 우선 우리가 여기서 주목해야 될 것은 '변동'과, 그에 따른 '지속과 변화'의 속성이다. '변동'이란 공시적으로 보면 일정한 시실이 달라진 것을 뜻하나, 이러한 변화는 통시적인 시간성의 축 위에서 나타나는 현상이다. 다시 말하면 시간적으로 과거와 현재를 대비해보았을 때 비로소 '변동'을 인식할 수 있다는 것이다. 따라서 '변동'은 역사성을 내포하고 있는 개념이다. '지속과 변화' 역시 통시적인 연속성을 염두에 두고 있는 개념이다. 따라서 이 논의는 역사적 진전에 따른 사회의 변동과 더불어 전통의 전개양상을 연관성 속에서 주목해야 할 것이되, 상대적으로 동시대의 문화적 전통에[1] 더 많은 관심을 기울일 것이다.

  다음으로는 전통 또는 문화를 보는 쓴이의 기본적 준거가 제시되어야 할 차례이다. 그동안의 민속연구를 통해서 얻은 귀납적 인식은, 구체적으로 어떠한 양식의 민속현상이든 '좀더 많은 사람들의 좀더 자유롭고 좀더 풍요로운 삶'을 겨냥하고 있다는 것이다. 이러한 인식은 한국민속의 중요한 대상

가운데 하나인 '굿'과 '탈춤'을 통해서 확인해볼 수 있다.

종교 주술적인 시대에는 사람의 자유와 경제적 풍요를 제약하는 것이 신령이거나 자연현상이라고 믿었다. 그 결과 굿을 통해서 질병을 퇴치하고 몸의 자유를 획득하고자 했으며 농사가 잘되기를 빌어 경제적 풍요를 누리고자 했던 것이다. 병을 낫게 하든, 또는 풍년을 들게 하든 이를 관장하는 주체는 신령이나 자연현상이라고 믿었던 것이다. 따라서 기대하는 방향의 삶, 곧 자유와 풍요를 보장받기 위해서는 신령과 자연을 대상으로 제의를 베풀어 종교적 주술적으로 해결해야 한다고 믿은 것이다. 이러한 주술적 전통이 지속되다가 인지(認知) 수준의 발달과 더불어, 자유로운 삶을 억압하고 경제적 풍요를 빼앗아가는 것은 신령이나 자연이 아니라, 지배층의 사람이거나 또는 불평등한 사회제도라고 인식하면서 굿으로부터 탈춤을 창출하게 된 것이다. 사회적 갈등은 주술로 해결할 수 없다. 탈춤과 같은 예술적 양식을 통해 제도적 모순을 자각하고 이를 비판적으로 폭로하는 풍자극을 창출함으로써, 사회적 대응과 해결의 길을 모색한다. 중세의 양반과 승려들이 신분적 특권이나 종교적 관념을 내세워 아랫사람들을 부자유스럽게 통제하고 경제적 수탈을 강요하는 것으로 포착되면서, 이러한 모순에 대한 비판적 인식이 그들을 풍자하는 양식의 탈춤을 생산하여 최근까지 전승되기에 이르렀다. 그러므로 좀더 자유롭고 풍요로운 삶을 위해 향유하던 주술적인 굿이, 사회적 모순의 자각과 함께 예술적인 탈춤을 생산하는 모태가 되면서 새로운 극적 전통으로 변모 발전하게 된 것이라 하겠다.

준거가 어느 정도 마련되었다고 해서 쉽게 논의를 허용하는 것은 아니다. 새삼스레 문제되는 것은 '전통'의 위상에 관한 자리매김이다. 전통이라는 개념 자체가 이미 지속성과 변화성을 함께 지닌 생동하는 실체로서 고정적으로 박제화된 잔존물(survivals)과는 구별되어야 한다. [2] 따라서 전통의 변화만 보게 되면 전통의 상실이라는 단절론을 펴게 되고, 지속성만 보게 되면 전통의 답습이라는 정체론을 펴게 된다. 그러나 여기서는 한국사회의 변동과 더불어 전통의 전개양상을 주목하게 되므로, 지속성보다는 변화의 양상에 더 관심을 기울일 것이며, "지속성 역시 '고정불변의 지속'이 아니

라 변동이라는 큰 틀 속에서 그 변동과 호흡을 함께 하는 지속이므로 '변동
속의 지속'으로 이해해야 할 것이다."[3]

'전통'을 둘러싸고 제기될 수 있는 또 하나의 문제는 구체적으로 어떠한
전통을 다룰 것인가 하는 것이다. 계층에 따라서 귀족의 전통을 다룰 수 있
고 민중적 전통을 다룰 수도 있으며, 분과학문에 따라서 문학의 전통을 다
룰 수도 있고 음악의 전통을 다룰 수도 있다. 그러나 특별한 전제가 앞에
붙지 않은 경우에, 전통은 문화와 거의 동일시될 수 있다는 점을[4] 고려한
다면, 그리고 사회변동과 관련하여 전통의 지속과 변화를 다룬다는 사실을
고려한다면, 이 논의의 향방은 당연히 문화적 전통에 한정된다. 다음으로
주목할 것은 계층적 전통이다. 타고난 신분에 의해 특권을 누리는 가운데
피지배층의 억압과 수탈을 통해서 경제적 풍요를 향유하는 귀족적 전통은
역사발전을 정체시키는 일종의 인습에 지나지 않는다. 자유롭고 평등한 민
중의 삶을 보장하며 부당한 속박으로부터 해방을 성취시켜주는 전통이 오늘
우리들이 추구해야 할 참전통이라면,[5] 귀족적 전통보다는 민중적 전통에
관심을 가질 수밖에 없다. 전통 가운데 민중적 전통을 주목하게 되면 이 논
의의 주대상은 민속현상이며, 결국 민속문화의 지속과 변화에 초점을 맞추
게 될 것이다.

2. 장기적 범주에서 본 전통의 변화

아날학파의 거장 브로델(F. Braudel)은 역사학과 사회학의 관계를 논의하면
서 사회학 역시 역사를 비켜나갈 수 없다고 힘주어 말한다. 그리고 단기지
속(courte durée)의 사건사회학(sociologie de l'événement)이 가지는 한계를 지
적하면서 현장조사를 통한 보고와 그 해석이 장기지속(longue durée)의 역사
운동 속에서 해명되고[6] 과거와 미래를 꿰뚫을 수 있는 변증법적 맥락까지
포착되어야 한다는 것을 결론삼아 주장한다.

　　다소간 서두르기도 하고 그들을 고용한 사람들로부터 독촉을 받기도 하는 모

든 현장조사자들은 신속하고 피상적인 관찰을 약간은 불신할 줄 아는 것도 좋
을 것이다. 사건사회학은 우리들의 서재와 정부와 기업체의 서류철들을 혼잡하
게 만들고 있다. 이 풍조에 항변하거나 그것을 전혀 무익한 것이라고 못박아
말할 생각은 없다. 그러나 만일 사건사회학의 모든 사회현상을 낳는 운동의 방
향, 그 완급(緩急)과 부침(浮沈)을 기록하지 않으며, 만일 그것이 역사의 운동
과 결부되지 않고 과거·현재·미래까지도 꿰뚫는 그 점화제(點火劑)적 변증법
과 결부되지 않는다면 학문적으로 무슨 가치가 있겠는가?[7]

　자연히 이 논의에서는 단기적인 일상생활의 전통이나 중기적 국면의 변동
은 논의의 대상에서 일단 접어두기로 한다.[8] 이어지는 다음 작업에서 별도
의 고찰을 계획해두고 있는 터이다. 말을 바꾸면 여기서는 우선 장기지속으
로서 과거와 현재, 미래를 관통하는 전통의 역사를 거시적으로 조망하는 데
초점을 두고자 한다. 장기적인 조망이 온전하게 이루어진 다음에 단기적이
거나 중기적인 지속의 전통을 다루어야 그 전통의 위상이 제대로 점검될 수
있기 때문이다.

　브로델이 말하는 장기지속적 시각을 전통론에다 옮겨본다면 비교적 장기
적으로 지속되고 있는 종교·주술의 전통을 주목할 만하다. 주술은 과거에
도 있었고 현재에도 있을 뿐 아니라, 앞으로도 계속 있을 것이다. 공동체
사회에서 주술의 전통은 마을 단위로 전승되는 동신신앙을 통해서 확인할
수 있다. 해마다 일정한 날에 동신에게 제사를 올리거나 굿을 하여 마을에
질병을 막고 농사가 잘되기를 기원한다. 마을에 따라서는 동신신앙의 한 양
식으로 별신굿을 하는 지역이 있다. 어촌에서는 해마다 일상적인 동제를 지
내다가 몇 년 만에 한번씩 상당한 경비를 들여 세습무(世襲巫)가 수행하는
별신굿을 며칠씩 하는데, 동해안 지역에서는 그 전통이 줄기차게 지속되고
있다. 1970년대 이전에는 정부의 굿 타파정책 때문에 '풍어제'(豊漁祭)라
는 이름으로 명칭이 바뀌기도 했으나 1980년대 이후에는 원래 명칭을 되찾
았으며, 1980년대부터는 텔레비전 방송의 특집프로로 몇 차례 실황방송되
거나 굿을 담당하는 세습무들이 명인으로 각광을 받으며 소개되기도 했다.

　농촌별신굿의 양상은 어촌과 다소 차이를 보인다. 동제는 전승력을 어느

정도 유지하고 있으나, 별신굿은 거의 사라져서 지금까지 이어지는 마을은 찾아보기 어렵다. 어촌의 경우는 3년 또는 5년 주기의 별신굿이 지금도 줄기차게 전승되나, 농촌은 가장 근래에까지 전승되었다고 하는 하회별신굿마저 1928년에 중단되었으며 그 주기도 10년 또는 20년이나 되었다.[9] 농업이 어업에 비하여 상대적으로 안정된 생업인 까닭에 별신굿이 더 빨리 약화된 것으로 보겠다. 그 사이 별신굿은 주술적 양식으로만 전승된 것이 아니라, 극적 양식으로 변모한 양식이 덧보태지기도 했다. 주술적 해결의 수단인 굿이 굿으로서 끝나지 않고 예술적 표현의 양식인 극으로 변모 발전한 것 역시 어촌보다는 농촌이 더 빨리 더 크게 나타난다. 그래서 어촌별신굿에서는 기껏 '탈굿'이라고도 하는 탈놀이[10] 정도가 고작이나, 농촌별신굿에서는 탈춤의 부분이 한층 더 큰 비중을 차지하고 있으며, 도시탈춤으로 발전된 경우는 굿의 흔적만 남기고 있고 온통 탈춤으로 이루어져 있다. 이처럼 같은 양식의 전통이라도 마을의 성격과 생업 및 자연환경과의 관계에 따라 그 지속과 변화에 상당한 차이를 보인다. 그러므로 자연환경으로부터 훨씬 더 자유로운 지역에서 주술의 전통이 상대적으로 약한 동시에 예술적 전통으로 발전하는 변화의 폭이 상당히 크다고 할 수 있겠다. 이를테면 어촌에서는 아직 별신굿의 수준에서 머물고 있다면, 농촌에서는 별신굿탈놀이로 발전했으며, 큰 장터의 읍촌에서는 상당히 극적인 탈춤으로 연행되고 있다.

농촌별신굿의 전형이라 할 수 있는 하회별신굿탈놀이의 경우, 굿에 쓰인 탈의 제작시기를 고려 중기 이전 9세기까지 거슬러 올라갈 수 있다.[11] 따라서 하회탈춤의 싹이 튼 시기를 고려한다면 탈춤의 전통은 천년 이상의 역사를 가늠할 수 있다. 하회별신굿을 중심으로 도식적으로 정리하면 상당히 이른 고대부터 생성 전승되던 공동체 단위의 주술적인 굿이, 대충 천여 년 전부터 예술적인 극을 생산 발전시켜 극적 전통을 형성하였는데, 이러한 두 전통이 초기에는 주술성이 우세한 굿이 지배적 양식으로 전승되다가 점차 예술성이 우세한 극적 양식으로 바뀌었으며, 마침내 온전히 극으로 볼 수 있는 독자적인 탈춤까지 나타나게 된 것이다.[12] 농촌별신굿의 이러한 변모는 적어도 천여 년 이상의 긴 전통 속에서 변모 발전한 것으로 보아야 할

하회별신굿의 백정춤

것이다.

지금까지 살펴본, 굿에서 극으로 발전한 과정을 올바르게 이해하기 위해서 굿과 극의 관계를 주술과 예술의 양식적 특성에 비추어 새삼스레 조명할 만하다. 굿은 인간과 자연, 또는 인간과 신 사이의 갈등을 주술적으로 해결하는 것이라면, 극은 인간과 인간, 또는 인간과 사회 사이의 갈등을 예술적으로 표현하는 것이다.[13] 이러한 갈등의 해결방식은 그것이 주술이든 예술이든 또 다른 양식의 어떤 민속이든, 본질적으로는 이들의 전승주체인 민중이 좀더 자유롭고 풍요로운 삶을 추구하기 위해 생산하고 전승하는 문화라는 사실이다. 쓴이의 민속에 대한 이러한 깨달음은 아직 체계적으로 정리되지 않았으나, 최근의 논의에서 조금씩 언급된 바 있다.[14] 여기서 그 결론만을 밝힌다면, 민속문화의 생산과 전승 및 변화와 발전은 '다수의 사람들이 좀더 자유롭고 풍요로운 삶을 추구하는 것'을 전제로 이루어지고 있다는 사실이며, 이 사실은 민속문화가 입각해 있는 집단의식의 핵심이자, 역사발전의 방향이라고 할 수 있다.

이때 문제되는 것이 '자유'와 '풍요'의 성격이다. 사람은 자연과 사회의 지배에 대한 투쟁을 통해 모든 지배로부터 해방되고자 하였으며, 그 결과 실제적으로 어느 정도의 자유를 확보해왔다. 원시주술적 사회에서 자연으로부터 해방되고 중세봉건사회에서 신분적 억압으로부터 상당히 해방되었다. 따라서 자유주의사상은 봉건질서로부터 인간을 해방시키는 변혁적 사상이었으나, 근대시민사회 또는 자본주의사회가 형성되면서 상품과 화폐관계 속에서 파악된 자유주의로 질적 전환을 보임으로써, '상품·화폐관계'에서 파악된 인간의 자유란 자본주의의 욕망구조에 기초한 자유가 되고 만다. 따라서 오늘날 자유란 상품·화폐관계에서 기초한 욕망과 이기심의 자유이며, 따라서 자유주의는 기본적으로 자본주의사회의 영구불변성을 전제하게 되며, 상품·화폐관계가 역사의 발전을 속박하는 순간 자유주의도 반역사적이 됨을 뜻한다.[15] 그러므로 우리는 이기적이고 심리적이며 상품·화폐관계에 기초한 자유주의에 동의하지 않는다. 우리가 기대하는 자유란 좀더 많은 사람들이 공동체적 삶을 한층 자유롭게 향유하는 대동적 삶을 그리며, 공동체의 역사와 개인적 자유가 합일을 이루는 가운데 계속해서 진보하고 확대되는 것을 말한다.

'풍요'의 성격도 마찬가지다. 빈부차를 고려하지 않은 채 국민소득이 높다고 하여 풍요롭다고 하는 것은 진정한 의미의 풍요라 할 수 없다. 가진이 몇이서 수십 만 개씩 가지고 못 가진이 다수는 이, 삼십 개씩밖에 가질 수 없는 경우, 국민소득이 5천 달러라 하더라도, 골고루 이, 삼백 개씩 가졌으되 국민소득이 3천 달러인 나라보다 풍요롭다고 하기 어렵다. 따라서 대기업 중심의 성장일변도 정책은 국가독점자본제를 통해서 수많은 노동자들의 희생과 도시빈민들을 양산하고 시골을 황폐화하는 것을 담보로 국민소득을 선진국 수준으로 올리더라도, 다수가 풍요롭기를 추구하는 민중적 삶의 전통과는 거리가 있다. 전보다 풍요로워도 남보다 풍요롭지 못하면 심리적 빈곤감이 더욱 크게 느껴질 뿐 아니라, 결과적으로 삶의 자유도 누릴 수 없다. 가난한 자는 여러 모로 삶에 제약을 받게 마련이다. 자본주의사회에서 자유는 경제력이 담보하고 있기 때문이다. 그러므로 경제적 균등분배가 이루어지지 않은 채 조성된 독점재벌에 의한 국민소득의 성장은 사람의 자유와 풍요로운 삶을 함께 제약하는 것이다.[16] 그러므로 여기서 말하는 풍요란 경제적 균등분배가 보장된 풍요를 말하는 것이다.

이제 다시 전통론으로 돌아가보기로 하자. 역사발전의 맥락에 따라 굿에서 탈춤으로 전통이 변화 발전하는 것은 자연스럽다. 그러나 현재까지 이들 탈춤이 본디 전통대로 온전하게 전승되는 곳은 없다. 지금 우리가 보는 탈춤은 모두 1960년대 이후에 문화재로 보존하기 위해 복원된 것에 지나지 않는다. 복원된 탈춤이 문화재로 지정받아 전승되는 경우는 한결같이 고정적인 규범으로 묶여 있으므로, 엄밀한 의미에서는 살아 생동하는 전통이 아니라, 죽어서 박제화된 전통이다.

탈춤의 전통은 1970년대를 전후로 대학가에서 탈춤부흥운동이 일어나는 것을 계기로 새로운 고비에 접어들게 된다. 학생들의 탈춤공연은 몇 가지 겨냥하는 바에 따라 이루어진 것이다. 서유럽문화에 오염된 엘리트문화와 상업적인 대중문화의 한계를 극복하기 위해 전통문화의 계승을 통한 민족문

화의 주체적 수립을 겨냥하는 동시에, 현장에서 직접 일하는 사람들이 생활
상의 필요에 의해 생산하고 전승하는 민속문화를 통해 건강한 민중문화의
가능성을 모색하고자 하는 것이다. 그리고 탈춤을 통해서 지배층 중심의 봉
건체제에 맞서는 민중의식을 확인함으로써, 오늘의 정치현실에 대한 민중적
비판의식을 다지는 계기로 삼고자 하였다. 그러므로 탈춤부흥운동을 중심으
로 한 각종 민속놀이와 연행물들의 전수활동은 민족문화운동과 민중문화운
동의 일환으로 이루어졌으며, 이것은 곧 민주화운동 또는 반체제운동으로
규정되기도 했다. [17]

3. 한국사회의 변동과 변혁운동

대학가의 탈춤반이 1980년을 고비로 풍물반·민요반·굿패 등의 조직으
로 확산되면서, 전통문화를 전수하고 보급하는 데 만족하지 않고 마당극패
나 노래패 등 문화운동 단체로 발전하면서, 현실비판에 적극적인 마당극[18]
형식의 창작극이 널리 공연되면서 민족극운동으로 발전하고, 대중가요에 맞
선 민중적 정서의 운동가요들이 구전되거나 창작되어 연행되기에 이르렀
다. 이러한 문화운동은 탈춤의 전승운동에서 한 단계 나아간 상대이다.
1980년대 중반의 문화운동 사정은 《문화운동론》 머리말을 보면 잘 나타나
있다.

> 현단계 전통문화 속의 민중성을 발굴하는 자체에 의미를 두던 초창기의 주체
> 적이고 정서적인 동기를 지나, 이제 초보적이나마 운동방법론상의 과학성이 논
> 의되고 대중노선과 조직의 문제로까지 관심이 이행되는 추세이다. [19]

운동방법론의 과학성 획득은 마침내 '문화투쟁'을 주장하기에 이른다.
문화투쟁은 '상업적 대중문화'와 '사이비 고급문화', '관제 전통문화'에[20]
맞서는 대항문화(counter-culture)를 건설하여 이를 확장시키고, 기존의 문화
를 옹호하는 문화정책에 대해서 역시 맞서 싸우는 것을 목표로 삼고 있다.

그들 운동론자에 의하면 엘리트문화 혹은 상류층의 문화란 인위적이며 현실에 대한 인식을 결여하거나 잘못 이해된 현실에 바탕을 두고 있는 것이며 따라서 부자연스러운 것이다. 그러므로 기존의 예술형식에 대한 새로운 형식의 도전은 자연스러움과 부자연스러움의 갈등이며 지배집단의 권력과 피지배집단의 반항이 정면으로 대결하는 몸짓이라는 것이다.[21] 문화투쟁은 이러한 기존문화에 대항하는 새로운 문화, 곧 현재의 민족적 형식에 민중적 내용을 담는 문화를 건설하여 기존문화를 불식시키는 것과 동시에, 기존의 문화를 조장하는 지배권력의 문화정책에 대한 싸움, 곧 정책투쟁과 정치투쟁의 성격을 띠는 싸움을 통하여 지배권력의 반민족적 반민중적 속성을 폭로하는 데까지 이르는 것을 겨냥하고 있다.[22]

여기서 말하는 민중적 형식과 민중적 내용을 다른 말로 바꾸면 전통적 형식과 변혁지향적 내용을 말한다. 결국 형식은 전통을 표방하거나 전통문화의 원리를 오늘에 맞게 재창조하여 계승하되, 거기에 담고 있는 내용들은 정치투쟁의 의미를 담은 것으로서, 당면한 계급모순과 민족모순을 해결하는 민주화운동, 또는 통일운동을 모색하는 현실적인 문제들을 담아내고자 한다. 이러한 운동은 순전히 전통의 계승과 재창조운동에서 비롯된 것은 아니다. 제3공화국의 군부독재에 맞서는 반체제운동의 분위기와 연관되어 일어났다.

1965년 5월에 행한 이른바 향토의식 초혼굿이라고 하는 '민족적 민주주의 장례식'이 문화운동의 기점이라 하겠다. 당시 군부정권의 한·일 굴욕외교를 비판하고 민족적 민주주의라는 미명으로 정권연장을 꾀하는 지배이데올로기에 대해 전통문화 형식을 통해 반체제운동을 시도한 셈이다. 초혼굿의 형식을 빌려 박정권이 주도하던 민족적 민주주의를 장례하는 의식을 거행함으로써, 사실상 박정권 타도를 겨냥한 민주화운동을 편 셈이다. 1975년 5월 긴급조치 9호 아래에서 거행된 '김상진 장례식' 역시 단순한 장례의식이라기보다 대규모 학생시위였다.[23] 서울대의 연극반·탈춤반·문학반 학생들이 중심이 되어 이루어진 이 '장례식 시위'는 공연양식이나 문화적 기능에서 탈피하여 몸싸움으로까지 발전한 시위양식과 정치적 기능을 발휘하는 데까지 나아간 것이다. 따라서 그 이후 이루어지는 전통예술의 연행은

곧 민주화운동의 일환이나 다름없는 것이었으며, 민주화운동의 구체적 양상
은 전통예술 공연을 통해서 부각되기에 이르렀다. 결국 전통문화는 그것이
주술적 양식이든 예술적 양식이든, 또는 통과의례의 의식이든, 반체제시위
와 민주화운동의 한 양식으로 인식되기에 이르렀다.

1980년대 중반에 이르면 문화운동은 탈춤의 재현에서 마당극으로 나아갔
다가, 다시 마당굿 또는 대동놀이를 표방하는 쪽으로 변화를 보인다. 이는
문화운동이 단순한 예술운동이 아니라 지배층 중심의 문화와 지배이데올로
기에 대항하는 정치적 변혁운동의 하나로서 대항문화운동(counter-culture
movement)을 표방하고 있기 때문이다. 변혁운동이란, 문자 그대로 "사회를
새롭게 바꾸기 위한 사회구성원들의 의식적이고 집단적인 노력"으로[24] 규
정된다. 결국 문화운동을 인간의 의식변혁으로 간주하고 이를 통해 정치·
경제적 변화를 모색하는 것이다. 이 견해는 모든 변혁운동의 이념적 뿌리를
'생활'에 두고, 생활에 뿌리를 내리는 데 가장 용이한 문화운동이야말로 정
치·경제적 변화를 목표로 하는 모든 변혁운동의 이념적 선도성을 가지고
있다고 생각한다.[25] 이러한 선도성은 변혁운동의 성격에서부터 비롯된다.
사회를 변화시키려는 의식적인 노력은 사회적으로 공인되고 제도화된 것이
있는가 하면, 공식적으로 허용되지 않고 제노적으로 금지되어 있는 것도 있
는데, 기존의 사회적 삶의 방식과 구조의 문제와 모순을 의식하고 있으나
이것을 공인된 사회적 노력이나 제도적 장치로 해결하지 못한다고 판단될
때 등장하는, 뒤의 경우를 일반적으로 변혁운동이라고 한다.[26] 자연히 변
혁운동은 제도적 구조적 한계를 앞질러 발견하고 이를 극복하려는 실천의지
를 가진 사람들이 주도하게 마련이다.

따라서 이 시기 변혁운동을 주도하던 이들은, 문화운동을 "문화의 민주
화를 통해 우리 사회 전반의 민주화를 실현하기 위한 조직과 선전과 싸움"
으로[27] 규정하는가 하면, '민중이 역사적 주체가 되는 삶과 자유와 해방을
향한 민주화운동과 민족통일운동의 모든 싸움터, 모든 과정에서 민중문화는
그 운동의 통합적 부분으로 발현 전개되었고 그 운동의 총체적 표출이었던
것'으로[28] 인식하게 되는 것이다.

이를테면 농협이 주도한 고구마 수매정책의 모순이 불거진 함평고구마 사건을 마당놀이로 형상화한 〈고구마〉와, 돼지값 파동으로 막대한 손해를 입은 농민들의 문제를 다룬 〈돼지풀이〉 등은 마당굿의 전형으로 파악되어, 1980년대에 들어서 제기된 '마당극은 마당굿으로 회귀하여야 한다'는 명제의 실천적 토대가 되었다는[29] 평가를 받고 있다. 따라서 '굿에서 극으로 발전'한다는 일방적 도식을 거부하고 '극에서 굿으로 회귀'해야 한다는 역설적 명제를 제시함으로써[30] 새로운 전환을 맞이하게 된 것이다. 보여주는 것으로서의 마당극이 가지는 극적인 한계를 깨뜨리고 민속놀이와 연행의 주요 기능들을 두루 받아들임으로써 현실의 모순과 갈등을 공동체적 표적으로 부각시키며, 거기에서 성취된 사회인식을 행동화하여 다시 생활선상에서 확대 재생산하는 표현구조를 창출하고자 한 것이 마당굿이 표방하는 방향성이다. 따라서 마당굿은 단순한 예술행위가 아니라 예술이 아닌 것을 드러냄으로써 차라리 예술이기를 주장하는 예술의 생활화이며, 거기에는 예술이나 정치가 궁극적인 이념으로 하는 인간다운 삶, 즉 이상향의 정신이 내재해 있다.[31]

이러한 문화운동의 방향에 대하여, 한편으로는 기존의 통념적 예술양식과 내용에 대한 거부와 도전이며, 다른 한편으로는 예술이라는 형식의 가면을 이용하여 혁명의 이념을 조작함으로써 국가권력에 대한 반체제운동을 시도하는 것이라 규정하기도 한다.[32] 그러면서 예술적 세련미보다 정치적 메시지를 전달하는 것에 일차적인 목표를 두고 있는바, 예술의 새로운 갈래가 될 것인지, 아니면 하나의 대중을 향한 대항정치운동의 문화적 기제가 될 것인지 의문을 제기하고, 연속적인 사건으로 고려할 수 있는 사회현상을 예술이라는 수단을 빌려서 정리하는 사회극으로 간주한다.[33] 쓴이는 '극에서 굿으로의 회귀'라는 문화운동론자들의 명제와, 사회의 현실적 사건을 현실의 차원에서 극적으로 경험하는 기제가 사회극이라는 인류학자의 해석들을 어느 정도 받아들이면서 전통의 지속과 변화라는 점에서 새롭게 인식하고자 한다.

새로운 인식은 앞에서 제기한 민속문화의 본질에서부터 비롯된다. '다수

의 사람들이 좀더 자유롭고 풍요로운 삶을 추구하는 것'이 민속문화의 본질
이며 역사발전의 방향이라고 한 사실을 전제로, '굿에서 탈춤으로', '탈춤
에서 마당극으로', '마당극에서 마당굿 또는 대동놀이로' 나아간 문화운동
의 전개과정을 보면, 이는 결코 '극에서 굿으로의 회귀'가 아니다. 그것은
단순히 양식적인 문제이자 명명의 문제일 뿐이며, 이러한 운동의 방향은 역
사의 진행방향과 일치하는 것이자 민속문화의 본질에 충실한 것일 따름이
다. 다시 말하면, 좀더 자유롭고 풍요로운 삶을 지향하는 더 나은 양식이
별신굿에서 탈춤으로, 탈춤에서 마당극으로, 마당극에서 마당굿으로 나아
간 것이지 결코 '회귀'라고 볼 수 없다.

왜냐하면 굿에서 탈춤으로 나아간 것은 주술적 해결의 한계를 극복하고
예술적 표현을 통해 현실적 모순을 비판적으로 인식함으로써 더 나은 삶을
모색한 것이라면, 탈춤에서 마당극 또는 마당굿으로 나아간 것은 예술적 표
현에 의한 현실풍자가 가지는 한계가 결코 더 나은 삶을 가져다주지 않는다
는 각성과 함께, 그 대안으로 등장한 것이 현실적 모순을 직접적으로 경험
하며 사회과학적으로 해결하고자 하는 변혁운동이다. 변혁운동의 성과를 고
양시키기 위해서는 극예술의 폐쇄성에서 열린 마당의 대동굿 또는 대동놀이
를 겨냥하게 마련이다. 따라서 탈춤과 마당극에서 마당굿과 대동놀이로 나
아간 것은 굿과 놀이의 양식으로 회귀한 것이 아니라 변혁운동의 지평을 넓
혀나가는 역사발전의 순차이며, 이러한 순차에 따라 전통이 일정한 양식으
로 전개되고 있는 것이다. 마당굿은 이미 종교적 주술성에서 벗어나 변혁을
지향하고 있는 것이며, 전통사회의 문화를 표방한 것이 아니라, 현대사회의
문화전통으로 살아 있는 오늘의 우리 문화인 까닭이다.

그러므로 굿은 한결같이 주술의 양식으로 존재하고, 극은 한결같이 예술
의 양식으로만 공연된다는 단선적인 생각을 떨쳐버려야 한다. 주술의 시대
에 생산된 주술적 형상물도 예술의 시대에 이르면 예술적 조형물로 인식되
듯이, 변혁의 시대에 창출되는 굿의 양식은 이미 변혁의 매체로서 독자적
성격과 기능을 지니며 생산되고 향유되는 것이다. 초혼굿의 형식을 빌린
'민족적 민주주의 장례식', 또는 남북통일을 염원하며 민주화운동의 하나

로 매년 계속되고 있는 '대동장승굿' 역시 주술성과 예술성을 넘어서서 변혁성을 겨냥하고 있는 이 시대의 문화적 산물이다. 이러한 변혁적 생산물을 '굿'이라는 양식성에 얽매여 '굿'으로 회귀한다고 보는 것은, 문화양식의 범주에 지나치게 속박되어 그 역사적 변용과 현실적 기능을 지나쳐버리는 오류라 하겠다.

그런 까닭에 마당극을 예술적 가면을 쓰고 있는 반체제운동으로 보는 시각도 교정이 필요하다. 이미 전통으로 존재하던 주술적 굿이든 예술적 탈춤이든, 또는 최근에 만들어진 마당극이든 마당굿이든, 민중적 전통의 시각에서 볼 때는 한결같이 좀더 자유롭고 풍요로운 삶을 지향하고 있는 것이다. 자연히 반체제운동을 목표로 삼는 것이라고 하기도 어렵다. 반체제운동은 좀더 나은 대동적 삶을 이루기 위해 거치는 한 과정일 따름이다. 게다가 애써 예술적 가면으로 위장하려 들지도 않는다. 오히려 굿으로, 대동놀이로 나아가고자 한다. 그렇다고 해서 굿이나 놀이로 위장하려 드는 것도 아니다. 굿이며 놀이이되, 사회과학적 변혁의 목적성을 연극성이나 굿성 또는 놀이성 이상으로 강조하면서 연행을 하고 있다. 아니, 굿 속에 이미 변혁이 살아 생동하며 역동적으로 제 얼굴을 드러내고 있는 것이다. 오늘의 굿은 이미 어제의 굿이 아니다. 이 시대에 새로운 사명과 기능을 띤 새로운 굿, 변혁의 굿이 자리를 잡아가고 있는 것이다.

마당극에서든 마당굿판에서든, 아니면 소리판에서든 자연히 특정한 '가면'이 필요하지 않다. 변혁의 얼굴을 적극적으로 드러내고 있다. 마당극 또는 마당굿의 전통은 예술적 가면을 쓴 반체제운동이[34] 아니라, 주술의 한계를 극복하고 등장한 예술, 그리고 그 예술의 한계를 다시 인식하면서 새로운 대안으로 등장한 일종의 시위(demonstration)이자 변혁운동 그 자체이다. '좀더 많은 사람의 좀더 자유롭고 풍요로운 삶'을 위한 변혁을 추구하는 것이다. 그것은 굿이라도 좋고 예술이라도 좋다. 또 굿도 예술도 아니라도 좋다. 자연히 예술의 가면도 필요가 없다. 그러한 가면을 통해서 법망을 피하려 든다고 생각하는 이가 있다면, 그는 체제옹호적 지배논리에 빠져 있거나 수사관적 태도로 대상을 엉뚱하게 탐색하고 있는 셈이다.

4. 전통의 발전단계와 변혁의 전통

굿이 종교 주술적 사고에 입각한 주술적 형상물이라면(물론 굿에도 예술적
요소와 사회적 요소가 많이 내포되어 있다), 탈춤은 인문학적 인식에 입각한 예
술적 형상이고(탈춤 역시 주술적 요소와 사회적 요소가 많이 내포되어 있다), 마
당극(굿)은 사회과학적 인식에 입각한 변혁적 형상물이다(여기서도 주술성과
예술성이 함께 갈무리되어 있다). 자연히 세시풍속에 따라 일정한 주기를 가지
며 공동체 단위의 신앙행위로서, 또는 보여주기 위한 구경거리로서 연행되
던 굿이나 탈춤에서 변화 발전되어 이제는 민주화운동과 통일운동의 현장에
서 시위의 한 양식으로 필요에 따라 수시로 연행되며 정치적 변혁을 목적으
로 삼고 있다. 따라서 이를 담당하는 연행자들은 무당이나 광대, 또는 극작
가나 연출가로서 문제되는 것이 아니라, 변혁운동을 주도하는 운동가로 더
욱 문제가 된다. 이러한 현상은 역사발전의 동력과도 연관되어 있다. 주술
적 종교적 인식과 해결에서 예술적 인문학적 인식과 표현으로, 다시 사회과
학적 인식과 변혁으로 나아가는 것이 장기지속의 범주에서 본 전통의 전개
양성이라 하겠다.

이러한 변동이란 결국 좀더 자유롭고 풍요로운 삶을 지향하는 기본적 지
표는 한결같이 지속되고 있는 한편, 세계관적 인식의 성장과정에 따라 새로
운 양식의 전통으로 일정하게 변화를 겪게 되는 것을 의미한다. 좀더 나은
삶을 추구하는 목적의 지속과, 이를 인식하고 해결하는 양식의 변화가 변증
법적으로 통합되어 있는 상태에서 현실인식의 역량에 따라 변동하는 것이
장기지속의 전통이라 정리할 수 있다. 이는 결국 삶의 문제를 초월적인 신
령이나 자연적 존재가 해결해준다고 믿던 주술적 전통에서, 삶의 문제는 인
간들과 사회제도 사이에서 빚어지는 부조리한 현상이라는 사실을 확인 자각
하던 예술적 전통으로 변화 발전하고, 여기서 다시 삶의 문제를 해결하기
위해서는 구조적 모순을 극복하는 실천운동으로 나아가야 한다는 변혁적 전
통으로 진전한 결과라 하겠다. 그것을 단계별로 정리해본다.

제1단계 **주술적 전통** : 인간과 자연 및 신령 사이의 갈등을 주술적으로 해결
              (세계에 대한 종교주술적 인식과 대응)
제2단계 **예술적 전통** : 인간과 인간 및 사회 사이의 갈등을 예술적으로 표현
              (세계에 대한 인문학적 인식과 대응)
제3단계 **변혁적 전통** : 인간과 체제 및 민족 사이의 모순을 변혁운동으로 해
              결(세계에 대한 사회과학적 인식과 대응)

다른 말로 바꾸면 제1단계에서 제2단계, 제3단계의 발전과정을 다음과
같이 정리할 수도 있다.

먼저 자연과 신령에 의존하는 타력적 해결의 단계에서, 사회적 종교적 신
분적 억압에 대한 경험을 바탕으로 형성된 인문학적 상상력에 의한 자력적
인식의 단계로 발전하며, 다시 생산양식에 따른 '체제', 자본가와 노동자
사이의 '계급', 제국주의와의 종속 및 분단에 따른 '민족' 등의 모순에 대
한 사회과학적 인식을 토대로 한 자력적 해결과 실천적 대응의 단계로 발전
해온 것이다. 그렇다고 해서 그 이전 단계의 타력적 해결이나 자력적 인식
이 사라져버린 것은 아니다. 따라서 전통의 이러한 변화는 전통의 본디 양
식이 지속되는 가운데서도 두루 나타난다.

굿의 경우, 순전히 주술적 믿음에 의해 굿을 하는 전통이 과거처럼 그대
로 살아 있는가 하면, 최근에는 주술적인 의도 없이 구경거리로서 또는 예
술로서 공연을 감상하기도 하며, 아예 민주화의 일환 또는 변혁운동을 겨냥
하면서 굿을 하기도 한다. 민속학회나 예술단체에서 무당을 초청하여 굿을
연행하도록 하고 이를 감상하는 경우, 이미 굿의 본디 기능인 주술적 효험
과는 무관하게 공연되며, 정치적 집회의 판을 여는 마당놀이를 할 때 무당
을 불러 굿을 하는 경우 역시 일종의 정치적 시위로 연행되고 수용된다. 때
로는 '운동권' 무당까지 있어서, 굿을 하며 독재정권을 타도하고 민주정부
를 수립하자는 뜻의 무가를 부르며 주문을 외치기도 한다. 따라서 이들 굿
은 주술적 양식을 취하긴 하지만 이미 전통적 주술과는 내용이 상당히 다르
다. 신격을 상대로 한 주술이라기보다는 지켜보고 참여하는 이들의 변혁의
지를 부추기는 데 초점을 맞춘 주술이라고 보는 게 옳겠다.

장례식이든 장승제든 또는 풍물이든, 한결같이 전통적 양식을 어느 정도
지니고 있으면서도 본디 기능과 달리 변혁의 의지를 다지고 운동역량을 강
화하는 방향으로 의식이 집행되는 일이 많다. 최근에 경찰의 쇠파이프에 맞
아죽은 강경대 씨의 장례식을 비롯한 분신 학생들의 장례식은, 이미 한 주
검을 묻는다는 의미를 넘어서 정권타도의 기치를 올리는 데 더 적극적인 의
도를 보이며 범민주국민장으로 치러지기 일쑤였다. 장승제 역시 민주화와
통일운동의 일환으로 이루어지고 있다. 민족통일 대동장승굿 추진위원회 주
최로 이루어진 대동장승굿 역시 '민족통일남장승'과 '민족평화여장승'을
표방하면서 지리산에서부터 문경새재, 계룡산을 거쳐 백두산까지 이르겠다
는 통일운동이 주요 목적이자 의도된 기능이다. 풍물 역시 전통음악의 전수
라는 차원이나 마당놀이 또는 지신밟기, 두레농악이라는 범주를 넘어서 '사
물놀이' 형식으로 재창조하여 무대 위에 올려 공연하는가 하면, 각종 시위
모임이나 집회를 위한 투쟁의 음악으로 새로운 자리를 굳혀가고 있다.

전통의 양식 그대로든 또는 새로운 양식으로 변모했든 이미 전통이 발휘
하는 기능은 크게 제3의 단계, 곧 변혁의 전통을 새롭게 창출하고 있는 것
이다. 그렇다고 해서 모든 전통이 이렇게 바뀐 것은 아니다. 본디 모습과
본디 기능을 함께 갖추고 있는 채 본디 전통의 생명력을 그대로 발휘하고
있다. 이를테면 무당굿이든 마을굿이든 또는 동해안의 별신굿이든 여전히
굿으로서의 주술적 기능을 발휘하고 있는 제1단계의 전통과, 예술적으로
변모한 굿놀이든 전통탈춤이든 아직도 민속극으로서의 예술적 가치를 지니
고 있는 제2단계의 전통도 함께 유지되고 있다. 장례식과 장승제, 또는 풍
물의 경우도 본디 전통이 그대로 전승되고 있는 것이다. 따라서 장기지속의
전통은 단선적으로 변동되지 않는다는 사실을 확인할 수 있다. 본디 전통이
유지되는 가운데 이 전통을 바탕으로 새로운 전통이 형성되고, 새로운 전통
은 본디 전통과 함께 전승이 되는 것이다. 그러므로 주술적 전통과 예술적
전통, 변혁의 전통은 역사적으로 생성 축적되면서 함께 존재한다. 이는 곧
인류문화의 전통이 보여주는 장기지속의 양상을 통시적으로 설명하는 것이
기도 하다. 원초적으로는 종교적 주술만 존재하다가, 인지의 발달과 더불어

인문과학적 예술이 새롭게 창출되며, 여기서 다시 사회과학적 변혁의 문화가 생겨나는데, 결국은 좀더 나은 삶을 지향하는 같은 맥락 속에 수렴되어 있다.

제1단계의 시기 : 주술적 전통
제2단계의 시기 : 주술적 전통＋예술적 전통
제3단계의 시기 : 주술적 전통＋예술적 전통＋변혁적 전통

제2단계의 전통은 새로운 전통을 창출할 뿐 아니라, 제1단계의 주술을 제2단계의 인식과 전통에 근거하여 새롭게 해석하고 수용하며, 제3단계의 전통 역시 제1, 제2단계의 주술과 예술을 같은 맥락에서 이해하고 전승하며 새로운 단계의 전통을 창출하게 될 것이다. 따라서 제1단계의 굿은 원초적인 주술로서 그대로 전승되는가 하면, 제2단계의 시각에서 민족예술과 민중예술, 또는 민중신앙과 민족종교로 주목을 받다가, 제3단계에 와서는 민족모순과 민중모순을 해결하는 투쟁의 수단으로서, 또는 변혁운동의 문화적 무기로서 주목받는다. 그러므로 제1단계의 주술적 전통을 순전히 주술로서만 보아서는 안된다. 거기에는 이미 예술적 성격과 변혁의 의지가 함께 갈무리되어 있었던 것이다. 굿이 삶의 조화를 회복시켜주고 삶을 역동적으로 부추기는 예술성을 지닌 종교임을 주장한 연구나,[35] 굿의 투쟁성을 주목하며 '새로운 싸움굿'을 정립하고자 굿싸움론과 굿예술론에 입각하여 제주도굿을 분석한 성과,[36] 그리고 민속신앙에 잠재해 있는 민중들의 해방의지를 통해서 민속신앙의 사회변혁성을 탐색한 연구[37] 등은 이러한 사정을 절묘하게 조명해주고 있다.

제2단계의 예술적 전통에서도 역시 주술적 요소와 변혁의 의지가 내포되어 있었던 것이다. 이를테면 탈춤의 풍농굿 기원설을 펴며 갈등구조의 분석을 통해 민중적 비판의식을 해명한 연구는 탈춤의 미학적 논의에서 조명된 예술성과 함께 주술성과 변혁성도 더불어 드러내고 있는 연구로 주목된다.[38] 마찬가지로 제3단계에 해당되는 마당극과 마당굿 등 변혁의 전통 속에

전통춤을 변혁의 춤으로 재창조한 이애주 교수의 현장춤

서도 주술적 예술적 전통이 함께 갈무리되어 있다. 이를테면 굿 또는 탈춤
의 인식은 역사발전의 각 시기에 따라 다음과 같이 재해석될 수 있으며, 새
로운 양식의 전통을 배태시키는 토대가 된다.

제1단계의 시기 : 굿의 주술성(예술성 · 변혁성)
제2단계의 시기 : 굿의 주술성과 예술성(변혁성)
　　　　　　　　탈춤의 주술성과 예술성(변혁성)
제3단계의 시기 : 굿의 주술성과 예술성 · 변혁성
　　　　　　　　탈춤의 주술성과 예술성 · 변혁성
　　　　　　　　마당극과 마당굿의 주술성과 예술성 · 변혁성

특정 형상물이 역사적 상황에 따라 재해석되는 구체적인 예를 보자. 알타

미라 동굴벽에 그려진 들소 그림이든 울산의 반구대 암각화든 제1단계의
시기에 주술적 의도를 겨냥하며 그려진 주술적 형상물에 지나지 않았다. 그
러나 제2단계의 시기에 미술사가들은 예술품의 하나로 주목하고 있으며,
미술사 서술의 중요한 대상으로 여기고 있다. 같은 논리로 하회탈을 보면,
당초에는 주술적 조형물로서 마을의 평안과 풍농을 기원하는 신성한 탈, 또
는 신격으로 생산되고 보존되어온 탈이다. 지금은 탁월한 예술적 조형물로
서 하회탈의 조형적 가치와 미술사적 의의가 조명되고 있으며, 나아가 탈이
가지고 있는 조형적 형상이 사회적 모순을 어떻게 반영하고 이를 풍자하는
가 하는, 변혁의 산물로 해석하는 단계에까지 이르러 있다.[39] 그러므로 당
초에 무엇을 겨냥하고 있었으며 어떠한 양식으로 생산되었는가 하는 것에
얽매이지 않고, 매시기의 역사적 상황에 따라 재해석될 뿐 아니라, 수용자
의 현실인식에 따라 창조적으로 수용되는 가변성을 지니고 있다. 그러므로
일정한 문화적 산물은 생산담당자와 고정적 관계에 있는 것이 아니라, 수용
담당층과 가변적 관계에 놓여 있는 것이기도 하다.

　이러한 가변적 수용의 길은 두 갈래에서 마련된다. 이미 굿 자체가 그러
한 요소들을 두루 내포하고 있었다는 사실과, 굿이든 예술이든 좀더 나은
삶을 지향하고 있다는 데서 궁극적으로 일치한다는 사실이다. 따라서 각 전
통을 주술적이니 예술적이니 하고 규정한 것을 역사적 조건에 따른 '나타남
새'일 뿐이다. '숨김새'[40] 가운데에는 세 가지 전통의 요소가 항상 잠재해
있는 것이며 역사발전의 계기에 따라 나타남새로 제 모습을 드러내는 것이
다. 그렇다면 인간은 역사발전의 문화적 동력이자 세 축인 '주술로서의 기
원(祈願)', '예술로서의 형상(形象)', '운동으로서의 변혁(變革)'을 원초
적으로 함께 지니고 있었던 것으로 보는 것이 옳겠다. 특히 제1단계에서
제2단계, 제3단계로 그 나타남새가 확대 재생산됨에 따라 문화의 양상은
더 다채롭고 풍성하게 되며, 역사발전의 속도도 가속화된다. 따라서 "역사
와 민속을 연계 짓고, 변혁이라는 구체적 역사적 조건들을 함께 고찰하는
작업 없이는 민속의 합법칙적 발생·발전 경로를 파악해내기 곤란할 것"이
라는[41] 주장이 설득력을 지니고 제기될 수 있다. 그러므로 제3단계에 속하

는 변혁의 전통을 일러서 이른바 전통문화주의자들이 민속적 전통의 원형을
훼손시켰다고 나무라는 일이나, 체제옹호자들이 좌경의식화 활동으로 몰아
세우며 탄압하려 드는 일은 정당성을 확보할 수 없다.

　전통의 발전단계에 대한 체계적인 논의에도 불구하고 '변혁적 전통' 또
는 그 용어에 관해서는 부정적인 반응을 보이기도 한다. [42] '변혁'이라는
것은 지금 우리 시대에 비로소 등장한 급진적인 운동이자 진보주의자들이
내세우고 있는 개념인데, 거기에 '전통'이라는 개념을 붙일 수 있는가 하는
것이다. 아니 변혁이 전통을 지닐 만큼 과거에도 줄기차게 있었고 앞으로도
변혁의 전통이란 것이 가능한가 하는 의문이다. 그리고 동유럽권의 사회주
의체제 국가의 몰락을 바라보면서 더 이상 변혁은 일어나지 않으리라는 기
대 속에서 제기된 문제일 수도 있다. 우리는 여기서 변혁에 대한 새로운 인
식이 필요하다. 하나는 변혁운동은 곧 반체제운동이며 자본주의 아래에서
반체제운동은 곧 사회주의운동이라는 경직된 변혁론에 함몰되어 있는 까닭
이다. 우리는 변혁을 좌경용공 논리로 바라보는 경직된 관변측 인식의 변혁
론에서 깨어나야 한다. 다른 하나는 변혁운동은 곧 사회주의체제를 건설하
는 것을 목표로 삼았으므로 사회주의권의 붕괴와 함께 변혁운동도 잦아들
것이라는 안일한 현실론에서도 벗어나야 한다. 그러면 변혁적 전통에 대한
이해는 자연스레 이루어질 수 있다.

　우선 과거에도 체제의 모순을 지적하고 이를 고치거나 또는 혁파하려고
한 움직임이 수없이 많았다는 점을 인정한다면, 변혁이 반드시 우리 시대의
전유물이 아님을 직감할 수 있다. 우리가 비교적 생생하게 인지할 수 있는
최근세사의 동학운동만 보더라도 그렇다. 동학운동은 민중혁명에서 농민전
쟁으로까지 역사적 해석이 가해지고 있으며, 위정자들의 반성과 각성을 촉
구하여 갑오경장이라는 정치적 혁신을 가져왔다는 역사적 평가를 받고 있
다. 지금 변혁운동에 주도적으로 참여하는 사람들의 역사의식 속에는 동학
운동의 정신이 면면이 이어지고 있다.

　상당히 옛날로 거슬러 올라가도 그러한 보기는 얼마든지 있다. 《삼국유
사》 처용랑(處容郞) 망해사(望海寺)조 말미에 보면, 지신과 산신은 나라가

장차 망할 줄 알고 춤을 추어 경계하도록 하였으나 그 나라 사람들이 이를 깨닫지 못하고 오히려 상서(祥瑞)라 하며 탐락(耽樂)에 빠진 까닭에 마침내 나라가 망하였다고 한다. [43] 지신과 산신이 왕 앞에 나타나 춤을 추며 나라가 망할 것을 경계하는 깨우침을 주었다는 것은, 곧 굿을 통해서 나라의 위기를 경고하며, 왕에게 슬기로 나라를 다스려야 한다는 사실을 일깨워준 것이다. [44] 지신과 산신 등이 춤추고 노래 부른 행위가 곧 굿이었다는 사실은 그동안의 연구에서 두루 밝혀졌으므로[45] 새삼스러운 사실이 아니다. 따라서 신라 때의 굿 속에 이미 왕정의 모순을 해결하려는 변혁성이 갈무리되어 있음을 확인할 수 있다. 그러므로 시대와 상황에 따라 그 양식과 방법은 달라도 당대 사회의 모순을 해결하려는 변혁의지와 실천적 활동이 있었음을 알 수 있다. 이미 굿의 전통 속에서 드러난 주술성 외에 예술성과 변혁성의 전통이 숨겨져 있음은 앞에서 지적한 바 있다.

전통은 과거에 있었던 문화의 지속만을 뜻하지 않는다. 지금 생성되어서 앞으로 계속되는 문화 역시 전통을 형성하며, 전통론에서 주목할 만하다. 우리 시대에 불거진 모순들이 변혁운동을 통해서 모두 해결된다고 하여 변혁운동이 중단되리라고 믿거나, 사회주의권의 붕괴가 변혁운동을 잠재우리라 생각하는 것은 상당히 순진한 발상이다. 사회적 모순이 말끔히 해결된 상태는 유토피아나 다름없는 이상사회이다. 그런 사회는 머리 속에 그려낼 수는 있으되 실제로 존재하지는 않는다. 변혁이 이루어져 새로운 사회가 형성되더라도 그 사회 안에서 내적 모순이 생겨나게 마련이며, 그 사회 밖에서 영향을 미치는 외적 모순 또한 적지 않을 것이기 때문이다. 모순 없는 시대가 없다면 변혁 없는 시대도 없다. 사회주의가 몰락되었다고 하여 모순이 없어지는 것은 아니다. 독재권력이 사회주의 이념을 맹목적으로 수단화하였던 모순 탓이다. 사회주의 국가들이 체제를 바꾼 것 역시 변혁이다. 그러므로 변혁은 과거에도 있었을 뿐 아니라, 앞으로도 끊임없이 지속될 것이 틀림없다. 다만 그 얼굴은 그 시대에 맞게 다양한 모습을 하게 될 것이다.

5. 전통의 회복과 주술의 재창조

여기서 새삼스레 문제삼을 수 있는 것은 전통의 복고적 환원과, 과학의 발달에 따른 기술과 주술의 관계이다. 단기지속의 관점에서 보면 전통은 약화 축소되고 기술은 발달한다. 기술의 발달은 주술의 기능을 대신하게 됨으로써 기술과 주술의 관계는 반비례한다고 이해하기 쉽다. 그러나 중기지속이나 장기지속의 관점에서 보면 전통이 다시 회복되거나 재창조되는 사례가 적지 않게 나타나고, 기술의 발달과 함께 새로운 주술이 생성되기도 한다는 것을 발견할 수 있다. 먼저 전통의 복고적 환원현상을 보면, 의식주 생활에서부터 관념적 세계관에 이르기까지 두루 나타난다. 자세하게 논의할 여유가 없으므로 아쉬운 대로 그 동향만 본다.

삼베나 무명과 같은 옷감이 새롭게 각광을 받는가 하면, 한복을 지어입는 이가 새삼스레 늘어나고 있다. 양식점에 맞서 전통음식점이 새로 성업하고 한옥의 소재와 양식을 이어받은 건축이 새롭게 지어지고 있다. 수몰지역의 한옥들이 도시사람들에게 팔려서 해체 복원되는 것도 이 때문이다. 민속촌과 민속박물관이 곳곳에 세워져 관광의 대상이 되고 있는 것도 새삼스럽다. 대학생들이 풍물과 민요를 배우고자 농촌을 찾고, 도시에는 풍물교실과 단소교실, 판소리학원과 같은 사설 전통예술강습소가 곳곳에 들어서기 시작했다. 풍수지리에 관한 책이 다수 간행되어 잘 팔리는 책 목록에 끼어들 정도로 새삼스레 묘터잡기가 관심을 끌고, 풍수지리설이 새로운 연구거리로서 학문적 논의의 대상이 되었다.

미신으로 여기던 무당굿이 텔레비전에 생중계되는가 하면, 세습무는 명인으로 주목받아 굿을 배울 제자가 나서지 않는다고 푸념을 하고, 대도시 주변의 산골짜기에는 무당굿을 위한 당집이 계속 늘어나고 있다. 빙고게임이나 쌍쌍파티를 하고 인기연예인과 그룹밴드를 동원한 1970년대의 대학축제가 1980년대에 들어서면서 서서히 풍물굿, 탈춤, 마당극, 노래패의 노래 공연, 줄당기기 등의 민속놀이를 중심으로 새로운 판을 짜고 있으며, 온갖 프로 스포츠 가운데서도 민속씨름이 새로 자리를 굳혀가고 있는 것도 주목할 만하다. 전통에 대한 국민적 관심과 인식이 높아졌다고 보겠다. 그런데 이러한 전통들 가운데 대부분은 아무나 자연스럽게 복원하여 향유할 수 있는 게 아니다. 이미 사라졌거나 희소한 것을 새삼스레 살려내야 하므로 경제적 시간적 여유가 있는 사람이나 가능하다. 그러므로 민속적 전통의 회복은 복고적인 것도 아니며 민중적인 것도 아니다. 오히려 현대적인 것을 넘어선 초현대적인 것의 추구이며, 문화적 선택의 여유를 누릴 수 있는 사람들의 마지막 선택이거나 또는 마침내 이르러야 할 당연한 귀결처럼 여겨지기도 한다.

따라서 전통의 향유는 가진이들의 호사가적 취향을 만족시켜주는 구실을 하고 있거나, 아니면 전통의 장점을 알고 있는 지적 엘리트들의 멋부림에 머무는 경향도 짙다. 때로는 서구문화를 두루 향유해보아도 채워지지 않는 문화적 욕구를 충족시키기 위해 새삼스레 전통에 관심을 가지기도 한다. 전통을 지속적으로 전승하고 있는 농촌사회의 민속과 달리, 이미 중단되었던 전통을 새로 복원할 경우에는 전통의 전승주체가 민중에서 엘리트로 뒤바뀌어 있는 현상을 보인다. 자연히 그 기능도 일정하게 달라져 있을 수밖에 없다. 전통을 계승 또는 복원한다고 하더라도 실제적인 형식과 내용, 그리고 전통의 전승주체와 기능들 가운데 어느 한두 요소들이 변모되어 있게 마련이다. 사실상 복고적 환원은 불가능하다고 보아야 할 것이다.

과학기술이 발달하면서 종교적 주술은 쇠퇴하리라고 생각하기 쉬운데, 일면적인 타당성을 지닐 뿐이다. 각종 치료약이 개발되고 의술이 발달하면 병굿이 없어질 것 같으나 반드시 그렇지 않다. 약으로도 어쩔 수 없고 병원에 다녀봐도 별효과가 없으면 마침내 무당을 찾아가 굿을 하는 경우가 상당수 있다. 신앙의 힘으로 병을 고치려는 현대종교도 여전하다. 종교적 주술은 과학적 합리성을 넘어서는 신기한 힘을 가지고 있다고 믿기 때문에, 과학이 아무리 발달해도 그로 인해 종교가 상대적으로 쇠퇴해버리지 않는 것과 마찬가지이다. 기술의 발달로 일정한 주술이 약화되는 한편 과학기술의 발달과 함께 새로운 주술이 등장하기도 한다. '보'(洑)와 같은 관개기술의

발달로 기우제가 사라지게 되는 한편 '보'의 안전을 비는 '보제'(洑祭)가
새로 생겨났으며, 양수기로 물을 푸고 경운기나 콤바인과 같은 기계로 농사
를 지으면서 기계의 무사고를 비는 '기계고사'와 같은 새로운 주술적 제의
가 등장한다.[46] 새로운 기술이 이미 있었던 주술을 대신하는 동시에 새로운
주술을 생성시키기도 한다.

  자동차가 일상화되면서 전에 없었던 '자동차고사'가 새로운 주술로 생성
된 것은 좋은 보기이다. 새로 차를 샀을 때 운전자의 안전과 무사고를 빌기
위해 가족들끼리 고사를 올리거나 무당을 불러 치성을 드리기도 한다. 불교
신도들은 스님을 모셔다가 자동차고사를 올리고 가톨릭 신자들은 신부에게
부탁하여 축성을 드리도록 한다. 의식은 다소 차이가 나도 신령을 대상으로
무사고를 기원한다는 점에서 한결같다. 프로 스포츠가 자리를 잡으면서 야
구팀이나 축구팀을 결성할 때, 또는 시즌에 들어가기 전에 고사를 올리며
승리를 기원하는 주술적 의식을 행하고, 선수들 개인에 따라서는 승리를 보
증하는 부적(符籍)을 몸에 지니는 관행이 새로 생겨났다. 경기가 하나의 오
락이나 신체단련의 범주에 머무르지 않고, 승리를 획득해야 선수들의 생존
권이 보장되는 양상으로 직업화되고, 재산축적과 신분상승의 수단이 되어버
리자, 오히려 원시적인 제의와 주술에 의존하여 승리를 보장받으려는 경향
이 새로 싹트게 된 셈이다. 이처럼 주술은 기술의 발달과 문화의 발전에 따
라 쇠퇴하는 것이 아니라 상보적인 순환관계 속에서 더불어 생성되고 전승
되는 것이다.

  그러므로 전통이 복원된다고 해서 복고적으로 환원되거나, 과학기술이
발달된다고 해서 전통적 주술이 사라진다고 보는 것은 단선적 인식이다.
전통이 복원되는 순간 이미 새로운 전통으로 나아가 있고, 새 기술이 창
출되는 순간 새로운 주술이 함께 나타날 가능성을 내포하고 있는 것이
다. 따라서 전통을 복원하는 작업을 무리하게 진행하지 않는 것이 좋다.
차라리 전통의 본디 생리대로 자유롭게 살아 움직이도록 개방해두는 것이
더 바람직스럽다. 마찬가지로 비합리적인 주술에서 해방되기 위해 기술을
발달시키고 과학적 실험을 통해 주술이 미신임을 검증하는 일도 무리하게

할 필요가 없다. 기술의 개발과 과학의 발전이 궁극적으로 지향하는 목적
을 여기에 두어서는 곤란하다. 그것은 종교 없는 사회를 구현하려는 것과
같은 무리를 저지르는 일이다. 구조적으로 주술과 기술, 종교와 과학이 함
께 공존할 수밖에 없다. 중요한 것은 전통의 양식이나 과학성이 아니라,
그것이 겨냥하는 바이다. 인간의 삶을 옥죄는 과학보다 인간의 생명본성을
부추기고 활성화 하는 주술이 있다면 그 주술이 더 바람직한 전통일 수 있
기 때문이다.

6. 사회적 변동과 전통의 대응

그동안의 논의에서 전통의 변화·발전과정은 어느 정도 해명이 되었다.
이제 사회변동과 전통의 관련성을 좀더 집중적으로 들여다보기로 하자. 우
리 사회는 급격한 변동을 1960년대 중반 이후부터 겪게 된다. 근대화운동
과 함께 전개된 산업화와 도시화는 인력과 축력에 의존하던 동력을 급격히
기계화로 전환하게 되었으며, 주택개량과 의생활의 변화, 각종 가전제품의
보급으로 일상적인 생활양식이 크게 바뀌었을 뿐 아니라, 산업화와 도시화
로 인한 이농현상으로 시골에서는 젊은이들을 찾아볼 수 없을 정도로 농업
인구가 급격히 감소되었다. 결국 시골에는 전통을 이어받을 주체인 사람들
이 없는 셈이니 전통의 약화는 당연한 결과이다. 그럼에도 불구하고 전통의
회복운동이 새삼스레 일어나고 이의 재창조를 통해 변혁운동으로까지 비약
적으로 진보한 것은, 대학가를 중심으로 한 민족문화에 대한 지적 자각과
암울한 정치현실에 맞서는 민중의식의 각성에서부터 비롯되었다.

대학가의 지적 자각은 서유럽 중심의 교육내용과 통속적인 대중문화의 범
람에 대한 반작용과 유기적 관계를 지니고 있다. 이들은 해방 이후 교육세
대로서, 일제시대에 식민지교육을 받은 세대들과 달리 식민지교육의 한계를
비판적으로 인식하고 민족문화의 전통을 새롭게 모색하는 한편, 체제옹호에
알게 모르게 이바지하고 있는 기득권층의 엘리트문화와, 상업자본가들에 의
해 대량생산(또는 서유럽으로부터 이식)되어 보급되는 저질 대중문화에 대한

민중문화의 전통이 가지는 건강성을 자각하게 된 것이다. 전통의 자각으로부터 변혁운동으로 나아간 진보는 자유당의 독재를 무너뜨린 4·19학생의거와 함께 촉발되어, 공화당에 의해 주도된 제3공화국의 유신정권과 장기집권에 맞선 민주화운동의 전개와 어깨를 나란히 한다. 전통에 대한 지적 자각의 단계에서는 전통회복운동, 특히 탈춤부흥운동을 통한 간접적 현실비판의 수준에 머물렀다면, 유신정권과 군사정권의 타도를 앞세운 민주화운동이 본격화되면서 이에 맞서는 문화운동이 마당극과 같은 전통의 창조적 계승을 통해서 직접적 현실비판으로 성장한다. 이미 전통의 계승을 넘어서 재창조단계에 이른 것이다.

그러다가 1980년대초 광주민중항쟁과 함께 여전히 군정으로 인식되고 있는 제5공화국이 들어서자, 본격적인 반미운동과 체제변혁운동이 자리를 잡게 되며 사회주의에 대한 지적 탐색이 활발하게 일어나고 사회구성체 논의도 본격화된다. 1987년의 6월항쟁 이후에는 기존의 학생운동과 농민운동 세력에 노동자들이 본격적으로 가세하여, 자본주의체제에서 빚어지는 생산관계의 모순을 노조결성과 파업 등 노동운동을 통해서 이 시기 변혁운동을 주도하고 발전시키는 구실을 한다.[47] 일련의 변혁운동 과정과 사회과학적 접근에 의한 학문적 논의 속에서, 남북의 분단상황이 빚어내는 각종 역기능과, 미국에 종속되어 있는 정치적 경제적 문제들이 민족모순으로 인식되고, 자본가와 노동자 사이에서 빚어지는 경제적 불평등의 구조들이 계급모순으로 부각되기에 이른다. 민족모순과 계급모순을 해결하는 길은 현실비판의 예술적 형상인 마당극 차원에서 마련할 수 없다고 인식하고, 체제변혁과 같은 투쟁성을 고취하는 방향으로 모든 전통이 재해석되고 재계승되기에[48] 이르렀다.

따라서 전통의 본디 양식이 바뀌었든, 아니면 그대로 전승되고 있든, 그 주체가 누구냐에 따라 이미 그 의미해석이 크게 달라져버렸고, 현실적으로 기능하는 바도 사회변혁운동과 밀접한 관련성을 지니게 되었다. 장례식이 곧 집단시위로서, 굿이 곧 체제변혁의 의지를 부추기는 정치적(종교적이 아닌) 주술로 그 기능을 발휘하고 있다. 다시 말하면 마당극과 같은 예술의

형식을 통해서 해오던 정치적 담론을 이제는 종교적 주술적 형식을 빌려서
까지 전개하려는 것이다. [49]

그러나 사회변동과 전통의 변화관계를 이렇게만 이해하는 것은 단선적이
다. 전통의 변화에 영향을 미친 일련의 원인들과 함께 제1, 제2단계의
전통이 축소된 문화적 상황이 그와 더불어, 제3단계에 해당되는 변혁의
전통을 새로 창출하는 데 일정한 구실을 적절히 담당하였기 때문이다. 이
를테면 탈춤부흥운동에 이어서 시작한 예술문화운동의 결과가 정치적 경제
적 각성을 일깨움으로써 정치현실을 발전적으로 변화시키는 데 상당한 구
실을 하였다. 4·19 이후 군사정권의 반민주적 정치형태가 계속되기는 했
지만, 정권이 바뀔 때마다 정치적 자유와 언론 및 학문의 자유가 점진적으
로 확대되어온 것 또한 사실이다. 따라서 사회변동과 문화전통이 작용과
반작용을 거듭하면서 상승된 결과 마침내 변혁운동의 거대한 전통을 창출
한 것이다. 따라서 터너(V. Turner)의 주장처럼 정치적 사회적 환경의 변화
만이 새로운 상징적 형식을 만들어낸다고 [50] 볼 수 없다. 반대로 새롭게 창
조된 문화적 형상이 정치적 사회적 환경을 변화시킬 수도 있다. 그러므로
변혁의 전통은 역사발전의 장기지속적 동력에 의해 필연적으로 주어진 것
이자, 동시대의 사회변동이 기존의 전통을 약화시키는 '역기능'과, 이들
전통 속에 갈무리되어 있던 변혁적 기능을 자극하여 전통의 겉면으로 부상
시키는 '순기능'이 변증법적으로 통일되는 상황 속에서 마침내 동력화되고
구체화된 것이다.

7. 변혁의 전통과 그 전망

주술적 예술적 전통 속에 묻혀 있던 변혁의 전통이 제 모습을 구체적으로
드러내는 시대적 상황은 예술적 전통의 한계가 객관화되는 시기이며, 생산
양식과 사회구조의 모순이 사회과학적으로 해명되는 시기이다. 말을 바꾸면
변혁의 전통은 이 시대에 비로소 창출된 것이 아니라, 자연과 신령의 지배
에서 벗어나려던 주술의 시대부터, 또는 중세적 신분과 종교적 억압에서 해

방되려는 예술의 시대부터 이미 원초적으로 형성되어 있었던 것인데, 다만 사회변동에 따른 역사적 계기를 맞이함에 따라 필연적으로 이 시기에 역사의 전면에 떠올랐을 뿐이다. 따라서 변혁의 전통은 제3의 단계로서 반드시 겪게 되는 것이지만, 나라마다 그 시기가 서로 다르고 변혁운동에 충차가 있는 것은 변혁의 전통을 부각시키는 역사적 사회적 조건이 서로 다르기 때문이다. 주술과 예술, 변혁의 전통은 역사적으로 생성 발전하는 것이기는 하나, 공시적으로 유기적 관련성 속에 함께 존재했던 것이다. 변혁의 전통이 싹을 틔우고 뿌리를 내려 성숙하게 되면 기존의 주술적 예술적 전통 역시 본디 양식인 주술과 예술의 의미에 머물러 있지 않고 새로운 시각에서 변혁의 전통으로 재해석 재계승되는 상황에 이른다. 현재의 한국사회는 이러한 상황에 이르러 있다고 하겠다.

변혁의 전통이 실제로 사회를 변혁시킬 것인가 아닌가 하는 문제는 이 논의에서 감당하기에는 너무 벅차다. 그러나 주술이든 예술이든 궁극적으로 인류문화의 전통은 좀더 자유롭고 풍요로운 삶을 겨냥하며 진전해왔으며, 그러한 삶을 일구어가는 데 크게 이바지해왔다. 물론 이를 거스르는 반동적인 역사도 없지 않아, 때로는 퇴영적 상황을 조성하기도 하고 때로는 지체되는 상황을 보이기도 하지만, 장기지속적 범주에서 보면 역시는 여전히 진보하고 있는 것이 사실이다. 변혁의 전통은 한층 진보적인 전통이므로 주술과 예술의 전통보다 훨씬 더 적극적으로 그러한 구실을 감당할 것이다. 그래서 이 전통은 특히 소중한 것이고, 새롭게 발견하고 재해석해야 할 전통이다. 우리가 민족적 전통을 실천적으로 계승하든 학문적으로 연구하든 역사의 진보에 보탬이 되는 방향으로 힘을 모아야 하는 까닭도 여기에 있다.

아무리 소중한 전통이라 하더라도 역사적 상황에 따라서 그 의미의 충차가 다르게 마련이다. 우리가 기대하는 바대로 일정한 수준의 변혁이 이루어진다면 이 전통은 기능을 상실할 수도 있다. 또 변혁운동에도 불구하고 기대하는 방향으로 변혁이 이루어지지 않을 수도 있다. 이를테면, 6월항쟁 이후의 변혁운동이 보수세력을 무기력화하고 군부세력의 장기집권 음모를 저지시키는 등 괄목할 만한 성과를 거두었으나, 1989년에는 다시 재정비된

집권층의 탄압국면이 전개되면서 변혁세력들은 자체적으로 분절화를 겪게
되고, 정치적 대체세력으로 인식되었던 야당들도 공안정국에 휘말려 좌절을
겪다가 마침내 3당 통합이라는 엉뚱한 여야구조를 생산하게 된다. 기존 야
당들에 걸었던 기대가 무너지자 변혁을 지향하는 새로운 정당의 필요성이
새로 대두되었으며, [51) 이듬해의 민중당 출현은 이러한 필요성의 결과로 보
아야겠다. 민중당은 보수야당의 한계를 극복하기 위한 변혁세력의 한 대안
으로 등장한 정당이나, 아직은 제 몸 추스르기에도 벅찬 상태이다. 1991년
5, 6월의 운동상황이나 기초의회와 광역의회에 걸친 지자제 관련 두 선거의
결과는 오히려 퇴행적 현상으로 나타나고 있다. 그러므로 변혁의 전통은 단
선적으로 진행되는 것도 아니며, 그렇게 이해할 수도 없다.

여기서 변혁운동론에 관한 토론 한 구절을 귀담아들을 필요가 있다. "역
사 속에 하나의 변혁이 오기까지는 상당히 장구한 세월이 걸린다. 그래서
그 변혁의 과정 속에서는 개량주의적인 코스도 있었고, 또 시기도 있었고,
또 변혁주의적 코스도 있었고 시기도 있었다. "[52) 한국현대사의 통찰력 위
에서 얻어진 발언으로서 실증성을 지니고 있다. 그러나 이것은 단기적 범주
의 역사적 현실일 뿐이다. 장기지속적 관점에서 보면 시대적 상황과 조건에
따라 층차가 있기는 하지만 변혁의 전통은 계속될 것이다. 그리고 개량주의
도 역사적 조건 속에서 그 위세가 부침할 것이다. 같은 자리의 토론에서,
"우리의 구체적인 현실에서 '변혁'이 과연 무엇이고 '개량'은 과연 무엇인
가를 재점검하는 데에서부터 새로 출발해야 할 것 같다"고[53) 한 지적은 관
념적 변혁논리에 대한 근본적인 반성을 촉구하고 있는 셈이다. 그렇지만 쓴
이로서는 이 문제를 안고 뒹굴기에 여러 모로 힘이 부친다. 변혁의 전통에
관한 이후의 전망을 하는 것으로 이 글을 여밀 수밖에 없다.

골드만(L. Goldmann)의 생성구조주의적 관점에서 보면, 변혁의 전통 또한
역사를 초월하는 고정불변의 것이 아니다. 특정 시기에 나타나서 성장하다
가 쇠퇴할 수 있다. 역사 속에 존재하며 역사의 전개와 더불어 생멸하는 것
이라고 볼 수 있다. 그러나 변혁의 전통이 지닌 생명력 역시 주술과 예술의
전통이 그러한 것처럼, 우리 사회가 일정한 수준의 변혁을 성취하였다고 해

서 소멸되는 것은 아니다. 왜냐하면 주술과 예술이 필요없는 시대가 없는 것처럼, 변혁이 요구되지 않는 시대도 없을 것이기 때문이다. 현재로서는 가늠할 수 없지만 새로운 전통이 창출된다고 하더라도 여전히 변혁의 전통은 살아남을 것이며, 시대적 상황에 따라 재해석 재계승될 것이다. '좀더 자유롭고 좀더 풍요로운 삶'은 절대적으로 완결된 삶이 아니라, 상대적으로 계속해서 추구되어야 할 삶이기 때문이다. 가장 원초적인 주술의 전통이 영원한 것처럼 변혁의 전통도 영원할 것이되, 역사적 조건에 따라 더 발전적인 모습의 변혁을 꿈꿀 것이다. 주술과 예술의 시대적 변용처럼 변혁의 다양한 변용도 더불어 일어날 것이다. 그러므로 우리는 변혁의 변혁까지 염두에 둘 필요가 있다.　　　　　　　　　(《문학과 사회》 17, 1992. 2. 18.)

주

1) 林熺燮, 《사회변동과 가치관》, 정음사, 1986, pp. 266~267. "전통문화(traditional culture)와 문화적 전통(cultural traditional)은 구별되어야 할 개념이다. '전통문화'는 기본적으로 과거 전통사회의 문화라는 뜻이며, '문화전통'은 과거로부터 현대까지 축적된 문화양식으로서 현재의 사회환경 속에서도 유지되고 있는 문화를 의미하는 것이나. 전통문화는 과거에 속하는 우리의 고유문화이며, 문화적 전통은 현재에 속하는 우리의 고유문화라고 할 수 있다."

2) 임재해, 〈전통문화를 다시 생각하면서〉, 《전통문화의 원류를 찾아서》, 안동대신문사, 1989, pp. 3~4에서 전통의 개념을 인습·잔재·고전의 개념과 상호관련성 속에서 변별적으로 정리한 바 있다.

3) 이필영, 〈민속의 지속성과 시대성〉, 제17회 국립민속박물관 학술세미나 발표요지, 1990년 9월, p. 12.

4) Ernest L. Schusky and T. Patrick Culbert, Introducing Culture, 李文雄 譯, 《人類學槪論》, 일지사, 1981, p. 320. "문화에 관련된 학습과 공유(sharing)는 그것이 전통과 동일시될 수 있다."

5) 임재해, 《한국민속과 전통의 세계》, 지식산업사, 1991, p. 17·71 참조.

6) Fernand Braudel, "Histoire et Sciences Sociales : la Longue Durée," Annsaes 13, 1958(李貞玉 譯) ; 愼鏞廈 編, 《社會史와 社會學》, 창작과비평사, 1982, pp. 257~296에 역사학에서 시간지속의 개념과 장기지속에 관하여 자세하게 논의하고 있다.

7) Fernand Braudel, "Histoire et Sociology"(金榮範 譯); 愼鏞廈 編, 위의 책, p. 140.

8) 임재해, 〈단오에서 추석으로——안동지역 세시풍속의 지속성과 변화〉, 《한국문화인류학》 21, 한국문화인류학회, 1989, pp. 341~365에서 세시풍속의 지속과 변화를 다각적으로 다룬 바 있다.

9) 박진태, 《탈놀이의 起源과 構造》, 새문사, 1990에서, 하회탈춤이 굿의 일환으로 연행되었음을 주목하고 그 제의성을 여러 모로 분석하였다.

10) 임재해, 《韓國口碑文學大系》 7-7, 한국정신문화연구원, 1981, pp. 227~238에, 1978년 11월 13일 영덕군 영해면 대진 1동의 별신굿 가운데 '탈놀이' 부분을 조사하여 보고한 바 있다. '탈놀이'는 무당들이 종이탈을 만들어 쓰고 하는 극적인 형식의 굿인데, 10여 개 거리 이상으로 이루어진 별신굿의 한 거리로 연행된다. '탈굿' 또는 '굿놀이'라고도 한다.

11) 임재해, 〈탈과 조각품으로 본 하회탈의 예술성과 사회성〉, 《한국의 민속예술》, 문학과지성사, 1986, pp. 358~362 참조.

12) 조동일, 《탈춤의 역사와 원리》, 홍성사, 1979, pp. 67~108에 탈춤의 역사를 체계적으로 정리해두었다.

13) 위의 책, p. 30에서, "굿이 인간과 자연의 갈등을 주술적으로 해결하려는 것이라면, 극은 인간과 인간의 갈등을 예술적으로 표현하려는 것"이라고 했다.

14) 임재해, 〈민속의 전승주체는 누구인가?〉, 제15회 학술세미나——'민속학에 있어서의 민(民)의 개념과 실체', 국립민속박물관, 1989, p. 11. 민속의 전승주체는 "일상적인 삶을 제약하고 억압한다고 생각되는 장애나 세력에 대해 주술적인 해결을 시도하거나 예술적인 풍자를 통해 자유롭고 건강한 삶을 추구하고자 한다"고 규정한 바 있다.

임재해, 《한국민속과 전통의 세계》, pp. 106~112에서는 지역사회문화의 나아갈 바를 논의하면서 민속문화의 전통에서 "좀더 자유롭고 풍요로운 삶"을 추구해왔다는 몇 가지 보기를 들고 있다.

15) 김창호, 〈자유주의, 누구를 위한 어떤 자유인가?〉, 《실천문학》 22, 실천문학사, 1991년 여름, pp. 91~109 참조.

16) 임재해, 《한국민속과 전통의 세계》, p. 111.

17) 탈춤부흥운동의 의미에 관해서는 최승운, 〈문화예술운동의 현단계〉, 《문화운동론》 2, 도서출판 공동체, 1986, pp. 15~16에, 탈춤부흥운동의 시작과 계기 및 연대기적 서술은 문호연, 〈연행예술운동의 전개〉, 《문화운동론》, 도서출판 공동체, 1985, pp. 54~57과 정이담, 〈문화운동시론〉, 같은 책, p. 21에 자세하게 정리된 바 있다.

18) 마당극은 탈춤과 같이 일상적인 생활의 현장이자 열린 공간인 마당에서 관중과 광대가 더불어 교섭하는 가운데 극을 이끌어나가되, 오늘의 현실문제들을 구체적으로 다룸으로써 민중적 공동체의식을 강화하면서 변혁의 의지를 다지고자 하는 극적 양

식이라 하겠다.

19) 정이담 외, 〈머리말〉, 《문화운동론》, p. 7.

20) 정이담, 〈문화운동시론〉, p. 19에 상업적 대중문화, 사이비 고급문화, 관제 전통문화에 관한 개념이 잘 정리되어 있다.

21) Jean Comaroff, *Body of Power Spirit of Resistens*, The University of Chicago Press, 1985.

　　　김광억, 〈정치적 담론기제로서의 민중문화운동 : 사회극으로서의 마당극〉, 《한국문화인류학》 21, 한국문화인류학회, 1989, p. 61에서 재인용.

22) 정이담, 〈문화운동시론〉, p. 19.

23) 위의 글, p. 21의 '민족적 민주주의 장례식'과 '김상진 장례식 시위'에 관한 논의를 참고함.

24) 유팔무, 〈현대사회 변혁운동의 성격──서독의 환경·평화운동을 중심으로〉, 《문학과 사회》 7, 문학과지성사, 1989년 가을호, p. 878.

25) 최승운, 앞의 글, p. 36.

26) 유팔무, 앞의 글, 같은 곳 참조.

27) 채광석, 〈분단상황의 극복과 민족문화운동〉, 《문화운동론》, p. 29.

28) 위의 글, p. 32.

29) 문호연, 앞의 글, p. 62.

30) 위의 글, p. 66.

31) 채희완·김진태, 〈마당극에서 마당굿으로〉, 金潤洙 외, 《韓國文學의 現段階》, 창작과비평사, 1982, pp. 202~208 ; 임진택, 《민중연희의 창조》, 창작과비평사, 1990에 다시 수록되었다.

32) 김광억, 앞의 글, p. 56.

33) 위의 글, p. 73·74.

34) 위의 글, p. 56에서, 마당극운동은 한편으로는 예술이라는 형식의 가면을 이용하여 혁명의 이념을 조작함으로써 국가권력에 대한 반체제운동을 시도하는 것으로 몰아세우고 있다.

35) 조흥윤, 〈巫와 민족예술〉, 조흥윤 외, 《민족예술의 이해》, 민족문화사, 1990, pp. 13~18.

36) 문무병, 〈새로운 '싸움굿'을 위하여── 제주도의 마당굿론 2〉, 위의 책, 1990, pp. 19~72.

37) 윤승용, 〈민간신앙과 사회변혁〉, 역사민속학회 편, 《역사 속의 민중과 민속》, 이론과실천, 1990, pp. 420~451.

38) 조동일, 《탈춤의 역사와 원리》, 홍성사, 1979.

39) 임재해, 〈탈과 조각품으로 본 하회탈의 예술성과 사회성〉, 《예술과 비평》 9, 서울신문사, 1986년 봄호 ; 〈탈의 조형미가 지닌 예술적 형상성과 사회적 기능〉, 《한국의 탈》, 행림출판, 1988을 참조하기 바람. 앞의 글은 임재해, 《한국민속과 전통의

세계》에, 뒤의 글은 이 책에 재수록되어 있다.

40) '나타남새'와 '숨김새'는 동일한 대상 속에 함께 내포하는 두 가지 이상의 요소들
　　이 상황의 변화에 따라 겉으로 드러나보이기도 하고 계속 잠복해 있기도 하는데, 겉
　　으로 드러난 상태를 '나타남새', 속으로 숨어 있는 상태를 '숨김새'로 일컫는다.
　　이러한 변증법적 존재론에 대한 착상은 朴容淑, 《構造的 韓國思想論》, 을유문화
　　사, 1970, p. 8 · 32에서 얻은 것이다.

41) 주강현, 〈역사와 민속 : 변혁의 문제──역사과학으로서의 民俗學 一考〉, 역사민
　　속학회 편, 《역사 속의 민중과 민속》, p. 11.

42) 1991년 12월 22일 嶺南語文學會 월례발표회(慕山學術會館)에서 이 주제를 발
　　표했을 때 토론자 가운데서 '변혁적 전통'이라는 말이 가당치 않다는 제기를 한
　　바 있다.

43) 《三國遺事》 권 2, 處容郎 望海寺. "地神山神知國將亡 故作舞 以警之 國人不
　　悟 謂爲現瑞 耽樂滋甚故國終亡."

44) 위와 같음. "산신이 춤을 추고 노래를 부르며 智理多都波라 하였는데, 이 말은
　　지혜로 나라를 다스리는 사람이 나라가 망할 것을 미리 알고 많이 도망하였으므로
　　도읍이 장차 무너진다는 뜻이라고 하였다." 이 기록은 무당이 굿을 통해 왕정의 모
　　순을 지적하고 이를 해결해야 나라가 망하지 않는다는 주장을 펼쳤다는 사실을 나타
　　낸다.

45) 李杜鉉, 〈處容歌舞〉, 《大東文化硏究 別輯 1──處容說話의 綜合的 考察》, 성
　　균관대학 대동문화연구소, 1972, pp. 14~15.
　　　金烈圭, 〈處容傳承考──民俗學的 立場에서〉, 《大東文化硏究 別輯》 1, pp.
　　16~17.
　　　조동일, 《탈춤의 역사와 원리》, 弘盛社, 1979, pp. 17~27.
　　　임재해, 〈처용설화에 나타난 귀족사회의 모순과 굿의 전통〉, 《독서광장》
　　재교육, 1992년 12월호.

46) 임재해, 〈한 동성마을의 민속과 문화적 전통의 양상〉, 《安東文化》 11, 안동문화
　　연구소, 1990, pp. 138~139.

47) 신광영, 〈6월항쟁과 그 이후의 사회변혁운동〉, 《문학과 사회》 7, 문학과지성사,
　　1989년 가을호, pp. 930~932.

48) 재계승이란 말은 두 가지 뜻으로 쓰인다. 계승이 중단되었던 전통을 다시 계승한다
　　는 뜻으로서, 자연스러운 계승이 아니라 운동차원에서 의도적으로 이루어진 계승을
　　말하는 것이다. 다음으로는 본디 양식을 기계적으로 계승하는 것이 아니라, 그 의미
　　와 기능을 새로운 시각으로 재해석해서 계승한다는 뜻으로서, 이론적 해석의 차원에
　　머무는 것이 아니며 실천적 운동의 차원까지 나아간 것을 의미한다. 여기서는 뒤의
　　뜻이 더 강조되고 있다.

49) 김광억, 앞의 글, p. 60.

50) Victor Turner, *Dramas Fields, and Metaphors*, Cornell University Press, 1974, p. 15.

51) 신광영, 앞의 글, pp. 934~935 참조.

52) 강만길, 〈토론 : 우리 민족, 변혁운동론의 어제와 오늘〉, 《창작과 비평》 71, 창작
과비평사, 1991년 봄호, p. 91.

53) 백낙청, 위의 토론, p. 90.

세시풍속의 변화와 공휴일 정책의 문제

1. 세시풍속의 최근 동향과 공휴일 문제

생산양식의 변화는 세시풍속의 변화까지 초래한다. 농경사회에 형성된 세시풍속의 전통이 산업사회에 들어오면서 커다란 변화를 일으키는 것도 같은 맥락에서 이해된다. 우리 사회도 산업사회로 바뀌어감에 따라 농경사회에서 형성 전승되었던 여러 가지 세시풍속들이 크게 변모하여 새로운 연중행사와 생활주기가 오늘의 삶을 규정지어주게 되었다. 1960년대 이전까지는 전통적인 세시풍속을 중심으로 명절을 손꼽아보고 절기를 헤아리며 농사일을 계획하고 집 안팎의 크고 작은 일들을 가늠하면서, 일하는 때와 노는 때를 분별하는 가운데 일년 단위의 삶을 되풀이해왔다. 그런데 이제는 일주일 주기로 닥치는 일요일과 국경일을 포함한 공휴일을 중심으로 집 안팎의 여러 행사와 각종 모임, 놀이의 계획 등을 짜면서 일년 단위의 삶을 가닥잡게 되었다. 자연히 일년 단위의 삶의 주기라고 할 수 있는 세시풍속이 전통적인 절기와 명절에서 벗어나 공휴일과 연휴 중심으로 그 준거를 옮겨가게 된 것이다.[1]

옛날부터 명절로 여겨 며칠씩 쉬지도 않았거나 별식도 해먹지 않았던 많은 절기들은 이미 대중 속에서 잊혀진 지 오래이다. 다만 여름철의 복날들은 마음에 두었다가 무더위를 가늠하면서 복날 관련 절식들을 찾아먹는 전통이[2] 유지되는 편이고, 동지에 팥죽을 끓여먹는 전통도[3] 아직은 지켜가는 편이다. 그 밖의 절기들은 거의 염두에 두지 않고 지나칠 뿐 아니라, 그러한 절기를 자세하게 기록해둔 달력조차 찾아보기 어렵게 되었다. 산업사회

의 일주일 단위 생활주기가 그러한 절기와 간지를 자세하게 기입한 달력을
요구하지 않았던 결과라 하겠다. 절기를 알고 그에 따른 풍속을 의식하고
있더라도 공휴일 외에는 틀에 박힌 일상에서 몸을 빼기도 어려우려니와, 생
업에 쏟았던 마음을 돌려 그때그때 찾아온 절기를 지켜가며 그에 맞는 풍속
을 실천해볼 엄두를 내기 힘든 터이다.

심지어는 전통적으로 큰 명절로 여겨서 며칠씩 놀며 잔치 또는 축제를 벌
였던 명절까지 잊혀져가고 있다. 이를테면 4대 명절에 속하는 정월 대보름
과 5월 단오가 우리들의 생활 속에서 점차 잊혀지면서 산업사회의 일상 속
에 완전히 묻혀버린 채 숨죽어가는 경향을 두드러지게 보인다. 그래도 정월
대보름은 동제를 올리는 마을이 아직도 많은 까닭에 불놀이와 함께 보도매
체를 통해 국민들에게 새소식으로 어느 정도 전달되는데, 단오의 경우는 그
런 주목조차 받지 못한 채 잊혀진 상태로 예사 날처럼 지나치기 일쑤이다.
이 밖에도 2월 보름, 3월 삼짇날, 6월 유두, 7월 백중, 9월 중구 등 특정
지역 또는 전국적인 명절로 놀았던 명절이 많은데, 지금 그 전통을 고스란
히 지키고 있는 경우가 거의 없다. 두루 잊혀져버렸다. 대부분의 달력에 음
력이 표기되지 않는다는 것이 이러한 사정을 객관적으로 드러낸다.

그럼에도 불구하고 한두 명절은 크게 되살아나거나 새삼스레 주목받기 시
작했다. 한때 양력설을 신정이라 하여 정부 공인의 설날로 밀어붙이는 바람
에, 종전에 별의미 없이 지나치던 양력 초하루가 1960년대말부터 1980년대
중순까지 새로운 명절로 뿌리를 내리는 듯싶었다. 그런가 하면, 추석 명절
도 1970년대부터 전국적인 명절로 되살아나기 시작했다. 따라서 추석 명절
을 쉬지 않던 지역도 추석 귀향을 서두르고 추석 차례와 성묘를 치르느라
온나라가 법석을 떨기에 이르렀다. 그런 과정 속에서 1980년대 중반인
1985년에 우리의 본디 설인 음력 정월 초하루가 엉뚱하게 '민속의 날'로
지정되었다가, 다시 1988년에 설날로 완전히 복권되기에 이르렀다. 그럼으
로써, 일제 이후 계속해서 숨죽어가던 우리 민족설을 되찾게 되었다.

전에 없었던 풍속이 일년 주기로 되살아난 것은 이른바 바캉스라고 하는
여름철의 피서휴가와, 봄철의 주말 봄놀이 야유회, 가을철의 단풍놀이 관광

이 새로운 세시풍속으로 자리잡아가고 있다. 겨울철의 온천여행도 빼놓을 수 없는 생활주기가 되었다. 종래의 세시풍속처럼 반드시 정해진 날에 국민적으로 실시하는 것은 아니지만, 대체로 그 시기가 2, 3주 사이에 집중되어 있고, 해마다 반복성을 지닌다는 점에서 새로운 세시풍속으로 주목할 만하다. 산업사회의 이러한 연례적인 새 풍속은 전통 세시풍속과 달리 대강의 주기성은 지니되 고정성은 지니지 않고 있다. 성탄절과 불탄일·신정·국경일 등은 고정적이지만 일요일과 공휴일을 이용한 여러 행사들은 상대적으로 유동적이고 가변적이다. 그러므로 엄격한 의미에서 세시풍속이라고 하는 것은 그만큼 약화되었다. 이제는 그야말로 세시풍속이라기보다 관공서의 연중계획표에 적힌 것처럼 연중행사라 해야 더 어울릴 정도이다.

우리 국민들을 대상으로 명절과 상관없이 일을 쉬며 즐긴 날을 조사해본다면, 적어도 봄 한철의 나들이와 여름 피서여행, 그리고 가을철의 단풍구경과 겨울의 온천관광 한 차례 정도는 거지반 겪은 것으로 나타날 것이다. 심지어 명절연휴에도 집에서 차례를 올리지 않고 관광지에서 여행을 즐기면서 차례를 형식적으로 때우는 경우도 없지 않다. 세시풍속 연구는 늘 전통적인 관행이나 이미 사라진 풍속을 주로 다루어야 하는 것은 아니다. 최근에 형성되어 지금 통용되고 있는 세시풍속 또는 연중행사도 다루어야 할 뿐 아니라, 현재의 문화적 상황에 주목하고 바람직한 문화의 창조와 문화정책의 방향에 실질적인 기여를 할 수 있어야 한다.[4] 여기서는 세시풍속의 변화가 무엇으로부터 비롯되었으며, 정부의 공휴일 정책과는 어떻게 맞물려 있는가 하는 것을 점검하면서 그 문제점을 진단하고 몇 가지 대안을 마련하고자 한다.

물론 이 논의는 공휴일 정책 일반에 관한 것이 아니다. 그러한 문제제기와 진단과 처방은 정치행정과 관련된 공휴일 정책 논의가 될 것이다. 그동안 국무회의에서 거론된 공휴일 정책의 결정과정을 보면 오히려 정치·경제와 관련성이 더 높은 듯한 것도 사실이다. 1970년대말부터 신정연휴와 상관없이 설 명절 공휴화의 여론이 높아지면서 설날의 공휴일화 논의가 가끔씩 대두되었다. 그러나 재벌의 영향력 아래 있는 경제계나 경제부처 각료들의 반대 주장에 부딪혀 번번이 좌절되었다. 추석연휴의 문제도 마찬가지였다. 양력 체계의 공휴일과 국경일 외에 설과 추석 등 음력 체계의 명절을 공휴일로 정하게 되면 노동자들의 휴무가 늘어나서 생산성이 크게 떨어지고 수출전략에도 막대한 차질이 온다는 것이다. 사용자의 처지에서는 마땅히 공휴일이 적어야 생산량이 늘고 기업의 이익도 많이 챙길 수가 있다. 그러나 우리는 여기에 대한 정치경제적 문제를 깊이 따질 겨를이 없다. 그러므로 전통문화의 계승 문제에 초점을 두고, 민속학의 처지에서 공휴일 정책이 세시풍속의 전승과 변화에 어떠한 영향을 미치는가 하는 점을 따져보고서, 그에 따른 문제들을 점검하는 가운데 정책적 대안을 마련해보는 데 의의를 둔다.

그러면서 우리는 공휴일 정책이 정치적 목적과 행정의 효율성을 염두에 둔 정치행정과, 경제의 생산성만 문제삼는 경제행정에 한정되지 않고, 전통문학의 계승과 문화발전을 겨냥한 문화행정의 관점에서 전면적인 재검토가 이루어질 것을 기대한다. 따라서 양력 중심의 역법 시행이 가져오는 행정의 효율성이나, 공휴일을 줄임으로써 얻어지는 생산성의 문제에 관해서는 별도의 비판적 검토가 있어야 할 것이다. 그렇다고 하여 공휴일 정책이 문화행정의 시각에서 세시풍속의 문제에만 한정되어서는 곤란하다. 왜냐하면 행정의 효율성과 경제적 생산성 역시 우리들이 성취해나가야 할 중요한 삶의 문제이지만, 이러한 문제 역시 문화양식의 하나로서 문화정책과 불가분의 관계에 놓여 있는 까닭이다. 더군다나 전통적인 세시풍속 또한 좁은 의미의 전통문화에 머무는 것이 아니라, 경제적 생산성과 정치적 사회성을 다분히 띠고 있다는 사실도 고려에 넣어야 한다. 세시풍속을 농경생활과 밀접하게 연관시켜 분석한 연구나, [5] 사회통합적 기능을 주목하여 그 체계를 분석한 연구는[6] 모두 이러한 문제인식에서 비롯된 것이다. 그러므로 이 논의에서도 논지가 유지되는 범위 안에서 이들 문제들이 함께 거론됨직하다.

2. 역법의 양력화에 따른 세시풍속의 지속과 변화

공휴일 정책이 세시풍속에 구체적으로 어떤 영향을 미치는가 하는 것을
읽어나가기 전에 우선 세시풍속을 변화시킨 생업의 토대와 그 생업력의 관
계부터 주목해보기로 한다. 농경사회에서는 주로 음력을 기준으로 보름 또
는 양수(陽數)가 겹치는 날이 세시풍속의 중심을 이루었다면,[7] 산업사회에
서는 양력을 중심으로 일요일 또는 공휴일이 세시풍속의 중심을 이룬다고
할 수 있다. 이를테면, 농경사회에서는 정월 대보름과 8월 추석 또는 삭망
주기의 제의가 거행되는가 하면, 1월 1일, 3월 3일, 5월 5일, 9월 9일 등
양수가 겹치는 날이 세시풍속의 중요 매듭을 이루고 있다. 그러나 산업사회
에 들어오면서 이들 대부분의 명절들은 잊혀지고 일요일과 국경일, 각종 공
휴일이 새로운 세시풍속의 터를 제공한다. 그것은 정부의 표준역법이 양력
으로 바뀐 사실에 한정되지 않는다. 생산양식이 산업사회로 달라진 데 더
큰 원인이 있다.

정부의 공식적 역법을 음력에서 양력으로 바꾼 것은 1895년이다. 이때부
터 정부의 공조직은 양력을 기준으로 일정을 운영하고 연중행사도 시행하였
으나, 세간의 살림살이 주기에는 거의 영향을 미치지 못하였다. 일제 때는
신정에 설을 쇨 것을 강요하였지만 민심은 돌아서지 않았다. 해방 후
1960년대까지도 양력은 학생들과 공직자들의 달력에 머물렀다. 자유업을
하는 예사 사람들이나 시골 사람들은 음력의 날짜를 가늠하며 일상생활의
일정을 짜고 각종 연례행사를 치렀다. 생일과 제사날짜와 같은 고정적인 의
례일정은 물론이려니와, 그때마다 적절히 날을 받아서 쓰는 혼례날짜나 고
사날짜도 음력으로 잡았다. 자연히 모든 달력에는 음력이 반드시 병기되었
다. 설과 보름, 단오와 추석 등 각종 명절은 말할 나위도 없었다. 1960년
대까지만 해도 '신정'이라는 것은 공공기관에서나 치르는 일종의 신년기념
일에 지나지 않았다. 다만 5일장이 양력으로 시행되었을 따름이다. 공직자
가 아니더라도 기독교인들은 양력 주일을 지켰다. 그러나 시골에서는 일요

일조차 아무런 의미를 주지 못했다. 국정 공휴일도 시골 사람들과 도시 근
로자, 자유업에 종사하는 사람들에게는 연중행사로 의식되지 않았다. 생업
활동이나 일상생활에 아무런 영향을 주지 않았던 것이다. 당시에는 공장 노
동자들도 일요일과 국경일에 꼬박꼬박 놀지 않고 일터에 나가야 했다. 자연
히 세시풍속의 전통을 지속하는 데 양력이 별장애가 될 수 없었고 큰 변수
도 될 수 없었다.

그러나 1970년대 이후 급격한 산업화가 전개되면서 양력은 새로운 힘을
얻게 되어 세시풍속에 커다란 변수로 작용하기 시작했다. 이미 거론한 바와
같이 농경사회에서 산업사회로 생업 양식의 무게 중심이 이동되는 데 따른
여러 가지 변화가 일어난다. 산업사회는 역법의 획일성과 표준성·규범성
을 가져오게 하였을 뿐 아니라, 의사결정의 주체를 토박이에서 객지사람으
로 바꾸어놓는다. [8] 역법은 국제화되고 풍속은 도시화되는 것이다. 도시 근
로자들의 생업력이자 국제적 역법인 양력이 일상생활에 깊게 영향을 미치기
시작한다. 그렇게 되자 객지살이하는 사람들은 특별휴가를 내지 않는 한,
고향에서 올리게 되는 선조들의 제사나 부모님 생일잔치도 제대로 챙기기
어렵다. 전에는 음력의 간지(干支)와 사람들의 생기(生氣)에 따라 길일을
잡던 혼례날짜도 이제는 양력으로 잡게 되었다. 신랑 신부의 사주팔자를 근
거로 날을 잡아서는 주말이나 공휴일에 혼례를 올리기 어려운 까닭이다. 시
골에서 부모들이 농번기를 피해서 일관(日官)을 찾아가 길일을 잡던 각종
의식의 날짜들이 이제는 객지의 자녀들이 공휴일을 가늠해서 적절히 정하기
에 이른 것이다. 음력을 주로 쓰던 농경사회에서는 명절 외에 공휴일이 별
도로 정해져 있지 않았다. 의식의 필요에 따라 적절히 쉴 수 있었던 까닭이
다. 사람과 의식이 주체가 되어 필요한 경우에는 공휴일에 구애되지 않고
날을 잡아서 쉴 만큼 쉬었던 것이다.

제사가 들면 드는 날 준비를 하느라 쉬고 파젯날 오전까지는 음복을 하느
라 가족 단위로 쉰다. 어른들의 생일잔치 때도 비슷하다. 그러나 혼례잔치
나 회갑잔치가 벌어지면 마을 전체가 하루를 쉰다. 마을 단위의 공휴일이
되는 셈이며, 이때는 명절이나 다름없이 먹고 마시며 더불어 하루를 즐긴

다. 상당히 자의적이었으며 주체적이었다. 한데 산업사회에서는 그럴 수 없
다. 달력이 주인이다. 개인이든 단체든 모든 행사는 달력에 맞추어야 한
다. 한결같이 달력에 목을 매고 일터에 나가고 나날의 일정을 잡으며 쉬기
도 한다. 가족 단위나 마을 단위의 휴무 또는 잔치가 유동적으로 이루어질
수 없는 것은 말할 나위도 없다. 공적인 공휴일 외에는 이러한 의례행사가
불가능하다. 이른바 인륜대사라고 하는 혼례날짜도 양력 중심으로 이미 있
는 공휴일에 맞추어서 잡아야 한다. 심지어는 고향에 있는 부모님의 생일이
나 회갑잔치는 붙박이로 고정된 날짜가 있음에도 불구하고, 객지에서 직장
생활하는 자녀들의 생활주기를 고려하여서 일요일에 맞추어 며칠씩 물리거
나 앞당겨 치르는 사례도 있다. 그러므로 공휴일 외에 쉴 틈이 마련되어 있
지 않는 산업사회에서는 전통적인 농경사회의 세시풍속이 제대로 지켜질 리
가 없다.

그 대신 달력과 공휴일에 따라서 새로운 세시풍속이 생겨난다. 전통적인
세시풍속도 공휴일이 아니면 쉴 수 없듯이, 별의미 없는 날이더라도 공휴일
은 일상적으로 반복되는 단순한 생활의 틀을 깨고 변화를 가지게 한다. 특
히 연휴가 되면 예사로 지나칠 수 없게 만든다. 일을 쉴 뿐 아니라, 먹고
입는 게 달라지고 몸과 마음이 함께 즐거워진다. 옛날에 손꼽아 기다린 명
절을 맞은 때나 다름없다. 이른바 '황금연휴'라고 하는 것은 봄가을 나들이
또는 피서철에 공휴가 겹칠 때를 말하는 것으로, 설과 추석 명절의 대이동
이상으로 교통혼잡을 빚고 관광지와 피서지에는 인산인해를 이룬다. 이는
분명 전통적 의미의 세시풍속과 거리는 멀지만, 나날의 생활주기에 매듭을
지어주면서 삶의 일상에 커다란 변화를 주고 일에 찌들린 일상으로부터 벗
어나 일시적인 해방감을 준다는 점에서 산업사회의 새로운 세시풍속이라고
할 수 있고, 연휴는 곧 산업사회의 '명절이나 다름없다고 할 만하다.

일본에서는 우리보다 몇 해 빠른 1872년에 양력을 표준역법으로 시행하
였다.[9] 산업화도 앞선다. 자연히 모든 세시풍속은 양력에 의하여 이루어진
다. 음력으로 이루어지던 설과 보름, 단오도 모두 양력으로 1월 1일, 1월
15일, 5월 5일에 공휴일로 쉬되, 그 이름도 바꾸어 '국민의 축일'로서 별

도의 명칭을 정했다. 이를테면 음력 정월 보름날을 '고쇼가츠'(小正月)라 했는데, 양력 1월 15일로 바꾸면서 '성인의 날'이라 하였고, 음력 5월 5일은 우리나라처럼 '단오'라 하였는데, 양력 5월 5일로 바꾸면서 '어린이의 날'로 정하였다. [10] 다만 음력 7월 15일 우란분회(盂蘭盆會)만은 음력의 시기를 고려하여 양력 8월 13일에서 15일 사이의 3일간을 공휴일로 삼았다. [11] 이처럼 일본은 농경사회의 전통 세시풍속을 양력으로 바꾸고 그 명칭까지 산업사회에 맞도록 고친 셈이다. 그 결과 전통세시는 온통 양력으로 이동하게 되었으며, 공휴일이 집중되어 있는 4월말과 5월초에는 연휴가 겹쳐 이른바 황금주간이라 일컬어지기도 한다. [12] 그러므로 산업화가 심화될수록 국제적 표준역법인 양력의 주기가 사람들의 삶을 지배하게 되어, 상대적으로 사람이 주체가 되었던 음력 위주의 세시풍속은 그 설 자리를 잃게 된다고 하겠다.

3. 공휴일에 따른 세시풍속의 지속과 변화

일상생활의 일정이 양력에 의하여 지배되고 있다는 사실은 전통명절이라고 하더라도 공휴일로 지정되지 않으면 명절로 쇨 수 없게 되었다는 말이다. 따라서 표준역법의 양력화와 사회구조의 산업화가 맞물리게 됨에 따라, 그동안 상당히 지속성을 보이던 세시풍속이 급격한 변화를 일으키게 되었다는 사실은 분명하게 납득할 수 있게 되었다. 여기서 급격한 변화란 다름 아닌 음력 중심의 세시풍속이 약화 또는 소멸되었다는 말의 다른 표현에 지나지 않는다는 사실도 인정하게 되었다. 앞에서 복날과 동지와 같은 세시풍속은 아직도 그 전통이 이어지고 있다고 했는데, 이들 절기들은 한결같이 양력에 의한 것이라는 점을 고려하면, [13] 음력 중심의 전통 세시풍속은 역법의 교체와 함께 사라질 수밖에 없다는 사실을 여러 모로 확인하게 된다. 그럼에도 불구하고 공휴일에 따른 세시풍속의 지속과 변화를 별도로 다루는 것은 순전히 역법의 전환이나 생산양식의 변화가 전적으로 세시풍속을 좌우하는 것은 아닌 까닭이다. 비록 역법이 양력으로 바뀌고 생산양식도 산업화되었다고 하더라도, 공휴일 정책만 적절히 펴게 되면 세시풍속의 전통을 생생하게 이어나갈 수도 있고, 아니면 숨죽이게 할 수도 있다는 사실 때문이다.

구체적인 자료를 보기로 들지 않아도 세시풍속의 옛 전통이 잦아들고 있다는 것은 직접 경험을 통해서 알고 있는 바와 같다. 그 원인이 어디서 비롯되었는가 하는 것도 그동안의 논의를 통해서 어느 정도 이해할 만하다. 그럼에도 불구하고 어떤 세시풍속들은 새삼스럽게 되살아나고 전에 없이 활기를 띠고 있다. 추석과 설이 대표적인 보기이다. 4월 초파일도 그러한 조짐을 보인다. 추석이 전통명절로 그 자리를 다시 굳힌 지 20여 년이 되었고, 일제 이후 설 명절의 자리를 내주고 설움받던 본디 설이 최근 몇 해 사이에 다시 복권되어 지금에 이른다. 따라서 설과 추석은 옛날 못지않게 전국적인 규모로 귀성객들이 대거 이동하게 되므로 나라 전체가 온통 몸살을 앓을 지경이며, 각종 대중매체들은 며칠씩 특집 프로그램과 특집기사로 명절 분위기를 조성하는 데 여러 모로 공헌하고 있을 정도이다. 산업사회로 접어들면서 죽어가던 전통 세시풍속들 가운데 오직 설과 추석만이 전통명절로 다시 복권되는 까닭은 어디에 있는가. 그것은 순전히 정부의 공휴일 정책 덕분이다.

몇 해 전만 하더라도 본디 설을 이른바 '구정'이라 규정하고 음력설은 마치 후진국들의 잘못된 설인 양 오도하는 한편, 공직자들과 학생들을 통해 신정이 올바른 설임을 홍보하고 신정에 차례를 올리도록 강요하였다. 그리고 신정 때는 3일씩이나 연휴를 주어 공식적으로 쉬게 하였다. 물론 본디 설날에는 모든 직장과 학교를 쉬지 않도록 하여 정상근무와 등교가 이루어졌으며, 근무상태를 감찰하기까지 하였다. 공무원들에게는 본디 설을 쇠지 못하도록 여러 모로 행정적 통제를 하고, 학교에서는 학생들을 통해 신정을 설날로 주입시켰다. 모든 신문과 방송도 어김없이 이때가 설날이라며 야단법석을 떨었다. 심지어 음력을 기준으로 마련한 60갑자와 12간지에 의한 띠까지 무시한 채 양력설을 두고서 올해는 을미년이니 갑술년이니 하는가 하면, 음력으로 새해가 되려면 아직 한 달씩이나 남았는데 벌써부터 무슨

띠 해라며 엉뚱한 주장과 해설을 펴는 모순이 태연스럽게 이루어졌다. 지금
도 그러한 관행이 남아 있는 탓으로 양력 새해를 두고서 띠풀이와 60갑자를
헤아리는 일이 성급하게 이루어진다. 양력 새해 1월 1일은 음력으로 아직
묵은 해의 섣달 초순경에 지나지 않는다는 역법의 이치까지 공공연히 무시
되고 있는 셈이다.

   양력설 정책은 우리 본디 설의 자리를 대신 차지한 채 그 풍속들을 몽땅
빼앗아가는 한편, 음력의 고유한 역법의 이치까지 당치 않게 끌어가서 음양
의 원리를 헷갈리게 하고 말았다. 태세(太歲)의 간지와 띠 등 태음력의 역
법을 제법 아는 이들조차 동짓달 하순이나 섣달 초순에 벌써 설이라도 맞은
듯 방송매체에 불려나가서 올해는 어떻고 하면서 신년 띠풀이를 천연덕스럽
게 하고, 나라의 역사기록이 음력으로 서술되었다는 사실을 아는 사가들조
차도 신년호 신문지상에 새해의 태세에 일어났던 역사적 사건들을 열거하며
마치 태세가 양력에 따라 바뀐 듯이 서술하는 데 아무런 머뭇거림조차 없었
다. 학자라고 하는 사람들까지 이 모양이므로, 잘못된 관행과 풍속이 바로
잡힐 기미는 보이지 않았다. 정부의 역법 정책과 신정연휴에 따라 부득이
신정에 설을 쇠었던 사람들도 본디 설을 그냥 보낼 수 없어 떡국을 빚고 세
배를 다니는 등 설 풍속의 일부를 지키고자 했다. 그러면 정부나 지식인들
은 한결같이 이중과세의 낭비만 지적했지 설의 전통을 행정적으로 무리하게
바꾸어놓은 탓이라고 여기지 않았다. 오히려 그 허물을 온통 국민들에게 뒤
집어씌웠던 것이다.

   그래서 국민들은 행세하는 사람들의 이중과세 비난을 듣느라 정초부터 주
눅이 들어 있었다. 설에 관한 통제만은 일제 때나 다름없었다. 나라는 독립
되어도 민족설은 여전히 왜설에 속박되어 있었던 셈이다. 다만 1980년대
초반에 몇몇 민속학자들이 국민의 여론에 힘입고 민속의 이치를 고려하여
본디 설을 되찾아야 한다는 주장을 신문기사로 발표한 바 있을 따름이며,
설과 보름 민속의 대립성과 유기성이 달의 생멸주기에 근거하여 생겨난 세
시풍속이므로, 설과 보름은 음력에 의하여 쇠어야 할 뿐 아니라, 보름도 공
휴일로 지정되어야 한다는 연구발표 정도가 고작이었다. [14]

이러한 연구발표가 있던 1985년에는 음력 정월 초하루가 '민속의 날'이라는 엉뚱한 이름으로 지정되는 가운데 공휴일로 하루 쉬게 되었다. 본디 설이 '민속의 날'이라는 이름으로 공휴일이 되자, 그 이전까지 신정연휴에 설을 쇠던 대부분의 사람들이 이때를 이용하여 음력 정월 초하루인 본디 명절에 설을 쇠기 시작하는 급격한 변화가 전국적으로 일어났다. 뿐만 아니다. 공휴일이 생산성을 높이는 데 큰 장애가 된다고 하여 이를 거부하던 경제계에서도 오히려 근로자들이 설을 제대로 쇨 수 있도록 '민속의 날' 공휴 전후의 하루나 이틀을 더 쉬게 하여 사실상 연휴로 즐길 수 있게 배려하였다. 음력설의 공휴일을 반대하던 경제계가 도리어 휴무 날짜를 자진해서 늘여주는 이변을 일으킨 것이다. 거기에는 두 가지 까닭이 있다. 생산현장에서 몸일을 하는 공장 노동자들을 민속의 날 하루만 쉬게 해서는 본디 자리로 고스란히 되돌릴 수 없다는 사정과, 무리하게 공장으로 복귀시켜보았자 신명나게 일하지 않을 경우 작업능률이 오르지 않는다는 사실을 현장에서 겪어 알고 있는 터이다. 자연히 각 기업체별로 다투어 설날연휴를 늘여주게 되었으며, 심지어는 근로자들과 합의하여 신정연휴는 반환하고 그만큼 음력 설을 본디 전통대로 더 길게 쇠도록 하였던 것이다.

관공서의 경우도 그리 다르지 않았다. '민속의 날' 하루를 공휴일로 쉬게 하였지만, 이때 신정에 빼앗겼던 설 명절의 풍속을 되찾아오게 됨으로써 귀향하여 차례를 치르고 다시 직장에 복귀하려면 이래저래 시간이 크게 부족하게 된다. 자연히 민속의 날 전후 반나절 또는 하루씩은 사실상 업무가 손에 잡히지 않는 근무가 이루어지게 된다. 고향에서 어른들 모시고 차례를 올린다는 데는 아무리 경직된 구조의 공직사회라고 하더라도 어쩔 수 없다. 본디 설을 '민속의 날'이라는 이름으로 왜곡시켜두었지만 하루의 공휴일이 주어진 덕분에 주눅들어 있던 설의 전통이 역동적으로 되살아나기 시작하였고, 그야말로 신정 연휴는 일상적인 주말연휴처럼 관광이나 여행을 즐기는 예사 휴일로 퇴색되어버렸다. 따라서 아무리 양력 우위의 편벽된 의식과 경직된 행정체계 속에서 정책 입안을 담당하는 사람들이라도 더 이상 '민속의 날'을 고집할 수 없게 되었다. 양력설이라는 신정은 껍질만 남고

알맹이는 고스란히 음력설이라는 구정으로 옮겨가고 만 것이다. 그러므로 '민속의 날'을 시행한 지 3년 만인 1988년에 이러한 대세를 거스를 수 없어 마침내 음력 정월 초하루를 본디 전통대로 설날로 인정하고 3일 연휴로 쉬게 하였던 것이다.

우연인지 모르지만, 엉뚱한 발상으로 지정된 '민속의 날'을 설이라는 본디 이름으로 바꾸고, 신정연휴를 줄이거나 성탄절 공휴를 뒷전으로 돌려서라도 설 명절연휴를 사흘 정도로 늘려야 한다는 논문이 발표된(1986) 지 2년 만이었다. 관련된 부분 두 대목만 옮겨본다.

　　설이 '민속의 날'로 개명되어 공휴일로 정해진 지 2년째이나, 대중매체의 공식적인 용례를 제외하고는 이 날을 민속의 날이라고 일컫는 이는 거의 없다. 국민적인 공감대를 획득하지 못했으니 당연한 일이다. 더러는 양력 1월 1일을 설로서 공식화하고 있으니 명칭의 상충을 피해서도 다른 이름이 필요하다고 주장하는 이가 있다. 그렇다면 양력 1월 1일의 성격에 맞는 이름을 논리적으로 따져서 새로 붙일 일이지, 후진국들만 쓴다는 비과학적인 음력 초하루의 이름은 왜 차용해가는가?

　　전통적인 명절인 정월 초하루는 본디 이름 그대로 '설날'이라 하고, 양력 1월 1일은 '새날'이라 하는 것이 그 말뜻에서나 이치에서나 합당할 것이다. '새날'은 전통적인 명절이 아니므로 축제로 연결되지 않는다. 공무를 하루 정도 쉬는 것으로도 족할 것이다. 3일 연휴 중 이틀은 설이나 보름의 축제를 위해 명절휴일로 돌려도 좋겠다. 그것이 오히려 더 생산적이고 합리적이다. 왜냐하면 설과 보름 민속의 대립적 성격이 변증법적으로 통일되어 있을 때 우리의 혈연공동체와 마을공동체가 민족공동체의 하부구조로서 튼실한 바탕을 터잡아나갈 수 있기 때문이다.[15]

이 대목은 1985년에 발표한 〈설과 보름 민속의 대립적 성격과 유기적 상관성〉이라는 논문에, 음력 역법의 과학성, 설의 명칭과 공휴 문제에 관한 논의를 덧붙여 보완한 것이다. 세시풍속이든 또는 다른 어떤 분야의 민속연구이든 있는 그대로의 분석에 머물러서는 그 연구의 의의를 주장하기 어렵다. 연구대상의 이치를 분석하여 새롭게 밝혔다면, 그 이치에 맞지 않게 행

해지는 관행은 바꾸어야 한다는 주장을 펼치고, 그 대안을 설득력 있게 제
시하는 데까지 이르러야 실제생활에 바람직한 변화를 주는 생산적인 연구가
될 수 있다. 그런 점에서 그동안의 세시풍속 연구자들은 여러 모로 반성할
필요가 있다고 생각한다.

설이 복권된 지 불과 몇 해 되지 않지만 오랜 전통의 힘 덕분에, 신정을
쇠던 국민들의 정서나 관행이 전혀 어색하지 않을 만큼 자연스레 본디 설의
전통을 되살릴 수 있게 되었다. 이제는 양력설이라는 그럴 듯한 말로 본디
설을 억압하던 풍토와, 이중과세라는 어줍잖은 타박은 더 이상 겪거나 듣지
않아도 되기에 이르렀다. 그러므로 우리는 역법의 양력화와 사회의 산업화
못지않게 공휴일 정책이 세시풍속에 결정적인 영향을 미치고 있음을 쉽게
확인할 수 있다.

> 중요한 것은 이름이 아니라 공휴일화 또는 연휴화이다. 신정을 설이라 하고
> 음력설을 민속의 날이라 했지만, 정부에서 정한 이름과 상관없이 이 날을 공휴
> 일화하자 설 명절이 신정에서 음력설로 환원되듯이, 이날을 연휴화하자 거의
> 전국민이 원래 설을 되찾은 것이다. 그러므로 공휴일, 특히 옛날의 명절 때처
> 럼 3일 이상의 연휴를 주는 것이 얼마나 명절을 명절답게 하는가 하는 것을 쉽
> 게 알 수 있다. 결국 공휴일 또는 연휴가 전통적인 설을 신정으로 옮겨가게도
> 했고, 또 신정에 쉬던 설을 다시 바꾸어 본디 설로 되돌아오게도 한 것이다. [16]

이러한 공휴일의 위력 현상은 추석 명절에서도 고스란히 나타난다. 이 문
제에 대해서는 이미 그 변화양상과 원인에 대한 논의가 다각적으로 이루어
진 바 있다. [17] 여기서는 추석의 공휴일 문제만 한정적으로 거듭 정리한다.
원래 추석권이라 할 수 있는 호남지역과 영남 일부 지역의 명절이었던 추석
이 공휴일화되자, 새삼스레 추석이 전국적인 명절로 확산되면서 일반화되기
시작했다. 따라서 추석 명절을 쇠지 않던 지역도 추석 귀향을 서두르고 추
석 차례와 성묘를 치르느라 온나라가 법석을 떨기에 이르렀다. 추석을 하루
만 공휴일로 잡았을 때에는 단오권 지역과 추석단오 복합권에 속하는 일
부 지역에는 전통 세시풍속에 따라 추석 차례나 성묘를 하는 사례는 없었

다. 그러다가 3일 동안 연휴로 쉴 수 있도록 공휴일 조례를 고치게 되자, 전국적인 명절로 확대되었으며, 심지어는 벌초와 차례, 묘사를 분리해서 실시하던 관행을 추석 3일 연휴 동안에 통합하여 실시하는 경향까지 빚게 되었다.[18]

추석은 학계에 상식화된 것처럼 본래 지역 명절이었다. 이른바 추석권과 단오권, 추석단오 복합권으로 전국이 세 권역을 이루며 분별되어 있었다.[19] 따라서 단오권의 경우에는 추석 명절을 거의 의식하지 못할 정도로 지나친다. 심지어 추석단오 복합권에서조차 일부 지역에서는 추석을 명절로 쇠지 않고 지나친다. 다만 이들 지역에서는 추석 차례에 해당되는 천신(薦新)의례를 중구(重九 ; 음력 9월 9일)에 올린다. 그 대신 단오 때는 그네를 매고 씨름을 하며 3일 동안 즐겨 놀았다. 그러나 단오는 공휴일로 정하지 않고 추석만 3일 연휴로 공휴일화함으로써 일부 지역의 세시풍속 전통은 단절되고 다른 지역의 세시풍속에 휩쓸림으로써 엉뚱한 현상을 빚기에 이르렀다. 제 고장 전통의 단오 명절과 중구 차례는 한꺼번에 숨죽여두고서, 연휴 공휴일에 따라 다른 고장의 추석 명절에 덩달아 귀성을 하고 차례와 성묘를 올리게 된 것이다.

더욱 주목할 만한 공휴일의 위력은 외래종교의 공휴일 지성에서 드러난다. 우리 고유의 전통명절은 잦아들고 있는 반면에, 해방 직후부터 공휴일로 잡은 성탄절이나, 최근에 불교계의 항의로 뒤늦게 공휴일로 지정된 불탄일은 새로운 명절로 자리를 굳혀가고 있다. 특히 성탄절은 오랜 공휴일의 역사를 지닌 까닭에 신도들은 물론 온국민들이 대단한 명절처럼 여기게 되었다. 그 결과 친지들이나 벗들끼리 선물과 카드를 주고받는가 하면, 이때를 가늠하여 각종 모임과 연회, 만남의 의식을 행하는 연말 세시풍속을 새삼스레 조성하게 되었다. 성탄을 축하하는 종교행사가 아닌 과소비를 부추기는 모임과 청소년을 들뜨게 하는 행사들이 여러 가지 역기능을 나타내기도 한다. 불교문화의 오랜 전통과 상관없이 뒤늦게 공휴일로 지정된 불탄일은 상대적으로 소외되었던 편이다. 그러나 불탄일도 늦게나마 공휴일로 지정된 까닭에 불교신도들이 아닌 사람들도 봄놀이 겸 절 구경을 가도록 하여, 늦봄에 맞이하게 되는 새로운 세시풍속으로 정착되어가고 있다.

한·중·일 동양 3국 가운데서 외래종교의 성인 탄생일을 국정 공휴일로 정한 것은 한국뿐이다. 일본은 전국민의 3분의 2 이상인 8,300여 만 명이 불교신도이지만 초파일을 공휴일로 정하지 않았다. 참고로 한국의 불교신도는 1,200여 만 명으로[20] 전국민의 3분의 1에도 못 미치면서 불탄일을 공휴일로 지정해 불교신도들이 아닌 대다수 국민들까지도 하루를 쉰다. 이것은 해방 후에 기독교의 성탄절을 공휴일로 지정한 데서 비롯되었다. 성탄절만 공휴일로 지정하여 온국민들이 축제 분위기로 들뜨며, 각종 대중매체들이 성탄절 특집을 기획하게 되자, 불교계로서는 그냥 있을 수 없었다. 교세로 보나 종교의 역사로 보나, 기독교 축일에 밀린 채 불공평한 대접을 받을 수 없는 처지였다. 종교의 자유를 내세우고 특정 종교 편향의 공휴일 정책을 공식적으로 비판하고 나서자, 4월 초파일의 불탄일도 성탄절처럼 공휴일로 정하지 않을 수 없었던 것이다. 메이지유신을 추진하는 가운데 서유럽 문물을 급격히 받아들이고 양력의 역법을 가장 먼저 수용한 일본의 경우에도 성탄절을 공휴일화하지 않았는데, 우리가 서양의 종교명절을 공휴일로 삼은 까닭은 해방 직후 들어선 이승만 정권의 정치적 기반과 종교적 배경 때문이라 하겠다.

이상에서 검토한 바와 같이, 공휴일은 설을 신정으로 옮겨 본디 설의 전통을 숨죽이기도 하다가 다시 생생하게 살려내는 위력을 발휘했다. 뿐만 아니라, 지역적인 명절인 단오를 제 고장에서 주눅들게 해둔 가운데 다른 고장의 명절인 추석을 끌어와 제 고장 명절 이상으로 기를 펴고 행세하게 하는 기현상을 빚어내기도 했다. 그리고 제 나라 명절은 제쳐두고서 외래종교의 명절을 공휴일로 지정하여 신도들이 아닌 사람들까지 괜스레 하루를 휴무하게 만드는 엉뚱한 힘까지 드러냈다. 그러면서 공휴일이 너무 많다는 논리 아래, 민족명절의 공휴일 지정을 계속해서 외면하거나, 한글날과 같은 국경일을 공휴일 지정에서 제외시키자고 하는 반민족적이고 반역사적 주장을 하는 사람들이 공휴일 정책에 관여하고 있는 현실이다. 그러므로 공휴일 정책이 문화적 국면을 고려하지 않은 채 입안되고 시행되게 되면 뜻하지 않은 부작용과 역기능들을 두루 불러일으키게 된다.

4. 공휴일 정책이 빚어낸 세시풍속의 문제

공휴일 정책이 빚어낸 세시풍속의 부작용은 신정을 3일 연휴로 쉬게 하면서 본디 설을 말살하려던 그동안의 시행착오에서 여실히 드러난다. 이중과세의 부작용을 줄이기 위해서, 또는 민족정서를 회복하고 전통문화의 주체적 계승을 위하여서도 표준역법을 거스르면서까지 설을 원래대로 환원하지 않을 수 없었다. 이러한 시행착오를 거듭하지 않기 위하여서는 공휴일이 문화정책으로서 재검토되어야 한다. 설은 긍정적으로 회복되었으므로, 추석 공휴일이 안고 있는 부작용과 역기능을 중심으로 이 문제를 살펴보기로 하자.

우선 일부 지역에서는 추석의 본디 의미가 변질되고 말았다. 제각기 여름 동안 일하여 거둔 맏물 곡식을 조상에게 바친다는 천신의례의 본뜻은 사라지고, 단순한 조상제례와 귀향의 의미, 벌초의 기능이 엉뚱하게 두드러지게 되었다. 안동과 같은 단오권의 경우 8월 추석에서 20여 일 지난 뒤인 9월 중구가 되어야 맏물 곡식을 거둘 수 있다. 따라서 오랫동안 세 논밭에서 여름내 땀흘리며 제 손으로 경작한 햇곡식과 햇과일을 중구 때 거두어들여 차례를 올려왔다. 그런데 중구보다 한 달 가까이 앞당겨 추석 차례를 올리게 됨으로써, 그것이 불가능하게 되었다. 이때는 벼가 익지 않은 까닭이다. 예사 벼보다 보름 정도 일찍 수확되는 올벼조차도 생산되기 어려운 때일 뿐 아니라, 올벼는 집집마다 경작하지도 않는다. 햇과일도 아직 푸릇푸릇하다. 천신의례의 본디 의미를 충족시킬 수 없다.

그러나 추석은 쇠어야 한다. 공휴일이 그렇게 만들어놓았다. 할 수 없이 햇곡식과 햇과일을 시장에 가서 구입하여 제수를 차려야 한다. 장사꾼들만 살판 났다. 전에는 제수품 장보기로 어물만 구입하였는데, 이제는 모든 제수품을 두루 구입해야 한다. 차례상에 올릴 메밥 지을 쌀과 송편을 빚을 쌀을 받아와야 한다. 제 논에 매상도 다 못 댈 만큼 많은 벼를 세워두고서 도리어 시장에 가서 비싼 값을 주고 햅쌀을 받아와야 하는 모순까지 겪게 된다. 그 결과 제 손으로 지은 만물 곡식을 자신들이 먹기 전에 조상들에게 먼저 바친다는 추석 차례가 단순한 조상제사로 형식화되었을 뿐 아니라, 상업자본가들에 의해 농민들은 뜻밖의 손실까지 입게 된다. 말을 바꾸면 제수품은 농민들 스스로 경작하여 거둔 것이어야 하는데, 시장과 백화점에서 판매되는 상품으로 둔갑되어 버린 까닭에, 자급자족 체계에서 소비자 또는 구매자로서 상품 유통체계의 객체로 밀려난 불이익과 함께 천신의례의 본디 뜻도 상실하게 되는 것이다. 그럼으로써 추석 명절의 연휴화는 추석 명절의 전통을 활성화한 것 같으나, 일부 지역에서는 사실상 그 본질을 잃어버린 채 엉뚱한 제의로 왜곡시킬 가능성이 높다.

지역성을 고려하지 않고 세시의 본디 의미를 염두에 두지 않은 공휴일 지정은, 정부에서 말하는 가정의례준칙을 지키고 허례허식을 개선하는 데에도 오히려 역행한다고 해도 지나친 말이 아닐 것이다. 왜냐하면 추석 공휴일로 인하여 단오권인 안동지역에서는 '이중과세'가 아닌 '이중과추석'이 이루어지는 결과를 빚고 있다는 것이다. 예전에는 쉬지 않았던 추석 때에는 공휴일로 정한 까닭에 객지의 자녀들이 추석 명절이랍시고 고향으로 돌아오니, 이때를 이용하여 추석 잔치를 하지 않을 수 없다. 시장에 나가 햇곡식을 받아와서 갖은 음식을 장만하여 가족끼리 나누어 먹기도 하고 차례도 올리며, 사사로이 성묘도 가게 된다. 그러나 지체 있는 반가에서는 전통에 맞지 않고 예(禮)에 어긋난다고 하여 이때 차례나 성묘를 하지 않는다. 특히 반촌의 종가에서는 추석 때 차례를 올리거나 성묘를 가는 일을 삼간다. 중구 때에 제 논에서 난 햇곡식으로 제수를 장만하여 차례를 올리고 음력 시월에 날을 잡아 시사(時祀)를 올린다. 올해도 안동 하회마을의 두 종가와 내앞마을의 종가에서는 중구 차례를 올렸다. 시사도 여전히 그럴 것이다. 추석 때 차례와 성묘를 사사로이 올린 이도, 종가의 중구 차례와 문중의 회전시사(會奠時祀)에는 별도로 참여해야 한다. 자연히 마을 안에서 천신의례와 성묘가 추석과 중구 때 이중으로 거행되는 폐단이 일어난다.

이처럼 부작용이 일어나도록 세시풍속의 지역성을 고려하지 않은 것은 곧

문화생태의 조화와 균형을 깨뜨리는 일이다. 문화생태를 건강하게 유지하려면 우선 지역 명절은 지역 명절답게 유지해야 한다. 문화권이 가지고 있는 고유한 문화적 전통의 개성을 허물어뜨리고 획일화하는 것은 문화적 빈약성과 불건강성을 초래한다. 말을 바꾸면 문화생태계를 파괴하는 것이다. 리우 환경회담에서 생물종 다양성 협약을 통해 위기에 처한 자연생태계를 조화롭게 회복시키고자 애쓰는 것을 염두에 두고 이 문제를 들여다보면 문화가 더 잘 보인다. 추석을 쇠지 않고 중구를 쇠던 곳에 추석을 쇠게 하면 일정한 문화적 부작용과 사회적 역기능이 여러 모로 생긴다. 그것은 음력의 본디 설을 부정하고 공휴일 정책으로 양력 신정을 설로 쇠게 했을 때 나타나는 부작용을 떠올리면 쉽게 납득이 갈 것이다.

더군다나 단오권에서는 단오를 공휴일에서 배제함으로써, 단오만 죽는 것이 아니라 단오와 함께 전승되던 각종 문화적 전통들이 함께 죽는다는 사실을 알아야 한다. 생물종 하나가 죽게 되면 그와 더불어 존재하던 60여 종의 다른 생물종도 함께 소멸되는 것과 마찬가지이다. 생물종들이 일정한 생태계 안에서 유기적인 공생관계를 이루듯이, 특정 세시풍속이라는 한 문화 양식이 숨죽게 되면, 그와 함께 전승되던 문화양식들도 더불어 사라지게 된다. 이를테면 단오 명절이 쇠퇴하면서, 전통적인 마을굿이지 지역공동체 축제인 단오굿이 사라지고, 당나무에 그네줄을 매고 그네를 타던 풍속도 소멸되었다. 그리고 남정네들끼리 모래판에서 한판 힘겨루기를 하던 씨름의 전통도 이제 마을에서는 찾아보기 어렵게 되었다. 씨름은 한국 전통 스포츠로서 체력과 기량을 함께 기를 수 있고 승부가 분명한 놀이이므로, 민족 스포츠라는 관점에서 주목하여야 할 뿐 아니라, 앞으로 세계적인 운동으로 보급해도 좋을 경기종목이다. [21]

그리고 단오날 채취해 둔 쑥과 수리치로, 쑥떡 또는 치떡을 해먹고 창포물에 머리를 감는 풍속과, 쑥을 베어다가 약초로 감무리하여 필요할 때 약으로 쓰는 관행, 부채를 만들어 단오선(端午扇)을 마련함으로써 여름 더위를 대비하는 전통들도 단오와 함께 잃어버리게 되었다. 이로써 제때에 제 땅에 나는 곡식과 나물들로 음식을 만들어 먹는 건강한 식문화가[22] 사라지

끊어진 그네줄. 이제 시골에는 그네줄을 맬 총각도, 그네를 탈 처녀도 없다.

고 대량생산한 인스턴트 식품의 부작용이 기승을 부리게 되었으며, 샴푸 사용에 따른 수질오염 문제와 양약의 남용으로 빚어지는 약화(藥禍)들이 오히려 문화병과 공해병을 유발하게 되었다. 올 여름에는 새삼스레 부채 사용이 권장될 정도로 전력난에 부닥뜨렸듯이, 부채를 멀리하고 선풍기나 냉방기를 씀으로써 전력소비는 물론 여름 건강에도 여러 가지 장애를 주는 역기능이 발휘된다는 점을 고려해야 한다. 이처럼 단오가 약화되면서 전통문화의 다양한 갈래들이 함께 시들게 되고, 우리들의 문화적 삶의 양식도 불건강해지게 된다는 점을 염두에 둔다면, 문화생태계를 전반적으로 고려하지 않은 채 단순한 발상으로 특정 명절에 한정해서 공휴일로 정하는 것은 여러 모로 무리가 따름을 알 수 있다. 단오풍속이 잦아들고 있는 현상을 통하여 시골 마을이 늙어가고 있음을 노래한 시 한 편을 보고 다음 대목으로 넘어가기로 하자.

대추나무도 시집간다는
단오가 돌아와도

춘향이도
향단이도
다 떠나 텅빈 마을

궁구이
찾는 이 없어
속절없이 늙어만 간다. [23)

기존 공휴일 정책의 가장 근본적인 문제는 문화권의 개성과 문화적 전통성을 인정하지 않는 발상이다. 이것은 문화적 획일성과 전제성을 부추긴다. 이를테면 동아시아 문화권에 속하는 동양 3국과 달리 성탄절과 불탄일과 같은 외래종교의 명절을 공휴일화하는 따위의 발상은 모든 사람들을 기독교문화 또는 불교문화로 귀속시키는 획일성과 함께 종교간의 상대적 충돌성을 낳게 된다. 노는 재미 때문에 아무도 이들 외래종교 관련 공휴에 이의를 제기하지 않는 듯하다. 그러나 크리스마스 이브의 들뜸과 과소비, 유흥과 탈선 등이 대중매체에서조차 캠페인 삼아 줄곧 거론될 정도로 심각한 사회적 문제거리가 되었다는 점을 상기한다면, 그 폐단은 민족문화의 동질성을 훼손하고 서구문화의 역기능들을 고스란히 우리 사회에 이식하는 데서 머물지 않는다는 사실을 알 만하다. 성탄절 공휴일을 두고서, 장주근 교수는 "축하행사나 회합들이 이 크리스마스와 신정, 그리고 구정으로 3중과세를 하는 사회적인 상황을 볼 수도 있게 되었다"고 지적하며, "이러한 3중과세도 동양 3국 가운데서는 한국만의 상황인 듯싶다"고 분석하였다.

이런 문제가 더 확대된 경우가 '유엔의 날'을 공휴일로 삼은 경우이며, 더 축소된 경우가 지역 명절인 추석을 전국 명절로 연휴화한 경우이다. 유엔 회원국이 아닌 처지이면서도 세계적으로 유일하게 '유엔의 날'을 공휴일로 정하여 시행하여오다가 슬그머니 공휴일에서 제외시키는 시행착오를 저

질렀다. 외국인들이 보고 웃을 일이어서가 아니라, 공휴일 정책을 국제정치
에까지 이용하려는 어긋난 발상이 우리를 부끄럽게 한다. 추석권의 명절을
공휴일화하여 단오권에까지 확대 실시하는 것은 나라 안의 문제이지만 같은
시행착오에 해당된다. 세시풍속에 따른 문화권설을 참고하면 추석권은 남한
강 남쪽, 소백산 서쪽에 한정되는 상대적으로 좁은 지역이다. 남한강 북쪽
은 온통 단오권이며, 남한강 남쪽과 소백산 동쪽은 추석단오 복합권이
다.²⁴⁾ 그런데 단오권과 복합권의 세시를 무시함에 따라 문화권을 남북으로
구분해야 할 처지에 이르렀다. 이제 소백산 남동부의 추석단오 복합권도
추석 명절을 쇠도록 하는 대신 단오 명절은 배제시켜놓음으로써 한결같이
추석권이 되었으며, 이에 따라 남북이 추석권과 단오권으로 문화적 대립관
계에 놓이게 되었다.

　남북 사이의 세시권역의 대립현상은 분단상황을 한층 깊게 할 수 있다
는, 또 다른 역기능을 낳는다. 남북통일의 한 구체적 방안이 민속문화 또는
전통문화를 통한 문화적 동질성의 확보라는 것은 이미 여러 차례 지적된 바
있다. 남북한이 공유하고 있는 단오 명절의 전통을 남한에서 중단시켜버리
면 상대적으로 남북문화의 이질성을 강화하게 되는 문제점이 불거진다. 따
라서 단오와 같은 명절을 남북이 같이 즐기고, 그네타기와 씨름하는 전통을
다 같이 지니고 있다는 것은 분단상황을 극복하는 데 중요한 구실을 한다.
북한에서는 이미 단오를 공휴일화하고 있는 줄로 안다. 단오권인 북한의 이
러한 사정을 고려한다면 남한의 단오권 문화도 살려서 동질성 획득의 근거
를 마련해나가야 한다. 그러므로 추석과 함께 단오도 공휴일화하여 단오문
화를 되살려야 마땅하다.²⁵⁾

　그리고 공휴일 정책의 잘못으로 세시풍속의 이치에 따른 명절의 다양한
개성 가운데, 일면적인 기능만 강화하게 되는 불균형을 빚는다는 사실도 염
두에 두어야 한다. 그것은 바로 설의 연휴화와 함께, 추석을 공휴일로 연휴
화함으로써 세시풍속 가운데서 혈연 중심의 명절만 상대적으로 부각시킨다
는 점이다.

　큰 명절 가운데 설이 혈연 중심이라면 보름은 지연 중심이며, 작은 명절 가운데에는 추석이 혈연 중심이라면 단오는 지연 중심의 명절이다. 우리의 세시풍속은 크고 작은 명절이 혈연과 지연공동체의식을 제각기 다지면서 유기적 상관성을 지니고 있는데, 공교롭게도 지역 단위의 유대를 다지는 보름과 단오는 제쳐두고 혈연의식을 강화하는 설과 추석만 공휴로 지정한 것은, 원래 우리 민속이 지녔던 혈연공동체와 지연공동체, 종적 유대와 횡적 유대가 지닌 조화와 균형을 깨뜨리는 결과가 되었다. 혈연 중심의 공동체행사는 가족주의 문화적 특성 때문에 공휴일화와 상관없이 지속성을 지니는 힘이 있으나, 지연 중심의 공동체행사는 도시화와 더불어 이웃관념이 약화됨으로써 점차 전승력을 잃어가는 상태이다. 그러나 보다 중요한 것은 혈연의식이 아니라 지연의식이다.[26]

　그러므로 추석의 연휴화가 빚어내는 문제는 여러 모로 심각하다. 분단상황의 골을 더 깊이 심화시키는가 하면, 지연공동체의식을 강화하는 민속은 외면한 채 설과 더불어 추석까지 연휴화함으로써, 한결같이 혈연의식만을 강화하는 편향성을 낳게 된 것이다. 우리 선조들이 일상적 경험을 통하여 무의식적 합의 속에 혈연적 세시와 지연적 세시를 번갈아 가짐으로써 문화생태학적 측면의 조화와 균형을 이룬 반면에, 오늘날 공휴일 정책은 의도적으로 이러한 조화를 깨뜨리고 불균형을 조장하는 기현상을 만들어놓았다. 그것은 공휴일 정책이 문화정책으로서 자리잡지 못한 채 정치경제적 판단에 의하여 일방적으로 입안된 까닭이라 하겠다.

5. 세시풍속의 조화와 활성화를 위한 공휴일 정책

　우리는 이미 추석 공휴일에 맞서 단오도 공휴일화되어야 세시풍속의 균형을 회복할 수 있다는 사실을 여러 모로 주장해왔다. 따라서 덧붙여 그 필요성을 논의하지 않아도 좋을 듯하다. 다만 동아시아문화권에 속해 있는 이웃나라들의 관행과 견주어보면 그 타당성을 더 실감할 수 있다. 중국에는 단오와 추석이 모두 공휴일화되어 있지 않은 전통명절이다. 단오풍속은 한국과 비슷하다. 공휴일이 아니지만 공공기관에서 공휴일처럼 하루를 쉴 정도로 단오는 관습적으로 큰 명절임을 알 수 있다.[27] 추석에도 단오와 마찬가지로 공휴일은 아니지만 공적으로 하루를 쉰다고 한다. 설인 춘절을 비롯하여 단오와 추석이 모두 공휴일이 아닌데도 불구하고, 한결같이 이들 세 명절에는 민간에서나 관공서에나 휴무를 하는 것을 보면 3대 명절이라고 할 만하다.[28] 그러므로 중국에서는 단오와 추석이 같은 비중이거나 아니면 오히려 단오가 더 큰 비중을 차지하고 있는 세시풍속임을 알 수 있다. 일본의 경우도 마찬가지이다.

일본에는 아예 추석이 없다. 양력 8월 13일에서 15일 사이에 우란분회(盂蘭盆會)의 축일로서 연휴를 즐길 따름이다. 그러나 5월 5일은 단오의 전통을 염두에 두고서 '어린이날'이라 일컬으며 공휴일로 삼았다. 그것은 본디 음력으로 쇠었던 설과 보름을 제각기 양력으로 같은 날짜에 공휴일로 정하면서 쇼가츠(正月)와 고쇼가츠(小正月)라는 명절 이름을 하츠모데(初詣)와 '성인의 날'로 바꾼 것이나 다름없다. 이처럼 메이지유신 이후 일본의 공휴일 정책을 고려하면, 명칭이 달라졌다고 하여 전통적인 단오 명절의 공휴일이 아니라고 할 수 없다. 특히 17세기초 에도(江戶)시대 이전부터 전승되어오는 5대 전통명절이라 할 수 있는 일본의 5절구(節句)로는, 설의 연장인 음력 정월 7일의 인일(人日)과 3월 3일 상사(上巳), 5월 5일 단오, 7월 7일 칠석, 9월 9일 중양(重陽)을 꼽는다. 그리고 삼짇날과 단오는 지금도 퍽 큰 명절이라고 한다.[29] 따라서 일본에서는 단오를 양력 역법 속에서도 고스란히 국민의 축일로서 공휴일화했을 뿐 아니라, 음력 단오 때에도 세간에서는 가장 큰 명절로 여전히 즐기고 있을 정도로 단오 명절이 떠받들어지고 있다. 그러므로 동아시아문화권에서도 단오를 홀대하고 추석만을 공휴일로 삼은 것은 한국만의 경향이라 하겠다.

단오가 공휴일로 지정되어야 하는 것보다 사실상 더 절실하게 고려되어야 할 것이 정월 대보름 명절이다. 대보름은 설과 마찬가지로 우리들의 가장 큰 명절이자, 음력에 의한 전통 세시풍속의 두 준거 가운데 한 준거를 대표하고 있기 때문이다. 이를테면 설이 1월 1일로서 3월 3일, 5월 5일처럼 양수가 겹치는 양수 명절의 대표이듯이, 1월 15일은 보름 명절의 대표이다. 2월 보름이나 6월 보름(유두), 7월 보름(백중), 8월 보름(추석) 등과 달리 정월 보름을 특히 '대보름'이라 일컫는 까닭도 그 때문이다. 게다가 중국이 양수 명절을 숭상하는 경향이 있는 데 비하여, 우리는 보름 명절을 숭상하는 경향이 강한 편이라는 견해를[30] 고려하면, 더욱 대보름의 세시를 비중 높게 여겨야 한다. 설과 보름, 단오와 추석은 양수 명절과 보름 명절, 혈연성과 지연성이 대립적으로 맞서면서 유기적 상관성을 지니므로, 세시풍속들 사이의 조화와 기본적인 이치를 깨뜨리지 않기 위해서도 설이 있으면 보름이 있어야 하고, 추석이 나서면 단오도 나서야 한다. 공휴일 정책도 마찬가지이다.

전통 세시풍속 가운데 가장 두드러지고 의미 깊은 것이 또한 보름이라 할 수 있다. 대부분의 세시풍속이 보름 전후로 집중되어 있다는 사실이 단적인 증거가 된다. 정월 대보름에 공동체 성원들이 모두 재계하며 기도하는 가운데 동신께 제사를 올리거나 마을굿을 하면서 풍농과 마을의 평안을 기원하는 제의를 거행하였다. 파젯날에는 음복을 하며 대동회를 열어 마을의 공동 사업을 논의하고 풍물잡이들이 집집마다 지신밟기를 하며 집안의 평안을 빌어주었다. 그리고 줄당기기와 동채싸움 등 마을 단위 집단놀이를 통해서 공동체의식을 강화함으로써 사회적 통합 구실까지 발휘하였다. 이처럼 보름은 설과 추석 등 어느 명절 못지않게 중요한 세시풍속이자 전국적인 명절이었다. 그럼에도 불구하고 종래에 닷새를 놀던 대보름을 공휴일에서 제외시켜 놓음으로써, 보름을 통해 전승되던 각종 동제와 마을굿, 각종 민속놀이, 지신밟기, 집돌이 풍물 등 다양한 전통문화들이 보름과 함께 잦아들게 되었다. 그러므로 대보름을 공휴일로 삼는 것은 보름과 함께 전승되는 다양하고 풍부한 민족문화의 전통을 더불어 되살리는 길임을 명심해야 할 것이다. 그것은 곧 지역축제를 되살리는 길과도 만난다는 사실도 염두에 둘 만하다.

국경일과 기념일은 제쳐두고라도 세시풍속과 관련된 명절을 공휴일화할 때는 문화적 전통을 신중하게 검토해야 한다. 대다수 시골 사람들의 처지에서 볼 때, 느닷없는 외래종교의 명절은 공휴일로 정해 쉴 수 있게 하면서, 자신들이 믿고 섬기는 동신에게 제사를 올리며 마을축제를 벌이는 정월 대보름에는 쉬지 못하게 하는 모순은 하루 빨리 개선되어야 한다. 그리고 지

역 명절의 전통을 유지하기 위해서는 추석단오 복합권이나 단오권에서는
단오와 중구를 공휴일로 지정할 것을 검토해야 한다. 명절의 지역성을 고려
하지 않은 채 전국적인 공휴일로 지정하는 것은 지역문화의 개성과 전통을
깡그리 묵살하는 역기능을 빚는 동시에, 민족문화의 다양성을 잘못된 공휴
일 정책으로 획일화하는 역기능을 낳게 된다. 특히 지역축제의 전통을 잘
유지하고 있는 강릉의 단오굿과 밀양의 백중놀이를 고려한다면, 이들 두 지
역에서는 단오와 백중을 공휴일로 지정하는 것이 가장 바람직하다. 물론 이
런 경우에는 국가적인 공휴일일 필요는 없다. 지방자치단체 중심의 공휴일
조례가 별도로 마련 시행되어야 한다.

　지방자치제가 실시되면 세시풍속에 따른 공휴일 제정부터 지역의 문화적
전통에 맞게 바로잡아야 할 터인데, 아직 그런 기미는 보이지 않고 있다.
제주도에서는 이미 오래전부터 독자적으로 음력 8월 1일을 '벌초'하는 날
로 잡아 공휴일로 지정해두고 있는데, 좋은 보기로 삼을 만하다. 지역 고유
의 세시 체계에 따라 특별히 두드러진 명절 한둘 정도를 지역 공휴일로 정
하게 되면 민족문화의 다양성이 지역적 개성에 따라 일시에 살아날 뿐 아니
라, 추석처럼 획일화된 명절에 온통 귀향을 하느라 심각한 교통난을 겪을
필요도 없다. 지역별로 귀향 명절이 다르면 이른바 민족대이동이라는 교통
정체의 문제도 쉽게 해결할 수 있다. 그리고 추석 전후로 물가가 오르는 것
도 막을 수 있다. 추석이 추석권에 한정된 공휴일이 된다면 지금처럼 추석
을 앞두고 한 차례 물가가 오르는 사례는 현저히 줄어들 것이다.

　정월 대보름을 공휴일화하면 앞에서 거론한 문화적 전통의 회복과 문화생
태계의 복원뿐만 아니라, 설에 집중되어 귀향이 이루어지는 교통문제도 설
과 보름으로 어느 정도 분산하는 효과를 거둘 수 있다. 사실 고향에 부모님
이 없는 경우에는 군이 설에 귀성할 필요가 없다. 현재의 거주지에서 차례
를 올리면 그만이다. 설은 추석 성묘처럼 꼭 묘지에 가지 않아도 되는 까닭
이다. 따라서 설에는 거주지에서 차례를 올리고 고향 어른들에게는 보름에
찾아가 세배를 드릴 수 있다. 보름 공휴는 고향에 부모가 안 계시는 사람들
까지 마을 축제에 참여하는 기회를 주게 되므로, 고향에 삶의 근거가 없는

추석이 공휴일화되면서 풀베기 작업과 성묘, 묘사가 통합되었다.

사람들도 애향심을 가지게 하고 향수를 달래게 하는 구실까지 할 수 있다. 원래 설은 친가에서 쇠고, 보름에는 처가나 외가에 다니러갔다는 사실도 고려할 필요가 있다.

　흔히들 오늘의 퇴폐적인 향락문화를 진단하면서 우리에게는 놀이문화가 없다는 비판을 서슴없이 한다. 한국에는 건강한 놀이문화가 없는 탓으로 모두들 유흥업소에서 밤늦게까지 노닥거릴 수밖에 없다는 풀이이다. 한편으로 보면 그럴 듯한 해석이다. 건강한 놀이문화가 있다면 상대적으로 불건강한 퇴폐행위들이 판을 칠 수 없다. 그러나 본디부터 건강한 놀이문화가 없다고 하는 것은 잘못되었다. 우리의 전통을 조금만 눈여겨보면 그런 섣부른 진단은 나오지 않는다. 왜냐하면 과거에는 우리 민속놀이들이 엄청나게 많았던 까닭이다. 물론 과거에는 퇴폐적인 놀이문화가 없었다고 해도 지나친 말이 아니다. 건강한 놀이문화가 있었던 덕분이다.

　민속놀이로 조사되어 문헌에 보고된 것만 해도 211가지나 된다.[31] 이 가운데 51.6퍼센트가 연중놀이이고 나머지는 명절 또는 절기와 관련되어 노는 놀이들이다. 세시풍속과 놀이는 밀접한 관련성이 있음을 알 수 있다. 설과 대보름, 2월 영등, 4월 초파일, 5월 단오, 7월 백중, 8월 한가위 등 7대 명절놀이가 59가지나 되어서, 전체 놀이의 약 3분의 1을 차지하고 있다는[32] 사실도 이러한 사실을 뒷받침한다. 따라서 건강한 놀이문화를 되살리기 위해서도 명절의 전통을 회복하는 것이 중요한 과제이다. 김광언 교수의 통계에 의하면 7대 명절 가운데 대보름 놀이가 40.67퍼센트로 가장 높은 비중을 차지하고, 단오 놀이가 13.55퍼센트로 설 놀이 다음으로 높은 비중을 차지한다. [33] 물론 추석 놀이 8.47퍼센트보다 비중이 훨씬 높다. 여기서 보름과 단오 공휴일의 필요성이 더 긴요하다는 것을 한 차례 더 확인할 수 있다.

이상의 논의를 마무리지으면, 전국 명절인 보름은 이미 연휴화되어 있는 설과 함께 공휴일화하여 전통 세시풍속의 문화적 균형과 조화를 되살리고, 지역 명절인 단오는 추석과 함께 문화권에 따라 지방자치단체별 지역공휴일로 조정할 필요가 있다고 하겠다. 그 밖의 세시풍속들, 이를테면 백중과 중구 등 역시 지역적 전통을 고려하여 지역 단위 공휴일로 지정하는 것이 바람직하겠다. 물론 이러한 정책 결정과정에는 행정관료와 함께 전통문화를 다루는 학자들이 공동으로 참여하여 논의를 거쳐야 할 것이며, 공휴일 일수를 아무런 통제 없이 늘리는 것도 바람직하지 않다. 때로는 이미 있는 공휴일도 우리들의 문화적 전통에 맞지 않거나 국경일처럼 긴요한 기념일이 아닌 경우에는 축소 조정해도 좋겠다. 결론적으로 산업사회의 공휴일은 세시풍속의 전통을 죽이기도 하고 살리기도 하며, 이에 따라 전통문화를 창조적으로 되살리기도 하고 단절시켜 숨죽이기도 한다는 사실을 새삼 주목하고, 세시풍속의 전통에 입각한 공휴일 지정을 문화정책의 시각에서 다시 입안하여 시행할 것을 촉구한다.   (《比較民俗學》10, 1993. 6. 20.)

주

1) 張籌根,《韓國의 歲時風俗》, 형설출판사, 1984, p. 42에 세시풍속의 변화양상을

다음과 같이 정리하였다. "재래 농민이 경제면에서부터 모두 일년 단위의 생활을 해
온 데 대해서 도시인들은 연·월·주의 3원체제를 취한다. 자연의 일년 주기는 언
제 어디서나 같지만, 도시의 근로자·회사원·공무원 등 많은 사람들이 월급쟁이가
되어서 월 단위의 경제생활을 한다. 그리고 그 근무는 주 단위가 되어서 주말의 휴
식과 행락이 사회적으로 큰 비중을 차지한다."

2) 복날 국수나 보신탕을 챙겨먹는 이들이 많으며 이때 수박의 수요도 늘어나는 현상
   등은 모두 복날의 세시를 염두에 두고 있는 까닭이다.

3) 동지에 팥죽을 끓여 먹는 전통은 제법 유지되고 있으나, 끓인 팥죽을 집 주위에 뿌
   리면서 귀신을 물리치는 의례를 하는 것은 현저하게 줄어들었다.

4) 임재해, 〈세시풍속〉, 《韓國民俗學》 23, 민속학회, 1990, p. 304.

5) 金宅圭, 《韓國農耕歲時의 硏究》, 영남대출판부, 1985가 좋은 보기이다.

6) 임재해, 〈설과 보름 민속의 대립적 성격과 유기적 상관성〉, 《韓國民俗學》 19, 민
   속학회, 1986에서 한 보기를 찾을 수 있다. 이 글은 임재해, 《한국민속과 전통의
   세계》, 지식산업사, 1991에 몇 가지 논의를 덧붙여 재수록되었다.

7) 주로 음력을 기준으로 세시풍속이 형성되었다고 하는 까닭은 양력에 의한 세시풍
   속도 만만치 않은 까닭이다. 특히 24절기는 음력에 의하지 않고 양력에 기초하고
   있다.

   이 문제에 관해서는 임재해, 《한국민속과 전통의 세계》, p. 214 전후에서 이미 사
   세하게 다룬 바 있다. "양력의 과학성만 내세우는 사람들 가운데는 우리나라 사람들
   은 옛날부터 음력만 사용해온 것으로 알고 있는데, 이 또한 오해일 따름이다. 전통
   적으로 음력과 양력을 함께 사용해왔던 것이다. 음력은 음력대로 과학적이어서 생활
   에 이용할 만한 역법이듯이, 양력 또한 그러하다는 것을 잘 알고 있었기 때문이
   다. ……음력과 양력의 쓰임새 역시 상호보완적임을 알고 병용했던 것이다."

8) 임재해, 〈단오에서 추석으로 —— 안동지역 세시풍속의 지속성과 변화〉, pp. 353~
   356에 이 문제를 자세히 다룬 바 있다.

9) 張籌根, 앞의 책, p. 323. "일본에서는 명치유신 때, 1872년(明治 5년)에 태양력
   을 채용했고, 음력에서 양력으로 전환하기 시작했다. 국가공휴일도 명치시대부터 양
   력으로 제정했으나, 그 전환에는 오랜 세월이 걸렸다."

10) 위의 책, pp. 323~326.

11) 위의 책, pp. 326~327. 우란분회의 기간에는 각 가정의 佛壇에 祖靈을 맞아서 제
    사하고 보내는데, 지정 국가공휴일은 아니지만 실질적으로는 설과 더불어 이것이 일
    본의 2대 명절이고 전국민의 휴일이라고 한다. 회사원들이나 각종 직장인들도 여름
    휴가기간을 이때에 맞추어서 잡게 되므로 1천만 명이 넘은 대도시의 인구들이 대이
    동을 하게 되어 고속도로는 滯速道路化한다고들 한다.

12) 4월 29일 천황탄생일, 5월 3일 헌법기념일, 5월 5일 어린이날 무렵에는 일주일 사
    이에 3일씩이나 공휴일이 있고 주말까지 겹치면 연휴현상이 생기므로, 이를 황금주
    간(golden week)이라 일컫는다. 그리고 9월 15일 경로의 날, 9월 24일 추분의 날

등에도 유사하게 연휴현상이 생길 수 있어서 이때는 silver week라고 한다. 鹽田勝
編, 《日本の年中行事》, 1969, 張籌根, 《韓國의 歲時風俗》, p. 330에서 재인용.
13) 복날은 양력으로 고정되어 있지 않다는 점에서 동지와 다르다. 그러나 초복은 하지
    로부터 세번째 庚日, 중복은 네번째 경일, 말복은 입추로부터 첫번째 경일로 잡는
    다. 따라서 그 근거는 하지와 입추 등 양력 주기에 두고 있다는 점을 고려하면 동지
    와 같다고 하겠다.
14) 제14회 민속학전국대회(한국민속촌, 1985. 11. 9.)에서 임재해는 '설과 보름 민속
    의 대립적 성격과 유기적 상관성'을 구두로 발표한 뒤에, 이 논문을 《韓國民俗學》
    19에 발표하고, 태음력이 지닌 과학성과, 음력에 의한 본디 설 명절을 '민속의 날'
    로 정해 공휴일로 삼을 것이 아니라 3일 정도 명절연휴를 주어야 한다는 논의를 덧
    붙여 임재해 외, 《安東文化의 再認識》, 안동문화연구회, 1986에 발표한 바 있다.
    자세한 것은 임재해 외, 같은 책, pp. 109~113, 또는 임재해, 《한국민속과 전통의
    세계》, pp. 217~219를 참조하기 바란다.
15) 林在海 외, 《安東文化의 再認識》, pp. 111~112.
    임재해, 《한국민속과 전통의 세계》, p. 219.
16) 임재해, 〈단오에서 추석으로——안동지역 세시풍속의 지속성과 변화〉, pp. 352~
    353.
17) 위의 글, pp. 341~365에서 별도의 논문으로 자세히 다루었으므로, 여기서는 간략
    히 정리한다.
18) 위의 글에서 이 문제가 집중적으로 논의된 바 있다.
19) 金宅圭, 〈韓國部落慣習史〉, 《韓國文化史大系》 Ⅳ, 고려대 민족문화연구소,
    1969, pp. 727~728에서 추석권과 단오권 등의 기층문화권역 설정이 제기되었으
    며, 金宅圭, 《韓國農耕歲時의 硏究》, 제19장 〈秋夕圈과 端午圈〉에서 체계적으로
    정리되었다.
20) 張籌根, 앞의 책, p. 331.
21) 씨름은 적어도 복싱이나 레슬링과 같은 잔혹스럽고 뒤엉켜 뒹구는 식의 투기종목보
    다는 건전하고 깨끗한 승부를 하는 신사적인 경기라 하겠다.
22) 단오에 쑥떡을 먹는 것은, 동지에 팥죽을 먹고 정월 보름에 오곡밥을 먹는 것과 함
    께 절식(節食)을 먹는 행위로서 특별한 종교적 의미뿐 아니라, 생리적 영양학적 의
    미도 함께 지니고 있다고 이해된다. 이른바 제철에 나는 음식물이 가장 영양상태가
    좋고 우리 몸을 이롭게 하는 건강식이 된다는 것쯤은 이제 상식화된 단계이다. 그러
    므로 명절과 함께 절식이 사라지는 것은 그만큼 우리 식문화를 불건강하게 하는 결
    과를 빚는다. 단오 때는 쑥에 양기가 가장 충만할 때이므로 이 날 약용으로 쓸 쑥을
    베어 갈무리하는 것도 같은 맥락에서 주목해야 한다. 이러한 관심은 기철학적 맥락
    과 닿아 있다. 이 점에 관해서는 임재해, 〈세시풍속〉, 《韓國民俗學》 23, 민속학
    회, 1990, pp. 289~290, p. 298에 단편적으로 언급한 바 있다.
23) 권오신, 〈농촌 5——궁구이〉, 시조동인 오늘, 《잠들지 못한 魂을 갈아》, 영남사,

1992, p. 82.

24) 金宅圭, 《韓國農耕歲時의 硏究》, p. 454. "小白山脈과 南漢江 유역을 따라서 東에서 西로 선을 그어보면, 대체로 이 東西 라인의 북쪽이 端午圈이며, 그 南西部가 秋夕圈, 그리고 東南이 秋夕端午 複合圈이 된다."

25) 임재해, 〈단오에서 추석으로——안동지역 세시풍속의 지속성과 변화〉, pp. 360~361.

26) 위의 글, pp. 359~361.

27) 張籌根, 앞의 책, p. 321.

28) 위의 책, p. 322.

29) 위의 책, pp. 328~329.

30) 위의 책, p. 32.

31) 김광언, 《한국의 민속놀이》, 인하대출판부, 1982, pp. 7~16.

32) 위의 책, p. 30.

33) 위의 책, p. 31.

탈의 조형미가 지닌 예술적 형상성과 사회적 기능

1. 탈 연구의 탈

탈 연구에서 가장 큰 탈은 역시 탈에 관한 본격적인 연구가 이루어지지 않았다는 데서 찾을 수 있다. 지금까지 탈에 관한 논의는 민속학자와 미술사가들에 의해 더러 다루어지긴 했어도 자료 정리 수준에 머물고 있다. 민속학자들의 논의는 탈춤 연구의 일환으로, 탈춤의 분장도구라는 관점에 입각해서 탈을 다루었기 때문에 민속적 해설이나 실측, 사진자료의 제시에 그치고 말았다. 자연히 탈 자체에 대한 체계적인 분석이나 예술성 및 문화적 기능 등이 별도로 온전하게 다루어질 겨를이 없었다. 더러 탈에 관한 논의를 제대로 하려는 경우에도, 우리 탈 자체에 관한 온전한 연구 없이 부분적인 특징만을 들어, 중국의 탈이 우리 탈에 영향을 미치고 이것이 다시 일본 탈에 영향을 주었다는 식의, 한·중·일의 상투적인 문화전파론을 성급하게 펴기 일쑤이다.

탈춤에 관한 연구서는 단행본으로 여러 권 간행되었지만, 탈에 관한 연구서는 아직 한 권도 없는 형편이다. 최상수에 의해 《한국가면의 연구》라는 단행본이 나오긴 했지만, 탈에 대한 개설적인 글 한 편이 서두에 실린 것 외에는 모두 탈 사진으로 채워져 있다. 연구서라기보다는 탈 사진집이라고 보는 것이 좋을 정도이다.

민속학계에서 이루어진 탈의 연구는 어느 것이든 역사적 기술이나 민속적 해설에 머물고 있다. 그것은 문헌적 연구과 현지조사에서 전승되는 전승담 당자들의 구비전승을 자료 차원에서 수집 보고하는 데 만족하고 있기 때문

이다. 이를테면 하회탈이 움직임에 따라 희로애락을 변화 있게 표현한다는
사실도 주민들의 상식을 보고서식으로 옮겨놓았을 뿐, 탈의 형상이 어떠하
기 때문에, 어떻게 움직이면 어떠한 표정으로 변화한다는 구체적인 분석이
없다. 여기에는 탈의 가변성을 획득할 수 있는 독자적인 조각기법이 다양하
게 응용되어 있는데, 이 사실을 체계적으로 밝혀내지 않고서는 탈의 미학적
연구는 불가능하게 된다. 그러니 민속학의 가장 초기적인 방법인 전파론만
성급하게 펴고 마는 것이다. 탈에 관한 문헌자료의 서술과 민속적 해설을
하는 데 만족하면서 역사지리학파의 전파주의에 빠져 있는 것이 민속학계의
한계이자 탈 연구의 탈이다.

　미술사 쪽의 연구는 더욱 성글다. 성글다기보다는 오히려 논의의 대상에
서 제쳐두었다고 하는 것이 옳을 정도이다. 방대한 저술의 미술사에서든 꼼
꼼한 분석의 조각사에서든 탈을 다룬 연구는 거의 없기 때문이다. 미술사든
조각사든 한결같이 불교미술만을 한정해서 논의의 대상으로 삼고 있다. 우
리 조각사의 서술은 특히 불상에 한정되어 있다. 이런 상황 아래 우리 조각
의 미의식을 거론하니, 우리 조각의 특징은 '평면성'에 있다는 엉뚱한 결론
을 이끌어낼 수밖에 없다.

　하회탈을 한번 보라. 하회탈은 가장 오랜 전통을 지닌 우리 민족 조각이
아닌가. 세계 어느 조각에서도 찾아보기 어려울 만큼 강한 입체성을 지니고
있을 뿐 아니라 역동적 가변성이 생동하고 있다. 동래 들놀음의 말뚝이탈을
보라. 그 거대한 코의 과장된 모습에서 평면성을 규정하기는 어려울 것이
다. 탈을 제쳐놓고라도 마을 어귀마다 우뚝 솟아 있는 장승의 모습을 보
자. 왕방울 같은 눈망울이 도끼눈처럼 불거져 있는가 하면, 얼굴 전체의 반
을 차지할 정도로 큰 주먹코가 얼굴 한가운데 우람하게 도드라져 있으며,
귀밑까지 길게 찢어진 입은 커다란 이빨을 어긋나게 드러내고 있다. 이처럼
탈의 모습과 장승의 모습은 서로 상통하면서 우리 민족 고유의 조각술과 민
족적 미의식을 갈무리하여 보여주고 있다. 우리 탈, 우리 조각은 돌아보지
않고 인도와 중국을 거쳐서 들어온 외래적인 불상만을 통해서 한국인의 미
의식을 분석하여내니, 평면성을 지녔다는 엉뚱한 결론에 이를 수밖에 없는

것이다.

탈과 같은 민족적 전통조각이나 민화와 같은 전통미술을 미술사의 연구대
상으로 삼지 않으니, 우리 조각은 평면성을 지녔다고 단정하거나, 아니면
우리 미술은 색채의 예술이 아니라 선의 예술이라는 식의 일본 학자들의 견
해를 뒤집어엎지 못하고 있는 것이다. 강령과 고성의 말뚝이탈이나 양주·
은율·봉산의 취발이탈, 강령·봉산의 목중탈을 보라. 얼마나 강렬한 색채
감을 지니고 있는가. 붉은[紅] 색, 푸른[靑] 색, 노란[黃] 색, 검정[黑]
색, 흰[白] 색 등 5가지 방위색을 상징하는 처용탈의 원색은 우리 민화와 의
상·건축 등에 화려하게 응용되고 있다. 민화의 원색적 채색은 물론이거니
와, 5가지의 원색을 그대로 취한 색동저고리, 사찰의 천장과 추녀 안팎을 원
색으로 채색한 단청은 화려한 색채예술의 진면목을 그대로 드러내주고 있
다. 이처럼 전통적인 민족예술을 본격적으로 다루지 않은 채 우리 미술의 미
의식을 논의하는 것이 바로 우리 미술사 학계가 지닌 구체적인 한계이자 학문
적 탈이다. 넓게는 미술사 연구의 탈이자 좁게는 탈 연구의 탈인 것이다.

외국의 경우는 사정이 다르다. 탈 연구는 상당히 이른 시기부터 이루어져
왔다. 일본에서는 이미 1940년대에 일본 고유의 민속적인 탈인 '노오'(能
面)에 관한 연구서가 간행되고, 일본 탈에 관한 역사적인 연구까지 이루어
져 《일본가면사》라는 단행본이 출판될 정도이다. 그리고 탈에 관한 서유럽
의 논저도 그때마다 즉각적으로 번역 출판되었으며, 계속해서 탈 연구에 관
한 독자적인 업적들이 단행본으로 간행되고 있다. 서유럽의 경우는 일본의
연구보다 더 앞서 있다. 1920년대에 이미 《탈과 신령》(Masks and Demons)이
라는 저서가 출판되어, 자기들의 탈뿐만 아니라 세계 곳곳의 탈들을 두루
섭렵하면서 탈이 지닌 제의적 주술적 기능들을 다각적으로 분류 분석하고
있어, 탈에 신령이 깃들어 있다는 원시인들의 관념과 신앙, 주술사와 탈의
관계가 두루 드러나 있다. 탈 연구에서 특히 주목받고 있는 레비스트로스
(Claude LeviStrauss)의 《탈의 길》(La Voie des masques)은, 그의 신화학 연구 5
부작의 마지막 저서로서, 탈과 관련된 문제들을 30년 이상이나 조사하고 연
구한 끝에 1970년대 후반에 비로소 출판한 노작이다. 이 책에서는 북미 인

디언의 여러 종족들이 쓰는 탈들을 주대상으로 하여, 탈 속에 숨겨진 문화적 자취를 찾아내고, 신화와 탈의 관계, 종족의 사회적 조직과 탈의 기능, 탈이 지닌 형상적 특징과 예술적 양식들을 구체적으로 밝히고 있다.

이처럼 서구의 탈 연구는 자국의 탈뿐만 아니라, 동서고금의 탈들을 두루 대상으로 하고 있다. 미술사적 업적에서도 같은 경향을 보인다. 곰브리치(E. H. Gombrich)의 《서양미술사》(The Story of Art)에서는 곳곳에서 탈의 자료를 싣고, 그에 따른 미술사적 논의를 서술하고 있다. 최근에는 원시주의적 경향(primitivism art)이라는 이름 아래, 현대미술에 끼친 원시미술의 영향을 검토하면서 원시인의 탈들이 현대미술가의 작품에 어떻게 수용되고 재창조되고 있는가 하는 문제들을 본격적으로 논의하고 있다. 이를테면 1906, 1907년 사이에 마티스(Matisse), 드랭(Derain), 블라맹크(Vlaminck), 피카소(Picasso) 등이 아프리카와 오세아니아 종족들의 탈과 인물조각들을 통해 현대미술의 안목으로 재해석 재창조한 사실이다. 즉, 이들의 탈과 조각품에서 배울 만한 것이 상당히 있다는 입체파의 생각은, 여러 자료로 미루어보아 피카소·마티스 등의 작가들이 원시적인 탈 가운데 담겨진 미적인 탁월성과 개념적인 복잡성을 제대로 인식하고 자신들의 작품활동에 창조적으로 수용했던 것이다.

구체적인 예를 보면, 피카소는 아프리카의 아이보리 코스트(Ivory Coast)에서 만들어진 그레보(Grebo) 탈을 통해서 〈기타〉와, 아프리카 탈의 사실성에 영향을 받아 〈아비뇽(Avignon)의 처녀들〉을 발표했다. 그리고 마마탈을 원용한 헨리 무어(Henry Moore)의 〈달꼭대기〉, 아프리카 투지안(Tugian)족의 탈 특징을 조각술로 수용한 막스 에른스트(Max Ernst)의 〈새의 두상〉, 주니(Zuni)족의 조각에서 색채와 형체에 착상을 한 클레(Klee)의 〈공포의 탈〉 등 많은 입체파 작가들과 초현실주의 작가들이 원시인의 탈과 조각품의 영향을 받아 새로운 현대미술을 개척해왔다. 따라서 이들은 으레 원시인들의 탈과 조각품들을 골동품가게에서 형편 닿는 대로 사모으는가 하면 박물관에 전시된 탈들을 주의 깊게 관찰해왔다. 이러한 작가들의 탈에 대한 조사활동과, 이를 수용한 작품활동의 결과는 프리미티비즘(Primitivisim)이라고 하는 원시적인 경향의 유파를 새로 형성하는 한편, 종족적인 토착예술 (tribal arts)이 현대미술의 한 양상으로 중요한 비중을 차지하게 되었다.

2. 탈에 관한 새로운 인식

탈에 관한 외국학계의 연구동향에 비추어보면, 우리 탈 연구의 탈이 상대적으로 드러난다. 탈을 한갓 탈춤의 분장도구 정도로 인식하고 말았거나 벽사진경(辟邪進慶)의 주술적 기능만을 단선적으로 이해하는 데서 만족해버린 셈이다. 조각품으로서의 조형적 예술성이나 미술사적 의의, 그리고 민중의식의 형상적 표현성과 민중적 세계관에 입각해 있는 상징적 조형술에 관한 논의는 이를 생산한 공동체의 사회적 기반이다. 다른 예술작품과 달리 천부적인 작가에 의해 창조된 것이 아니라, 마을공동체 단위로 더불어 제작된 것이 탈이다. 그러므로 탈로 형상화한 인물의 성격과 마을공동체의 사회적 조직, 또는 구성이 상호관련성 속에서 논의될 필요가 있다.

탈은 사람의 본디 얼굴을 가리는 가짜 얼굴, 즉 가면(假面)이 아니다. 탈을 가면으로 이해할 경우에는 연극의 분장도구로, 또는 가장행렬의 변장도구로밖에 해석될 수 없다. 탈춤이 풍농굿이라고 하는 마을굿에서부터 비롯되었고, 지금까지 전승되는 탈춤들도 각종 별신굿의 일환으로 연행되고 있으므로, 탈이 단순한 가장도구가 아니라 신성한 의미를 지닌 신격이라는 것을 알 수 있다. 하회탈만 하더라도, 탈 자체가 신성시되었기 때문에 함부로 접근하거나 구경할 수 없었다. 따라서 고려 중기의 탈이 지금까지 훼손되지 않고 온전하게 보존될 수 있었던 것이다. 마을굿으로서의 별신굿은 풍농을 기원할 뿐만 아니라 모든 질병과 재앙을 막아서 마을 사람들의 안과태평(安過太平)을 기원하는 구실도 한다. 풍농이나 풍요가 이루어지려면 자연으로부터 비롯되는 온갖 탈들, 즉 가뭄과 장마, 태풍과 해일을 막아야 한다. 마을에 떠도는 각종 질병과 뜻밖의 사고나 재앙들도 모두들 마을 사람들의 건강한 삶을 해치는 탈이다. 그러므로 풍요다산과 마을의 평안을 기원하는 별신굿에서 이와 대척적인 관계에 있는 각종 탈들을 주술적으로 물리치고 해결하는 굿놀이를 하게 되는 것이다. 이때 얼굴에 쓰는 탈은 바로 탈을 물리치고 해결하는 기능을 발휘하게 된다. 그러니 얼굴을 가리거나 변장하는 가면이 아니라 탈을 막는 탈바가지인 셈이다.

탈춤은 별신굿의 일환으로 놀아지는가 하면, 그 자체로 하나의 극적 예술성을 지니고 있는 민속극이다. 일반적으로 탈춤의 연극성을 들어서 사회비판적 희극으로 규정하고 있다. 따라서 탈춤 가운데는 자연적인 재앙이나 잡귀에 의한 질병 등 인간과 자연, 또는 인간과 신령 사이의 주술적 문제만 다루는 것이 아니라, 사람들 사이의 문제, 즉 반상(班常)의 문제, 성속(聖俗)의 문제, 남녀의 문제 등이 두루 다루어지고 있다. 양반이 신분적 특권을 누리며 상민들을 못살게 구는 것이 계층간의 갈등이자 신분적 불평등에서 비롯되는 반상간의 탈이라면, 관념적인 숭고성을 추구하는 민중적 삶의 속성을 부정하는 중의 행위는 종교적 세계관의 갈등이자 성과 속 사이에서 야기된 탈이며, 남성이라고 하여 첩을 데리고 본처를 구박하는 것은 일부다처제를 옹호하는 남성적 횡포로서 부부간의 갈등이자 남녀 사이에서 문제되는 탈이다. 이러한 탈을 드러내어 문제삼고 공개적으로 비판해야 탈을 줄이거나 없앨 수 있다.

이와 같은 여러 가지 사회적인 탈들을 두루 거론해서 탈을 숨김없이 드러내는 일이 바로 '탈잡는 일'이다. 탈잡을 만한 일이 있으면 탈잡아야 마땅하다. 탈을 잡아서 웃음거리로 삼고 공격해야 탈의 부정적인 실체를 정확하게 인식하고 탈을 없애고자 하는 의지를 다져나갈 수 있다. 그런데 이러한 탈은 한결같이 지배층이나 힘을 가진 쪽에서 비롯된 것이다. 따라서 민중의 처지에서는 쉽게 탈잡을 일이 못 된다. 이미 있는 탈을 잡으려다가 보면 지배층의 보복적 공격을 받게 되므로 더 큰 뒤탈이 생길 수 있기 때문이다. 그러므로 지배층의 눈길로부터 자신의 모습을 가리고 거리낌 없이 탈잡으려면 탈을 쓸 필요가 있다.

탈잡는 일은 숨겨진 진실, 즉 지배층의 허위를 드러내는 일이다. 평소의 얼굴로는 이를 감당할 수 없다. 누구나 지배층이 지니고 있는 탈들을 알고 있지만, 윗사람들의 권위 때문에 탈들을 인정하며 살아간다. 탈을 쓰지 않은 본디 얼굴이 얼마나 위선적인 얼굴인가 하는 것을 알 수 있다. 이러한 위선적인 얼굴을 가려버리고 탈을 씀으로써 마침내 사회적인 탈들을 온전하게 드러내고 적나라하게 폭로할 수 있는 계기를 마련하는 것이다. 위선적인 부정의 얼굴을 탈로써 다시 부정해버림으로써 진실의 얼굴을 얻게 되는 것이다. 그러므로 탈은 가짜 얼굴인 '가면'(假面)이 아니라, 탈을 올바르게 인식하고 정확하게 잡아내는 진짜 얼굴인 '진면'(眞面)인 것이다. 따라서, '가면'이라는 한자말로 우리 탈을 일컫는 것은 탈의 의미를 왜곡시킬 가능성이 있으므로, 탈을 가면이라 일컬어온 우리 학계에도 용어상의 탈을 지니고 있는 셈이다. 학술용어상의 탈을 고치기 위해서도 탈을 '탈'로 일컬어야 할 것이다.

탈은 탈잡는 일에 기능적이다. 만일 탈이 탈만 잡고 그 탈을 해결하지 못한다면 새로운 문제만 야기시킬 따름이다. 탈을 잡는다는 것은 탈을 드러낸다는 뜻이자, 있는 탈을 없앤다는 뜻이기도 하다. 즉 불길을 '잡는다'든가 마음을 '잡는다'고 할 때, '잡는다'는 것은 불을 꺼 없애거나 들뜬 마음을 가라앉힌다는 뜻이다. 따라서 탈잡고자 쓰는 탈은 탈을 잡아서 드러내고 풍자하는 한편, 이러한 탈을 잡아서 가라앉히고 없애는 구실도 하는 것이다. 그러기 위해서는 위선의 얼굴을 가리는 또 다른 얼굴로써 진실의 얼굴을 드러낸다는, 부정의 부정에 따른 긍정의 논리에 만족할 수 없다. 탈은 이미 있는 위선의 얼굴을 가림으로써, 평소에 드러낼 수 없던 자신의 참된 얼굴을 획득하는 것은 물론, 탈의 모습을 민중적 사회인식과 민중적 미의식에 입각해서 형상화하였으므로, 새로운 얼굴을 덧보여주는 구실까지 적극적으로 담당하는 것이다.

양반의 신분적 특권에 따른 허위가 양반탈에 실제보다 더 두드러지게 나타나 있듯이, 노장이나 취발이, 또는 말뚝이와 초랭이의 탈 역시 각자 인물됨의 속성이 더 두드러지게 형상화되어 있다. 탈은 사회적인 탈을 드러내고, 드러낸 탈을 시비거리로 삼아서 해결하는 데 한층 기능적인 구실을 할 수 있도록 실제보다 과장된 모습의 형상을 하고 있다. 즉 실제의 탈들을 덧보이게 하는 기능을 하는 것이다. 따라서 이러한 탈의 적극적 기능을 살려

서 탈을 '덧뵈기'라고 일컫기도 한다. 그러므로 우리는 탈이 우리들의 삶의
문제를 덧보여주고 있다는 사실을 지나쳐버릴 수 없다. 실제 삶의 모습이
굴절되고 과장되어 나타난 탈의 형상을 온전하게 이해하기 위해서는 탈이
'덧뵈기'이기도 하다는 것을 염두에 두어야 할 것이다.

또 하나의 탈은 조각을 전공하는 미술가들의 작품활동들이다. 미술사가
들이 으레 불상들을 중심으로 우리 미술의 미의식을 논의하고 미술사적 전
개과정을 단선적으로 서술하고 마는 것처럼, 우리 미술가들도 한결같이 서
유럽 미술의 모방작으로 일관하고 있다. 화가들의 경우는 더러 민화나 한국
화의 전통을 창조적으로 계승해보려는 노력이 없지 않으나, 조소분야의 경
우에는 우리의 민속조각인 탈이나 장승 등의 전통적인 조형원리를 계승하는
활동이 거의 보이지 않고 있다. 이미 거론한 바와 같이 피카소·마티스·
헨리 무어·클레 등 서양의 작가들이 자국의 탈이 아닌 아프리카·남아메
리카·아일랜드의 탈과 조각들의 미적 양식을 현대적으로 수용하여 새로운
경향의 조각품을 생산하고 있는 사실에 비추어보면, 우리 조각가들은 민족
적 미의식과 고유한 예술성을 지니고 있는 장승과 탈의 조형원리조차 계승
하고 있지 못하다는 점에서 큰 탈을 지니고 있는 셈이다.

우리 탈을 깎고 있는 사람들이 전혀 없는 것은 아니다. 경향 각지의 몇
사람이 우리 탈을 재현한다는 구실 아래 탈 깎는 일을 업으로 하고 있다.
탈 깎는 일을 업으로 하는 사람들은 한결같이 하회탈을 주로 깎는다. 하회
탈의 예술성을 높이 평가하고 오늘의 상황을 반영하는 가운데 조형적인 형
상성을 창조적으로 표현하기 위한 것이 아니라, 상품적 가치가 가장 높은
탈이기 때문에 상업적인 목적으로 탈을 깎으려니 자연히 모조품만을 생산할
수밖에 없다. 봉산탈이나 강령탈 등 기타의 탈 제작은 탈 자체의 판매를 위
한 상업적인 목적보다 탈춤의 전수를 위한 것이므로, 기능보유자들 사이에
공동으로 제작되고 있어, 예술적인 조형품으로 창작활동을 하는 조각가들의
활동과는 분명한 갈래가 지어져 별 탈이 없다. 그러나 민속문화와 예술에
관한 국민적 관심이 점차 높아지게 되자, 개인적인 이해관계에 따라 개별적
으로 탈의 제작과 전시, 판매활동을 벌이는 경향이 나타나고 있다.

하회탈은 사정이 특히 심각하다. 탈 조각과 판매의 기득권을 확보하기 위해 관계부처로부터 '하회탈 제작 상공부 지정업체'라는 상호를 받아내는가 하면, '하회탈 재현전'이라는 거창한 이름으로 하회탈의 모조품들을 서울의 유명한 전시장에서 성급하게 전시하는 등 경쟁이 치열하다. 순전히 상업적인 이해관계가 얽혀 있으므로, 어느 쪽이든 하회탈의 모조품을 만들어낼 뿐 제작자 자신의 창조적 작품으로서의 조형성을 확보하지 못하고 있으니, 큰 탈이 아닐 수 없다. 게다가 모조품도 온전하지 못하다. 하회탈의 조형원리와 탈춤의 극적 구조를 이해하지 못한 채 외형만을 모조하려 드니 그럴 수밖에 없다. 모조품을 통해서 하회탈의 진면목인 줄 알고 그 예술성을 평가하게 되는 현실 또한 적지 않은 탈을 야기시키고 있는 셈이다. 외국인들의 경우는 더욱 큰 오해를 빚게 된다. 정확한 탈의 모조품을 만들기 위해서도 탈에 관한 올바른 연구가 본격적으로 이루어져야 하는 동시에, 조각가들의 창조적 재현이 현대조각으로서 계속 창작되어야 할 것이다. 조각가들과 조각평론가들, 미학자들의 탈에 관한 관심이 한층 긴요한 때이다.

3. 탈의 제작기법과 조형화과정

탈의 제작기법은 재질적 특성과 밀접하게 관련되어 있다. 우리 탈은 재료에 따라 나무탈·종이탈·바가지탈·털가죽탈 등으로 나눌 수 있다. 그 가운데 종이탈과 바가지탈이 주종을 이루는데, 그것은 재질의 특징 때문이다. 종이는 자유자재로 변형할 수 있는 가용성이 넓어서 다양한 방식으로 손쉽게 탈을 만들 수 있는 장점이 있는가 하면, 바가지는 생활주변에서 쉽게 구할 수 있을 뿐만 아니라, 이미 그 형상이 갸름한 반구형을 이루고 있어 조금만 손질하면 아주 쉽게 얼굴 모습을 완성할 수 있는 장점이 있다. 바가지를 이용해서 탈을 주로 만들었기 때문에 흔히 탈을 '탈바가지'라 일컫기도 한다. 종이나 바가지를 재료로 탈을 만든 경우에는 탈이 가벼워서 탈을 쓰고 탈춤을 추는 데도 아주 기능적이다. 이 밖에도 사자탈과 같이 규모가 큰 특수한 탈은 대나무로 만들어진 소쿠리나 키를 이용하여 탈을 만들

기도 한다. 김해 오광대의 사자탈은 키를 이용해서 만든 것이 탈의 형상에
서 완연하게 드러날 정도이다.

종이탈은 크게 3가지 방식으로 제작된다. 첫째, 종이를 얼굴 모양으로
자르고 먹과 물감으로 그려서 얼굴에 쓸 수 있도록 한 종이탈이 있다. 동해
안에서 별신굿을 하는 세습무(世襲巫)들이 탈굿을 할 때, 한지(韓紙)를 이
용하여 눈·코·입 부분을 적절히 가위로 오리고 덧붙여서 먹과 물감으로
채색하여 인물의 성격에 맞는 탈을 만든다. 일회용으로 만들기 때문에 대충
만들지만 인물의 성격은 어느 정도 살려낸다. 범탈굿을 할 때는 한지에다
호랑이의 얼룩무늬를 그려 몸에 두르고 호랑이 형상의 종이탈을 쓴다. 종이
에 거의 손질을 하지 않는 탈도 있다. 한지를 아무런 꾸밈없이 그대로 보자
기처럼 머리에 덮어쓰고 목 부분을 끈으로 묶은 다음 눈만 뚫어준다. 제주
도의 도깨비굿에 등장하는 도깨비탈의 모습이 이러하다. 탈이라기보다는 종
이복면에 더 가깝다고 할 수 있다. 그러나 한지 한 겹으로 만든 평면적인
종이복면에 지나지 않는 것이지만, 한지의 재질적 특성의 하나인 신축성 때
문에, 쓰고 있는 동안에 얼굴 각 부위의 윤곽이 점차 드러나서 탈의 입체성
을 자연스레 획득하기도 한다.

진주 오광대탈과 가산 오광대탈의 일부도 이와 같은 방식의 종이탈이
다. 그러나 한지를 쓰지 않고 마분지를 사용한다. 그리고 모습도 상당히 사
실적이다. 두터운 마분지를 세로로 접어서 얼굴의 윤곽을 가위로 자르고 눈
과 입 등을 도려내어 탈의 형상을 만든다. 자연히 좌우가 대칭되는 반듯한
모습을 이루게 된다. 코는 다른 종이를 세모나게 오려서 덧붙이므로 코가
오뚝하게 솟아 입체감을 가지게 된다. 특히 오방신장(五方神將)탈의 경우에
는 방위를 상징하는 적·황·청·흑·백색이 각기 짙게 칠해져 있으며, 한
결같이 귀를 달고 있고 수염이 역삼각형으로 길게 먹으로 그려져 있는 것이
다른 탈에서 찾아볼 수 없는 특징이라 하겠으나, 상당히 단조로운 느낌을
주고 있다.

둘째, 흙으로 탈의 모양을 양각(陽刻)으로 빚은 다음 그 위에 한지를 여
러 차례 겹으로 발라서 말린 뒤에, 모형의 흙을 깨뜨려내고 한지로 된 탈의

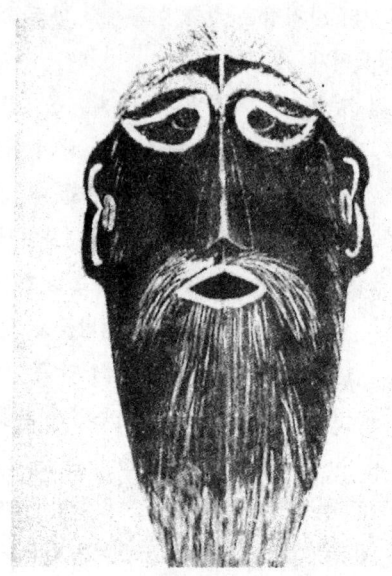

가산 오광대의 종이탈(오방신장군)

형상을 떠내는 경우이다. 이렇게 떠낸 종이탈에다가 눈·코·입 등을 뚫어내고 물감으로 채색하여 탈의 형상을 마무리한다. 여기에다 탈보를 붙이면 탈이 완성되는 것이다. 이렇게 제작하는 경우에는 탈을 새로 만들 때마다 탈의 모형을 진흙으로 번번이 빚어내야 한다. 그리고 진흙의 탈 모양에 종이를 겹으로 바르기 때문에 탈의 형상이 본디 모형보다 무디게 나오는 결점도 있다. 몇 겹만 붙이면 모양은 좋으나 탈이 약해서 지탱을 하지 못하고 여러 겹을 붙이면 탈은 튼튼해지나 모양이 무디어진다. 봉산탈의 경우 이러한 방법으로 탈을 만들고 있다.

이와 반대로 탈의 모형을 음각(陰刻)한 다음에 모형의 안쪽으로 종이를 여러 겹 발라서 떠내는 방법을 쓰기도 한다. 요즘의 경우에는 음각의 모형을 석고로 하여 영구적으로 쓸 수 있도록 하고 있다. 즉 진흙으로 만든 탈모형에 석고를 부어 음각으로 떠낸 석고틀에 종이를 붙여 만드는 것이다. 따라서 여러 겹의 종이를 붙여도 탈의 형상이 변형되지 않을 뿐더러, 같은 석고 모형을 계속해서 쓰기 때문에 탈의 모습이 일정하다. 강령탈의 경우에 1950년대 이전에는 앞의 방법으로 탈을 제작해서 쓰고 탈놀이가 끝나면 탈을 태워버렸으나, 1969년 이후에는 석고틀의 음각을 이용한 뒤의 방법으로 탈을 제작해서 계속 쓰고 있다.

셋째, 신문지·마분지·한지 등의 폐지를 물에 오랫동안 불려서 종이찰흙을 만들어 탈의 형상을 만드는 방법이다. 종이가 충분히 불어터지게 되면 종이를 건져 짠 다음 풀을 써서 고루 섞어 넣고 절구로 찧어 부드럽게 가용성이 높은 끈기 있는 종이찰흙을 만든다. 이렇게 만든 종이찰흙으로 의도한 탈의 형상을 빚어 만든다. 고성 오광대탈과 남사당패의 탈이 이러한 방법으로 만들어졌다. 특히 고성탈의 경우는 종이찰흙으로 형상을 만든 위에 연하게 부분적으로 채색만 했기 때문에, 종이찰흙의 재질감이 그대로 드러나 표면이 아주 거칠고 이목구비의 형상이 매끈하지 못하며 모두 어두운 회색을 이루고 있다. 따라서 문둥이탈은 아주 실감나게 형상화되어 있으나, 소무와 같은 여성탈들은 상당히 섬세하게 손질하여 다듬었지만 인물의 개성을 나타내는 데는 일정한 한계를 지니고 있다. 따라서 선녀탈이나 중탈의 경우는 바가지를 이용해서 별도로 제작하기도 한다. 한편 남사당패의 탈은 종이찰흙으로 탈의 형상을 만든 다음 그 위에 다시 한지를 몇 겹 바르고 채색을 밝게 해서 탈의 표면이 매끈하고 색상도 밝다. 재질적 특성이 지닌 한계를 극복한 셈이다.

다음은 바가지를 이용해서 만든 탈들을 보기로 한다. 가락(駕洛)의 김해 오광대탈과 통영 오광대탈, 양주 별산대탈을 비롯하여 대부분의 탈이 바가지탈이다. 이런 탈들로 인해 탈은 흔히 탈바가지·박탈 등으로 일컬어진다. 생활용품으로 쓰이는 바가지들을 크기와 모양에 따라 적절한 것을 고른 다음 칼로 도려내기 쉽도록 물에 담가 불린다. 불린 바가지를 먼저 원하는 탈의 얼굴 윤곽을 이루도록 가장자리를 적당하게 잘라내어 탈의 모형을 만든다. 이어서 눈과 입 부분을 도려내고, 눈썹과 코 부분은 짚과 새끼·노끈·털가죽·나무조각 등을 덧붙여 이목구비의 형상을 입체적으로 갖추어 나간다. 그리고 얼굴에 불거져나온 혹은 종이찰흙을, 귀는 바가지 조각을 이용해서 노끈으로 꿰매 붙인다. 이 위에 한지를 한두 겹 얇게 붙여서 채색을 하면 탈이 완성된다.

따라서 바가지탈은 얼굴형이 바가지 모양의 반구형으로 통일되어 있어 탈의 개성에 따른 조형적 특성이 약화되게 마련이다. 나무탈처럼 나무를 파내어 조형성을 나타낼 수 없으므로 자연스런 입체감을 살릴 수는 없다. 기껏해야 다른 재료들을 덧붙여 얼굴의 불거져나온 부분을 특히 강조할 따름이다. 자연히 나무탈이나 종이탈에 비해 조형성이 떨어지게 된다. 반면에 가볍고 제작하기 편리한 장점이 있어 탈 제작과 탈 사용의 기능성이 가장 높다고 하겠다. 양주 별산대의 경우도 전에는 종이탈과 목탈을 사용했으나 근래에 와서 박탈을 만들어 쓰게 된 것은 바로 이런 장점이 원인이 된 셈이다. 통나무를 도려내어 얼굴 형상을 만들거나, 종이로 복잡한 절차를 거쳐서 탈을 만드는 것보다, 이미 얼굴 모양을 하고 있는 바가지에다 한두 가지 재료만 덧붙여 탈을 만드는 것이 한결 수월하기 때문이다. 고성 오광대 말뚝이탈의 코가 크게 두드러진 것도 덧붙여서 만든 박탈의 조형성과 무관하지 않다.

나무탈은 주로 오동나무와 오리나무 등을 이용해서 칼로 깎아 제작한다. 따라서 나무탈은 다른 탈과 달리 조각품이라 할 수 있고, 또 조각품으로 평가되어야 마땅하다. 원목을 깎아내 인물의 형상을 입체적으로 조형해나가므로 다른 부착물을 덧붙일 필요가 없다. 다만 양반이나 선비 등과 같은 늙은 남성탈의 경우에는 수염을 코밑이나 턱에 덧붙일 뿐이다. 탈의 형상이 어느 정도 완성되면 탈의 뒷면도 깊게 파내어 얼굴에 쓰기 알맞도록 한다. 하회탈의 뒷면을 보면 앞면과 마찬가지로 탈의 요철에 따라 적절히 파여져 있는 것을 알 수 있다. 그래야 탈을 썼을 때 얼굴의 돌출부분과 마찰이 적어서 불편이 없다. 하회탈은 누가 쓰더라도 얼굴에 꼭 맞다고 할 정도로 앞면 못지않게 뒷면의 조각에 각별한 신경을 쓴 것이다. 이렇게 탈의 형상이 완전하게 조각되면 바로 채색을 하거나 한지를 몇 겹 바르고 난 다음 채색을 하여 탈을 완성한다. 하회탈의 경우에는 부네와 각시 등 젊은 여성탈의 경우에만 종이를 바르고 채색하였다. 여성의 부드러운 살결을 살리

방상씨탈. 눈이 네 개인 나무탈이다.

기 위한 각별한 배려인 셈이다.

　나무탈에는 고려조의 하회탈과 함께, 같은 시기의 것으로 보이는 병산(屛山)탈을 비롯하여 조선조의 방상씨(方相氏)탈 등이 고대의 원형을 그대로 유지하고 있다. 이러한 자료들을 중심으로 보면 고대의 탈이 거의 나무탈임을 알 수 있다. 바가지나 종이는 비교적 후대에 생활용품으로 쓰였을 가능성이 높으므로, 고대에는 흔하게 구할 수 있는 나무가 탈을 만드는 주재료가 될 수밖에 없었던 것이다. 따라서 상대적으로 나무를 즐겨 다루던 고대에는 탈의 조각술이 뛰어났을 것이리라 짐작할 수 있다. 조각술을 가늠해 볼 수 있을 정도로 원형을 유지하고 있는 나무탈들을 보면, 고려조의 하회탈이나 병산탈이 조선조 이후의 탈들보다 한결 뛰어난 조각품이라는 사실이 이를 반증한다. 20세기초에 오면 양주 산대탈과 구파발 산대탈 등이 주로 나무로 이루어져 있고, 다른 탈들 가운데서도 일부가 나무로 만들어져 있다. 그러나 탈의 조형적 형상성은 전시대의 탈에 비해 크게 떨어지며, 대부분의 탈들이 종이탈이나 바가지탈로 바뀌어가고 있다.

털가죽은 탈의 재료로서 아주 특이한 것이다. 탈에 쓰이는 털가죽은 개나 토끼의 것을 주로 사용하지만 근래에는 고양이 털가죽을 쓰기도 한다. 부분적으로 쓸 때는 양의 털가죽이 쓰인 경우도 있다. 털가죽은 탈의 재료로서 특수성을 지니고 있기 때문에, 종이·바가지·나무 등에 의한 탈은 특정지역 탈춤의 모든 탈에 일관되게 나타나는 경우가 있으나, 털가죽탈의 경우는 어느 탈춤에서든 특수한 인물에 한해서 부분적으로 나타난다. 이를테면 순전히 털가죽으로만 만든 탈은 동래 들놀음의 모양반(毛兩班)뿐이다. 그러나 부분적으로 털가죽을 이용한 경우는 상당히 많다. 털가죽을 덧붙여 머리·눈·모자·수염 등을 조형적으로 표현한 탈들이 이러한 예가 되겠다. 동물탈을 제외하면, 봉산의 남강노인탈, 강령의 영감탈, 가산 오광대의 양반탈 등이 털가죽을 부분적으로 이용하고 있다. 원숭이탈에는 어느 경우나 털가죽이 중요한 재료로 이용된다. 특히 해서 지방의 봉산탈과 강령탈에는 사람의 머리 부분을 모자처럼 털가죽으로 덮어씌워서 추운 지방의 방한기능을 표현한 것으로 보이기도 한다.

마지막으로 대나무로 가공한 생활용품, 즉 죽제품을 이용한 탈을 보기로 한다. 탈에 이용되는 죽제품은 대광주리·대바구니·대소쿠리·키 등이 주종을 이루고 있다. 죽제품은 어느 것이나 규모가 크기 때문에 특수한 탈에만 한정되어 쓰인다. 바구니나 소쿠리에다 한지를 여러 겹 바른 다음에 탈의 형상에 맞게 눈썹과 눈둘레를 도드라지게 새끼나 실꾸러미로 붙이고, 눈과 입 부분은 도려내어 구멍을 뚫어 눈에는 방울을, 입에는 나무로 이빨을 다듬어 부착한다. 눈을 뚫지 않고 왕방울 모양으로 두드러지게 나타내기도 한다. 필요한 경우에 코도 길고 높게 두드러지게 덧붙인다. 마지막으로 한지를 바른 뒤에 채색을 하여 완성한다. 소쿠리의 경우에는 컵을 엎어둔 모양의 나무 심이 좌우에 드러나보이기도 한다. 봉산탈과 김해 오광대의 사자탈, 수영 들놀음의 사자탈과 범탈, 마산 오광대와 통영 오광대의 사자탈과

동래 들놀음의 털가죽탈(모양반)

담비탈 등이 모두 이러한 죽제품으로 만들어졌다. 최근에 발굴 복원된 예천
군 청단놀음의 탈들은 대부분 죽제품이다. 강령탈의 사자는 특이하게 버드
나무로 엮은 광주리를 이용했다. 이처럼 죽제품은 사자나 범ㆍ담비 등 동물
탈의 경우에 주로 쓰인다.

　탈의 머리털ㆍ눈썹ㆍ수염 등 탈의 부분을 나타내는 데는 이들 재료 외에
실제 머리카락이 쓰이기도 한다. 일반적으로 실이나 털가죽이 쓰이는 경우
가 많지만, 쇠꼬리의 털이나 삼을 이용하여 수염과 머리카락을 나타내기도
한다. 동물탈의 경우에는 오색천이나 실타래를 이용하여 갈기털을 표현하
고, 통영 오광대의 할미양반과 같은 특수한 경우에는 가죽으로 눈썹과 수염
을 붙여 독특한 인상을 풍기기도 한다. 특히 수염이 강조된 탈은 양반이나
선비탈들이다. 송파 산대의 샌님, 통영 오광대의 원양반, 하회탈의 양반과
선비, 봉산탈춤의 둘째양반, 수영 들놀음의 수양반 일행들이 모두 긴 수염
을 풍부하게 달고 있다. 양반으로서의 위엄과 점잖음을 수염으로 형상화한
셈이다.

4. 탈의 조형적 형상과 민중적 미의식

일반적으로 우리 탈의 형상은 기괴망측하게 생겼다고 한다. 실제보다 코
와 입·눈이 과장된 것은 말할 것도 없고, 코가 삐딱하게 곡선으로 붙어 있
는가 하면 눈꼬리가 좌우 불균형을 이루며 사납게 찢어져 있다. 입이 크게
삐뚤어져 있는 경우가 대부분이며, 언청이나 문둥이·옴탈과 같이 병신스
런 입이나 안면을 지녀야 하는 탈 외에도, 양반·샌님·영감 등의 탈들도
한결같이 입이 찢어진 언청이나 입비뚤이이다. 안면도 그냥 묘사해 둔 예는
아주 드물다. 이마와 볼·턱 등에 커다란 혹이 제멋대로 솟아 있고, 이빨이
어긋지게 톱니처럼 두드러져 있기가 일쑤이다. 더러는 봉산탈의 취발이처럼
이마가 터무니없이 넓고 파도처럼 주름이 많아서 얼굴의 다른 부위와 비례
가 맞지 않는 경우도 있다. 그러면서도 모든 탈이 인간적이라는 점에서 서
로 만나고 있다.

모든 탈들이 신분적 지체나 성속의 위상이 어떠하든간에 생활 속에서 가
장 일상적으로 만날 수 있는 예사 사람들, 또는 예사 이하의 사람들의 모습
을 하고 있다. 탈의 형상 자체에서 신분적 특권이나 관념적 숭고성, 또는
남성적 권위를 인정하지 않고 있다는 사실을 여실히 드러내고 있음을 알 수
있다. 이처럼 기괴스러움에도 불구하고 인간적인 탈일 수 있는 것은 민중적
미의식에 입각한 민중적 사실성을 확보하고 있기 때문이다. 이와 더불어 사
자탈이나 원숭이탈과 같은 동물탈들도 한결같이 사람의 얼굴 모습을 하고
있다. 사자탈이든 원숭이탈이든 사람들의 탈을 잡아내고 덧보이고자 만든
탈이니 사람의 형상을 닮은 것은 자연스럽다고 하겠다.

우리 탈의 전체적인 형상은 얼굴의 윤곽과 비슷하게 갸름한 타원형이 주
를 이루고 있다. 바가지탈의 경우는 특히 원형이나 계란형에 가깝지만, 나
무탈과 종이탈은 모양이 다양하다. 하회의 백정탈과 같은 장방형이 있는가
하면, 초랭이와 같은 역삼각형, 중탈과 같은 역사다리꼴도 있다. 대소쿠리
로 만든 수영과 김해의 사자탈은 자연히 소쿠리를 거꾸로 세운 모양의 사다

리꼴을 이루게 되고, 바구니를 이용해서 만든 사자탈이나 범탈은 으레 가로로 더 퍼진 모양의 원형을 이루게 마련이다. 갸름한 타원형의 여성탈이 부드러운 형상을 하고 있다면 장방형의 백정탈이나 취발이탈은 억세고 거친 인상을 주며, 초랭이와 같은 역삼각형의 얼굴은 항상 촐랑거리며 현실에 안주하지 않고 세태를 모나게 풍자하는 날카로움을 형상화한 모습이라고 하겠다.

털가죽탈은 동물의 모형에 따라 특히 모가 나게 생겼고, 마분지를 접어서 만든 탈은 수염이 세모 나게 강조되면서 대칭을 이루고 있어 전체적인 윤곽이 일정하다. 진주와 마산의 오방신장탈의 경우에는 형상이 한결같이 일치하며 색깔만 방위에 따라 5가지 색으로 다르게 칠해져 있을 따름이다. 마산 오광대탈의 경우에는 모두 머리에 탕건을 쓴 모양과 입 주변에 종이수염을 같은 모양으로 부착한 것이 이색적이다. 봉산탈의 팔먹중이나 오광대의 오문둥이 등도 약간의 변화는 있으나 탈의 전체적인 윤곽과 형상이 서로 비슷하게 마련이다. 북청 사자놀음의 꺾쇠탈 둘은 한결같이 머리에 원뿔 모양의 푸른 색, 또는 검은 색의 고깔을 쓰고 있는 특징을 보인다. 이때의 고깔은 하인배의 미천한 신분을 나타내는 셈이다. 머리에 연잎을 쓰고 있는 양주 산대놀음의 연잎탈과 눈꿈쩍이탈 모습도 머리 위가 원뿔 모양을 이루고 있다는 점에서는 비슷하다. 그러나 검은 색 고깔이 상징하는 바와 연잎이 상징하는 바는 크게 다르다. 양주 산대에서 연잎탈은 곧 중을 나타내듯이, 머리에 쓴 연잎은 연꽃, 즉 불교에서 성화(聖花)로 받드는 만다라화(曼陀羅華), 또는 천묘화(天妙華)를 상징하는 것이다. 따라서 형상은 비슷하지만 구체적인 상징물에 따라 표현하는 바는 전혀 다르다고 하겠다.

이목구비를 표현한 경우를 보면 하회탈과 같은 나무탈의 경우는 얼굴의 들어간 부분을 깊이 파내어 입체감을 나타내고, 박탈이나 종이탈, 죽제탈의 경우에도 코와 눈썹·입술·눈두덩·볼 등을 다른 재료로 크게 덧붙여서 입체감을 살리고 있다. 물론 그럴 필요가 없는 얌전한 성격의 여성탈의 경우는 사정이 다르다. 하지만 강한 성격을 지닌 남성탈일수록 입체감이 두드러진다. 그래서 전혀 얼굴의 형상과 상관없는 혹이 이곳 저곳에 돌출하도록 하는가 하면 붉은 색이나 황금색을 칠해서 특히 혹을 강조하고 있다. 젊고 강하며 발랄한 정력을 양성적으로 과시하여 형상화한 혹이라 하겠다.

일반적인 남성탈에서 보이는 혹의 수는 1개에서부터 7개까지 있으며, 옴탈이 아닌 경우에도 김해 오광대의 말뚝이탈은 작은 혹이 무수하게 나 있다. 특히 수영 오광대의 말뚝이탈은 코가 뿔처럼 뾰족하게 솟아 있을 뿐 아니라, 왕방울만한 혹 20개 정도가 얼굴 전면에 빈틈없이 솟아 있다. 남성적인 상징인 코와 함께 불뚝 솟은 혹들은 남성의 넘치는 양기를 상징하고 있는 셈이다. 이러한 조형성이야말로 현상적 사실성을 뛰어넘은 우리 탈의 강한 입체성과 상징적 형상성을 떠받들고 있는 것이다. 그러므로 한국조각품에 나타난 미의식의 특징을 평면성이라고 안일하게 규정하는 미술사가들의 주장이 얼마나 터무니없는 억설인가 하는 것을 가장 잘 반증해주는 자료들이다. 이러한 형상성은 민중적 미의식에서 우러나온 상징적 사실성이므로 형식논리로 이해하기는 어렵다. 민중들의 처지에서 볼 때는 가장 사람답지 않은 혹투성이의 말뚝이탈에서 가장 남성다움을 공감하는 것이다.

탈의 부분적인 형상을 보면, 눈이 대체로 크고 똥그랗거나 치켜뜬 모양을 하고 있다. 세간에서 벌어지는 여러 가지 그릇된 탈들을 제대로 보려면 눈을 크게 떠야 한다. 아니 치켜뜨고 지켜보아야 한다. 그러려면 자연히 도끼눈처럼 치켜떠야 하고, 작은 눈이나마 똥그랗게 부릅뜰 수밖에 없다. 탈을 지켜보기 위하여서 눈을 크게 떠야 할 뿐만 아니라, 세간에서 일어나는 엄청난 탈들을 제 눈으로 보고 나면 놀라움과 불만스러움이 다시 눈으로 나타난다. 뜻밖의 놀라움 때문에 눈이 똥그랗게 불거지는가 하면, 억누를 수 없는 불만스러움으로 부드러운 눈길이 사납게 치켜떠지게 마련이다. 따라서 도끼눈과 똥그랗게 도드라진 눈매는, 삶의 현장에서 야기되고 있는 고질적인 탈들을 지켜보고 밝혀내려는 의지와 함께, 뿌리 깊게 구조화된 각종 모순과 비리로 빚어진 사회적 탈들에 대한 대응력의 양면성을 동시에 나타낸다.

이런 가운데서도 실눈을 하고 있는 탈이 있다. 하회탈 가운데 양반탈·중탈·백정탈·이매탈의 눈이 실눈이다. 백정탈은 실눈이긴 하되 눈꼬리가 치켜 올라가서 노기 띤 얼굴을 하고 있다. 그러나 양반탈·중탈·이매탈의

하회별신굿 탈놀이의 부네와 선비

실눈은 웃는 모습을 하고 있다. 온갖 특권을 다 누리고 하인을 부리며 부네와 미색놀음이나 즐기는 양반이니 그럴 수 있다. "능글맞다 중의 걸음"이라는 하회탈의 중을 두고 일컫는 관용구처럼, 불교를 국교로 삼았던 고려 때의 중은 양반과 다름없는 여유와 특권을 누렸다. 그러니 세간에 내려와 부네와 어울릴 수 있다. 이매는 본시 바보이니 계속해서 바보스런 웃음을 웃는 인물이다. 실눈을 할 수밖에 없다. 이와 같이 눈의 모양 하나하나는 인물의 성격 창조에 중요한 구실을 하고 있다.

눈이 4개씩이나 있는 탈들도 있다. 방상씨탈은 이른바 황금사목(黃金四目)이라고 하여, 일반적으로 금색 눈 4개를 가지고 있다. 방상씨탈은 경주 호우총(壺杅塚)에서 발굴된 5, 6세기경의 곰가죽탈이 있는가 하면, 조선조의 나무탈도 있다. 김재원(金載元)의 보고에 의하면 이 탈은 축귀(逐鬼)의 기능을 한다. 즉 황금으로 된 눈 넷을 단 탈을 쓰고 검은 색 상의와 붉은 색 하의를 입고 창이나 칼을 든 채 역귀를 몰아내는 구실을 하거나, 상례

때 묘의 광중에 들어가서 창으로 사방을 치고 잡귀를 몰아내는 구실을 한
다. 조선조말까지 상여가 나가면 방상씨탈을 쓴 사람이 선두에 나섰다고 한
다. 방상씨탈 외에도 황금사목을 지닌 탈로서 강릉 관노탈놀이의 시시딱떽
이가 있다. 최상수의 조사에 의하면 이 탈도 눈 테두리는 검은 색으로 그렸
으되 눈자위는 황금색을 칠했다고 한다. 이 탈의 기능 역시 방상씨탈과 같
다. 명칭이 '시시딱떽이'라고 일컬어지는 것은, 탈을 쓰고 잡귀들을 쫓아
낼 때 사방을 향해 "쉬이—! 쉬이—!" 하면서 방망이로 이곳 저곳을 딱
딱 때리며 소리를 내기 때문이라고 한다. 황금색은 길한 색이자 귀신을 물
리치는 벽사의 기능을 지닌 색이므로, 황금색 눈을 넷씩이나 달아둠으로써
강한 위엄과 초월적 신성성을 형상화하여 잡귀들이 얼씬도 못하도록 하는
벽사의 기능을 강조한 것이다.

코는 남녀노소에 따라 상당히 다른 형태를 취하고 있다. 하회탈만 하더라
도 남성들의 코는 실제보다 훨씬 크고 높으며 우람하다. 주먹코 이상으로
거대하다. 코 큰 서양사람들의 조각에 비해서도 코의 크기는 뒤지지 않을
정도이다. 통래와 수영 들놀음의 말뚝이탈의 코 또한 엄청나게 크다. 수영
의 것이 뾰족하게 뿔처럼 길게 솟아올랐다면, 동래의 것은 얼굴 전체를 가
릴 정도로 길게 입술 위까지 덮어 내려와서 마치 큰 뱀의 머리 부분을 연상
하게 한다. 이렇게 큰 코는 어느 것이나 남성코이지만 상징하는 바는 서로
다르다. 하회의 양반탈·중탈·백정탈, 동래·수영의 말뚝이탈의 코는 신
분적으로는 미천하지만 젊은 남성의 건강성을 나타낸다.

코의 형상을 다루면서 지나쳐버릴 수 없는 것이 하회탈의 초랭이 코이
다. 초랭이 코는 끝부분이 3분의 1 가량 싹뚝 잘려나가버렸다. 한마디로 콧
대가 잘린 셈이다. 다른 탈의 코는 아무리 크고 높아도 제대로 마무리가 되
어 있는데, 초랭이탈만은 콧날이 선명하게 잘려나갔다. 콧대가 이렇게 잘린
것은 재료로 쓴 나무의 두께가 얇아서 어쩔 수 없이 그렇게 되었다고 볼 수
도 있다. 그러나 콧대보다 낮은 도드라진 이마의 끝도 잘려져나간 것을 보
면 의도적으로 콧대를 잘라냈음을 알 수 있다. 또 재료로 쓴 나무의 두께가
모자라면 그 자체로써 콧날을 마무리지어도 상당히 높은 코를 다듬어낼 수

있다. 그럼에도 불구하고 탈을 만든 이는 그러지 않았다. 숨은 의도가 있기 때문이다. 결코 나무가 얇아서 그런 것은 아니다. 초랭이탈을 측면에서 보면 다른 탈과 달리 콧대와 콧날, 그리고 코 볼이 한결같이 직선으로 곧게 솟구치면서 뻗어나가 있음을 알 수 있다. 이 선을 그대로 살려서 코를 온전하게 마무리한다면 콧대가 가장 높고 콧날도 가장 날카로운 코를 가지게 된다. 그러나 콧대를 잘라버렸다. 이러한 코는 초랭이가 추구하는 자유로운 삶의 제약에 대한 극복의지와 현실적인 제약을 함께 형상화한 까닭이다. 실제로 초랭이는 가장 콧대 높은 삶을 추구하는 인물이지만, 그에게 주어진 신분과 그에 따른 사회적 제약은 콧대를 꺾고 살아가도록 하고 있는 것이다. 초랭이의 잘려나간 콧대는 바로 신분사회에서 야기되는 계층간의 갈등을 상징적으로 형상화하고 있는 셈이다. 아니 이러한 신분차별의 문제를 탈잡고 있다고 해야 옳을 것이다.

남성탈의 코가 우뚝 솟은 데 비해 여성탈의 코는 밋밋하다. 하회탈에서 특히 남녀의 코가 대조를 이루고 있다. 여성탈은 작고 밋밋하여 입체성이 약할 뿐 아니라 콧대마저 삐딱하다. 부네나 각시탈이 한결같다. 콧대가 지나치게 굽어 있어서 병신처럼 보이는 탈은, 문둥이탈 또는 삐뚜리탈과 같은 병신탈을 제쳐놓으면 으레 여성탈들이다. 수영과 동래 들놀음의 할미탈과 양주 별산대 할미탈의 코가 모두 비뚤어져 있다. 특히 수영 들놀음의 할미탈 코는 이마에서부터 턱까지 길게 붙어 있는데 완전히 활 모양으로 크게 굽어 있다. 쪽 곧은 남성의 콧대와 삐딱하게 굽은 여성의 콧대는 남녀의 성적 차별을 상징적으로 나타내는 것이다. 특히 할미탈의 코가 크게 굽은 것은 젊은 첩을 거느리고 본처인 할미를 구박하는 남성적 횡포에 억압받는 할미의 성적 궁핍과 고난을 조형화한 것으로 볼 수 있다.

탈의 입 모양도 제각각이다. 그러면서 일정한 의미의 형상성을 내포하고 있다. 입꼬리가 위로 치켜올라가서 해학적인 모습을 하고 있는가 하면, 밑으로 길게 쳐져 불만스러운 모습을 짓고 있으며, 아랫입술이 윗입술을 위로 치켜 덮고 있어 심술궂은 모습을 하고 있는 탈도 있다. 강령 말뚝이와 취발이의 입은 적당하게 반달 모양으로 열려 있어 풍자적인 말들을 자유롭게 할 수 있는 형상을 하고 있으나, 산대탈의 말뚝이는 아랫입술이 윗입술을 덮고 있어 할 말의 제약을 받는 불만이 나타나 있다. 이러한 입 모양은 산대탈의 노장과 먹중이 하고 있고, 다른 지역의 노장들도 이와 비슷하게 입꼬리가 아래로 처져 있고 아랫입술이 위로 치켜올라가서 말의 제약성을 나타낸다. 노장은 어느 경우나 탈춤의 극중상황에서 말이 없다. 불립문자(不立文字)의 불도를 따라야 하는 종교적 제약과, 말하고 싶은 인간적 충동이 대립적으로 집약되어 있는 모습이라 하겠다.

특히 주목할 만한 사실은 언청이와 입비뚤이가 많다는 것이다. 입만 찢어져 있는 송파와 남사당의 샌님탈이 있는가 하면, 윗입술이 두 쪽이나 찢어진 양주와 구파발 산대의 샌님탈은 쌍언청이를 하고 있다. 그래도 입술만 찢어진 언청이는 보기에 낫다. 양주 별산대와 봉산의 샌님과 양반들은 입술은 물론 코까지 찢어진 언청이 모습을 하고 있다. 특히 봉산의 맏양반(샌님)탈은 쌍언청이인데 코까지 둘로 찢어져 있다. 중요한 것은 한결같이 양반이나 샌님들의 입이 언청이나 입비뚤이로 묘사되어 있다는 사실이다. 신분이 높고 학식이 많아 옳고 유식한 말을 주로 하는 사람들이지만, 탈춤의 극중 인물 속에서는 한결같이 미색 다툼과 허망하기 이를 데 없는 지체나 학식 다툼, 또는 조잡한 말장난의 한시짓기, 아니면 하인을 치도곤하는 말짓들만 하니, 정상적인 입을 가진 사람들로 보기 어렵다. 따라서 모두들 언청이로 조형화하여, 그들이 하는 말의 실상들을 입의 형상을 통해 풍자하는 것이다.

이들 탈과 상반된 양식으로 입을 형상화한 것이 하회탈이다. 하회탈 가운데 지체 높은 탈들은 한결같이 입이 반듯할 뿐 아니라 턱이 떨어져 있어 탈광대의 의사전달이 순조롭고, 말하거나 웃는 데 따라 턱이 그럴 듯하게 움직이므로 동적으로 살아 있다. 그러나 이러한 턱의 가변성은 대사의 온전한 전달과 탈의 역동성을 획득하기 위해서 겨냥된 것만은 아니다. 말의 자유가 보장되어 있는 신분적 특권도 변별해준다. 왜냐하면 말의 자유가 제한되어 있는 초랭이와 같은 하인이나 여성탈들은 한결같이 턱이 붙어 있기 때문이다. 각시탈 같은 경우는 턱이 떨어져 있기는커녕 입이 아예 틔어 있지도 않다. 각시는 극중에서 전혀 말이 없다. 벙어리 노릇을 할 수밖에 없는 사회적 제약이 각시탈의 입을 막아놓은 것이다. .따라서 하회탈에서 턱이 고정되어 있다는 것은 턱이 자유로운 탈보다 사회적 제약을 많이 받는, 그래서 말의 자유가 없는 탈이다. 그러므로 턱이 떨어진 사실만을 들어서 중국과 일본 탈의 같은 예와 비교하여서 영향론을 펴는 것은 재고되어야 마땅하다.

초랭이 역시 하인이므로 말을 함부로 할 수 없는 사회적 제약이 따른다. 그러므로 턱이 붙어 있을 뿐만 아니라 입조차 삐뚤고 이빨이 옥니여서 여러 모로 말의 장애를 받고 있도록 형상화하여 초랭이의 처지를 반영하고 있다. 그러나 하회탈춤에서 가장 말을 많이 하고 양반 선비에 대해 노골적인 비판을 가하는 것이 초랭이다. 말의 자유를 억압하니, 초랭이로서는 할 말이 더 많아지는 셈이다. "입은 삐뚤어져도 말은 바로 하라"는 옛말은 마치 초랭이탈을 두고 한 말 같다. 흔히 턱이 분리되어 움직이는 탈은 하회탈뿐인 것으로 논의하는데, 다른 탈에도 상당수 보인다. 동래 들놀음의 차양반과 넷째양반, 종가도령, 원양반, 수영 들놀음의 수양반, 마산 오광대의 턱까불탈이 모두 이에 속한다. 지체 높은 양반들의 입을 한편으로는 언청이로 풍자하면서, 다른 한편으로는 신분적 특권에 따른 말의 자유를 떨어진 턱으로 형상화해둔 것이다. 비록 조형방법은 대립적이지만 한결같이 양반의 신분적 특권을 비판하는 데 일치하고 있다. 이처럼 다양한 방법으로, 또는 서로 어긋나는 역설적 방법으로 민중적인 삶과 의식의 문제들을 민중적 미의식에 입각해서 변증법적인 사실성으로 기묘한 조형미를 획득하고 있는 것이 우리 탈이다.

5. 탈의 색상과 성격창조의 양식

우리 탈의 색상은 대체로 원색적이고 강렬하다. 원색으로는 붉은 색이 가장 많이 쓰인다. 그리고 검은 색, 흰색, 푸른 색이 주로 사용되었다. 우리 탈의 사진집들을 보면 하나같이 붉은 탈들이 압도하고 있다. 이러한 현상은 탈춤의 현장에서도 마찬가지이다. 왜냐하면 각 탈들 가운데 가장 활동적이고 규모가 큰 탈들이 모두 붉은 색을 하고 있기 때문이다. 이를테면 각 지방의 탈 가운데 말뚝이와 취발이 · 사자탈 등이 한결같이 붉은 원색이다. 이 밖에도 양주 산대의 먹중 다섯 탈과, 해주와 강령 · 봉산의 목중탈들, 그리고 양주 산대의 눈끔적이와 연잎탈 · 원숭이탈, 은율의 최괄이탈과 원숭이탈 등이 모두 붉은 색이다. 붉은 원색에 가까운 주홍색 탈도 얼마든지 있다. 동물탈을 제외하면, ·취발이와 말뚝이 등 젊은이의 탈들, 즉 탈춤 연행 가운데서 양반이나 노장 등 늙은이와 지배층을 공격하는 탈들이 붉은 색을 하고 있다. 이러한 사실은 붉은 색이 젊음과 활기를, 그리고 억압된 삶에 대한 저항의식을 상징적으로 나타내고 있기 때문이다.

다음은 흑색과 흰색 탈이 가장 많다. 흑색탈은 중탈과 할미탈, 또는 옴탈 등에서 주로 보인다. 양주 산대의 노장과 먹중, 봉산의 노장, 진주의 중탈 등 노장을 중심으로 한 늙은 중들은 거의 흑색탈을 하고 있다. 양주 산대의 미얄과 하회의 할미탈도 어두운 흑색이다. 더러는 양주와 구파발 산대의 옴탈도 흑색이다. 밝은 세상과 등지고 사는 수도승의 삶이나, 저물어가는 인생의 어스름길에 접어든 할미, 또는 몹쓸 병치레로 어두운 방안에 격리되어 있는 옴환자의 삶의 모습을 한결같이 검은 색으로 형상화한 것이다. 중요한 것은 노장의 색깔이다. 노장은 수도승의 경지에 이른 고승으로서 초탈한 모습을 함직한데, 오히려 옴탈이나 할미탈과 같이 취급하고 있다. 여기에 민중의식의 깊이와 민중적 미의식의 묘미가 함축되어 있는 것이다.

인간의 생명본성에 입각해서 세속적인 삶을 건강하게 살고 있는 민중들의 눈에는 노장이 신성스런 성직자로 인식되지 않는 것이다. 좋게 보아 밝은 세상을 등지고 어두운 삶을 사는 은자(隱者)요, 나쁘게 보면 음흉하고 능글맞은 속셈과 욕망을 숨기고 사는 위선자인 것이다. 특히 산대와 봉산의 노장탈을 보면 노란 반점이 얼굴 전면에 더럽게 찍혀 있는데, 이것은 노장이 수도하는 동안에 얻은 파리똥이라고 한다. 결국 수도해서 얻은 것은 파리똥뿐이라는 것이다. 고승들의 관념적 허위를 풍자하는 민중의식이 이러한 형상화를 빚어낸 셈이다.

흑색 다음으로는 흰색탈이 뜻밖에 많다. 여성탈들을 제외하면 대부분의

흰색 탈은 지체 높은 양반이나 샌님탈들이다. 동래 들놀음의 양반탈 셋과
종가도령탈, 강령의 양반탈 셋과 영감탈과 남강노인탈, 진주의 생원탈
둘, 통영과 마산 오광대의 양반탈 둘씩과 턱까불탈, 콩밭골손탈 등이 한결
같이 흰색탈들이다. 얼굴이 희다는 것은 험한 일을 하지 않고 집안에서 귀
하게 자랐다는 것을 뜻한다. 그러면서 한편으로는 흰색 얼굴이 창백하고 허
약한 사람의 얼굴이기도 하다. 건장하고 우람하게 생긴 젊은 취발이나 말뚝
이의 붉은 얼굴과 대조되는 얼굴빛이라 하겠다. 탈의 색깔처럼 양반은 참으
로 허약한 존재들이다. 스스로의 힘만으로는 자신의 삶을 지탱할 수 없는
존재이다. 제도적인 장치에 의해 하인을 부리고 권속들의 떠받듦에 의해 위
엄을 지키며 체통을 유지할 따름이다. 그러므로 아랫것들이 제도를 부정해
버리고 지시를 따르지 않으면 양반들은 자생적인 능력이 전혀 없게 된다.
이러한 지배층의 한계와 허점을 드러낸 색깔이 흰색이 아닌가 한다. 민중들
은 지배층의 표면적인 삶의 현상을 사실적으로 묘사하는 것과 함께 이면적
인 삶의 진상을 허점으로 드러냄으로써, 신분적 특권의 허위를 폭로하고 민
중적 삶의 건강성과 자생적인 삶의 가능성을 다져나가는 것이다.

　푸른 색이 원색으로 등장하는 경우는 상대적으로 흔하지 않다. 송파 산대
의 완보탈와 소무탈은 흰색 바탕에 머리와 볼 부분에 녹색이 원색으로 칠해
져 있으며, 오방신장무의 청제신장(靑帝神將)이나 오광대 가운데 청제양반
(靑帝兩班)탈은 원색의 청색으로 칠해져 있다. 다섯 방위를 나타내는 오방
신탈의 적색·청색·황색·흑색·백색은 모두 원색이라 할 수 있는데, 이
러한 원색탈이 한꺼번에 등장하는 탈춤이 상당히 있고, 역사적인 측면에서
보면 이러한 탈이 기본형을 이루었을 가능성이 높다. 왜냐하면, 오방신장무
의 하나인 처용춤의 처용탈이 신라 때부터 지금까지 끊이지 않고 전승되었
을 뿐 아니라, 진주와 마산 오광대놀음에서 오방신장은 물론, 오문둥이탈까
지 등장하고 있으며, 통영·고성·김해 오광대의 경우에도 옛날에는 이러
한 전통이 있었으리라 추론할 수 있다. 그렇다면 우리 탈의 색상은 이러한
오방위의 원색을 바탕으로 다양하게 변용되었다고 보아야 할 것이다.

　일본인 야나기 무네요시(柳宗悅)는 《조선의 예술》이라는 책에서 우리의

예술을 중국의 대륙적인 '형태의 예술'이나 일본의 섬 예술인 '색채의 예술'과 달리, 반도의 예술로서 '선의 예술'이라 규정한다. 따라서 중국은 의지의 예술, 장엄한 예술이며, 일본은 정취의 예술, 즐겁고 평화로운 예술인 데 비해, 한국은 비애의 예술, 쓸쓸함의 예술이라 해석했다. 우리 미술사가나 미학자들도 우리의 예술은 선의 예술이라는 논리 아래 버선코나 한복 소매의 곡선, 또는 한옥의 용마루나 추녀 끝의 곡선을 예로 들어 이를 합리화하고 있다. 색채예술인 우리 민화를 제쳐두고라도 조형예술인 우리 탈의 색채만 제대로 보았더라도 이와 같은 식민주의적 미술사관에서 벗어날 수 있었을 것이다. 탈과 탈춤을 보라. 거기에 무슨 선의 미가 있고 비애의 미가 있는가. 탈판에는 강한 요철의 입체적 형태감과 원색적인 색채감이 어울려 춤추는 활달한 민족적 기상이 분출하고, 사회적 제약에 저항하는 용솟음치는 민중의 집약된 힘이 풍자와 해학으로 넘쳐나고 있는 것이다.

  탈의 색상이 나타내는 주술적 의미는 마을굿의 풍농기원의 원초적인 기능과 관련되어 있다. 조동일의 분석에 의하면, 검은 색은 죽음의 계절인 겨울을 나타내며 북쪽을 뜻한다. 붉은 색은 생산의 계절인 여름을 나타내며 남쪽을 뜻한다. 늙은이탈이 검은 색이고 젊은이탈이 붉은 색인 것은 겨울과 여름의 계절적 상징과 관련되어 있다. 늙은이는 생산력을 상실한 인물이라면 젊은이는 생산력이 왕성한 인물이다. 봉산탈춤에서 영감을 두고 미얄할미와 젊은 덜머리집이 다투어서 덜머리집이 이기고, 소무를 두고 노장과 취발이가 다투어서 젊은 취발이가 이기는 현상은, 노소의 극중 다툼에서 늙은이가 지고 젊은이가 이긴다는 우리 탈춤의 일반적인 논리와 일치한다. 이러한 노소간의 극중 싸움 결과는 겨울과 여름의 싸움굿에서 겨울을 물리치고 여름이 승리함과 같은 의미를 지닌다. 계절의 모의적인 싸움굿을 통해 생산의 계절인 여름을 승리하게 함으로써, 유감주술적 원리에 입각해서 풍농을 기원하는 주술적 기능을 발휘하게 하는 것이다.

  우리 탈의 색상이 모두 원색으로 이루어져 있는 것은 아니다. 중간색으로 칠한 탈도 상당수 있다. 특히 고려 때의 원형을 지니면서도 탈의 조형적 예술성이 탁월하여 세계적인 탈로 주목받고 있는 국보 121호의 하회탈은 한결

같이 원색을 피하고 간색, 또는 이중색으로 칠해져 있다. 그러면서도 탈의
종류에 따라 몇 가지 색깔로 유형을 나누고 색깔의 농도도 달리하여 인물
의 성격을 적절히 형상화해주고 있다. 암자색(흑＋홍)을 띠고 있는 초랭이
탈·중탈·선비탈은 가장 강한 색상을 하고 있어, 주어진 삶에 대하여 정
열적이고 투쟁적으로 대응하면서 적극적으로 자기 세계의 한계를 극복해나
가는 인물을 그렸다면, 미색(홍＋황) 계통의 양반탈과 이매탈은 제 구실도
못하고 자기 세계를 침해당하는 무력하고 어리석은 인물을 그린 셈이다. 미
색 바탕에 백분 화장을 한 부네탈과 각시탈은 젊은 여성의 부드러움과 연약
함이 드러나 있다면, 암황색(흑＋황)을 하고 있는 할미탈과 백정탈에는 경
제적 성적 신분적 차별에 따른 억압과 수탈의 대상이 되고 있는 소외계층의
어두운 삶이 표현되어 있는 것이다.

　같은 계통의 색깔이라도 그 짙기에 따라서 인물의 성격을 다시 몇 층위의
위상으로 구체화해주고 있다. 암자색의 탈 가운데 가장 짙은 색의 초랭이는
자기의 상전인 양반을 욕보이는 것을 주된 행위로 삼을 만큼 공격적이고 투
쟁적이다. 이에 비해 조금 덜 짙은 중은 초랭이와 같은 하극상의 투쟁이 아
니라, 자신의 삶인 승려의 세계에 대한 회의와 내적 갈등을 겪다가 이를 극
복하고 세속의 세계로 자아를 확대시키는 변모를 보인다. 좀더 농도가 옅은
선비는 자신의 세계를 극복하지도 못하고, 사회적인 체제가 자신의 지성을
받아들이지 못하는 데 대한 불만을 양반과의 지체나 학식 다툼으로 해소하
려드나, 끝까지 밀어붙이지 못한 채 양반과 영합해버린다. 미색 계통의 양
반탈과 이매탈도 색깔의 짙기에 따라 성격의 층위가 결정된다. 짙은 미색의
양반은 초랭이로부터 놀림감이 되면서 웃음거리가 되나 때로는 노여워하며
나무라기도 하고, 선비와 다툴 때는 공격적인 면모를 보이기도 한다. 그러
나 옅은 미색의 이매는 이런 적극성이 전혀 없는 상태에서 바보스럽게 웃기
만 한다. 이처럼 같은 계통의 색깔이지만 탈의 성격에 따라 색깔의 농도를
의도적으로 달리함으로써 인물됨의 미묘한 성격 차이를 구체적으로 분별해
서 형상화해주고 있는 것이다.

6. 오늘 우리 삶의 탈과 탈의 재창조

지금까지의 논의로 우리 탈 연구의 탈을 어느 정도 잡아보았다. 우리 탈이 기괴망측하게 생겼다고 하는 것도, 그 조형적 의도와 형상적 의미를 분석해본 결과 함부로 아무렇게나 만들어버린 조잡성에서 비롯된 것이 아님을 여러 모로 논증할 수 있었다. 따라서 우리 탈을 대상으로 하여 그 조형적 예술성을 따지거나 미학적 논의를 하는 것을 할 일 없는 수작 정도로 알고 있거나, 그럴 가치조차 없는 것으로 알고 있는 사람들도 이제는 생각을 바꾸어야 할 것이다.

왜냐하면, 이미 거론한 바와 같이 양반의 신분적 특권의 허위를 비판하기 위해 언청이와 문둥이들처럼 병신스럽고 바보스러운 존재로 우스꽝스럽게 조형했으며, 노승의 관념적 허위를 풍자하기 위해 검은 얼굴에 파리똥이 덕지덕지 앉은 모습에다 심술궂은 입모양을 형상화한 것이다. 민중적 미의식에 입각해서 그들의 비판의식을 인물의 성격에 맞게 희화적(戲畵的)으로 표현한 셈이다. 따라서, 용의주도한 의도와 구상 아래 민중적 미의식을 역설적인 사실성과 상징적 조형성으로 형상화한 것이 바로 우리 탈의 진면목인 것이다. 그러므로 우리 탈을 두고 기괴망측하다는 것은 서구적 엘리트적 미의식과 형식논리에 입각한 단견에 불과한 것으로, 민족적인 미의식과 민중 미학에 대한 무지와 변증법적 논리의 몰이해로밖에 받아들일 수 없다. 따져본 바와 같이, 기괴망측하기는커녕, 기묘하고 신비할 정도로 조형적 형상의 묘미가 함축되어 있는 것이 바로 우리들의 소외받은 탈들이라 하겠다.

그런데 이러한 우리 탈이 미학자들의 관심을 끌지 못하고 있을 뿐만 아니라, 원형의 보존과 계승, 오늘에 맞는 창조적 변용, 그리고 조형예술가들의 새로운 창작활동으로 이어지지 못하고 있는 것이 오늘 우리 문화의 탈이기도 하다. 이러한 탈의 가장 바람직한 해소는 탈의 원형을 복원하고 이를 그대로 재현하는 전수자의 제작활동과 함께, 오늘의 문제를 탈잡아 탈로써 형상화하는 민중에 의한 탈들이 재창조되어야 우리 탈의 문화는 생생하게 살아 있는 전통이 될 수 있다. 그리고 조소작가들도 서유럽의 미적 원리나 조형감각에 의한 작품활동을 할 것이 아니라, 우리 탈의 조형적 전통성을 창조적으로 계승하여 작품활동을 할 때 서유럽 예술의 아류가 아닌 독창적 민족예술을 창조해나갈 수 있을 것이다.

특히 오늘의 민중적 삶과 의식을 반영하면서 사회적인 여러 문제들과 구조적 모순들을 탈로 형상화하기 위해서는 우선, 오늘을 살아가는 우리 자신들에게, 탈이 지닌 탈잡는 기능과 탈을 덧보여주는 기능은 이제 필요없는가 하는 질문부터 던져보지 않을 수 없다. 이 질문은 우리 민족이 부닥뜨리고 있는 삶의 자연적 사회적 문화적 현실의 문제와 깊게 맞물려 있는 것이다. 이렇게 따져보면 각 분야마다 여러 가지 크고 작은 탈들이 알게 모르게 뒤얽혀 있다. 천재지변에 따른 자연적인 재앙이나 가뭄과 홍수에 따른 고난이 아직도 주기적으로 되풀이되고 있고, 산업사회에 의한 공해문제가 자연의 건강성을 훼손하는 위협으로 계속 증가되고 있어서, 새로운 탈로 부각되고 있다.

민족사적 현실을 돌아보면 남북통일이라는 대명제와 더불어, 민족문화의 주체적 수립과 발전적 재창조가 우리들의 과제로 남아 있다. 이 모든 과제는 국토분단이라는 외세에 의한 역사적 탈에서 비롯된 것이므로, 이러한 탈을 바로잡기 위해서는 민족적 동질성의 확보와 민족공동체 국가로서의 문화적 주체성을 회복해나가야 할 것이다. 다음으로 문제되는 사회적 문제는 자유로운 정권교체에 의한 민주화의 획득과 경제적 균등분배에 따른 빈부격차의 해소이다. 자본주의적인 생산양식에서 가장 문제되는 탈이 바로 부익부 빈익빈 현상이다. 이러한 탈들을 드러내서 문제로 인식하고 논의하며 해결방안을 모색하는 가운데 탈을 줄이거나 없앨 수 있는 길을 계속 찾아야 할 것이다.

물론, 여기서 거론된 탈들이 해결되었다고 해서 사회적인 문제가 모두 해소되는 것은 아니다. 사람들의 삶 속에는 끊임없는 문제들이 새롭게 야기되기 때문이다. 따라서 우리들은 계속해서 드러나지 않은 탈들을 잡아내고, 희미하게 보이는 탈들을 분명하게 덧보이도록 노력해나가야 할 것이다. 이

것이 탈 깎는 사람이나 탈춤을 추는 사람의 주체적인 사명이어야 한다. 그러려면 이러한 구실을 하는 탈과 탈춤이 오늘의 현실에 맞게 계속해서 창조적으로 새롭게 만들어져야 할 것이다. 그러므로 우리가 민속극의 탈을 주목하는 까닭도 궁극적으로는 창작탈의 방향 제시에 두어야 한다. 순전히 민속으로 전승되어온 옛날 탈의 정확한 이해에 만족해서는 안될 뿐 아니라, 지금 부닥뜨리고 있는 현실문제에 대한 올바른 인식을 위해 사회과학적 역량도 키워나가야 할 것이다. 예술의 문제는 곧 삶의 문제요, 형상성의 문제는 곧 현실인식의 문제인 것이다. 우리 시대의 문제를 드러내서 부각하고 해결하는 새로운 탈들의 창조를 기대해본다.   (《한국의 탈》, 1988. 6. 30.)

고스톱의 사회사와 민중적 현실인식

1. 고스톱을 보는 삐뚠 눈

요즘 양식 있는 사람들(?) 가운데 고스톱 망국론을 펴는 이가 많다. 고스톱에 대하여 비판론을 강하게 펴면 펼수록 스스로의 도덕성이 확립되는 것처럼 착각하는 경향까지 있다. 어떤 의도에서든 고스톱을 일방적으로 나무라기만 하는 사람들은, 화투는 노름이며 도박이라는 고정관념을 근거로 한 도덕적 당위성을 업고 있을 뿐, 재미와 즐거움을 함께 갈무리하고 있는 이 놀이의 생생한 경험을 애써 숨기고 있는 이들이다.

고스톱을 나무라는 사람들이 드는 이유는 몇 가지 뻔한 내용으로 일관한다. 이를테면 고스톱의 도구로 쓰이는 화투는 일본 것이라는 민족적 감정을 내세우는가 하면, 도박이니 노름이니 하여 주색잡기의 하나로 몰아붙이기도 하고, 한탕주의 사행심을 조장하는 투기로 취급하기도 한다. 더러는 고스톱의 규칙 가운데 '피박'이나 '멍텅', '설사', '쓰리 고' 등 변형규칙을 내세워 빈익빈 부익부 현상을 조장하는 놀이라고 면박을 주기도 한다. 이런 비난들을 듣고 있노라면, 우리나라 사람들은 민족주체성도 없고, 도박이나 투기에만 빠져 있으며, 자본주의사회의 가장 큰 맹점인 빈부격차의 심화를 즐기는, 그래서 볼장 다 본 민족처럼 여겨지기도 한다. 왜냐하면 우리나라 사람들 90퍼센트 정도가 이 놀이를 한 경험이 있고 보면, 고스톱에 관한 비난은 곧 우리 민족 전체에 관한 비난이나 다름없기 때문이다.

실제 통계를 보자. 1990년 2월에 이루어진 한국응용통계연구소 자료에 의하면 서울시내 10대 청소년들의 90퍼센트 이상이 고스톱을 해본 경험이 있으며, 이들 가운데 70퍼센트는 평소 즐기고 있는 편이란다. 고스톱이 바람직하지 못하니 없어져야 한다고 생각하는 청소년들은 22.5퍼센트에 불과하다. 서울시민들(10대 이상) 전체를 대상으로 할 경우 87.1퍼센트가 고스톱의 놀이경험이 있고, 73.3퍼센트가 자주 즐기는 편으로 나타났다. '고스톱을 어떻게 생각하는가'에 대한 설문에는 긍정적인 견해에 61.6퍼센트나 응답해, 부정적인 견해 38.3퍼센트보다 거의 두 배 정도 높은 반응을 보였다.

만일 우리가 이런 정도의 고스톱 현실과, 앞서 제시한 고스톱 비판론을 함께 수용한다면, 길게 생각할 겨를도 없이 고스톱 망국론에 쉽게 이를 수 있다. 왜냐하면 국민들 대다수가 일상적으로 즐기는 놀이가 여러 모로 부정적인 요소를 지니고 있으니, 나라가 망할 수밖에 없기 때문이다. 그렇다면 과연 오늘의 우리 사회가 고스톱으로 망해가고 있는가. 천만에, 그렇지 않다. 고스톱이 싹트기 시작한 1960년대 후기부터 나라살림이 틀을 잡기 시작하고 고스톱이 한창 드세게 된 1970년대말부터는 제법 선진국과 어깨를 겨룰 만하게 국력이 신장된 시기였다. 아직도 고스톱의 열기는 식지 않았고 우리나라의 국력도 소련에 수십억 달러를 원조할 만큼 국제적 위상이 높아져 있는 상황이다. 설사 나라가 망해간다고 하더라도 고스톱 탓은 아니다. 왜냐하면, 부정적인 놀이로 지적된 것처럼, 고스톱은 왜색놀이도 아닐 뿐더러, 주색잡기나 투기놀음도 아닌 까닭이다. 더구나 빈부의 차를 심화시키는 놀이도, 한탕주의를 조장하는 놀이도 아니다.

도대체 그런 근거가 어디에 있단 말인가. 고스톱은 오늘의 향락문화의 주범도 아니며 투기를 조장하는 근거를 마련해주고 있는 것도 아니다. 고스톱으로 한탕 크게 해서 축재를 할 수도 없고, 이로 인해 빈부차를 심화시킬 수도 없다. 그럼 무엇 때문인가. 그것은 화투에 대한 편견에 사로잡힌 귀족적 지식인들이 지적 고상함을 가장하기 위해서이거나, 아니면 가진자들이 자신의 매판적이고 투기적인 축재행위를 정당화하기 위해서, 또는 가진자들이나 즐길 수 있는 값비싼 놀이, 이를테면 골프나 볼링, 향락산업 등에서 비롯되는 갖가지 폐단을 의도적으로 가리기 위한 엉뚱한 비난에 지나지 않

는다. 예사 사람들은 범접하기도 어려운 그들의 고급스런 외제놀이들이 빚
어내는 계층간의 위화감 조성, 각종 공해의 유발 및 과소비 조장문제는 제
쳐두고, 소박한 예사 사람들의 일상적인 놀이들을 두고서 시비를 거는 것은
아무래도 그 속셈이 의심스럽기 때문이다. 이제 고스톱 망국론을 뒤집어엎
기 위해, 고스톱의 사회사부터 점검해보자.

2. 고스톱의 역사와 사회사

고스톱이 이 땅에 뿌리를 내리기 시작한 시기는 1960년대말이며, 대중적
인 놀이로서 민중 속에 널리 파고들기 시작한 것은 1970년대 중반에 접어들
면서였다. 그리고 1980년대에 들어서자 예사 사람들을 중심으로 아랫사람
과 윗사람들이 두루 즐기는 놀이로 일반화되기에 이르면서, 정치풍자 고스
톱이 새로운 규칙으로 등장하게 된 것이다. 이른바 싹쓸이 규칙과 거기에
따른 변형규칙, 즉 전두환 고스톱을 기점으로 정계 거물급 인물들의 정치행
태가 고스톱의 규칙으로 반영되면서 고스톱은 점입가경에 이른 셈이다. 그
러면 고스톱의 생존사와 우리의 사회사는 어떤 관계에 있는가를 간단히 견
주어보자.

1960년대는 이승만 독재정권을 몰아낸 4·19학생의거를 기점으로 한·일
회담 반대, 월남파병 반대 등 자주적 민족운동으로서의 학생운동이 성장하
던 시기이다. 1970년대는 탈춤전승을 비롯한 민족주체적인 문화운동과 함
께 유신체제에 항거하는 체제비판운동이 재야세력과 더불어 이루어지던 시
기이며, 민중문학과 민족문학운동을 중심으로 민중문화 또는 민족문화를 표
방하는 각종 문화운동이 거점을 확보하던 시기이기도 하다. 1980년대는 학
생과 재야인사를 구심점으로 한 민중세력이 연대하여, 4·19에서 이미 뿌
리를 내렸던 자주·민주·통일운동이 본격적으로 전개되며, 한·일국교정
상화에 따른 1970년대의 반일운동은, 광주항쟁을 계기로 1980년대의 반미
운동으로 발전한다. 각종 민중문화 단체들은 운동이론을 가다듬으면서 매체
개발과 장르확산을 꾀하고 출판문화운동을 활성화하여 상당한 성과를 거두

는 한편, 학계에서는 사회구성체 논의가 활발해진다. 마침내 1987년의 6·10민중항쟁의 성취와 함께 정치적 민주화가 일정 수준까지 이루어지고 통일논의가 상대적인 진전을 보이는 한편, 노동운동의 발전과 함께 노동문학이 민중문학의 주체로 주목받기에 이르렀다.

고스톱의 생존사는 곧 우리 역사가 진보적으로 발전해가는 민중운동사와 그 어깨를 나란히 하고 있다. 그리고 놀이규칙도 민중적 처지에 입각해서 집권자를 풍자하는 가운데, 그들의 권력획득 과정과 정치형태를 비판적으로 인식할 수 있는 양식으로 체계화해나가며, 정치사의 전개과정과 나란히 변모 발전해왔다. 이를테면 전두환 고스톱의 경우 싹쓸이를 하게 되면 상대방의 패를 마음대로 빼앗아올 수 있어, 단숨에 승부를 역전시킬 수 있다. 이는 전두환 씨가 5·18로 싹쓸이하여 비합법적으로 정권을 빼앗았다는 민중의 비판의식을 반영하는 것이다. 이와 같은 적절한 놀이규칙이 이순자·전경환·박준병·이민우·장세동·김영삼·김대중·김종필 등 각 인물의 명성에 걸맞게 마련되는 한편, 아웅산 고스톱을 비롯하여 5공비리·6공비리 등 정치적 사건과 관련된 규칙도 있다. 이런 놀이규칙은 놀이의 재미와 함께 정치현실에 대한 비판적 인식을 다지는 계기를 제공한다. 전두환 고스톱의 놀이규칙은 5공화국 정권의 정통성을 부정적으로 풍자하는 동시에, 계속되는 다른 놀이규칙, 즉 이순자·전경환 등의 고스톱 역시 이러한 풍자적 인식을 확대 재생산하는 구실을 담당해왔다. 5공 당시에 전두환 고스톱을 하면 공안당국의 단속대상이 되기도 한 것은 바로 이 때문이다.

이들 놀이규칙을 하나하나 점검해보면, 어느 것이나 그 인물의 행태와 정치적 역할에 걸맞게 만들어져 있다는 것을 알 수 있다. 이를테면 이민우 고스톱을 보자. 이 경우 선이 3점을 나도 마음대로 '고'를 할 수 없다. 나머지 두 사람에게 물어보고 결정해야 한다. 두 사람이 합의하여 고나 스톱을 명하면 그에 따라야 한다. 선이 점수를 더 올릴 만하면 두 사람은 자연히 스톱을 시키고, 점수를 올리기 어려울 때에는 고를 시켜서 바가지를 씌운다. 다만 두 사람이 합의에 이르지 못했을 때만 선이 제멋대로 의사결정을 할 수 있다. 배후에 김대중과 김영삼을 실세로 두고 신민당 총재역을 한 이

민우 씨의 형편을 실감나게 놀이규칙화한 셈이다. 민중적 현실인식의 능력
이 없으면 이것이 불가능하다. 그러므로 고스톱의 놀이양식은 그동안의 역
사적 진전이나 정치적 부조리의 비판역량으로 보아, 고스톱 망국론을 펴는
것은 사실에 근거를 두지 않은 채 잘못된 편견에서 비롯된 일방적 매도라는
것을 쉽사리 짐작할 수 있다. 오히려 부정적 정치현실에 빌붙어서 이득을
취하려는 관변측 인식이 현실비판을 놀이화한 고스톱을 애써 꾸짖어 욕하는
근거가 아닌가 한다.

3. 화투의 연원은 일본이 아닌 한국

고스톱을 할 때 쓰는 화투는 흔히 일본에서부터 들어온 것으로 알고 있
다. 그래서 이상옥은 화투가 19세기경에 일본에서 들어온 노름으로서, 일
본 대마도 상인들이 장사차 우리나라를 내왕하면서 퍼뜨린 것으로 본다. 더
러는 개항기 때 들어온 일본의 도박카드로 보기도 한다. 화투짝의 그림이
일본에서 비롯된 것이라고 하여 성급하게 일본놀이로 간주하는 것은 지나친
단견이다(고스톱 왜색론을 펴는 사람이 일제 사진기나 녹음기라도 쓰지 않았으면
좋겠다). 왜냐하면 일본의 화투 역시 16세기에 포르투갈 상인들로부터 서양
트럼프를 본받아 만든 것이기 때문이다. 처음에는 트럼프를 그대로 즐기다
가 이 놀이가 널리 퍼지자, 나라에서 금령을 내려 이를 금지하게 되고, 이
금령을 피해 만들어낸 것이 화투이다. 모방의 명수인 일본인들은 트럼프의
하트·다이아몬드·클로버·스페이드의 네 기호와 숫자를 변형시켜, 춘하
추동의 화조풍월(花鳥風月)로 바꿔버린 것이 바로 ‘하트’가 아닌 화투이
며, 이때가 19세기 중반이었다.

화투의 뿌리가 서양의 트럼프라면 트럼프의 뿌리는 무엇인가. 트럼프가
동양에서 발생하여 11세기 이후에 유럽에 전해졌다는 사실은 알아도 그 뿌
리가 우리나라 전통놀이인 투전이라는 사실을 아는 사람은 그리 흔하지 않
을 것이다. 만일 우리나라 사람이 이 주장을 한다면 국수주의적 편견이라고
몰아붙일 수 있지만, 세계적인 학자들의 연구결과 밝혀진 사실이니 객관성

을 확보하고 있다. 이규태의 조사에 의하면, 《도박백과》라는 책을 쓴 아널
드(P. Arnold)가 세계에서 처음으로 카드놀이를 한 것은 한국이며 화살그림
을 그린 갸름한 카드, 즉 투전이 카드의 시조라고 밝히고 있다. 그리고 브
루클린(Brooklyn) 박물관장인 크린(S. Culin)은 극동 여러 나라의 놀이를 조사
한 보고서에서 한국의 투전을 서양카드의 뿌리로 추정했으며, 이네스(B.
Eanes)라는 놀이연구가도 최초의 카드는 한국의 투전이 아니면, 중국의 화
폐이거나 인도의 장기일 것이라는 주장을 편 바 있다. 특히 크린은 《한국민
속놀이》(Korean games)라는 단행본을 낼 정도로 중국을 포함한 아시아 각국
놀이연구의 권위자이다. 이들 세 학자들이 같은 결론에 이른 것으로 보아,
우리 투전이 카드놀이의 세계적 원조라는 사실이 한층 설득력을 지닌다.

특히 투전놀이 방법에는 놀이에 사용되는 투전의 매수나 인원수 등에 따
라 '동동이', '갑오잡기', '쩍쩍이', '소몰이' 등 여러 가지가 있는데,
'소몰이' 방법이 요즘 고스톱놀이와 구조적으로 흡사하다는 사실도 주목할
일이다. 이규태는 소몰이에서 '이랴!' 하는 것이 고스톱에서 '고!'와,
소몰이에서 '워!' 하는 것이 고스톱에서 '스톱!' 하는 것과 같다고 했
다. 소를 가고 멈추게 하는 말이 투전에 그대로 쓰이면서 고스톱처럼 소몰
이라는 놀이명칭을 얻게 된 것이다. 화투를 그려낸 일본에서는 고스톱이 거
의 보급되지 않았지만, 이 놀이의 발상지로서 투전놀이의 오랜 전통을 지닌
우리나라에서는 범국민적 놀이로 유행하고 있을 뿐 아니라, 좀더 기발하고
묘미 있는 놀이규칙을 끊임없이 창조해내고 있다. 그러므로 고스톱이라는
놀이가 근원적으로 카드놀이의 세계적인 원조인 투전에 토대를 두고 있으
며, 그 놀이양식 역시 민족적 전통과 상당히 깊게 관련되어 있다는 것을 확
인할 수 있다.

더러 고스톱·고도리 등 한두 마디의 영어와 일본어를 들먹이면서 국적
불명의 놀이로, 또는 왜색놀이로 취급하는 것도 역시 일방적인 편견이다.
우리의 투전이 트럼프에서 화투로 세계 일주를 하는 동안 세계를 석권한 기
념으로 외국어 두어 마디 묻혀오는 것은 오히려 자연스러운 일이다. 골프나
볼링과 같은 가진자들의 놀이는 어느 나라 것인가. 거기서 쓰는 용어들은

어느 나라 언어인가. 순전히 서양말들로만 이루어져 있지 않은가. 신사도로 미화되어 엉뚱하게 일컬어지고 있는 건달들의 놀이터 당구장의 용어를 보자. 아카도리·요새·히네·히키·쓰리쿠션 등은 한결같이 왜색용어가 아닌가. 이러한 골프·볼링·당구 등의 놀이를 두고서 국적불명의 놀이라고 규정하며, 고스톱에 가한 것과 같은 비판을 한 사람이 있는가. 이들 놀이는 한결같이 상업자본가나 장사꾼들이 장삿속으로 퍼뜨리는 상업적 놀이들이다. 광고와 홍보로 놀이꾼들을 적극적으로 유혹한다. 자연히 예사 사람들은 함부로 즐길 수 있는 놀이가 아니다. 배부른 자나 건달들이 즐기는 왜색놀이와 서양놀이들은 접어둔 채 예사 사람들이 널리 즐기는 고스톱만 국적불명의 놀이라고 나무라는 것은, 아직 진정한 보통 사람들의 시대가 오지 않은 탓일 게다. 고스톱을 유일한 놀이로 즐길 수밖에 없는 사람들을 특별히 얕잡아보지 않고서야 어디 그럴 수가 있겠는가 말이다.

고스톱이 왜색임을 주장하는 이들은 흔히 화투의 그림이 일본 것이라고 한다. 사실이다. 트럼프의 그림이 유럽인들의 문화풍토를 담고 있듯이 화투의 그림도 일본의 문화풍토에 바탕을 둔 것이다. 우리 그림이었으면 좋지만 투전이 트럼프로, 트럼프가 화투로 변형되면서 다시 한국으로 들어온 것이니 그럴 수밖에 없다. 그림은 우리 것으로 바꾸면 된다. 일본의 벚꽃 대신에 한국의 무궁화나 진달래로 바꿀 수 있다. 화투라는 놀이감이 왜색이라 하여 놀이 자체까지 왜색으로 모는 것은 지나치다. 왜냐하면 골프나 당구, 볼링 등 오늘날 유기장과 유원지에서 놀이감으로 제공되는 것 가운데 그 놀이감이나 놀이방식이 왜색 아닌 것이 없기 때문이다. 놀이뿐만 아니라 문학·예술 등 지식인들이 추구하는 이른바 신식문화의 모든 분야가 왜색이다. 서구문화가 일본을 거쳐서 한국으로 들어왔으니 그럴 수밖에 없다. 이러한 역사적 구조적 상황을 고려하지 않고 마치 화투만 왜색인 양 몰아세우는 것은 화투에 대한 구시대적 선입견 때문이다.

한층 전문적인 왜색론을 펼치는 이는 화투의 그림이 아이들의 학습에 혼란을 준다는 점을 지적하기도 한다. 2월을 뜻하는 '매조 열'에 꾀꼬리 그림이 그려진 것을 보고서 일본과 같은 남쪽나라에나 있을 법하지 우리나라에

는 맞지 않다는 것이다. 한국에는 음력 4월에나 꾀꼬리가 우짖는다고 하면
서, 이런 그림을 본 아이들이 꾀꼬리에 대한 이해를 엉뚱하게 할 가능성이
있다는 것이다. 일면 교육적으로 그럴 듯한 말이긴 하나, 실제로는 교육현
실에 대한 깊은 이해가 전혀 없는 상태에서 하는 무리한 지적이다. 요즘 어
느 아이들이든 화투의 그림을 가지고 우리의 자연현상을 공부하는 일은 없
다. 한 세대 전에 책이 흔하지 않고 교육자료가 널리 확보되지 않았을 때에
도 화투로 그런 사실을 가르치거나 배우는 예는 찾기 어렵다. 지금은 유치
원 때부터 일정한 교재가 마련되어 있을 뿐 아니라, 각종 그림책, 녹음테이
프, 비디오 자료, 방송프로 등을 통해서 우리의 자연현상과 문화적 전통에
대하여 배울 자료와 기회가 충분히 보장되어 있다. 아이들이 이런 자료를
다 제쳐두고서 어른들이 놀이삼아 하는 화투짝으로 이러한 공부를 할 리가
없고, 이를 자료로 공부를 시킬 어른도 없다. 오히려 청년기에 접어들어 고
스톱을 하기 시작하면서 화투의 그림에 의문을 품고 일본의 문화가 한국과
다르다는 사실을 아는 데 도움을 줄 수 있다.

정말 교육문제와 민족문화에 관한 전문적 견해를 가졌다면 국민학교 1학
년 국어교과서에 실린 '토끼와 거북' 이야기가 우리의 전래동화가 아니라
이솝우화를 옮겨놓은 일본의 국어책을 그대로 다시 베껴 쓴 사실이나 지적
할 일이다. 학생들의 교과서가 왜색으로 꾸며진 것은 아랑곳하지 않은 채,
교육에 관한 애정과 전문적 지식을 어른들의 노리개감에 들이대는 것은, 그
전문적 지식이 얼마나 허망한 것이며 아이들 교육에 관한 애정이 얼마나 엉
뚱한 데 쏠려 있는가 하는 것을 드러내는 일에 지나지 않는다.

4. 고스톱은 과연 도박인가

예사 사람들이 고스톱을 노름이나 도박으로 여기는 것은 화투에 대한 부
정적인 관념 때문이다. 종래 화투놀이는 아무나 할 수 없었다. 여유가 많은
건달들이나 하는 놀이였다. 일제 초기부터 화투놀이는 기생집에서 하이칼라
잡놈들이 주로 즐겼던 것이므로, 이른바 '주색잡기'라 하여 소비적이고 퇴

폐적인 놀이로 비난받아왔다. 살림도 제법 있고 글자깨나 깨치면서 새 문물
은 익혔지만 마땅한 일자리를 얻지 못한 건달패들이, 막일은 손에 잡히지
않으므로 기생집을 전전하면서 화투노름을 즐겼던 것이다. 따라서 화투는
'주색잡기'로, 또는 '하이칼라 잡놈들'이나 하는 노름으로 고정관념화되어
버렸다.

당시에 국민 대다수를 차지하던 농민들에게는 적어도 그렇게 보였다. 낮
동안에 농사일을 하는 것은 물론, 밤에도 새끼를 꼬거나 짚신을 삼으며 가
마니치기를 해야 하는 농투성이들에게는 그럴 겨를도 여유도 없었다. 그러
나 지금은 사정이 크게 달라졌다. 농투성이든 기름쟁이든, 또는 장사꾼이든
봉급쟁이든 한두 시간의 여유는 간혹 낼 수 있다. 물론 기층민중의 일상에
서는 그럴 겨를도 없을 것이다. 그러나 특별히 모임을 할 때 여흥으로 즐기
는 기회 정도는 가질 수 있다. 실제 통계에도 이런 경우가 가장 많이 나타
났다. 그러므로 지금 시점에서 고스톱을 하이칼라 잡놈들이나 하는 주색잡
기로 보는 것은 상황에 맞지 않다고 하겠다.

고스톱을 도박이나 노름·투기로 여기기 전에 도박이 무엇인지, 투기가
무엇인지 정리할 필요가 있다. 도박, 즉 노름은 '돈이나 재물을 걸고 서로
따먹기를 겨루는 짓'으로서, '일시적 오락의 정도에 불과한 때를 제외하고
는 형법상의 범죄가' 된다. 또는 '요행수를 바라고 불가능하거나 위험한 일
에 손을 대는 일'을 일컫는 말이다. 중요한 것은 돈 따먹기 놀이를 일시적
으로 놀이삼아 하지 않고 일삼아 할 때, 즉 재산증식의 목적이나 직업으로
또는 생계유지의 수단으로 할 때 도박이 된다는 사실이다. 서울시민 90퍼센
트 정도가 고스톱을 한다는데, 이를 도박이라 한다면 우선 서울시민 모두를
도박꾼으로 모는 셈이다. 열 가운데 아홉의 시민이 과연 직업적으로 또는
일삼아 고스톱을 한다면 서울시가 지탱되고 나라가 유지되겠는가. 도박의
나라로 알려진 모나코도 90퍼센트 시민이 도박을 즐기지는 않을 것이다. 구
조적으로 그럴 수 없기 때문이다. 골프나 볼링, 당구를 할 때도 경비부담이
나 점심값과 술값을 부담하는 정도의 겨루기를 흔히 하는데, 이 경우 거는
돈의 액수와 겨루기에 진 사람이 부담하는 경비는 고스톱판의 몇 배가 된

다. 그럼에도 이들 놀이를 도박이라 하지 않는다. 심지어 테니스나 탁구를 칠 때도 같은 식으로 일정한 경비를 걸고 경기를 하지만 이를 도박이라 하지 않는다. 왜냐하면 일삼아 하지 않기 때문이다.

도박은 특정한 놀이로 그 종목이 규정되어 있지 않다. 어떤 놀이이든 일시적 오락적 정도에 불과한 때를 제외하고는 형법상의 범죄가 된다. 그것은 주사위·카드·마작·골패·당구·장기 등 어느 것으로 하든 마찬가지이다. 늘 일삼아 하는 경우는 이들 놀이 역시 노름이자 도박이다. 거액의 돈을 걸고 하는 특수한 놀이방식의 당구(나인볼)나, 순전히 돈을 벌기 위해서 늘 장기판을 펼쳐두고 있는 길거리 장기꾼들의 장기는 다 같이 도박에 해당된다. 그런데 길거리의 장기꾼들은 단속의 대상이 되지만 당구장의 돈 먹기 당구는 여기에서도 제외된다. 놀이하는 사람의 지체나 빈부의 정도에 따라서 놀이마저 계층화되어 차별받게 되었다. 같은 짓거리를 하여도 길거리의 장기꾼처럼, 배고픈 사람이나 예사 사람들의 오락은 일시적으로 놀이삼아 이루어져도 도박으로 취급되고 있는 것이다. 고스톱을 일시적으로 놀이삼아 해도 도박으로 여기는 것 역시, 지체 높은 사람들의 처지에서 본 일방적인 편견이다.

고스톱을 즐기는 대다수 사람들이 일시적으로 놀이삼아 하기 때문에 도박의 범주에 들 수 없을 뿐 아니라, 그 금액 또한 푼돈이기 때문에 도박으로 간주될 수 없다. 같은 통계에 의하면 점당 100원 하는 경우가 50.8퍼센트로 가장 많고, 점당 10원 이하가 15.7퍼센트, 돈을 걸지 않고 치는 경우도 13.8퍼센트나 된다. 결국 80퍼센트 이상이 점당 100원 이하의 돈을 걸고 놀이를 하는데, 이것도 자기 형편에 맞게 선택한다. 이를테면 용돈이 궁한 사람들은 돈을 전혀 걸지 않거나 10원씩 걸어도 즐거운 놀이가 되나, 어느 정도 여유가 있는 사람들은 100원 정도 걸어야 놀이의 맛이 난다. 실제로 시골 할머니들은 점당 10원짜리 고스톱을 즐긴다. 요즈음 어느 오락을 하든 이 정도 단위의 돈을 쓰지 않고는 즐기기 어렵다. 아이들의 전자오락도 100원은 있어야 한 차례 할 수 있다. 전자오락은 거듭할수록 계속 100원씩 까먹기만 하지만 고스톱은 오락가락 수평적으로 이동할 뿐이다. 잃거나 따

거나 반반이다. 앞의 통계도 서울시민만을 대상으로 한 결과이나, 중소도시
나 시골의 경우는 경제적 소득에 따라 더 낮을 수도 있다.

　물론 자영업을 하는 사람들이나 회사원들처럼 경제적으로 넉넉한 사람들
은 점당 1000원 정도를 거는 경우도 각각 11.4퍼센트, 7.7퍼센트로 나타난
다. 이들의 경제적 수준에서 보면, 100원 미만을 걸어서는 놀이의 재미를
누릴 수 없다. 돈을 얼마씩 놓고 놀이를 하는가 하는 문제는 노는 사람들의
경제적 형편과 합의에 따라 자율적으로 조절된다. 그리고 종래의 화투놀이
나 섰다·짓고땡 등과 같이 현금 외에 집문서나 땅문서와 같은 재물은 걸
수 없으며, 외상놀이도 할 수 없는 것이 고스톱의 놀이양식이다. 그저 주머
니 속의 용돈사정에 알맞으면서 놀이의 재미를 즐길 만한 적정수준을 합의
해낸다. 따라서 고스톱을 그야말로 업으로 하는 도박꾼을 제외하고는 대다
수 사람들이 경제적 손실이나 이득과는 직접적 관련이 없이, 어느 계층의
사람이든 수준에 맞게 놀이를 즐길 수 있는 것이다. 그러나 이른바 스포
츠, 또는 건전오락으로 간주되는 골프·볼링·당구 등은 예사 사람들은 거
의 이용할 수 없다. 상당한 수준의 경비가 고정적으로 들기 때문이다. 이를
테면 골프는 1회에 20만원 정도가 기본적으로 들어야 할 뿐 아니라, 자가용
을 갖추어야 가능한 놀이이다. 어느 것이 더욱 소비적인 놀이인가 하는 것
은 자명하다.

　고스톱의 놀이판을 고려해보아도 도박이라고 하는 것은 얼토당토 않는 말
이다. ‘고스톱을 주로 언제 치는가’ 하는 설문에 대부분이(74.0%)이 ‘각종
모임이 있을 때 친다’고 하여, 모임의 여흥을 위한 놀이의 하나라는 것을
쉽게 짐작할 수 있다. 상대적으로 고스톱을 치기 위해 모이는 경우는 7.9퍼
센트에 불과하다. 그러나 다른 놀이들은 어떤가. 앞에서 예를 든 가진자들
의 놀이는 모두 놀이 그 자체를 위해서 모여야 한다. 동창회모임이나 집들
이모임에서 골프나 볼링을 칠 수는 없다. 따라서 고스톱은 놀이 자체를 위
해 별도의 모임을 가지는 것보다 모임의 여흥을 위한 놀이이기 때문에 경제
적 시간적 낭비를 상대적으로 적게 하는 놀이인 것이다.

　고스톱을 즐기는 이유를 보자. 심심풀이로 시간을 보내기 위한 경우가

40.6퍼센트로 가장 높고, 재미있어서 하는 경우가 27.8퍼센트, 모여서 할
마땅한 놀이가 없어서 하는 경우가 23.1퍼센트로 나타나는 데 비해, 돈을
따기 위해서 하는 경우는 8.7퍼센트에 지나지 않는다. 놀이장소도 친지집
에서 하는 경우가 42.3퍼센트, 자택에서 25.6퍼센트로 가장 많이 나타나는
반면에, 유흥업소는 8.2퍼센트에 불과하며, 더불어 놀이하는 상대는 친구
가 42.7퍼센트, 가족과 친지가 29.9퍼센트, 직장동료가 14.4퍼센트로 높
게 나타나는 데 비해, 기타는 6.6퍼센트에 지나지 않는다. 친지집에서나
자택에서, 가족이나 친구·동료끼리 더불어 재미삼아 하는 놀이를 도박이
라 하는 것은 아무래도 지나치다. 집들이나 돌잔치에 가서 음식상을 물리고
한 차례 고스톱한 것을 두고 놀이로 여기지 않고 한탕주의 투기심으로 묶어
나무라는 것은, 도덕적 당위성을 업고 하는 거짓 착함일 뿐이다.

　그래도 돈이나 재물을 걸고 하는 것은 도박이라고 주장하며, 한국인 대다
수를 범죄자로 몰고가는 사람들의 도덕성을 두 가지 측면에서 다시 반론을
펼 수 있다. 우선 이른바 게임이라고 하는 겨루기 형식의 놀이는 동서고금
을 막론하고 재물이나 돈을 걸지 않으면 놀이의 재미가 나지 않는다는 사
실, 그리고 옛날부터 무엇인가를 걸고 놀이를 해왔다는 놀이전통을 인정하
지 않는 것이다. 신라의 유리왕대에는 궁녀들이 패를 갈라서 7월 보름부터
한 달 동안 길쌈을 해서 겨룬 뒤에 진 편에서 이긴 편에 술과 음식을 대접
했으며, 민속놀이의 하나인 줄당기기의 경우도 승부에 따라 이긴 편이 진
편에게 집집마다 부담하는 호포(戸布)세를 떠넘기든, 아니면 일년 동안 내
는 물세를 떠넘긴다. 이 밖에도 마을에 따라 거는 품목이 아주 다양하다.
심지어는 승부의 결과에 따라 이기는 편은 풍년, 지는 편은 흉년이 든다고
믿고 겨루기를 한다. 온 마을이 잘살고 못사는 것은 농사의 흉풍에 달려 있
는데, 이를 걸고 줄당기기를 하는 판이니 도박으로 따지면 이보다 더 큰 도
박이 어디 있는가. 전통적인 씨름도 마찬가지이다. 으레 씨름판에는 황소
한 마리를 걸고 판을 벌였다. 황소는 옛날에 한 집의 살림밑천이나 다름없
는 큰 재산이었다. 그렇지만 줄당기기든 씨름이든 모두 전통적인 민속놀이
로 인정하고 있지 도박으로 규정하는 이는 없다. 일삼아 재물을 늘리기 위

해 하는 것이 아니라, 세시풍속에 따라 일시적으로 하는 것이기 때문이다.

오늘날의 경우도 마찬가지이다. 놀이든 경기든 겨루기 형식으로 하는 것은 모두 승부에 따라 일정한 대가가 주어진다. 바둑대회든 야구경기든, 또는 각종 퀴즈든 이긴 자나 맞힌 자에게는 일정한 상품과 경품이 주어진다. 바둑대회나 복싱경기에 막대한 상금이 걸려 있고, 운동종목의 경우도 경기의 규모에 따라 엄청난 상금이 걸려 있으나, 이를 도박이라 하지 않는다. 돈 자체보다 다른 무엇을 더 추구하는 놀이이거나 운동이기 때문이다. 오히려 행세하는 이나 즐길 수 있는 경마 같은 것은 도박이다. 이길 것 같은 말에 돈을 걸어 예상이 맞으면 돈을 몇 곱으로 벌고, 그렇지 않으면 걸었던 돈을 잃는다. 서양 사람들은 경마뿐만 아니라 겨루기 경기를 관람하는 경우는 으레 저희끼리 돈을 건다. 복싱경기를 관전하든 야구나 미식축구를 관전하든 돈을 걸기 일쑤이다. 이들은 도박이 일상화되어 있는 셈이다. 빠찡꼬와 같이 순전히 기계에 돈을 넣어서, 또는 복권과 같이 적은 금액을 투자하여 일확천금을 노리는 것이 도박이자 한탕주의이지, 놀이의 수단으로 푼돈이 오고가는 것은 도박이라 하기 어렵다.

다음은 놀이와 놀이의 도박성을 분별해야 한다는 것이다. 이는 말과 거짓말을 분별하는 것과 마찬가지이다. 돈이 거래된다는 점에서 모든 겨루기놀이에는 도박의 속성이 잠재되어 있다. 그것은 고스톱이든 다른 놀이든 예외가 없다. 다른 예를 보자. 살아가는 사람들이면 누구나 죄를 지을 가능성이 있고 어느 정도 죄를 짓고 산다. 그렇다고 해서 살아 있는 사람을 다 죄인이라 할 수도 없고, 사는 것 자체를 죄로 규정할 수도 없다. 그렇다면 삶을 포기해야 한다. 말하는 사람이면 누구나 거짓말을 하게 마련이다. 말할 줄 아는 사람 쳐놓고 거짓말을 해보지 않은 사람이 없다. 따라서 어느 누구든 '나는 거짓말한 적이 없다'고 말하는 순간 최대의 거짓말을 하고 있는 셈이지만, 그렇다고 해서 말 자체를 거짓말로 규정하거나, 말을 부도덕시할 수는 없다. 같은 논리로 고스톱이나 기타 겨루기놀이에 돈과 재물을 거는 등 도박의 가능성이 있다고 해서 고스톱 자체를 도박이라 하는 것은 이치에 닿지 않는다. 말과 거짓말이 분별되어 있듯이 고스톱놀이와 고스톱도박은 분별되어 있다. 장기와 장기도박이 분별되어 있듯이 말이다. 거짓말의 경우를 일반화해서 말을 범죄시하는 것이 부당하듯이 고스톱을 도박으로 일반화하는 것도 부당하다.

5. 한탕주의 투기가 아닌 카드놀이

물론 고스톱은 투기도 아니다. 고스톱은 카드놀이의 일종이다. 세계 각국의 모든 카드놀이가 지니고 있는 보편성을 띠면서 우리 나름대로의 문화적 특수성을 지니고 있을 따름이다. 카드놀이는 화투든 트럼프든 우연성으로 비롯되는 확률상의 행운과 이러한 흐름을 읽어낼 수 있는 놀이꾼의 재치와 솜씨에 달려 있다. 서양의 카드놀이인 트럼프는 고상한 놀이나 품격 높은 놀이로 보면서 고스톱은 투기로 몰아세우는 것은 자학적인 종속성을 드러낼 따름이다. 더러 외국 항공기를 이용하면 트럼프를 기내봉사의 하나로 손님들에게 나누어주기도 한다. 물론 투기하라고 주는 것은 아니다. 요즘 국내 항공기에서도 고스톱놀이를 위해 화투를 제공하는 경우가 있는데, 이 역시 같은 맥락에서 받아들여야 할 것이다.

투기는 '기회를 엿보아 큰 이익을 보려고 하는 것이나, 요행을 바라 일확천금의 폭리를 꿈꾸고 하는 짓'이다. 고스톱은 구조적으로 그럴 수 없다. 고스톱을 두고 일컫는 여러 가지 관용구 가운데 '운칠기삼'(運七技三)이라는 말이 있다. 승부에 운이 7할이고 기술이 3할 작용한다는 말이다. 따라서 기술이 빠지는 초보자라도 일방적으로 돈을 잃지 않는다. 운만 좋으면 초보자라도 딸 수 있다. 이때 운이란 요행수가 아니다. 확률이다. 확률은 공정하다. 따라서 누구에게든 동등한 기회가 주어진다. 가진이들만이 즐길 수 있는 땅투기나 아파트투기와 다르다. 이 경우는 구조적으로 돈을 투자하기만 하면 뻔하게 폭리를 취할 수 있다. 돈만 많으면 애써 일하지 않아도 부동산전매로 막대한 금액을 이익으로 챙길 수 있다. 그야말로 돈 놓고 돈 먹기이다. 이를 두고 부동산투기라 하는 까닭도 여기에 있다. 고스톱을 이런 짓과 같은 것으로 볼 수도 없으며 보아서도 안된다.

　고스톱의 규칙상 패가 불리하면 죽을 수도 있다. 잘 치는 사람 옆에 있으면 치지 않고도 광을 팔아 수입을 올릴 수 있다. 초보자들 가운데서도 들고 있는 패가 좋고 젖히는 패가 잘만 나오면 돈을 따게 된다. 따라서 부당하게 폭리를 얻거나 일확천금을 꿈꿀 수도 없다. 돈을 따서 선을 한 사람은 패가 좋건 불리하건 쳐야 하지만, 다른 사람들은 자기 패를 분석해보고 자유롭게 선택할 수 있는 자유가 있다. 상대적으로 돈을 딴 사람이 불리하도록 되어 있는 것이 고스톱의 규칙이다.

　더러 비나 오동 3장으로 흔들고 쓰리고와 피박 등으로 따따불을 해서 대형사고를 내기도 한다. 특별한 경우 점수를 곱으로 계산하는 규칙이 있기 때문이다. 이런 규칙은 한탕주의를 조장하는 것이라고 비난받기도 한다. 판쓸이를 했을 때나 설사한 것을 먹어올 때에도 피를 한 장씩 부조하기도 한다. 먹어가는 사람에게 더 보태주는 것이 빈익빈 부익부 현상이 아니냐는 것이다. 그러나 곱으로 계산해주는 경우는 어느 때나 점수를 내기 어려운 상황에서이다. 같은 패 3장을 들고서 점수내기도 어렵지만, 쓰리고를 할 수 있는 경우도 한판에 한두 번 나올까 말까이다. 어려운 상황을 극복하고 점수를 낸 경우에 그 공로를 인정해주는 것인데, 이를 한탕주의로 연결하는 것은 편견이다. 어쩌다가 운이 좋아 제법 크게 한판 먹었다고 해서 끝나는 것이 아니다. 크게 먹은 것과는 아무런 상관없이 놀이를 계속해야 한다. 그러다가 보면 다시 잃기도 한다. 놀이이기 때문에 복권이나 경마와 같이 ‘한탕’으로 승부를 거는 것이 아니다. 물론 이 한탕이 복권당첨처럼 일확천금을 보장하는 것도 아니므로 한탕주의라는 규정은 엉뚱하기 짝이 없다.

　판쓸이도 우연성이 맞아떨어져야 가능한, 상당히 어려운 상황이다. 설사를 먹어올 때 1장씩 부조하는 것은 설사를 견제하는 구실을 한다. 결국 먹는 것에 눈이 어두워 욕심을 부리다 보면 설사를 할 뿐 아니라 몸까지 축이 난다. 설사규칙은 바로 이러한 현실을 비판적으로 인식한 데서 나온 규칙이지 빈익빈 부익부를 조성하는 것과 거리가 멀다. 진짜 한탕주의와 빈익빈 부익부를 조장하는 놀이는 별도로 있다. 이른바 부동산투기놀음이다.

　그럼 ‘부동산투기’를 투기라고 하는 까닭을 따져보자. 자기 집이 있는 사람은 여유자금 4천만원만 있으면 1억짜리 아파트를 사둘 수 있다. 왜냐하면 전세를 6천만원 받을 수 있기 때문이다. 그런데 서울의 괜찮은 아파트단지의 경우 1억짜리 아파트가 근래에는 일년에 4천만원 정도 올랐다고 한다. 물론 더 오른 경우도 있다. 여유자금이 4천만원 있는 사람은 1억짜리 아파트를 사서 1년 사이에 가만히 앉아 곱절을 남겼는데, 세를 들어간 사람은 6천만원을 주고서 1년 사이에 고스란히 4천만원을 손해본 것이다. 왜냐하면 1년 전에 4천만원만 보태면 살 수 있었던 집을 지금은 8천만원을 더 보태야 살 수 있기 때문이다. 여유 있는 사람은 4천만원만 투자해서 그 곱절인 4천만원을 버는데, 세들어 사는 사람은 6천만원을 가지고도 4천만원 손해를 보게 된다. 결국 가진자들의 부동산투기는 못 가진자들의 돈을 자기 주머니로 빼내가는 것이나 다름없다. 배부른 자는 가만히 앉아서 없는 사람들의 돈을 자기 것으로 챙기는데, 없는 사람들은 열심히 일하면서 손해보는 것이다. 그것도 1, 2백만원이 아니고 몇 천만원씩 말이다. 이것이야말로 빈부차를 심화시키고 한탕주의를 부추기는 투기이자, 우리 시대 최대의 경제적 모순이요, 구조적인 계급모순이다.

99마리의 양을 가진 사람이 1마리밖에 못 가진 사람의 양을 빼앗아 100마리를 채우려고 하는 행위가 바로 가진자의 부동산투기이다. 서민아파트보다 대형 호화아파트를 대상으로 투기하는 것이 더 큰 폭리를 남길 수 있다. 이러한 행위가 합법화되는 사회에서는 결코 투기바람을 잡을 수 없다. 토지공개념이 진작 시행되지 않은 것도 5퍼센트의 가진자들이 나머지 사람들의 의견을 묵살할 수 있기 때문이다. 그러나 고스톱에는 밑천이 많은 사람이 순전히 그 이유 하나만으로 계속 돈을 딸 수 있다든가, 돈을 많이 거는 사람이 그 덕에 점수를 더 많이 낼 수 있는 경우는 전혀 없다. 판돈이 전혀 없는 상태에서 놀이에 참여해도 운이 따르고 어느 정도 수완만 있으면 용돈 정도는 딸 수 있다. 돈의 유무다소와 승부와는 전혀 무관하다. 그럼에도 불구하고 이 놀이를 일러 투기니, 빈부심화를 조장하느니 하는 것은, 가진자들이 부동산투기에 대한 비난을 면죄받고자 엉뚱한 곳으로 관심을 돌려 이를 은폐하려는 속셈이다. 수많은 사람들이 제집 마련을 못해 허덕이는 판

에, 아파트 50채를 가진 어느 여교수가 투기꾼으로 주목받는 것이 억울하다
며, 구차한 자기 변명을 늘어놓는 것과, 고스톱을 투기로 모는 것은 같은
맥락에서 나온 가진자의 발상일 따름이다.

6. 변형규칙의 형성과 민중적 현실인식

우리가 고스톱에 관한 편견을 뒤집어엎는다고 해서 고스톱이 가지고 있는
놀이로서의 문화적 가치가 입증되는 것은 아니다. 왜 우리 국민이면 누구나
이 놀이를 즐기는가 하는 것도 따져보아야 한다. 그만한 이유가 있을 것이
다. 앞의 논의에서 그 의의가 어느 정도 거론되긴 했지만, 이제 적극적으로
고스톱의 놀이문화를 점검해보아야 할 차례이다. 우선 가장 주목되는 것은
이 놀이가 지금 이 땅에 발을 딛고 사는 배달민족의 가장 자연스러운 사회
적 생산물이자, 가장 진솔한 문화적 반영물이라는 것이다. 그것도 일부 지
배계급에 의해서가 아니라, 대다수 예사 사람에 의해 이루어진 민중적 산물
이라는 것이다.

건전한 놀이로 잘못 알려진 일부 놀이들, 즉 골프·볼링·행글라이더·
스킨다이빙·스케이트보드·스키·윈드서핑 등은 사실상 따지고 보면 어느
것이나 레저산업이라는 상업자본가들의 장삿속과 연결되어 있는 외래적인
수입문화일 뿐 아니라, 가진자들이나 놀기 좋아하는 건달들에게나 가능한
놀이들이다. 게다가 이들 놀이를 즐기기 위해서는 상당한 경비의 지출과 값
비싼 장비의 구입, 그리고 엄청난 설비를 갖춘 특별한 공간이 있어야 한
다. 이들 공간을 이용하기 위해서는 폐쇄적인 집단인 특정단체나 장사꾼에
게 참가비와 입장료를 지불하고 들어가야 가능하다. 거기다가 사전에 꽤 오
랜 시간 경비와 노력을 투자하며 지도를 받고 연습을 해야 정상적인 놀이를
할 수 있다. 자연히 예사 사람들은 배제되게 마련이다. 놀이규칙도 이미 정
해진 것을 그대로 따라야 한다. 놀이하는 자의 주체적 의지의 반영이나 규
칙의 변형은 원칙적으로 불가능하다. 한마디로 우리 삶의 현실과 동떨어진
놀이로서 그냥 저만치 있기만 하는 것도 아니다. 오히려 현실적인 문제인식

을 무디게 하거나 외면하게 하는 놀이조작의 역기능을 낳는다. 오직 상업자
본가들의 이윤충족과 정치가들의 대중조작에 복무할 따름이다.

고스톱은 그렇지 않다. 독자성을 지닌 놀이양식으로서 시대상황을 반영
하는 각종 놀이규칙들이 융통자재하게 창조 개발되고 있으며, 일정한 민중
의식을 즉각적으로 반영하는 구실까지 한다. 역사적 사건이나 정치적 문제
가 야기될 때마다, 그 사건이나 주역들을 소재로 삼아 적절히 규칙화하는
일은 예사롭게 보아넘길 수 없다. 특정 인물이 개인적인 슬기를 발휘하여
이런 규칙을 창조해내는 것도 아니다. 민중적 공감대에 의해 자연스레 생산
전승 향유되는 것으로서, 이 시대의 민중적 현실인식의 역량을 드러내는 공
동체의 산물이다. 이러한 역량은 고스톱 이전에도 있었다. '섰다'판의 경
우 점수 나는 족보에, 38선을 뜻하는 3·8광땡이 있는가 하면 1·4후퇴를
뜻하는 1·4, 5·16을 상징하는 5·7(7=1+6), 10·26을 상징하는 10·
8(8=2+6)이 있다. 물론 앞의 두 족보는 해방후와 6·25 전후에, 뒤의 두
족보는 5공화국 이후에 생겨난 것이다.

고스톱의 규칙은 '섰다'의 역량을 이어받기는 하나, '섰다'처럼 단순하
지 않다. '섰다'에서는 기껏 역사적인 사건의 날짜만 뜻하고 말지만, 고스
톱에서는 역사적 사건에 대한 비판적 인식을 풍자적으로 규칙화하여, 현실
문제에 대한 분석적 해석을 덧붙이고 민중적 의지를 다지는 구실까지 한
다. 그리고 규칙으로 풍자한 역사적 사건이나 인물도 20여 가지가 넘을 뿐
아니라, 역사의 고비마다 새로운 규칙들을 즉각적으로 생산해낸다. 변형규
칙은 박정희의 3선개헌부터 나타난다. 박정희의 3선개헌에 대한 정치적 부
도덕성을 풍자하는 '박정희 고스톱'은 쓰리고를 했다가 점수를 내지 못하면
지나친 욕심을 부렸다 하여 벌칙으로 3곱을 변상해야 한다. 박정희의 유신
체제가 현재 그 정도의 신랄한 역사적 비판을 받고 있는가 하는 것도 이러
한 놀이규칙을 통해 새삼스레 따져볼 만하다. 이 시기의 연장선상에 있는
최규하 고스톱은 싹쓸이를 하고도 상대방에게 피를 1장씩 내놓아야 한
다. 실권을 잃은 대통령의 딱한 처지의 풍자라기보다, 오히려 역사전개의
유리한 상황을 발전적으로 이끌지 못하고 엉뚱하게 사태를 악화시키고만 최

규하 씨의 정치적 한계를 비판적으로 상징화한 규칙이라 하겠다.

5공에 들어서면 전두환·이순자·전경환·박준병 씨 등 당시의 정치적 실세들이 제각기 규칙으로 풍자화된다. 전두환정권의 부도덕성을 드러내는 규칙 가운데 하나인 전경환 고스톱을 보자. 당시 전경환 씨가 가장 높은 지위에 올라보아야 5공 후반기에 새마을중앙회의 대표노릇을 한 게 고작이지만, 민중들은 그가 대통령 다음으로 권력을 휘두른다는 것을 알고 이를 규칙화한 것이 '전경환 고스톱'이다. 이 규칙은 싹쓸이를 하거나 설사패를 먹었을 때 전두환 씨를 상징하는 팔광만 제외하고 '전두환 고스톱'처럼 무엇이든 마음대로 가져갈 수 있도록 되어 있다. 당시 전경환 씨는 철저히 자기를 숨기고 있었으므로 예사 사람들은 그의 정체를 잘 몰랐다. 그러나 전경환 고스톱을 통해서 그의 정체를 제대로 인식하는 계기를 마련한다. 6공 초기에 전경환의 부조리가 밝혀지고 구속되어 실형을 선고받게 되는 배경에는 고스톱의 놀이규칙을 통한 이러한 민중적 여론의 힘이 알게 모르게 작용하였다고 보아야 할 것이다.

이 시기를 반영하는 재미있는 규칙 가운데 하나는 김영삼·김대중 고스톱이다. 한때 마음을 비웠다며 김대중 씨와 민추협 공동의장을 함께 하면서 신민당을 관리하던 김영삼 씨를 상징한 '김영삼 고스톱'은 선이 되면 상대방에게 자신의 패를 모두 보여주어야 한다. 김영삼도 말만 할 것이 아니라, 실제로 이렇게 자신의 속마음을 솔직하게 드러내야 한다는 민중적 의지가 규칙화된 것으로 볼 수 있다. 김대중 고스톱은 그의 불출마선언 번복을 상징한 것으로, 점수가 나면 일단 스톱을 불러 다른 사람의 패와 기리(奇利)패의 판세를 확인한 다음 본인에게 유리하면 다시 고를 부를 수 있는 규칙이다. 상황에 따라 불출마선언을 뒤집어엎는 김대중 씨의 정치행태를 풍자한 규칙이다. 이처럼 민중은 5공체제에 맞서 싸운 야당 기수들이라 하여 좋게만 본 것은 아니다. 부정적인 행태는 여야 가리지 않고 풍자하고 있다. 민중의식이 얼마나 철저하며 현실적 객관성을 갖추고 있었는가 하는 사실을 이러한 변형규칙을 통해서 확인할 수 있다.

7. 비판적 현실풍자의 즉각성과 치열성

이런 식으로 5공의 인물이나 사건들을 풍자한 규칙들을 하나하나 점검하려면 끝이 없다. 최근의 상황변화를 얼마나 민감하게 또 즉각적으로 반영하고 있는가를, 6공 이후에 마련된 변형규칙 한두 가지를 점검하는 데서 만족하기로 한다. 이를테면 6공 초기 전두환 부부가 국민적 여론에 몰리자, 이순자 씨가 억울하다며 변명 겸 반론을 편 적이 있다. 이때, 이순자 고스톱은 즉각적으로 바뀌어 새로운 규칙으로 통용되었다. 5공비리와 함께 청와대를 둘러싼 권력형 부조리에 관한 국민의 비판이 한창일 때, 이순자 씨가 분연히 나서 새마음재단에서 연설을 하고 기자회견을 가진 바 있다. 이때 "나는 빽도 없고 힘도 없다"는 말을 했다는 사실이 보도되자, 이를 일종의 공갈로 받아들여 규칙화한 것이다. 전두환 씨를 상징하는 팔공산을 설사한 뒤, 설사한 사람이 다시 먹어오면 상대방이 먹은 패들을 전부 싹쓸이하는 규칙이다. 이순자 씨의 변명성 발언을, '지금은 설사중이지만 설사를 다시 거둬들이기만 하면 그때까지 잃었던 패들을 몽땅 쓸어와서 전세를 완전히 뒤바꿀 수도 있으니, 조심하는 게 몸에 이로울 것'이라는 내용으로, 그의 의중을 제대로 읽어낸 것이다. 아무리 힘도 없고 빽도 없다고 발뺌을 해도 국민들에게는 협박으로만 들렸던 것이다.

전경환 씨가 권력형 부정으로 구속되자, 전경환 고스톱 역시 즉각 바뀌었다. 설사를 하게 되면 상대방에게 피까지 1장씩 주어야 하는 규칙이다. 물론 이때 '설사'는 권력을 남용하다가 그 부작용으로 권력을 몽땅 내놓게 된 상태를 일컫는다. 형의 배경을 등에 업고 제멋대로 설치다가 형이 설사를 하자, 이제는 가진 것까지 다 내놓아야 할 상황에 이르렀다는 것이다. 이창석 고스톱도 같은 맥락에서 나온 것이다. 청와대 누님의 막강한 후광을 받고 있었던 이창석 씨에게는 법이 필요없었다. 철강회사 말단사원이던 그가 하루아침에 철강회사 사장이 될 수 있듯이, 그를 상징하는 홍싸리를 아무거나 들고 있으면 바닥패 가운데 필요한 것이면 무엇이든 먹어올 수 있는 규칙이다. 막강한 그도 누님이 청와대에 있을 때라야 제멋대로 할 수 있다. 누님을 상징하는 흑싸리를 먹어와야 홍싸리의 능력을 발휘할 수 있는 것이다. 누님이 백담사에 가서 불공이나 드리고 있으면 이창석 씨도 별 볼일 없게 된다. 지금 이창석 씨의 모습이 이를 반영한다. 변형규칙이 세태를 얼마나 적절히 풍자하며 얼마나 민감하게 포착하고 있는가 하는 사실을 여실하게 보여주는 사례이다.

이 밖에도 5공비리, 5공비리청산, 오리발, 장세동 폭탄선언, 전기환 6공 고스톱 등이 있다. 5공비리 고스톱은 난초(5), 공산(공), 비, 메조(2=리) 열짜리를 먹어 오면 10점을 쳐주는 규칙인데, 만약 여기 흑싸리 열이 더해지면 고도리 5점과 비도리 6점까지 가산되고, 열끗 5장 1점을 포함해서 무려 22점을 낼 수 있으며, '멍텅'으로 나서 '따불'이 될 확률이 높아 대형 사고를 일으킬 가능성이 있다. 이런 상황이 벌어지면 그 피해는 실로 엄청나다. 5공비리의 폐해가 얼마나 큰가를 적절히 상징한 규칙인 셈이다. 5공비리청산 고스톱은 앞의 규칙에 청단 띠 1장과 산 그림이 그려져 있는 솔 1장을 추가시켜서 15점을 쳐주는 것이다. 여기에는 5공청산이 그만큼 중요하다는 뜻으로 5점을 더 쳐주는 동시에, 5공비리에 청단 1장과 솔 피 1장을 추가시켜야 가능할 정도로, 5공청산은 비리를 저지르는 것보다 훨씬 더 힘들다는 어려움을 나타내고 있다. 지금도 5공청산은 범국민적 과제로서 요구되고 있지만 6공 2년이 지난 현재까지도 청산은 난항을 거듭하고 있다. 변형규칙이 국민적 의지와 정치현실을 상당히 정확하게 담아내고 있다는 사실을 알 수 있다.

같은 논리로 정치현실을 상징하고 풍자하는 오리발 고스톱의 경우, 난초(오), 메조(리), 팔(발)공산을 먹어온 사람은 져도 돈을 내지 않는다. 5공 특위 청문회에서 오리발을 내밀어서 면책을 받게 된 인물들을 풍자하는 것이다. 그들의 변명이 오리발에 지나지 않는다는 것을 상징한 것이다. 장세동(실제로 일컬을 때는 장새똥) 고스톱은 폭탄선언 고스톱으로도 유명하다. "내가 입을 열면 모두가 불행해진다"는 발언에서 비롯된 것인데, 풍(장), 흑싸리 열(새=세), 오동(똥) 피를 먹어오면 10점을 쳐주고, 장·새·동(오동)에 해당되는 설사패를 먹어오면 피를 2장씩 가져올 수 있다. 3장을 가져와서 10점을 받게 되므로 상대방에게 엄청난 피해를 준다. 폭탄선언의 파장을 상징한 규칙이다.

6공화국에 관한 고스톱도 없을 리 없다. 이 경우는 선으로부터 받은 패 가운데 팔광이 있으면 자동적으로 실격해 죽어야 한다. 일어나는 패를 뒤집거나 바닥패를 쳐서 팔광을 먹게 되면, 이것은 형제패와 함께 점수 계산에서 제외된다. 팔광으로 상징되는 5공의 잔재는 6공에서 골치아픈 장애존재라는 것을 풍자한다. 그런데 민중들은 여기에서 변형규칙을 중단하지 않았다. 6공비리까지 규칙으로 창안해냈다. 이제는 5공비리를 풍자하는 것으로 현실에 만족할 수 없다는 것이다. 6공비리도 5공비리 못지않게 큰 문젯거리로 등장한 것이다. 민중의식은 6공비리를 주목하고 이를 고스톱 규칙으로 풍자할 만큼 치열성과 시의성을 함께 지녔다.

현실문제에 대한 민중의 비판의식은 놀이문화 양식으로 표출되어온 것이 우리의 오랜 전통이다. 이것에 충실한 가장 대표적인 놀이양식으로 탈춤을 들 수 있다. 탈춤은 민속극 또는 민속춤의 한 갈래이기도 하지만, 이는 주로 학문적 관심에서 주목될 경우이고, 놀이의 전승주체인 민중에게는 양주별산대놀이·고성 오광대놀이·하회 별신굿놀이 등으로 일컬어지면서 놀이양식으로 인식되어왔다. 일제의 침략으로 마당놀이 전통이 단절되고 산업사회로 전환되는 과정에 문화변동을 겪으면서, 탈춤과 같은 마당놀이 전통은 민중 가운데서 이탈되기 시작했다. 그러자 문화적 엘리트라 할 수 있는 대학생들이 이들 전통을 계승하면서, 창작마당극·마당굿 등의 공연에 열을 올리게 되었고, 그러는 동안 예사 사람들은 잃어버린 마당놀이판을 고스톱 판에서 되살려낸 셈이다. 결국 대학에서 탈춤운동이 싹터 마당굿운동으로까지 발전하는 동안, 고스톱의 놀이양식도 민중 속에 터를 잡기 시작, 마침내 현실풍자의 각종 변형규칙을 창안해내는 풍자놀이판으로까지 발전하게 된 것이다. 그러므로 고스톱의 현실풍자는 탈춤에서부터 쌓아온 민중적 현실인식의 능력과 비판적 역량의 하나의 놀이양식적 표현이라 해도 좋겠다.

8. 피가 존중받는 민주성과 민중성

변형규칙은 어디까지나 시대상황을 즉각적으로 반영하기 위한 가변적인 양식이라면, 고스톱의 일반규칙은 상황변화와 무관하게 놀이주체인 민중들의 의식을 기본적으로 상징하고 있는 지속적인 양식이다. 우선 무엇보다 눈에 띄는 것은 피가 특별히 존중받는다는 사실이다. 종래의 화투, 즉 민화투는 광과 열, 띠가 차례로 20·10·5점을 받게 되어, 껍데기인 피는 점수와 전혀 상관이 없으므로 아무짝에도 쓸모없는 것으로 취급되어서, 점수를 계산할 때 거들떠보지도 않는다. 점수가 나는 패들도 띠·열·광으로 지체가 높아질수록 점수도 기하급수적으로 늘어난다. 즉 점수의 계급차가 곱절로 불어나는 것이다. 그리고 이들 점수는 먹어올 때부터 고정적으로 주어지는 것이다. 따라서 피는 아무리 많아도 영점인데, 광은 1장만 있어도 20점이다. 결국 민화투는 날 때부터 반상의 신분을 타고나는 봉건적인 신분사회와, 가진자와 못 가진자의 대립관계로 형성된 계급사회의 모순을 그대로 정당화하고 있는 놀이양식이라 해도 좋겠다.

그러므로 민화투를 계급사회의 논리로 보면, 껍데기는 기껏 띠나 열, 광을 벌어들이는 데만 동원되는 수단일 따름이다. 못 가진자의 역할은 가진자의 재산을 증식시키는 구실을 할 뿐이라는 계급사회의 생산양식을 반영한 것이다. 즉 껍데기는 알맹이를 위한 수단 외에, 그 자체로는 아무런 의미가 없다. 마치 노동자가 자본가의 이익에 복무하는 것이나 다름없다. 한편 신분사회의 논리로 보아도 민화투는 봉건사회의 구조를 잘 반영하고 있다. 이를테면 고스톱에는 없는 '약'('바'라고도 함)이라는 것이 있는데, 비나 풍, 난초의 가족패 4장을 모두 먹어오면 상대방에게 20점을 뺏아오는 규칙이다. 이때도 역시 피지배계급으로 상징되는 피는 점수와 무관하면서 다만 지배층인 상전들의 가족모임에 구색을 맞추어주어서 약을 하는 수단으로만 동원될 따름이다.

그러나 고스톱은 점수 계산 방식이 종래의 민화투와 전혀 다르다. 피는

피끼리, 띠는 띠끼리, 열은 열끼리, 광은 광끼리 모아서 계산한다. 모두 제
나름대로 점수를 지니며, 일정한 기준에 이르면 모두 동일하게 1장이 1점으
로 계산된다. 즉 피는 10장, 띠와 열은 5장이 되면 1점이 되고, 광은 제각
기 1점이다. 마치 피가 절대적으로 불리한 것 같으나 사실은 피가 가장 유
리하다. 왜냐하면, 피의 숫자가 가장 많아서 피 10장을 모으는 일이 가장
쉽기 때문이다. 게다가 점수로 인정받는 것은 3점부터이므로, 3점으로 먼
저 나려면 결국 광은 3장, 열과 띠는 7장, 피는 12장을 모아야 한다. 그런
데 광은 모두 5장 가운데 3장을, 열과 피는 각각 9장과 10장 가운데서 7장
을, 피는 24장 가운데 12장을 가져와야 한다. 따라서 광은 60퍼센트를 먹
어와야 하고, 열은 77.8퍼센트, 띠는 70퍼센트를 먹어와야 점수가 난다
면, 피는 50퍼센트만 먹어오면 나게 된다. 결국 피가 점수나기 가장 쉽도록
되어 있다. 그러므로 누구든 피를 소중하게 여길 수밖에 없다.

만일 피를 열패의 3점과 같이 전체의 77.8퍼센트 정도만 먹어오면 모두
18장이 넘게 되므로 3점이 아니라 그 세 곱절인 9점이 될 뿐 아니라,
'고'점수가 가산되면 네 곱절인 12점은 무난하다. '쓰리고'까지 인정되면
점수를 곱으로 계산하여 12점이 24점으로 크게 뛴다. 상대편이 피를 적게
먹어 바가지(피박)를 쓸 가능성이 높아 24점은 다시 한 곱절 불어나 엄청난
점수로 둔갑한다. 이와 같은 점수의 규칙은 피, 곧 힘없는 민중을 상대적으
로 존중하는 시각이 작용되어 있을 뿐 아니라, 민중이 비록 약하지만 수적
으로 절대 다수이므로 일정한 수준까지 뭉치기만 하면 가장 큰 힘을 폭발적
으로 발휘할 수 있다는 생각을 반영하고 있는 것이다.

여기서 오해하기 쉬운 것은 광은 60퍼센트로, 70퍼센트 이상을 먹어와야
하는 열이나 띠보다 수월하게 점수가 나게 되어 있어 광의 귀족주의를 인정
하는 것 같으나, 이런 차별성을 없애기 위한 장치를 별도로 두었다. 즉 비
광이 포함되는 경우는 3장을 먹어와도 2점으로 처리함으로써, 적어도 광으
로 3점을 나려면 비광을 제외한 광 4장 가운데 3장을 가져와야 한다. 그러
려면 광 75퍼센트를 먹어와야 하므로 띠로 나는 것보다 더 어렵다. 광을 5
장 몽땅 가져가면 10점을 얻을 수 있고(이 경우 잘하면 고를 2번까지 할 수 있

어 12점을 올릴 수 있다), 점수를 갑절로 쳐주는 것도 광에 대한 특혜조치로
여길 수 있다. 그러나 반드시 그렇지만은 않다. 열 9장을 몽땅 가져가면
'멍텅'이라 하여 점수를 갑절 쳐서 10점을 줄 뿐 아니라, 자동으로 고도리
(5점)를 하게 되고 쓰리고(3점) 할 가능성이 있어 역시 따불로 36점을 주게
된다. 반면에 띠를 10장 몽땅 가져가면 그 자체로 6점을 얻지만, 홍단·청
단·초단 등 세 단을 모두 할 수 있어 각각 3점씩 9점을 보태게 되면 15점
이 될 뿐 아니라, 이 역시 거의 자동으로 쓰리고(3점)까지 할 수 있어 따불
로 36점을 낼 수 있다. 피를 몽땅 가져올 경우는 17점이 되며 이 경우는 쓰
리고가 절대 보장될 뿐 아니라, 상대에게 피박을 씌울 수 있어 따따불이 되
어 80점이 된다. 따라서 광에서부터 피까지 차례로 12점·36점·36점·
80점으로 배정되어 있는 것이다. 어느 경우든 피와 같이 이름없는 다수쪽이
더 유리하도록 민주주의적 원리에 입각해 있음을 알 수 있다.

그리고 좀더 자세히 따져보면 피로 점수나기가 더욱 쉽도록 규칙이 발전
되어왔음을 알 수 있다. 초창기에는 없던 규칙을 보완해서 쌍피규칙을 만든
것이다. 비피와 오동피를 쌍피로 쳐줄 뿐 아니라, 나중에는 국화 열패까지
쌍피로 인정되어 사실상 피로 나려면 25장 가운데 쌍피를 포함하는 경우 9
장만 가져오면 점수가 나게 되었다. 다른 패들은 여전히 60퍼센트 내지
70퍼센트 이상을 가져와야 하지만, 피는 36퍼센트만 가져오면 나도록 된
것이다. 즉 피가 광이나 열, 띠보다 3분의 2 정도의 노력만 하면 점수를 날
수 있도록 함으로써, 누구든지 피를 잘 관리하는 것이 가장 유리하게 여기
게 되었다. 게다가 상표를 그린 패까지 쌍피로 쳐주는 규칙이 뒤늦게 생겨
나서 피로 점수나기가 더욱 수월하게 발전하였다. 이러한 고스톱의 놀이규
칙, 즉 국민의 다수를 이루는 이름없는 민중에게 가장 큰 관심을 기울이고
넉넉한 배려를 우선적으로 하는 것이 나라의 살림을 튼실하게 다져나가는
근본이라는 민중적 의식과 온전하게 만난다. 그러므로 민중적 의지와 현실
인식을 기본규칙과 변형규칙에 두루 담고 있는 것이 바로 고스톱의 놀이문
화라 하겠다.

9. 민중적 집단성과 공동체 합의가 중심

고스톱에서 피를 가장 유리하게 점수화한 까닭에, 민화투에서는 '쌍피'
를 먹어오는 패가 가장 밉상받는 천덕꾸러기로 다루어지는 반면에, 고스톱
에서는 가장 반갑게 환영받는 것이 되었다. 민중이 집단화되는 것을 가장
싫어하던 신분사회, 민중의 연대를 억압하던 봉건사회를 반영하는 민화투는
자연히 피의 집단을 무시하므로 피는 많이 먹어올수록 섭섭하게 된다. 그러
나 민중들이 더불어 하나가 될 때 풍요롭고 자유로운 삶이 보장된다는 의식
을 반영하고 있는 민중시대의 고스톱은 '쌍피'를 가장 존중하는 것이 당연
하다. 쌍피를 가장 천대하던 놀이에서, 거꾸로 이를 가장 존중하는 놀이로
변화된 것은 민중의 지위가 상승되어가는 그동안의 사회적 변화를 반영하는
동시에, 이의 완전한 실현을 기대한 민중적 소망도 함께 갈무리하고 있는
것이다.

특히 '피박'을 규칙으로 새로 설정함으로써 누구든지 기본적으로 피에
관심을 기울이지 않으면 패가망신하게 된다. 져도 크게 지는 것이다. 피로
나는 사람은 상대적으로 큰 승리를 거두게 된다. 피를 알뜰히 모은 공로이
다. 이 공로를 크게 인정해주는 것이 피박이다. 피박은 피를 우습게 여기던
종래의 관념을 완전히 뒤집어엎은 규칙이다. 민중을 우습게 여기거나 업신
여겨서는 어떤 경우든 곤란하다는 민중의식이 더욱 강화되어 규칙화된 것이
피박이라고 보아야 할 것이다. 이러한 이치는 이른바 '공포의 칠각장'이라
는 관용구에서도 나타난다. 피가 제각기 7장 들어왔을 때 가장 점수나기 쉽
다는 뜻이다. 이름없는 민중들이 혈연적 유대 없이 횡적 연대를 맺는 것이
민중화투인 고스톱판에서는 가장 유리하기 때문이다.

종래의 화투에서 가장 중요시되었던 혈연에 바탕을 둔 귀족주의를 배격하
는 것도 고스톱의 중요한 변화이다. 그 결과 민화투에서 가장 으뜸으로 여
기던 '약패'인 비·풍·초를 고스톱에서는 가장 쓸모없는 것으로 여기게
되었다. 민화투에서는 이들 패만을 특별히 취급하여 가족패 4장을 가져오면

약을 했다고 하여 20점을 상대방으로부터 받아오게 했다. 그러나 민중, 즉 피가 주인이 된 고스톱판에서는 이와 같은 혈연적 기득권, 즉 신분적 특권을 인정할 리가 없다. 자연히 고스톱에서는 비·풍·초가 판에 먹을 것이 없을 때 가장 먼저 던져버리는 패의 순서가 되었다. 중요성의 순서가 완전히 뒤집어진 것이다. 그러므로 고스톱은, 민화투와 반대로 천덕꾸러기로 여기던 피를 존중하고 양반 패로 존중되던 비·풍·초를 별 볼일 없는 것으로 격하시킴으로써, 귀족화투인 민화투를 뒤짚어엎고 밑으로부터 치받쳐올라온 민중화투라 해도 좋겠다.

고스톱의 기본규칙에는 '약'은 없고 '단'만 있다. 민화투의 '약'은 배격하면서도 '단'은 계승한 까닭이다. 약이 귀족적 가족주의, 또는 혈연성에 바탕을 둔 것이라면 단은 혈연성을 뛰어넘어 청·홍·초의 기치 아래 연대하는 이념적 당파성에 토대를 둔 것이라 하겠다. 그것은 패의 가족성과 상관없이 표방하는 색깔에 따라 그 연대성을 인정하기 때문이다. 약은 가족적 혈연성을 바탕으로 하지만 이때 동원되는 피는 역시 상하관계의 종적 질서를 유지하는 수단에 지나지 않는다. 그러나 단은 이념적 연대성을 혈연과 상하질서와 무관하게 횡적으로 구성한다. 거기에는 점수의 계급성이 없다. 다 같은 띠로서 뭉치는 것이다. 자연히 민중화투인 고스톱은 민화투에서 신분적 특권을 인정하는 약은 부정적으로 극복하고 이념적 동질성을 추구하는 단만 긍정적으로 계승할 수밖에 없다. 오늘날 민중적 연대 또는 계급적 당파성을 주장하는 민중의식과 일정한 연관을 지니는 규칙이라 할 만하다.

그러면서 민화투에 없는 규칙을 새롭게 창안해낸 것이 고도리이다. 새 5마리를 먹어오면 5점을 준다. 새가 5마리이긴 하지만 공산 열에 새가 3마리 있으므로 단이나 광처럼 화투는 3장만 먹어오면 된다. 같은 노력으로 기본규칙 가운데 점수가 가장 많은 것이다. 그만큼 새를 중요시한 것이다. 왜 특별히 새를 중요시할까. 새는 전통적 관념에서 곡모신(穀母神)으로서 풍요를 상징하며 천상과 지상을 자유롭게 왕래하는 신성한 존재로 받들어졌다. 마을 어귀에 장승과 함께 솟대가 서 있고 솟대 위에 오리나 기러기와 같은 새를 만들어 앉히는 것도 이와 같은 생각에서이다.

특히 솟대 위에 오리를 앉히고 '오릿대'라고까지 부른 까닭은, 오리가 하늘(천상)과 땅(지상), 물 속(지하)을 마음껏 오르내릴 수 있는 자유로운 존재이며 초월적인 존재로 보인 까닭이 아닌가 한다. 그렇다면 '고도리'의 규칙과, 새를 신앙의 대상으로 삼는 민속신앙의 전통은 결코 무관하지 않다. 예로부터 지금에 이르기까지 민중문화는 자유롭고 풍요로운 삶을 지향해왔다. 하회탈춤과 마찬가지이다. 마을의 풍농을 기원하면서 자유로운 삶을 제약하는 자연적 재앙이나 질병을 물리치고자 별신굿을 하고, 사회적 억압세력까지 비판하고자 극적인 놀이판을 벌이며 탈춤을 춘 것이 하회별신굿탈놀이의 오랜 전통이다. 그러므로 사람과 달리 잠수와 비상이 제 뜻대로 가능한 자유로움의 상징인 새, 그리고 새로운 씨앗을 가져다주는 곡모신으로서의 새는 자유롭고 풍요로운 삶을 지향해온 민중문화의 역사 속에서 잠복되어 고스톱의 한 규칙으로 되살아난 셈이다.

민중의 이념적 연대성은 역사를 진보적으로 이끌어가는 데 중요한 힘이 된다. 그러나 이념적 연대성은 자유롭고 풍요로운 삶을 확보해나가는 수단이지 그 자체로서 목적은 될 수 없다. 민중의 가장 궁극적 소망은 새처럼 자유롭고 싶은 것이다. 종래의 화투로부터 '단'의 규칙을 이어오면서 '새'를 더 부각시킨 규칙을 새롭게 마련한 것은 바로 이 때문이다. 그러므로 고도리는 고스톱의 대명사 구실까지 담당하게 되었으며, 최근에는 이를 더 강화하는 뜻에서 비 열을 1장 더 추가하게 되면 '육도리'라 하여 10점을 쳐주기까지 한다. 새를 가장 중요하게 여기고 새와 관련된 규칙 이름을 이 놀이의 대명사로 내세우는 것은 이와 같은 민중의 집단적 무의식이 자연스레 빚어낸 결과로 보는 것이 옳겠다.

민중화투로 주목되어야 할 규칙 가운데 하나가 규칙의 적용에 관한 규칙이다. 규칙의 규칙, '메탄규칙'이라고까지 부를 수 있는 문제이다. 민화투는 규칙이 고정적이다. 정해진 규범을 따르기만 해야 한다. 이미 언급한 골프나 볼링도 마찬가지이다. 그러나 고스톱은 놀이에 들어가기 전에 놀이에 참여하는 사람들끼리 의논하여, 이미 개발된 수십 가지의 규칙들 가운데 적

용할 것을 선택한다. 때로는 새 규칙을 만들어넣기도 하고 굳어진 규칙을
제외시키기도 한다. 따라서 규칙은 크게 도 단위의 지역별로도 다르며 심지
어는 마을마다 다르기도 하다. 같은 마을 안에서도 세대와 직업에 따라 차
이를 보인다. 그 결과 다양한 변형규칙이 많고 또 그때마다 새로 개발된 규
칙도 있어, 놀이에 들어가기 전에 규칙의 적용을 합의해나가는 동안 규칙에
대한 이해의 폭을 넓히고, 그 규칙이 무엇을 의미하는가 하는 것까지 깨치
는 기회가 된다. 물론 새로운 규칙이 창안되는 것도 이때이다. 참여자의 합
의에 의해 제각기 적절한 규칙을 적용하고 도출해내는 방식은 가장 민주적
인 방식이라고 할 수 있다. 그러면서도 기본적인 규칙의 골격은 유지된다.
지역이나 연령·직업 등에 따라 알맞은 규칙들을 적용하는 것은, 공동체의
다양한 개성과 특수성이 인정되는 가운데 지역공동체의 합의를 토대로 수행
되는 지방자치제의 성격을 띠고 있어서, 고스톱은 규칙의 규칙까지 민주성
을 획득하고 있는 것이다.

10. 지나침과 못 미침을 함께 규제하는 이치

고스톱은 규칙의 적용에서도 융통성과 자율성이 최대한 보상되어 있기 때
문에 온갖 규칙들이 자유롭게 개발되어 있다. 그럼에도 불구하고 과불급(過
不及)이 없는 중용의 상태를 유지하도록 경계하는 장치도 마련해두기를 잊
지 않았다. 3점을 기준으로 삼아서, 일정한 수를 먹어와야 점수로 인정해주
는 것은 불급(不及)을 인정하지 않는 것이다. 따라서 1점이나 2점은 0점이
나 다름없다. 그리고 기준이 되는 수를 먹어와야 그때부터 비로소 점수가
오르기 시작한다. 미치지 못한 상태를 인정하지 않는 셈이다. 한편 설사를
3차례나 하여 손실에 지나칠 때에는 역으로 점수를 나게 해주고, 피를 1장
도 확보하지 못했을 때에도 역시 지나치다 하여 피박을 면제시켜준다. 물론
무엇이든 1장도 먹어오지 못하는 사람이 있으면 그 판은 무판(이른바 나가
리)이 된다. 이런 3가지 경우는 지나치게 잃는 경우인데, 상대적으로 점수
를 올리는 사람은 지나치게 많이 올리게 된다. 이를 규칙으로 뒤집어엎거나

무효화함으로써, 손실과 이익에 지나침이 없도록 하는 중용의 이치로써 놀이과정에서 빚어지는 무리를 적절히 조정한다.

과불급을 인정하지 않으면서도 필요한 경우 두드러진 솜씨나 특별한 성취를 용인하는 규칙이 별도로 있다. 이를테면 '싹쓸이'나 '따닥'(총이라고도 함)이라는 규칙을 들 수 있다. '따닥'은 판에 먹을 패가 없을 때 든 패 가운데 하나를 던졌다가 이는 패를 젖혀서 다시 먹어오는 경우, 다른 두 사람이 피를 1장씩 부조하는 규칙이다. 어려운 상황에서도 신중하게 패를 던져서 다시 거두어오는 예지를 인정해주는 것이다. '싹쓸이'는 '판쓸이'라고도 하는데, 판에 2장 있는 패를 들고 있는 패로 1장을 먹고 다시 이는 패로 남은 1장까지 다 거두어올 경우, 역시 피 1장씩을 부조로 주는 규칙이다. 확률상 따닥보다 어려운 상황이다. 어려운 성취를 이룬 사람에게 축하하는 뜻에서 1장씩 덤으로 선물을 줌직하다.

먹을 것에 지나친 욕심을 부리다가 설사를 해서 판에 쌓아둔 경우가 있는데, 이 설사패를 먹어오는 사람에게도 같은 혜택을 준다. 이를 먹을 수 있는 사람은 패를 들고 있거나 이는 패의 젖힘이 일어날 때이다. 가리지 않고 함부로 먹다가 설사한 사람과는 달리 패를 들고서도 먹을 것을 자제하는 것은 오늘날의 사회에 큰 미덕이 아닐 수 없다. 욕심부리지 않고 기다린 사람의 미덕을 기리는 뜻에서 1장씩 주는 것 또한 미덕이다. 따라서 1장씩 주는 부조를 엉뚱하게 빈익빈 부익부 현상으로 해석하는 것은 고스톱의 기본적인 원리가 민중성에 토대를 두고 있다는 점을 깨치지 못한 까닭이다.

설사를 통해 절제 없는 욕심을 부리는 사람에게 견제를 하듯이, 점수를 나고도 목돈을 노려 계속 고를 부르는 사람에게도 자제할 장치를 별도로 두었다. '고바가지'가 그것이다. 고를 불렀다가 더 나지 못하면 점수가 무효화되고, 다른 사람이 3점을 먼저 내게 되면 섣불리 고를 부른 죄로 갑절인 6점에 해당되는 돈을 물어내야 한다. 고를 부를 수 있는 조건에 있는 사람은 점수가 난 사람이다. 돈을 벌어들인 사람이자, 기본 재산을 확보하고 있는 사람이다. 이런 사람이 쓸데없는 욕심을 부리다보면 벌어놓은 재산을 거두어들이기는커녕, 있는 재산까지 갑절로 내놓게 된다. 패가망신을 당하지 않으려면 '못 먹어도 고'를 불러서는 안된다. 고바가지 역시 가진자들의 자제를 기대하는 민중성을 반영하고 있다.

그리고 규칙 가운데는 반드시 승부를 가리지 않고 포기하도록 하는 '소당'이 있다. 즉 다른 두 사람이 점수가 날 수 있는 패를 두루 들고 있는 사람이 '소당'이라 하여 승부의 포기를 요청하는 것이다. 결국 소당을 거는 사람은 두 사람의 승부에 중재를 담당하는 셈이다. 이때 승리에 집착해서 중재를 받아들이지 않으면 바가지를 쓰게 되기 십상이다. 자연히 제삼자가 중재나 화해를 붙이게 되면 이를 받아들이는 게 순리이다. 이 놀이가 만일 투기라면 그럴 수 없다. 투기에는 중재나 화해가 통용되지 않는다.

승부를 가려 손익을 분명히 하는 것보다 피차 손해를 보지 않도록 화해하는 길을 열어둔 규칙이 소당이라면, '독박'은 특정한 사람이 점수가 날 패를 의도적으로 던져주어서 3점을 올리도록 하는, 불공정한 놀이를 하는 사람을 견제하기 위한 규칙이다. 만일 이를 인정해주게 되면 두 사람이 짜고서 한 사람을 몰아붙일 수도 있고, 또는 특정한 사람이 계속해서 돈을 따게 해줄 수도 있다. 앞의 경우가 힘없는 자를 핍박하는 것이라면, 뒤의 경우는 힘있는 자에게 영합하는 것이다. 어느 경우든 가진자들과 권력을 쥔 자들이 짝짜꿍을 해서 자신들의 기득권과 이익을 부당하게 확보하는 일이다. 이른바 정경유착과 같은 셈이니, 민중들의 놀이판에서 이러한 부조리를 인정할 리 없다. 특정 업체에 돈줄을 댄 사람, 즉 특혜융자를 한 사람은 책임을 지고 혼자서 빚을 다 갚아야 한다. 이것이 독박규칙이 가지는 민중성이다.

고스톱규칙에서 주목되는 또 하나의 특징은 국화 열을 피로도 계산할 수 있게 한 점과, 똥피와 비피는 쌍피로 인정하는 점이다. 국화 열은 껍데기와 신분이 다르다. 출신성분이 다른 국화를 피로도 간주할 수 있게 한 것은 피로 나는 것이 더 유리하도록 하기 위해서이기도 하지만, 중간계급인 국화 열의 구실을 통해 민중적 의지를 강화하려는 의도도 숨겨져 있다. 실제로 이 놀이를 할 때 국화열은 으레 열의 중산층에 소속되는 것이 아니라, 피의 민중층에 소속되어 계산되게 마련이다. 중산층은 자기 계층에 귀속되는 것보다 민중편에 기울어질 때, 그들과 연대할 때, 일정한 성취를 거둘 수 있는 유리한 상황이 전개된다는 것을 드러내고 있다. 그러므로 이 규칙은 소시민적 안일성에 빠져 있는 중산층의 한계를 드러내보이면서, 민중적 연대에 가담할 것을 유도하는 의미를 지니고 있는 것이다.

쌍피를 인정하는 것 역시 피로 나는 것이 가장 유리하도록 한 것이지만, 한편으로는 피 가운데서도 다른 피의 둘 몫을 담당하는 특별한 피가 있어야, 피로 나는 데 한층 더 도움이 된다는 것을 상징하고 있다. 민중적 연대를 통해서 민중이 주인되는 세상을 성취하는 데에도 지도자가 필요하다. 국화 열과 같은 엘리트나 중산층 지도자들도 민중의 편에 서야 하지만, 좀더 중요한 것은 민중 가운데서 역량을 집결시킬 수 있는 지도자가 나서야 한다는 것이다. 우리가 고스톱판에서 쌍피를 가장 반기듯이, 민중적 지도자에 대한 열망 또한 대단하다. 이러한 열망 역시 이 시대를 살아가는 민중들의 집단적 의식 가운데 하나이다.

11. 고스톱을 즐기는 마음가짐과 문제

고스톱에 관해 이런 글을 쓴다고 쓴이를 고스톱 선수로 알면 전적으로 오해이다. 쓴이의 고스톱 실력을 아는 사람은 워낙 수준이 낮기 때문에 함께 치려 하지 않으려고 할 정도이다. 왜냐하면 전후사정도 모르고 덤벙 먹어가거나 제멋대로 패를 퉁기기 때문에, 패의 순조로운 흐름을 용의주도하게 읽어나가는 상당히 고수급 선수들에게 치명적인 장애가 되는 까닭이다. 이러한 사정은 어쩌다가 쓴이와 고스톱을 친 사람들이 있다면 나서서 보증할 것이다. 그럴 수밖에 없는 것이 쓴이가 고스톱을 치는 경우는 학회 때 일박하는 때와, 가까이 지내는 동료들의 집들이잔치나 아이들 돌잔치 때가 고작이기 때문이다. 따라서 1년에 다섯 차례 전후이다. 집들이는 1년에 한 사람 정도 할까말까인데다가, 요즘은 아이들 돌잔치를 하는 이가 없어서 더욱 줄어들었다. 이제 아이들을 중학교에 보낼 만큼 나이들을 먹어서 돌잔치할 만한 아이를 가진 친구가 없기 때문이다.

자연히 고스톱이 서툴게 마련이다. 그러나 크게 잃어서 낭패감을 느낀 적이 없다. 때로는 분에 넘치게 3, 4천원을 딴 적도 있다. 고스톱의 놀이양식이 그럴 수 있도록 짜여 있기 때문이다. 이럴 경우 그 집 아이들이 아직 자지 않으면 천원짜리 하나를 내주고서, "내가 네 큰아빠다. 아빠 말 잘 듣고 공부 열심히 해라"고 하며 생색을 내기도 한다. 상황이 나빠서 5천원 정도 잃게 되면, 마칠 때 "오늘 저녁 본전은 건졌다"고 한다. 남들이 의아하게 생각하면, 한두어 시간 재미있게 즐긴 값을 생각하면 5천원도 싸다고 대답한다. 쓴이의 고스톱 놀이값은 늘 5천원을 기준으로 하기 때문에, 3천원을 땄다고 한다면 실제로는 2천원 잃은 셈이고, 3천원을 잃었다고 하면 실제로는 8천원이 나간 셈이다. 만일 이런 식으로 놀이값을 계산하면 잃었다고 여겨질 때가 거의 없다. 쓴이는 고스톱이 지닌 놀이로서의 재미와, 민중성을 반영한 풍자의 묘미를 함께 즐기기 때문에 그럴 수 있다. 고스톱을 치면서 놀이규칙에 숨겨져 있는 이치를 분석해보는 묘미는 특히 값으로 계산할 수 없을 정도로 귀하게 여긴다.

고스톱을 치면서 체험적으로 겪은 유용성은 사람 사귐의 원만함과, 어색한 분위기의 전환에서도 찾을 수 있다. 이 놀이를 비판하는 사람들은 고스톱이 대화의 장애가 된다고 지적했다. 물론 일정한 주제를 가진 진지한 대화는 놀이에 팔려서 할 겨를이 없다. 가족이나 친구들끼리 대화를 통해서 합의를 도출해야 할 만한 문제가 있는 사람이 고스톱 탓에 대화를 저버렸다거나, 고스톱하는 데 시간을 뺏긴 나머지 대화의 시간을 마련하지 못했다면, 이는 고스톱 중독증에 걸린 병적인 예다. 병적이거나 특수한 예를 들어서 일반적인 문제처럼 지적하는 것은 온당하지 못하다. 쓴이는 아직 그런 낭패한 사례는 보거나 듣지도 못했다. 모임 끝에, 의논 끝에, 행사 끝에 여흥으로 즐기는 것이 고스톱인 것이다. 앞의 통계에서 드러난 바와 같이 동창회나 계모임·집들이·돌잔치 등 각종 모임에 갔을 때 뒤풀이삼아 하는 경우가 대부분(74%)이다. 그러므로 고스톱이 대화의 길을 막는다는 지적은 사실에 바탕을 두지 않은 선입견에 지나지 않는다.

오히려 고스톱놀이가 사람들 사이의 관계를 원만하게 하는 구실을 한다. 직장이나 사회에서 처음 만나 서로 소개하고 사귀게 되는 사람들끼리는

아무래도 서먹서먹한 구석이 있다. 장가들어 처음으로 처가의 일가친척들을
만나도 마찬가지이다. 호칭도 어색하고 말붙이기도 부자연스럽다. 친가에
서도 크게 다를 바가 없다. 명절이나 제사 때 떨어져사는 형제간이나 며느
리·올케·시숙·동서·계수·형수들이 두루 모였을 때도 매사가 익숙하지
못하다. 그러나 고스톱판을 벌이면 자기도 모르게 서로 평등한 놀이꾼의 일
원이 되면서 놀이법칙에 따라 스스럼없는 사귐이 이루어지게 된다. 화투패
를 들고 놀이에 몰입하고 있는 경우에도 틈틈이 가족문제나 시사문제를 화
젯거리로 삼아서 대화의 물꼬를 틀 수 있을 뿐 아니라, 패를 놓고 쉬는 사
람들은 좀더 적극적인 대화의 판을 만들어나갈 수 있다. 하루 저녁 고스톱
을 더불어 친 사람들은 그렇지 않은 사람들 사이보다 사귐의 정도가 훨씬
가까워질 수 있을 뿐 아니라, 털어놓고 하는 대화의 통로도 마련하게 된
다. 사보《쌍용》에 실린 한 과장의 부인이 쓴 글을 옮겨본다.

> 어느 해인가 시댁 식구들끼리 여름휴가를 갔을 때 텐트 속에서 불을 밝히고
> 부부들끼리 모여 고스톱을 쳤다. 그 추억은 잊혀지지 않고 종종 재론되고 있기
> 도 하다. 처음엔 여자들의 반대가 빗발쳤으나 지금은 당연하다는 듯 생각하고
> 있다. 그 때문인지 식구들의 사랑은 각별하고 모이자는 소리가 싫지가 않다.
> '누구네 집에서 모이자는 소리 없나' 하고 기다려진다.

한의사 한 분은 '고도리병'이라는 새로운 병명을 들고 나와서 고스톱의
폐단을 지적하기도 한다. 들어보니 딱히 고스톱 탓만은 아닌 것 같다. 고스
톱으로 밤샘을 하고 나니 허리와 어깨, 무릎이 쑤신다고 하소연한다니 알
만하다. 건강하지 않은 사람이 무리해서 밤을 세웠으니 평소에 잠복해 있던
증세가 나타날 수밖에 없다. 일이든 놀이든 밤새워 무리하게 하면 몸에 이
상이 생기게 마련이다. 건전한 운동으로 알려진 테니스도 무리하게 하면 테
니스 엘보라고 하는 병이 팔굽에 생긴다. 이른바 '조깅'이라고 하는 운동이
좋다고 하여 아침에 달리기를 무리하게 하면 발목과 무릎의 관절에 이상이
나타난다. 운동이든 놀이든 자세를 바르게 하지 않고 지나치게 하면 무리가
오는 것은 당연하다. 고스톱이 아닌 장기나 바둑을 무리하게 둬도 마찬가지

이다. 고스톱 자체의 문제가 아니라 고스톱을 하는 사람이 문제이다. 무슨 놀이든 무리하게 하는 것은 몸과 마음에 다 나쁘다.

어떤 이는 고스톱으로 밤샘하는 것을 나무란다. 옳은 말이다. 그러나 고스톱의 경우만 드는 것은 정당성을 잃는다. 어떤 놀이든 밤을 새우는 것은 건강을 해치기 때문이다. 특히 일을 밤새워하는 것은 더욱 문제이다. 놀이는 자발적으로 즐기기 위해 하는 것이니 신바람에 따라 밤샘을 할 수도 있다. 그러나 일은 그렇지 않다. 잘 시간이나 밥 먹을 시간을 확보해주지 않고 일을 시키면 근로기준법을 위반하는 것이다. 법적으로 규제될 만하다. 놀이는 사정이 다르다. 원래 놀이는 밤새워하는 전통이 있었다. 고대의 축제에 관한 기록을 보면 '남녀노소가 밤낮을 쉬지 않고 며칠씩 술 마시고 노래 부르며 춤추었다'고 한다. 탈춤도 저녁 으스름에 시작하여 다음날 새벽에 먼동이 틀 때라야 판을 거둔다. 따라서 놀이의 경우는 사정에 따라 밤샘을 하는 것은 오랜 전통이다. 오늘날 문화적 상황이 크게 달라졌기 때문에 전통을 그대로 고집할 수 없으나, 부도덕하게 여길 일은 아니다. 그렇지만 상습적인 밤샘이나 생활에 지장을 주는 밤샘은 역시 경계해야 마땅하다.

고스톱은 상대편의 사람됨이나 인성을 이해하는 데에도 적지 않은 도움을 준다. 어지간히 좋은 패를 들지 않으면 치려고 하지 않는 신중파를 비롯해서, 돈을 잃든 말든 치는 재미 때문에 계속 치려드는 풍류파, 판에 놓인 것을 앞뒤 살피지 않고 먹어치우다가 설사하는 성급파, 3점만 나면 만족하고 스톱해버리는 소심파, 못 먹어도 고를 외치다가 바가지를 쓰는 기분파, 좋은 패를 들고 있으면 이를 참지 못하고 싱글거리는 순진파, 어지간히 잘 들고서도 늘 죽는 소리를 하는 엄살파, 슬금슬금 남의 것을 훔쳐보는 눈치파, 자기가 든 패를 속이고자 엉뚱한 암시나 표정을 지어서 상대편에게 혼란을 주는 노련파, 돈을 따고도 잃었다며 딱 잡아떼는 깍쟁이파, 줄 돈은 잘 갚지 않으면서 받을 돈은 철저히 챙기는 노랭이파, 잃고서는 절대로 자리를 뜨지 않아서 밤을 새우게 하는 투사파, 딴 돈은 몽땅 제 주머니에 챙겨넣는 안면몰수파, 딴 돈을 정확하게 계산해서 되돌려주는 양심파, 또는 딴 돈을 공금으로 여기고 같이 놀이한 사람들을 위해 음식값 등 공동경비로 쓰는 신사형 등 여러 가지 인간형이 두루 있다. 놀이판이기 때문에 자신의 사람됨을 특별한 경계 없이 비교적 순조롭게 드러내는 편이다. 그러므로 고스톱을 즐기는 동안 자연스레 사람들의 인간성을 이해하는 기회가 된다.

그렇다고 해서 고스톱을 즐기라고 권장하지는 않는다. 어느 탈옥수가 '유전무죄 무전유죄'(有錢無罪無錢有罪)라는 구호를 내걸고 경찰과 대치하다가 죽어간 것처럼, 다만 가진 게 적은 예사 사람들이 쉽게 하는 놀이라고 해서, 지적 고상함으로 장식하고 값비싼 장비를 갖춘 특수한 사람들의 놀이와 애써 구별하여, 일방적으로 도박이라는 올가미를 씌우는 행위에 대해 쓴이는 그 부당성을 비판하고 누명을 벗기고자 한 것이다. 그리고 아무 데서나 판을 벌이고 푼돈을 주고받는 놀이라고 해서, 목돈을 쓰면서 특정한 공간에서 놀이를 즐기는 양식 있는 사람들의 품격에 거슬리는 천박한 놀이로 규정하는 불공정성에 맞서서 고스톱놀이의 '무전유죄'를 옹호하고자 한 것이다. 고스톱놀이에 씌워진 억울한 누명을 벗기고 그 비난의 불공정성을 바로잡는다고 하여 이 놀이가 지니고 있는 허물이 다 없어지는 것은 아니다. 카드놀이 일반이 가지는 허물은 고스톱이라고 해서 예외일 수 없다.

카드놀이가 모두 그러하듯이 돈을 걸고 하지 않으면 재미가 나지 않는다. 돈이 거래되다 보면 자연히 욕심이 생기고, 재미에 빠지게 되면 일을 제쳐두고 놀이에 탐닉하게 될 가능성도 얼마든지 있다. 노름꾼이 생기는 것도 이 때문이다. 살아 있는 친구 부친을 죽었다고 둘러대면서까지 밤을 새워 고스톱을 즐기는 이도 있다는 것이 이를 반증한다. 그러나 같은 돈 따먹기 놀이라도 가진이들만이 출입할 수 있고 즐길 수 있는 유기장, 이른바 빠징꼬 같은 놀이는 합법화하면서 돈 없는 사람이 즐기는 고스톱만 죄라고 하는 불공정성에 대해서는 쓴이가 적극 나서서 변론을 할 수 있다.

그렇다고 해서 죄 자체를 무죄로 할 수 없다. 가진이든 못 가진이든 저지른 죄는 죄다. 놀이의 재미보다 돈 따먹기를 주목적으로 삼는 경우는 민중들이 즐기는 것이라고 해서 그 허물을 덮어둘 수 없다. 그러므로 재미를 넘어선 범주의 고스톱은 삼가야 마땅하다. 그러나 실제 관행을 보면 쓴이가 염려할 바가 아니다. 고스톱에서 딴 돈을 어떻게 쓰는가 하는 설문의 통계를 보면, 같이 고스톱을 친 동료들과 회식에 쓰거나 잃은 동료에게 돌려주는 사례가 73퍼센트나 된다. 자기 용돈으로 쓰는 경우는 18퍼센트가 채 못된다.

그러나 대부분의 사람이 고스톱 자체를 건강한 놀이로 여기지 않는다는 현실도 인정해야 한다. 백해무익한 짓으로 여기는 이도 적지 않다. 그 원인은 여러 가지가 있다. 장소를 가리지 않고 아무 곳에서 하는 경우 주위 사람들의 눈쌀을 찌푸리게 한다. 공공장소나 집 바깥에서는 이 놀이를 삼가야 한다. 원래 카드놀이는 실내에서 하는 놀이이다. 구경꾼을 두지 않는 놀이꾼들만의 놀이라는 점도 카드놀이의 특성이다. 아이들이 배울 만한 놀이는 아니므로 집안에서 하더라도 아이들에게 영향을 주지 않도록 세심한 배려를 해야 한다. 그리고 시간과 돈을 최소한으로 제한해둘 필요가 있다. 상황에 따라 다르겠지만 두 시간을 넘지 않는 게 좋다. 시작할 때 미리 시간을 정해두고서 그때 마칠 수 있도록 해야 한다. 더욱 조심해야 할 것은 거는 금액이다. 놀이삼아 하는 것이라면 놀이의 재미를 즐길 만한 최소한의 금액을 정해둔다. 놀이 도중에 홧김에 더 올리지 않도록 사전에 약속을 해둘 만하다. 놀이판이라 상하질서도 없고 승부를 겨루는 탓에 서로 다투기도 한다. 재미로 하는 놀이임을 명심하지 않으면 겨루기놀이는 으레 엉뚱한 감정싸움으로 증폭되기 쉽다. 따라서 놀이하는 사람에 따라서 여러 가지 부작용을 빚을 수 있다는 점을 경계하지 않을 수 없다.

고스톱에 반영된 정치적 인물의 풍자나 민중성의 상징이 놀이적 풍자나 상징적 표현으로 만족하게 되어버리는 것도 경계해야 한다. 삶의 현장에서 이를 실현시켜야 할 의지를 놀이양식으로 희석시켜버릴 가능성도 있기 때문이다. 각종 모순의 극복과 사회적 변혁의 실천이 기껏 놀이판을 통한 대리충족으로 머물러버려서는, 놀이규칙에 갈무리된 민중적 변혁의 의지가 오히려 보수적 현실을 유지하는 데 역기능으로 작용할 수 있다. 따라서 놀이규칙이 지니는 현실인식과 풍자에 일정한 거리를 유지하여, 실제상황으로 착각하는 오류를 저지르지 않아야 한다. 사회적 실천의 의지를 가다듬기 위한 모의적 활동으로 자각하고 고스톱판에서 거두어진 비판적 현실에 대한 실천의지를 다지는 기회로 삼아야 할 것이다. 그렇지 않으면 고스톱은 대중조작의 수단으로 떨어져버려 보수 반동세력에게 봉사하는 놀이가 될 수도 있다. 그러므로 고스톱을 일방적으로 저급한 놀이나 국적불명의 도박으로 매도하는 데는 적극 반대하지만, 좀더 건강한 놀이전통을 창조해야 한다는 전제에는 고스톱 비판자의 의견에 쓴이도 전적으로 공감한다는 것을 밝혀둔다.

〈《月刊中央》 1990년 1월호〉

제 2 부 민속문화의 변동양상과 오늘의 문화

단오에서 추석으로
— 세시풍속의 지속성과 변화 —

세시풍속은 사회의 변동과 함께 끊임없이 변화해간다. 최근 한 세대 동안 그러한 변화의 폭은 한층 컸다. 농경사회에서 형성되었던 세시풍속이 산업사회의 형성과 함께 커다란 변모를 겪는 것은 자연스럽다. 그러나 이 문제를 이렇게 단순하게만 생각할 수 없다. 왜냐하면 단순한 변화에 머물지 않고 세시풍속 가운데 어느 하나는 전국적으로 두드러지는 반면에 다른 하나는 주눅들어가고 있을 뿐 아니라, 그 상반된 현상을 보이는 세시풍속은 한결같이 농경문화와 밀접한 관련성을 지니고 있기 때문이다. 세시풍속의 어긋된 방향으로의 변화는 결국 농경사회의 산업화와 상관없이 세시풍속의 변화가 이루어진다는 것을 말해준다. 거기에는 사회변동과 다르게 작용하는 정책입안자들의 정책판단이 깊이 개입되어 있을 수 있다는 사실까지 짐작하게 한다. 그러므로 구체적으로 두드러진 변화양상을 보이는 단오와 추석을 두고서 산업사회의 어떤 요소들이 세시풍속의 변화에 영향을 미쳤는가 하는 것을 체계적으로 따져보고자 한다. 논의의 대상은 쓴이가 어릴 때부터 지금까지 줄곧 겪고 있는 안동지역의 세시풍속으로 한정한다.

이 논의의 구체적 의도는 단오문화권인 안동지역 명절이 추석문화권과 같은 양식으로 바뀌어가는 데 따른, 세시풍속의 변동양상을 진단하는 데 있다. 그러면서 현상적으로는 '어떻게 변화되어 가는가' 하는 문제를 다루지만, 본질적으로는 '무엇이 그런 변화를 가능하게 하는가' 하는 문제까지 따지고자 한다. 그러면서 변화의 대세에 휩쓸리지 않고 지속성을 유지하는 경우가 있는가 하면, 변화하면서도 변화되지 않는 국면도 있음을 주목한다. 그리고 마침내 '이러한 세시풍속의 변화가 바람직한가' 하는 문제까지 비판적으로 검토하게 될 것이며, 그 결과에 따라 적절한 처방도 제시될 것이다. 그러므로 이 논의의 구체적인 대상은 공간적으로 안동지역으로 한정하고, 다루는 내용에서는 단오와 추석으로 국한시키고 있지만, 논의의 결과는 농경사회에서 산업사회로의 변동을 겪고 있는 한국사회 전체와 관련하여 세시풍속 일반의 변화과정과, 그 원인을 포착하는 작업으로 이어질 것까지 기대하면서 시작된다.

여기서 거론된 자료적 사실들은 연구자 자신이 이 지역 거주자이며 문화의 전승담당 주체로서 실제로 보고 겪은 체험적인 것이 주를 이루되, 연구자로서 이 문제에 주목하는 동안 얻어낸 것도 적지 않다. 그 결과, 자료에서 비롯된 논의의 한계는 특정한 마을을 대상으로 한 본격적인 현지조사에 의하지 않고 이 지역주민들 일반에게 널리 익숙해 있는, 상식화된 사실들을 근거로 한 것이나 다름없다는 데 있다. 따라서 논의의 과학성을 높이기 위해서는 우선 구체적인 현지조사가 밀도 있게 이루어져야 한다. 그리고 단오와 추석 명절에 대한 세시풍속적 의미를 다각적으로 분석하는 논의도 별도로 깊이 있게 이루어질 필요가 있다. 여기서는 단오와 추석에 대한 기존의 이해를 그대로 수용하는 데서 머물렀다. 이러한 한계를 인정하면서도 이 연구가 수행된 것은 문화인류학회의 연례발표회에 참여해야 하는 제약성 때문이었다. 학회측이 설정한 '영남문화의 연속과 변화'라는 주제에 맞는 발표를 제때에 감당하기 위해서는 논의의 한계를 감수할 수밖에 없었다. 게다가 학회 때 있었던 토론내용을 받아들여 보완할 겨를도 마련하지 못했음을 밝혀둔다. [1]

1. 단오에서 추석으로

안동은 단오·추석 복합권 지역에 속해 있다. [2] 단오·추석 복합권은 단오 명절도 쉬고 추석 명절도 쉬는 문화권이라는 말인데, 단오권이나 추석권에 비해서 상대적으로 이 두 명절을 함께 큰 명절로 쇠었을 수도 있고, 반대로 둘 다 작게 쇠었을 가능성도 있다. 어느 쪽이든 단오권이나 추석권이라 할 만큼 불균형을 이루고 있지 않다는 말이다. 그러나 이제는 사정이 달라졌다. 1960년대말에 추석이 공휴일로 지정되면서 전국이 추석권으로 바뀌었다. 안동도 사정이 다르지 않다.

문화권 설정의 기준이 되는 단오와 추석을 근거로 안동의 세시풍속을 보면, 포괄적으로는 단오·추석 복합권에 속해 있지만 구체적으로 안동지역만 살펴보면 단오권이라 할 수 있다. 왜냐하면 단오와 추석이 균형을 유지하고 있는 것이 아니라, 단오 명절이 월등하게 우세한 반면 추석은 거의 명절로 받아들여지지 않은 채 지나쳐버리기 때문이다. 안동은 1960년대초까지만 해도 단오권이라 해야 할 만큼 단오를 큰 명절로 알고 3일 정도씩 놀았다. 당시에 임하면 금소동의 경우 반드시 마을 어귀의 소나무숲에서 그네를 뛰고 씨름대회를 열었다. 이런 사정은 다른 마을에서도 마찬가지였다. 1980년대 중반까지만 해도 안동지역의 마을을 돌아보면 당나무에 썩은 그네줄이 잘린 채 매달려 있는 모습을 곳곳에서 볼 수 있었다. 단오절의 흔적이다. 그러나 추석절의 경우는 거의 아무런 행사를 하지 않았다. 추석절의 가장 큰 의식인 차례도 지내지 않았다. 자연히 추석놀이도 별도로 전승되는 것이 없다. 그래서 아이들은 추석이 명절인지, 또는 추석이 언제 지나갔는지조차 모를 정도이다. 이러한 사정은 그동안의 조사보고서에서도 잘 드러난다.

> 이 지방에서는 추석을 별로 명절답게 여기지 않으며 차례도 지내지 않는 것이 보통이다. 성묘를 가는 사람도 극히 드물며 간혹 성묘를 가는 사람이 있다 하더라도 제수를 가지고 가지 않는다. 안동에서 천전동 쪽으로 가면 다른 지방처럼 추석 명절을 지내고 있다. [3]

경북의 서북부 지방에서는 추석보다 중양절(重陽節)에 천신제(薦新祭)를 행제하는 예가 많다. 이것은 이 지역이 수확이 늦어서 이때에 신도(新稻)를 바치지 못하는 데 가장 큰 이유가 있는 것 같다. 그리고 추석에 신곡이 없어 제사를 지내지 못한 사람은 이날 제사를 올린다 하는 것은 경북지방에서 일반적으로

말하고 있는 현상이다. [4]

　예전에는 추석 때에 햅쌀이 나오지 않으면 제사를 지내지 않고 중구 때에 지
냈다. 그러기에 추석에는 조상 차례를 지내는 일이 거의 없고 9월 중구에 신곡
을 가지고 차사(제사)를 지내는 것이 보통이었다. [5]

　앞의 성균관대 보고서에 따르면 마치 천전동에서는 당시에 추석을 쇤 것
처럼 되어 있으나, 사실과 다르다. 현재 대부분의 마을에서는 추석이 공휴
일로 지정되면서부터 점차 추석 차례로 바뀌어져버렸으나, 천전동은 아직도
추석 차례를 올리지 않는다. 다만 객지에서 돌아온 가족들끼리 공휴일을 즐
기는 정도이다. 조상에게 드리는 차례에 대한 전통을 가장 잘 지키고 있는
마을이 천전동이다. 이는 곧 반촌(班村) 전통의 속성이기도 하다. 그러므로
천전동이 1960년대 중반에 추석 명절을 쇠었다는 것은 정확한 정보가 될 수
없다.

　이처럼 추석 차례를 올리지 않는 이유는 집안에서 햅쌀이 나지 않기 때문
이다. 추석 차례의 의미는 새로 수확한 곡식을 조상에게 바치는 것인데, 추
석 때는 거의 햅쌀이 나지 않으므로 천신의례로서 추석 차례를 올릴 수 없
다고 여겼기 때문이다. 그렇다고 해서 남이 농사지은 햅쌀을 구해서 차례를
올리는 것은 조상에 대한 예가 아니라고 믿는다. 그래서 햅쌀을 거두어들일
수 있는 중구(중양절 ; 음력 9월 9일)까지 기다린다. 그 결과 1960년대까지는
안동지역 대부분의 마을이 중구에 차례를 올렸다. 때에 따라 윤달이 끼어들
어 중구가 가을 추수의 농번기에 접어들 지경이면 추석과 중구 사이에 적절
한 날을 잡아서 차례를 올리기도 한다. 그러나 추석에 차례를 올리는 경우
는 거의 없었다. 그러므로 중구 차례는 있어도 추석 차례는 올릴 수 없게
되었다. 추석이 명절로 받아들여지지 않았던 까닭도 여기에 있다.

　중구 차례의 관례는 1960년대 후반부터 점차 추석 차례로 바뀌기 시작했
다. 이러한 풍속의 변동은 천신의례에 대한 관념이 약화된 까닭도 있지만,
좀더 직접적인 영향은 추석의 공휴일 지정과 이농현상이다. 공휴일과 인구
의 도시집중 문제는 서로 맞물려서 추석 명절을 강화시키는 계기가 되었

다. 즉 젊은 세대들이 진학과 취업을 위해 대도시로 진출함에 따라, 공휴일
이 아니고는 가족이나 일가끼리 한자리에 모여 차례를 올릴 수 없게 되었기
때문이다. 종래의 전통에 따라 중구 차례를 올리려면 시골에 남아 있는 노
인들만 참여하게 된다. 따라서 객지의 젊은 후손들이 두루 참여하는 차례가
되기 위해서는 추석을 택하지 않을 수 없게 되었다. 그러나 조상의례를 중
요시하는 전통적인 양반가문의 경우는 여전히 중구 차례를 올린다. 성균관
대 보고서에서 잘못 거론되었던 천전동 내앞은 물론, 하회·토계 등의 일부
반가에서는 올해도 추석 차례를 지내지 않고 중구 차례를 모셨다. 추석의
공휴일화와 사회구조의 도시화가 추석을 이 지역의 새로운 명절로 부각시켰
지만, 반촌에서는 조상의례로서 차례가 걸려 있기 때문에 종래에 전통을 지
속적으로 계승하고 있다.

1960년대 중반까지 추석이 없는 것처럼 여겨졌다면 단오는 대단한 명절
로 여겨졌다. 물론 그때는 추석을 대신하여 중구 차례를 올렸으나 중구를
대단한 명절로 여겨 크게 논 것도 아니다. 중구는 명절로 크게 노는 날이라
는 의미보다, 순전히 조상에게 자기 집에서 수확한 새 곡식을 바친다는 제
의적인 의미가 더 강했다. 따라서 중구날 차례를 지내기 위해서 하루를 쉴
뿐 다른 명절처럼 사나흘씩 또는 너너댓새씩 놀지 않았다. 그러나 단오날에
는 사정이 달랐다. 최소한 사흘씩 놀면서 쑥떡과 맛난 음식을 만들어 먹으
며 그네뛰기와 씨름대회를 크게 벌인다. 그 이전에는 닷새 정도 놀았다고
한다. 특히 그네를 매지 않는 경우 풍년이 들지 않는다고 하여, 마을 어귀
의 당나무에 그네를 꼬박꼬박 맨다. 1980년대 중반까지 마을조사를 나가면
당나무에 늘어진 그네줄을 두루 볼 수 있었다.

1987년 단오날 안동군 풍천면 일대에 나가 그네를 얼마나 뛰는가 조사해
본 적이 있다. 하회마을로 들어가면서 마을 입구의 당나무나 마을 뒷산의
소나무에 그네를 매어두고 그네를 타는 어린이들을 3개 마을에서 볼 수 있
었다. 하회마을에는 썩은 그네줄이 국사당의 당나무에 매달려 있긴 하지만
새 그네줄은 보이지 않았다. 하회에서도 몇 해 전까지는 그네를 뛰었는데,
이제는 그네줄을 꼴 사람도 없고 맬 사람도 없을 뿐 아니라, 매놓은들 그네

탈 처녀가 없다고 했다.[6] 역시 도시화로 인한 이농현상이 단오를 위축시킨
것이다. 아직 단오날 쑥떡을 해먹는 집도 있고 할머니들 가운데는 머리를
새로 감아 빗고 궁구이라고 하는 청궁을 머리에 꽂는 경우도 있지만, 점차
단오의 풍속이 잦아들고 있다. 그러므로 추석이 새로운 명절로 부각되는 시
기와 함께, 전통적인 명절이었던 단오는 점차 그 명절의 모습을 잃어가고
있으므로 '단오에서 추석으로' 바뀌어간다고 할 수 있겠다.

2. 차례에서 성묘로

중구에 올리던 차례는 설에 올리던 차례와 그 절차나 상차림이 거의 같
다. 다만 설에는 떡국과 시루떡을 올리는 데 중구에는 햅쌀로 지은 메밥과
송편을 올린다.[7] 안동 사람들은 명절 차례를 흔히 명절 제사라고 하거나
줄여서 절사(節祀) 또는 차사(茶祀)라고도 한다. 그것은 차례처럼 간단한
의례가 아니라 기제사와 같은 규모 있는 제례를 지내기 때문이다. 차례는
《주자가례》에서 보이는 의례인 것으로 미루어 보아, 《주자가례》가 들어온
고려 말기에는 차를 바치는 간소한 의례를 했을 가능성이 있다. 이 고장 어
른들이 전하는 말도 옛날에는 명절에 차만 올렸는데, 조상에 대한 의례로
너무 섭섭하지 않을까 생각하여 기제사와 같이 제물을 갖추어 차리고 본격
적인 제사를 지내게 되었다고 한다. 제사양식과 상관없이 명칭이 서울과 경
기지역의 말인 차례가 표준말화됨으로써, 명절 제사는 '차례'로 통일되어
일컬어지게 되었다.

9월 중구 차례가 1970년대로 접어들면서 점차 바뀌어 몇몇 가문을 제외
하고는 거의 추석 차례를 올리게 되었다. 그러나 추석 차례도 20년을 채 넘
기지 못했다. 1980년대 중반에 오면 추석 차례가 추석 성묘로 바뀐다. 다
른 지역에서는 추석 차례를 올리고 나서 성묘를 가지만, 안동에서는 하루에
두 번 제사를 지내는 법이 없다고 하여 차례 또는 성묘(묘사)[8] 가운데 하나
를 택한다. 선택의 기준은 음력[9] 10월에 묘사(시사)를 별도로 올리는가의
여부에 달려 있다. 시사(時祀)를 별도로 올리도록 계획되어 있는 조상에 대

해서는 차례를 올리고, 그러하지 않는 조상에 대해서는 성묘를 한다. 따라서 차례만 하거나 성묘만 하는 집도 있지만, 차례도 올리고 성묘도 해야 하는 집도 있다. 위토(位土)가 있고 제실이 있는 큰 종가의 경우 모든 산소에 시사를 올리므로 차례만을 지내게 된다면, 위토가 없는 지차 집의 경우 시사의 번거로움을 덜기 위해 추석에는 성묘만 하게 된다. 고조대 또는 증조대까지 위토가 마련되어 있는 집에서는 고조와 증조의 시사를 별도로 올릴 수 있으므로, 이분들에게는 차례를 지내고 나머지 분들에게는 성묘를 간다. 양쪽을 다하는 집은 지손(支孫)으로서 작은 종반의 종가이기 일쑤이다. 그러나 위토를 두루 갖추고 있는 큰 종가는 마을에서 몇 집 되지 않는다. 그러므로 마을사람들의 대부분은 추석날 성묘를 가는 편이다.

중구에 차례를 올리던 시기만 해도 중구 때 성묘를 가는 경우는 없었다. 추석 차례로 바뀌고서도 1970년대말까지는 대부분이 차례만 지냈다. 모든 조상에게 10월 시사를 별도로 지내기 때문이다. 추석에 성묘를 본격적으로 하게 된 것은 1980년대초에 이르러, 추석 차례와 10월 시사를 함께 성묘로 대신하면서부터였다. 성묘와 시사는 원래 그 양식이 다르다. 안동지역에서 성묘란 산소의 풀베기이다. 8월 중순경 벼농사를 거의 끝내고 틈을 내서 주과포를 간단하게 준비헤 산소에 가시 절을 올리고 산소 주위의 풀을 베는 것이 일종의 성묘이다. 물론 이때는 한두 사람이 가는데, 중요한 일은 산소에 제사를 올리는 일이 아니라 풀을 베는 일이었다. 따라서 이를 일컬어 성묘라는 말보다 풀내리기라는 말을 더 흔하게 쓴다. 8월에 풀베기를 말끔히 해놓은 다음, 9월에 중구 차례를 올리고, 10월에 다시 산소에 가서 시사를 올리는 것이다.

그런데 지금은 제실과 위토, 농막이 딸려 있는 큰 문중의 회전 시사를 제외하고는 이렇게 풀내리기 · 차례 · 시사를 모두 갖추어하기 힘들어졌다. 예사 집에서는 8월 풀베기와 10월 시사를 별도로 하기 어려워진 것이다. 이농현상으로 풀을 벨 사람도 없고 시사 때 떡짐을 지고 갈 사람도 없기 때문이다. 객지에 젊은이들이 많이 있어도 추석 명절과 별도로 8월과 10월에 풀베기와 시사를 제각기 다닐 정도로 한가로운 틈을 낼 수 없다. 그러므로 자연

안동지방의 시사 모습. 음력 10월에 산소에 찾아가서 시사를 올린다.

히 추석 공휴일을 이용하여 객지에서 돌아온 자식들과 함께 차례와 풀베기, 시사를 겸해서 성묘라는 이름으로 묘사를 올리게 된 것이다. 그 결과 전에는 매년 두 번, 즉 설과 중구(또는 추석)에 올리던 차례가 이제는 설 차례 한 번으로 줄어들게 되었다.

올해와 같이 추석에 비가 와서 성묘를 다니지 못하는 경우에는, 번거로움을 피하기 위해 무리해서 성묘를 끝내는 집도 있지만, 성묘를 위해 마련한 제물로 집에서 차례를 지내고 별도로 날을(주로 연휴를) 잡아서 성묘를 다시 다니는 집도 있다. 어른들과 함께 고향을 떠나 사는 경우 추석이 연휴가 되기 전까지는 객지에서 추석 차례를 올리고 양력 10월의 연휴를 잡아서 성묘를 하기도 했으나, 요즘은 추석이 연휴가 됨에 따라 추석에 성묘를 모두 마치게 되었다. 앞의 예와 같이 성묘를 추석 이후에 별도로 가게 되는 경우 풀베기와 시사를 8월과 10월에 제각기 하던 때와 달리 자연히 그 시기가 앞당겨지게 마련이다. 왜냐하면 성묘는 풀베기를 겸하게 되므로, 시사철까지 풀베기를 늦출 수 없기 때문이다. 그래서 8월말이나 9월초까지는 성묘를 마치도록 한다. 성묘가 늦어 가을까지 풀이 무성하게 되면 집안의 수치일 뿐 아니라, 풀의 씨가 떨어져 다음해에는 잡초가 더 우거지기 때문에 풀베기를 먼저 해두지 않은 경우 시사철까지 성묘를 기다리지 않는다. 결국 생활의 도시화와 추석의 공휴일(연휴)화로 추석이 차례를 올리는 날에서 성묘를 다니는 날로 바뀌어져버린 셈이다.

3. 명절에서 공휴일로

종래에는 공휴일과 상관없이 세시풍속이 행하여졌다. 시골 토박이들의 생업은 농어업이므로 공휴일과 아무런 관계가 없다. 농사철이 닥치면 수십일을 계속해서 일하는 한편, 명절이 되면 너더댓새씩 내리 놀기도 한다. 마을에 혼례나 회갑례와 같은 큰 잔치가 있으면 일철이나 공휴일과 상관없이 온마을 사람들이 잔치에 참여하기 위해 하루를 쉬기도 한다.

그러나 이농현상으로 대부분의 젊은이들이 도시로 이주해 살게 되자 시골의 세시풍속도 도시 사람들의 생활양식에 큰 영향을 빚게 되었다. 도시 사람들의 생활양식은 산업사회의 구조에 토대를 두고 있다. 따라서 시골의 농투성이들과 달리 일요일과 공휴일이 그들의 생활에 중요한 영향을 미친다. 자연히 도시 사람들은 양력에 근거한 일주일 주기의 생활을 하므로, 음력에 의한 세시풍속은 그 의미를 상실하게 된다. 농경사회에 토대를 둔 세시풍속이 산업사회에 그대로 받아들여질 리가 없다. 산업사회의 새로운 세시풍속은 휴일문화로 재창조되고 있다. 그 결과 공휴일이 아닌 명절은 점차 약화되고 공휴일로 정해진 명절은 점차 그 명성을 회복하게 되었다. 전통적으로 명절이 아니었던 날도 봄가을의 좋은 절기에 새로 정해진 공휴일들은 종래의 명절이나 다름없이 도시인들이 하루를 마음껏 즐기게 되었다.

안동이 단오 명절보다 추석 명절을 크게 쇠는 고장으로 바뀌게 된 까닭도 단오는 평일로 그대로 두면서 추석은 공휴일로 정했기 때문이다. 어느 날이 전통 명절인가보다 어느 날이 공휴일로 정해지는가 하는 문제가, 세시풍속에 훨씬 큰 영향을 미친 가장 뚜렷한 예증으로 설을 들 수 있다.

설 명절이 구정에서 신정으로 왔다갔다 하면서 설에 올리는 차례도 몇 차례 바뀌었다. 정월 초하루에 올리던 차례가 1960년대말 이후 정부에서 신정을 적극 권장하면서부터 조금씩 양력설로 옮겨 차례를 올리기 시작하여 1970년대말에는 상당수의 사람들이 신정을 쇠게 되었다. 특히 공직에 있는 사람들은 정부측의 강요에 의해 거의 대부분이 신정을 쇠게 되었다. 대중조작의 주매체인 텔레비전 방송이나 신문에서도 신정특집을 내면서 한결같이 신정을 공식적으로 설날이라 일컫는가 하면, 정월 초하루의 전통적인 설날은 구정으로 일컬어왔다. 이때에 이르면 도시 사람들 대다수가 신정을 쇠게 되며 시골 사람들도 마을에 따라서 반 이상이 양력을 쇠게 되었다.

시골 사람들이 음력에 근거한 전통적인 명절을 양력에 근거한 신정으로 바꾸게 된 까닭은 정부의 홍보와 대중매체의 영향도 있지만, 현실적으로 가장 중요한 영향을 미친 것은 객지 사람들이다. 객지에 나가 있는 사람들, 즉 그들의 젊은 후손들이 모두 양력에 입각한 생활을 하므로, 본디 설에는 차례를 지내기 위해 고향에 다니러올 수조차 없는 형편이다. 그러나 신정을 설로 쇠게 되면 제관 노릇을 하게 되는 아들네들은 물론, 학교에 다니고 있는 손자 손녀들까지 고향을 다니러올 수 있다. 아무리 전통적인 명절이라 하더라도 설이 되어서 차례를 올릴 제관이나 세배를 할 손주들이 모두 객지에서 돌아오지 못하면 별의미가 없게 되어버린다. 따라서, 객지 사람들의 신정연휴에 맞추어 설을 신정으로 옮길 수밖에 없게 된 것이다.

이러한 변화가 대중매체나 정부의 정책에 의해서라기보다 객지에 나가 사는 사람들의 영향이 더 크다는 것은, 1980년대 이후 다시 신정에서 정월 초하루로 설이 되돌아가는 데서 찾을 수 있다. 물론 그 계기는 정부가 정월 초하루를 '민속의 날'이라는 이름으로 공휴일화함으로써 마련된 것이긴 하지만, 시골 사람들은 공휴일과 의례생활이 별관계가 없다. 다만 이 공휴일이 객지 사람들을 고향으로 돌아올 수 있게 하는 계기가 됨으로써, 이왕이면 전통을 지켜 원래 설을 명절로 쇠는 것이 좋다고 생각한 까닭에, 신정을 쇠던 사람들도 음력설로 되돌아가기 시작한 것이다. 물론 이때부터 음력설에 대한 규제도 없어졌다. 이때까지 도시 사람들 가운데는 신정을 고수하는 사람들도 적지 않았다. 왜냐하면 하루의 공휴일로는 서로 흩어져 사는 가족들이 두루 모일 수 없기 때문이다. 그러나 1980년대 중반을 넘어서면서 대세는 서서히 3일 연휴의 신정에서 하루 공휴일의 '민속의 날'로 설 명절이 다시 환원되기 시작했다. 공무원의 경우 예외이지만 대부분의 도시 근로자와 사기업체 직장인들은 민속의 날을 전후하여 2, 3일씩의 연휴를 사실상 누렸기 때문에 음력설을 쇨 수 있게 된 것이다. 이러한 국민적 경향은 마침내 정부로 하여금 정월 초하루를 '민속의 날'에서 설날로 그 이름과 풍속을 복권시키고 연휴화하기에 이른 것이다.

중요한 것은 이름이 아니라 공휴일화 또는 연휴화이다. 신정을 설이라 하고 음력설을 '민속의 날'이라 했지만, 정부에서 정한 이름과 상관없이 이날을 공휴일화하자 설 명절이 신정에서 음력설로 환원되듯이, 이날을 연휴화하자 거의 전국민이 원래 설을 되찾은 것이다. 그러므로 공휴일, 특히 옛날의 명절 때처럼 3일 이상의 연휴를 주는 것이 얼마나 명절을 명절답게 하는가 하는 것을 쉽게 알 수 있다. 결국 공휴일 또는 연휴가 전통적인 설을 신정으로 옮겨가게 했고, 또 신정에 쇠던 설을 다시 바꾸어 본디 설로 되돌아오게도 한 것이다.

4. 토박이에서 객지 사람으로

중구에 차례를 지낼 때만 해도 그 주체는 마을에 뿌리를 내리고 사는 토박이었다. 더러 청소년들 가운데 몇 사람이 중·고등학교를 다니기 위해 객지에 나가 있는 정도였다. 이들은 마을에 있어도 차례의 주체가 되지 못한다. 따라서 공휴일과 상관없이 중구 차례를 토박이가 중심이 되어 올리게 되었다. 그러나 1960년대 중기 이후 이농현상이 나타나기 시작하여 1970년대 중반에 들어서면 인구의 도시집중이 심각한 상태에 이른다. 따라서 시골의 젊은이들은 진학을 위해서뿐만 아니라 취업을 위해서 대부분 도시로 이

주하여 살게 되었고, 시골에는 주로 노인들만 살게 되었다. 마을을 지키는
젊은이들은 수적으로도 많지 않지만, 질적으로도 마을일이나 문중의 일을
좌지우지할 형편에 놓여 있지 않은 사람이었다. 경제력이나 학력, 그리고
사회적 지위가 한결같이 객지에 나가 있는 또래 젊은이들에 비해 뒤지는 형
편이다. 자연히 집안의 길흉사가 객지에 나가 있는 젊은이들 중심으로 이루
어지게 마련이다. 그 결과 혼례는 오래전부터 객지의 예식장에서 올리게 되
었으며, 심지어는 시골에 사는 부모들의 회갑잔치도 대도시로 불러올려서
하는 사례까지 나타났다.

시골의 토박이들은 농경 중심의 세시를 따르고 주로 음력에 근거하여 날
을 잡아 혼례를 하고 제의도 올린다. 일요일이나 공휴일은 농사일과 거의
관계되어 있지 않다. 그러나 객지에 나가 있는 사람들은 도시 근로자들의
생업력, 즉 양력에 따라 생활하며 일주일 주기의 일요일과 국정 공휴일을
이용하여 각종 의식을 행하고자 한다. 공휴일이 아니면 틈을 낼 수 없기 때
문이다. 따라서 객지 사람들은 고향에서 올리는 기제사에는 거의 참가하지
못한다. 제삿날을 변동할 수 없기 때문이다. 그러나 부모들의 생일의 경우
는 사정이 다르다. 생일이 주중에 들었을 경우 주말로 옮겨서 며칠을 앞당
겨 하거나 뒤로 미루어 하기도 한다. 이처럼 객지살이하는 사람들은 부모의
생일까지 자기들의 생활에 맞게 옮길 정도이다. 이러한 추세에 의해, 명절
의 차례 역시 토박이 중심의 의례에서 객지 사람 중심의 의례로 바뀌게 마
련이다.

도시 사람의 생활주기에 따라 요즘은 길일도 달라졌다. 공휴일이 길일이
되어버렸다. 도시 사람들은 혼례날짜를 잡기 위해 일관(日官)을 찾아가지
않는다. 신랑 신부의 사주팔자를 근거로 길일을 잡아서는 주말이나 공휴일
에 혼례를 올리기 어렵기 때문이다. 이제는 일관도 이러한 사정을 먼저 알
고 공휴일을 고려하여 날을 잡게 되었다. 그래서 전통을 존중하는 사람들이
날을 잡고자 일관을 찾아가면 사주팔자를 짚어본 다음 한결같이 공휴일을
길일로 잡아주기까지 한다. 요즘은 토박이들조차 이러한 관행을 따라 공휴
일을 택하는 경향이다. 객지살이하는 유력한 일가친척들이 혼례식의 하객으

로 많이 참여하도록 하기 위해서는 별수없는 일이다.

안동지역의 경우 중구 차례가 추석 차례로 바뀐 까닭도 추석이 공휴일로 정해졌기 때문이기도 하지만, 좀더 본질적인 원인은 이의 주체가 토박이에서 객지 사람으로 바뀌었기 때문이다. 만일 이농현상이 거의 일어나지 않았던 1960년대초라면 추석이 공휴일이라 하더라도 중구 차례를 그대로 지냈을 것이다. 왜냐하면, 이때만 하더라도 토박이들이 주체가 되어 제의력을 운용했기 때문이다. 그런 증거는 1960년대 이전부터 신정이 공휴일화해 있었지만, 당시에는 시골에서 이 날을 설 명절로 쇠는 집이 전혀 없었다는 사실에서도 찾을 수 있다. 이때는 도시 사람들도 정월 초하루를 설 명절로 즐겼다. 자연히 새롭게 정해진 명절이 공휴일화하더라도 시골의 토박이가 주체이던 시기에는 그 명절이 제빛을 발하지 못한다. 그러므로 공휴일이 문제가 아니라 주체인 사람이 더 중요한 변동요인이라 할 수 있다.

공휴일보다 행사의 주체가 되는 사람이 중요하다는 것을 다른 예에서도 찾을 수 있다. 이를테면 어린이날이 공휴일화한 지 벌써 수십 년이나, 도시 사람들과 달리 아직도 시골 토박이들에게는 어린이날이 어린이의 명절로 차리잡지 못하고 있는 것도 같은 이치에 근거하고 있다. 도시의 경우와 달리 시골에는 아직 어린이가 이 날의 주체가 되지 못한 탓도 크지만, 이 날의 주체가 될 어린이들이 주로 객지에 나가 있는 탓도 적지 않다. 시골에는 국민학교에 다니는 어린이들이 날로 줄어들어 이농현상이 일어나기 전인 1960년대 이전의 절반 정도밖에 되지 않는다. 주체가 사라져가는 시골에는 어린이날의 공휴일화가 어린이의 명절로 각광을 받을 수 없다. 만일 어린이날 객지의 어린이들이 부모의 고향 마을로 일제히 귀성하는 관행을 새롭게 이끌어낸다면 사정은 달라질 것이다. 시골에서 어린이날이 새삼스레 부각될 것이다.

마찬가지로 안동의 중구 차례가 추석 차례로 바뀐 원인은 공휴일화 그 자체에만 있는 것이 아니라, 객지 사람이 명절의 주체가 되었다는 데 더 큰 원인이 있다. 특히 차례에서 성묘로 바뀐 것은 객지 사람 중심의 편의주의가 크게 작용했기 때문이다. 시골 토박이로서는 풀내리기 따로 시사 따로 하는 것이 큰 부담이 되지 않지만, 객지 사람으로서는 이 일을 갖추어 하려면 풀내리기·차례·시사 때마다 세 차례나 귀성을 해야 할 판이다. 자연히 객지 사람들의 의사를 따르다 보니 지금처럼 추석 성묘로 모든 것을 대신하게 된 것이다. 따라서 풍속의 변화는 명절의 공휴일화에 주된 원인이 있는 것이 아니라, 풍속을 수행하는 주체가 누구인가에 더 큰 원인이 있다. 1960년대 이전에는 신정이 공휴일이었지만 당시에는 마을의 토박이가 풍속의 주체가 되었으므로 신정을 설로 쇠지 않았듯이, 당시에는 공휴일화가 풍속에 별영향을 미치지 못했다. 그러므로 안동의 세시가 단오에서 추석으로, 또는 차례에서 성묘로 바뀐 것은 순전히 공휴일 때문이 아니라, 양력에 의한 공휴일을 생활의 주기로 삼는 객지 사람들이 토박이보다 마을의 길흉사와 의례의 결정에 우위를 차지하게 된 까닭이라 하겠다. 그래서 이제는 대부분의 세시풍속이나 통과의례들이 마을 토박이 중심에서 객지 사람 중심으로 바뀌고 있다.

5. 다양성에서 획일성으로

마을에 살고 있는 토박이들의 풍속은 지역과 가문에 따라서 다양성을 지니나, 도시에 나가 사는 객지 사람들은 그렇지 못하다. 산업사회의 도시는 생활양식이 구조적으로 획일화되어 있기 때문이다. 도시의 획일성은 민족이나 나라 차원에서 머물지 않고 거의 세계적인 차원에서 이루어진다.[10] 그러니 도시마다 다른 문화가 두드러지게 나타나기 어렵다. 전통적으로 지녔던 개성들도 도시화가 진전됨에 따라 일반화되거나 약화되게 마련이다. 그 나라의 전통문화를 이해하려는 민속학자나 문화인류학자들이 도시를 찾지 않고 시골을 찾는 까닭도 여기에 있다.[11] 이런 점을 고려한다면 마을의 세시풍속도 토박이가 주체 노릇을 할 때 지녔던 다양성이 객지 사람들에게 그 주체를 넘겨줌으로써 획일화될 수밖에 없다는 것을 미루어 알 수 있다.

객지 사람들이 세시풍속의 주체가 됨으로써 이제 우리의 명절은 도시로 나간 젊은이들이 일제히 돌아오지 않으면 명절다울 수가 없게 되어버렸다.

그러기 위해서는 명절을 공휴일화해야 한다. 공휴일도 하루여서는 객지 사
람들이 귀성해서 명절을 제대로 쇠고 다시 돌아가기 어렵다. 대부분의 가족
이 객지에 나가 있는 경우 오고가는 데 걸리는 시간을 고려한다면 최소한
3일은 되어야 한다. 그리고 이름도 어린이날이나 식목일과 같이 공휴일로
일컬을 것이 아니라, 명절휴일 또는 명절연휴로 바꾸어야 할 것이다.[12] 최
근에 이런 사정이 받아들여져서 설과 추석이 모두 명절연휴가 되었다. 이로
써 설과 추석 명절은 전국적인 양대 명절로서 자리를 굳히게 되었다.

　설과 추석을 연휴화하여 민족의 명절로 전국화하는 것은 한편으로는 바람
직한 것 같기도 하지만, 다른 한편으로 생각해보면 우리의 본디 전통과 맞
지 않는 획일성의 역기능을 낳게 되었다. 설과 보름·단오·추석은 우리
민족의 4대 명절이다. 그러나 이 네 명절이 같은 의미와 같은 비중을 지니
고 있는 것은 아니다. 명절의 시기와 지역에 따라 제각기 다른 의미와 비중
을 지니고 있었다.[13] 이러한 다양성을 객지 사람 또는 도시 사람 중심으로
특정 명절을 연휴화 획일화하는 것은 전통을 왜곡 또는 단절시키는 역기능
을 발휘하게 된다. 추석과 설이 공휴일로 지정되어 그런지 대중매체도 이
날에 관해서만 집중적으로 다룬다. 대중매체는 세시풍속을 획일화하는 데
적지 않은 구실을 한다. 단오와 중구를 비롯하여 기타 각 지역의 두드러진
세시풍속을 때 맞추어 소개해야 민속이 획일화되지 않고 지역문화의 다양성
이 보장될 수 있다.

　4대 명절 가운데서 설과 보름은 단오와 추석보다 훨씬 비중이 높은 큰 명
절이다. 설과 보름에는 각각 5일 정도 쉬었지만 단오와 추석은 3일 정도만
쉬었다. 그뿐 아니다. 설과 보름은 전국적인 민속이나, 단오와 추석은 지역
적인 민속이다. 단오권과 추석권은 나누어져 있지만, 설과 보름은 권역이
없다. 우리가 4대 명절이라 하는 것도 따지고 보면 전국을 포괄적으로 본
것에 지나지 않는다. 각 지역 단위로 따져보면 실제로는 3대 명절이라 해야
마땅하다. 즉 전국적인 명절인 설·보름과, 지역 명절인 단오, 또는 추석
가운데 하나가 큰 명절 구실을 하기 때문이다. 이를테면 단오권에서는 설·
보름·단오를 3대 명절로 쇠었다면, 추석권은 설·보름·추석을 3대 명절

로 쇠었다. 각 지역의 자연환경과 농경문화의 상관성에 따라 명절의 권역이 정해져 있던 것이 이제 추석이 연휴화됨으로써 이와 상관없이 추석권으로 획일화해버렸다. 지역적 특성에 따라 다양하게 전승되던 세시풍속이 획일화됨으로써 문화생태가 파괴되기에 이른 것이다.

그 결과 안동의 단오문화는 약화 소멸되는 동시에 중구문화의 건강성도 크게 쇠퇴해버렸다. 뜻밖의 추석이 보름을 제치고 설과 함께 양대 명절로 부각된 것이다. 안동 사람들은 중구 차례를 지낼 때와 달리 추석 차례를 올리기 위해 스스로 가꾸어둔 농작물을 제쳐두고 햅쌀과 햇과일을 시장에서 사와야 하는 낭비를 할 뿐 아니라, 객지 사람들도 설 귀성을 위해 연중 한 차례만 귀성열차 예매로 고생하면 될텐데, 이제는 추석 귀성까지 겹쳐서 고생을 하게 되었다. 이러한 획일화의 역기능은 안동 사람들의 문제나 세시풍속의 문제에 한정되는 것이 아니다. 단오권에 속해 있던 안동 사람들의 추석 귀성 때문에 본디부터 추석권에 속해 있던 지역의 귀성객들에게도 큰 번잡함을 준다. 그리고 추석이 전국의 명절로 획일화되자 민속의 다양성이 사라지는 것은 물론, 물가도 일년에 두 차례씩이나 오르게 되었으며, 추석 인사와 선물이 예사 사람들의 새로운 부담으로 나타나게 되었다.

추석 공휴로 빚어진 또 하나의 역기능은 세시풍속을 혈연 중심의 명절로 획일화했다는 점이다. 큰 명절 가운데 설이 혈연 중심이라면 보름은 지연 중심이며, 작은 명절 가운데 추석이 혈연 중심이라면 단오는 지연 중심의 명절이다. 우리의 세시풍속은 크고 작은 명절이 혈연과 지연공동체의 의식을 제각기 다지면서 유기적 상관성을[14] 지니고 있는데, 공교롭게도 지역 단위의 유대를 다지는 보름과 단오는 제쳐두고 혈연의식을 강화하는 설과 추석만 공휴로 지정한 것은, 원래 우리 민속이 지녔던 혈연공동체와 지연공동체, 종적 유대와 횡적 유대가 지닌 조화와 균형을 깨뜨리는 결과가 되었다. 혈연 중심의 공동체행사는 가족주의의 문화적 특성 때문에 공휴일화와 상관없이 지속성을 지니는 힘이 있으나, 지연 중심의 공동체행사는 도시화와[15] 더불어 이웃 관념이 약화됨으로써 점차 그 전승력을 잃어가는 상태이다. 이런 상황에서 좀더 중요한 것은 혈연의식이 아니라 지연의식이다. 더불어 이웃해 살아가는 생활공동체의 성원들이 서로 하나가 되어 사회적 통합성과 지역적 연대의식을 강화하는 것이 필요하다. 그러므로 오히려 혈연 중심의 명절을 공휴일화하는 것보다 지연 중심의 명절을 공휴일화하는 것이 더 긴요하다. 적어도 정월 대보름은 공휴일화해야 동제를 비롯한 지역축제가 제대로 활성화될 수 있다.

이러한 획일화의 역기능을 극복하기 위해서는 지역 단위의 고유명절을 제각기 인정해주어야 한다. 그러기 위해서는 전국적인 명절인 정월 대보름을 공휴일화하는 것은 물론, 강릉이나 안동과 같은 단오권 지역에는 추석 때가 아니라 단오 때 명절 연휴를 주는 것이 옳다. 그래야 단오문화가 온전하게 전승될 수 있고, 중구 차례도 더불어 살아날 것이다. 작게는 지역문화의 개성이 살아나는 것이며 크게는 우리 민족문화의 다양성이 회복되는 것이다. 이미 차례는 성묘로 바뀌었으니 중구 때 성묘를 다니면 된다. 이때는 추석 때보다 날씨가 더 맑고 시원하여 높은 산을 오르내리며 성묘다니기가 훨씬 좋다. 추석 연휴는 단오 연휴로 돌렸으니, 성묘 휴가를 별도로 주면, 객지 사람도 귀성열차에 덜 시달리면서 중구 성묘에 참여할 수 있다. 제주도에서는 가을에는 정기적인 성묘날을 정해 공휴일로 하고 있다. 명절로 쉬는 것이 아니라 풀베기를 하는 날이다. 지역의 여건과 문화적 배경에 따라 서로 다른 날을 잡아 성묘를 할 수 있다. 지방자치제가 이루어진다면 이러한 배려가 더 적절히 이루어질 수 있다.

단오를 제쳐두고 추석만을 공휴일화하여 전국을 같은 문화권으로 획일화하는 것은, 분단상황을 한층 깊게 할 수도 있다는 또 다른 역기능을 낳는다. 왜냐하면 북한은 단오문화권에 속하기 때문이다. 분단상황을 극복하는 데 민족적 문화적 동질성의 확보는 상당히 중요한 기능을 한다. 이러한 동질성을 가장 잘 확보해주는 것이 전통문화이다. 전통 가운데서도 지배층의 것은 남북한의 체제 차이에 따라 받아들이는 정도가 다르다. 사회주의 체제를 지향하는 북한에서는 지배층의 전통을 부정적으로 계승하고 있기 때문에, 이 부분을 내세워서는 순조롭게 하나가 되기 어렵다. 반면 민속문화에 관한 긍정적 인식은 북한이 더 적극적이다. 따라서 세시풍속과 같은 민속을 통해서 민족적 문화적 동질성을 회복해나가는 것이 좀더 설득력을 지닌다. 그러므로 단오와 같은 명절을 남북이 같이 즐기고, 그네타기와 씨름을 하는 전통을 다 같이 유지한다는 것은 분단상황을 극복하는 데도 중요한 구실을 한다. 북한에서는 이미 단오를 공휴일화하고 있는 줄로 안다. 단오권인 북한의 사정을 고려한다면, 남한의 단오권문화도 살려서 동질성 획득의 근거를 마련해나가야 한다. 이런 이유에서도 '단오에서 추석으로' 나아가는 획일성은 바람직스럽지 못하다. 추석과 함께 단오도 공휴일화하여 단오문화를 되살릴 필요가 있다.

6. 의례성에서 현실성으로

안동은 예향이다. 그래서 예법이 잘 발달되어 있고 잘 지켜지고 있다. 예서가 특히 많이 간행된 것은 이러한 사실을 입증한다.[16] 또한 안동은 전통의 고장이다. 예법과 같은 상층의 전통과 더불어 주술과 같은 하층의 전통도 강하다. 하회별신굿놀이나 놋다리밟기·동채싸움 등은 원초적으로 주술적 사고에 근거하여 생성되고 전승되었다. 이러한 민속이 어느 고장보다 풍부하게 전승되어왔다. 따라서 세시풍속의 지속성과 변화도 이 두 가지 축을 근거로 이루어진다고 하겠다. 예와 주술은 서로 다른 종교적 사고에 바탕을 두고 있지만 의례(rite)라는 점에서 만난다. 원초적으로 주술에 의한 의례적 전통이 가례(家禮)와 같은 유교식 의례도 지속시킬 수 있는 토대가 되었을 것으로 생각한다. 결국 의례를 중요시하는 문화가 안동문화의 한 국면이라 할 수 있고, 이러한 문화적 바탕이 시대의 변화에 따라 주술적 의례에서 유교적 의례로 바뀌면서 각 시대마다 적절한 의례전통이 이어진 셈이다.

명절의 공휴일화와 사회의 도시화로 추석문화가 지배적이게 되었지만, 단오가 아직도 그 모습을 유지하고 있거나 중구 차례가 아직까지 지속되는 것은 이와 같은 의례의 전통에 근거하고 있다. 그러나 지속과 변화의 양상은 마을의 성격에 따라 다소 차이가 난다. 이 지역의 대표적인 반촌에서는 중구 차례가 더 강한 지속성을 지닌다면 상대적으로 덜 반촌에서는 단오가 더 강한 지속성을 나타낸다. 중구 차례는 유교적 의례에 근거해 있으며 중국의 영향이 강한 풍속이다. 따라서 이를 중요시하는 반촌에서는 자연히 중구 차례를 지키게 마련이다. 천전동이나 하회동이 다 그러한 마을로서, 지금도 중구 차례의 전통을 지속하고 있다. 추석 연휴에도 끄떡없다. 반촌에는 아직도 종가의 어른들이 세시를 결정하는 실세 구실을 온전히 감당하고 있기 때문이다. 반면에 이들 마을에는 단오 명절이 다른 마을에 비해서 상대적으로 약화되어 있다. 물론 최근에는 마을에 그네도 매지 않는다. 단오는 유교적 의례가 아니라 주술적 의례이기 때문에 이들 마을에서 지속성을 확보할 수 없다. 반촌의 경우 유교적 의례는 지속성을 가지나 주술적 의례는 좀더 쉽게 변화한다는 속성을 보이는 셈이다.

예사 마을에는 아직도 단오의 흔적이 눈에 띈다. 가장 뚜렷한 흔적은 그네뛰기이다. "당나무에 그네줄을 매야 풍년이 든다", "그네줄에 빗물이 묻으면 풍년이 든다", "단오날 그네를 뛰면 모기에 물리지 않는다" 등의 주술과 관련되어서 그네뛰기가 지속성을 유지한다. 이 밖에도 단오날 미나리를 삶아먹으면 몸이 가렵지 않고, 쑥떡을 해먹으면 배앓이를 하지 않는다는 주술적 속신이 있는가 하면, 창포를 삶은 물에 머리감기, 창포 뿌리를 깎아 머리에 꽂아서 재액을 막기, 단오부적 붙이기 등의 속신이 많이 전한다. 강릉의 단오굿도 이와 같은 주술적 의례성이 강하기 때문에 오늘날까지 잘 전승되고 있는 것이다. 그러나 농경의 기계화, 약품과 의료기술의 발달 등으로 주술적인 믿음이 약화되어버리자, 단오 역시 의례성에서 현실적 합리성으로 대체되기에 이르렀다. 그러므로 단오가 명절로서 아직 그 모습을 유지하고 있는 경우도 주술적인 의례의 의미는 거의 사라지게 되었다. 음식과 놀이전통이 부분적으로 유지되는 정도이다.

중구 차례가 추석 성묘로 바뀐 것도 의례의 본질보다 생활의 현실성을 추구한 결과이다. 의례의 본질은 제 손으로 거둔 햅쌀을 제 먼저 먹지 않고 조상에게 올린 다음에 먹는다는 데 있다.[17] 즉 "처음으로 생산된 벼의 '수지'를 조령에게 바치는 내용이 그 시원적 양상"이다.[18] 수지는 생산물 가운데서 제일 처음이자 으뜸이며 가장 좋은 것을 일컫는다. 수지를 바치는 의례는 중구 또는 추석 차례에 한정되지 않는다. 농작물 일반을 비롯해서 음식에도 해당된다. 용단지에 수지 벼를 담는 것이나, 별식을 했을 때 제일 처음 솥에서 푼 것을 수지라 하여 성주 또는 삼신에게 바친 다음 가족들이 나누어먹는 것도 같은 이치이다. 끼니로 한 밥도 먼저 푼 것은 수지라 하여 집안 제일 어른의 밥상에 놓는다. 따라서 추석의 천신의례는 조령과 가신 (家神)들에게 수지를 바쳐 기도를 올리는 신앙과 무관하지 않다.

결국 추석의 천신의례도 유교적 조상의례와 재래의 신앙에 의한 제의가 충동된 데 기인하여 분화된 것이라 추론하는 근거도 여기에 있다. 추석 성묘는 좀더 원초적인 의례가 조령의례로 바뀌면서 주술적인 것에서 유교적인 것으로 바뀌게 되고, 이것이 다시 현대생활에 맞게 합리화 단순화된 것이다. 즉, 토박이 중심으로 7월에서 10월에 걸쳐 이루어지던 '벌초작업'과 '차례', '시사'가 객지 사람들의 공휴일에 맞게 하나로 통합되어 추석 성묘로 변화된 것이다. 변화의 결과, 추석 성묘는 의례적인 본질인 천신의 뜻보다 고향으로 돌아와 부모와 조령에게 인사를 올리는 귀성의 뜻을 더 강하게 지니게 되었다. 객지 사람들에게는 죽은 조령의 묘지를 찾아보는 것 이상으로 살아 있는 부모와 고향을 찾아보는 것이 더 중요한 의미를 지니기 때문이다. 따라서 추석의 본디 의미와 상관없이 객지 사람들의 필요에 의해 추석은 귀성의 명절로 그 자리를 굳혀가고 있는 것이다.

도시화의 영향으로 천신의례가 객지 사람들의 귀성행사로 변하긴 했지만, 그 지속성 속에는 여전히 의례성이 갈무리되어 있다. 다만 의례의 성격이 인간과 신의 종교적 의례에서 후손과 조령 사이의 유교적 의례로, 다시 부모와 자식의 만남, 객지 사람과 토박이의 만남, 도시와 시골의 만남을 가능하게 하는 현실적 의례로 변화했을 따름이다. 현실적인 의례가 가장 합리적인 것처럼 여겨질 수 있으나, 지금의 명절 귀성이 가지는 기능을 좀더 깊이 있게 따져보면 반드시 그렇지도 않다. 추석의 귀성 의례가 고향을 등진 객지 사람들의 구심력과 동질성을 일깨워주는 한편, 고향을 지키는 토박이들의 원심력과 역동성을 고무시켜주는 계기가 된다면 몰라도, 이것이 객지 사람들의 우쭐거림을 조장하여 토박이들을 더욱 주눅들게 하는 기회가 된다

면 합리적이라 하기 어렵다. 그러므로 '단오에서 추석으로' 상징된 세시풍
속의 변모가 합리적이라면, 그것은 다분히 객지 사람 중심의 편견일 가능성
이 높다는 것을 염두에 두고, 여러 각도에서의 재검토가 계속 요청된다.

(《한국문화인류학》 21, 1989. 12. 30.)

주

1) 한국문화인류학회 제21차전국대회(1989. 11. 17 ~18., 영남대)에서 구두발표할
   때, 조경만으로부터 적절한 토론이 있었다. 토론에 따라 보완연구가 이루어지지 않
   은 것은 토론내용에 동의하지 않아서가 아니라 그럴 여유를 가지지 못했기 때문이
   다. 순전히 연구자의 책임이다.

2) 金宅圭, 《韓國農耕歲時의 硏究》, 영남대출판부, 1985, pp. 451~457.

3) 성균관대 국문과, 《第1次 安東文化圈學術調査報告書》 19, 성균관대, 1967.

4) 金宅圭, 앞의 책, p. 324.

5) 金明子, 〈松川洞의 家神神仰과 歲時風俗〉, 《安東文化》 9, 안동문화연구소,
   1988, p. 35.

6) 임재해, 〈도시화와 전통의 재창조〉, 《현대사회》 27, 현대사회연구소, 1987, p.
   166, 주 21) 참조. 이 글은 임재해, 《한국민속과 전통의 세계》에 재수록되었다.

7) 제수도 가문에 따라서 다소 차이를 보인다. 설에 떡국을 올리는 집이 있는 반면
   에, 설 차례에 떡국은 국이나 죽에 해당되는 음식이라 하여 꼭 메밥을 올리는 집이
   있으며, 추석 차례에도 송편 대신에 반드시 시루떡을 올리는 집도 있다. 그것은 시
   루떡을 제수로 올리는 것을 가장 규범적인 편으로 간주하기 때문이다.

8) 안동지역에서 성묘란 말을 쓰기 시작한 것은 그리 오래지 않다. 조상의 묘지에
   가서 제사를 올리는 일을 時祀, 또는 墓祀라고 했다. 성묘의 본디 뜻이 조상의 묘
   를 둘러보는 일이라면, 안동에서는 풀내리기라 하여 8월에 시사와 별도로 한다. 여
   기서 성묘란 풀내리기와 시사를 겸한 의례를 뜻한다.

9) 이 글에서 다음부터 표기되는 월일에 관한 내용은 모두 음력이므로 별도로 음력
   이라 밝히지 않는다. 다만 양력의 경우만 이를 표기한다.

10) Albin Toffoler, 유재천 역, 《제3의 물결》, 1981, p. 29에서 산업사회의 특징을 규격
    화·동시화·중앙집권화로 규정하였다.

11) 姜信杓, 《레비스트로스의 人類學과 韓國學》, 한국정신문화연구원, 1983, p.
    276.
    姜信杓 : "이번에 내한하여 경주 근교 양동, 하회 마을 등의 현지조사 길에 나서

지요? 귀하는 왜 한국의 시골을 보고자 하십니까? 귀하가 시골에서 원하는 것은
무엇인지요?"

레비스트로스 : "저는 인류학자로서 인간이 자연환경에 어떻게 적응해가는지를 살
펴보고자 하는 것입니다. 특히 오랜 문화와 전통을 지닌 한국의 부락생활에 관심이
가지요. 세계의 도시들은 모두 국제화하여 서로 닮아가고 있는 추세이므로, 역시 한
국의 도시에서 한국인의 일상생활을 찾는 것은 의미가 없거든요."

12) 林在海, 〈설과 보름 민속의 대립적 성격과 유기적 성격〉, 林在海·任世權, 《安
   東文化의 再認識》, 안동문화연구회, 1986, p. 109. 이 글은 임재해, 《한국민속과
   전통의 세계》에 재수록되었다.

13) 위 논문은 설과 보름의 의미를 그 시기와 관련해서 다룬 것이다.

14) 위 논문에서 설과 보름 명절의 이러한 관계를 자세하게 다루었다.

15) 여기서 도시화란 이농현상으로 시골의 인구가 도시로 집중되는 현상과 함께, 일터
   와 집값에 따라 빈번히 이사를 다니는 탓으로 거주지와 이웃에 대한 사랑을 지니지
   못하는 도시 사람들의 생활양상을 아울러 뜻한다.

16) 장철수 교수에 의하면, 안동에서 간행된 예서의 양이 경북지역 전체의 3분의 1을
   차지할 정도라고 한다.

17) 金宅圭, 앞의 책, p. 324.

18) 위의 책, p. 325.

즐김의 노래와 이념의 노래
—— 노래패 '햇살'공연 〈다시 또다시〉를 보고서 ——

1. 노래를 어떻게 부르고 들을 것인가

　노래를 어떻게 부르고 들을 것인가. 지금껏 수많은 노래를 부르고 들어왔
지만 이러한 의문을 적극적으로 가져본 적은 거의 없었다. 이 물음에 대한
답을 먼저 말한다면 노래를 노래로서 부르고 들어야 한다고 답할 수 있다.
그러기 위해서는 우선 부르고 듣는 노래가 무엇보다도 노래여야 한다. 노래
가 다른 무엇이 아닌 진정으로 노래 그 자체여야 한다. 노래가 돈이거나 노
래가 고삐여서는 안된다는 말이다. 노래가 돈이 되는 경우 상업적이고 퇴폐
적일 수밖에 없다. 노래를 많이 팔기 위해서는 대중적 통속성에 영합해야
한다. 노래가 돈이 되면 자연히 사람들의 마음을 소비적으로 들뜨게 만들고
탈선을 조장하는 불건강한 노래가 판을 치게 된다. 결국 대중들의 몸과 마
음을 사로잡는 저질적인 대중가요의 상업성은 대중들을 노래의 객체이자 소
비자로 전락시키면서 유명가수의 명성과 인기를 업고 상업자본가인 음반업
자들의 부(富)를 살찌우는 데 기능적일 따름이다.
　물론 직업적인 가수도 진정한 의미에서 노래의 주체가 되지 못한다. 인기
와 명성을 팔아 돈을 벌어들이는 일꾼에 지나지 않는다. 음반기업에 고용된
노래노동자라고 해도 좋겠다. 방송국의 쇼 프로와 노래순위 프로에 끼어들
기 위해, 입시를 앞둔 수험생처럼 항상 치열한 경쟁을 벌여야 한다. 더 많
은 계약금과 더 높은 인기를 누리기 위해 잠시도 여유를 누리지 못하고 몸

과 마음이 지치도록 뛰어야 한다. 노래 부르는 일은 즐거워야 하는데, 이처럼 노래가 짐이 되고 일이 되어 가수들의 삶을 갉아먹고 생명본성을 숨죽이게 하는 것이다. 그래서 폭주하는 일정에 몸이 지쳐서 쓰러지는 이가 있는가 하면, 인기의 높낮이에서 비롯된 심리적 압박을 견디지 못해 스스로 목숨을 끊는 가수가 나오기도 한다. 노래가 인간적 정서를 순화시키기는커녕 인간의 생명력까지 메마르게 하는 것이다. 노래의 주인은 누가 뭐래도 노래를 하고 듣는 사람이어야 한다. 그러나 노래가 이미 돈으로 둔갑해버리면 노래의 주인은 돈이자 상업자본가가 되고 만다. 노래를 부르는 이도, 노래를 듣는 이도 돈과 자본가에 의해 종속화되고 객체화되고 마는 것이다.

노래가 돈이어서도 안되지만 고삐여서도 안된다. 고삐는 소를 자의적으로 부릴 수 있도록 만든 편리한 장치이다. 고삐를 쥔 이의 손놀림에 따라 소는 맥도 못 추고 따라 움직여야 하는 꼭두각시가 된다. 고삐 때문에 소는 자신의 자유로운 삶의 꿈을 펼칠 수가 없다. 노래도 사람을 움직이는 고삐 구실을 할 수 있다. 5·16군사쿠데타 이래 정부에서 의도적으로 지어서 부르게 했던 이른바 '올해는 일하는 해', 또는 '올해는 전진의 해'라는 구호에 맞게 일을 독려하고 수출에 박차를 가하는 노래가 있는가 하면, 또는 〈좋아졌네 좋아졌어〉, 〈아, 대한민국〉과 같은 사람들에게 비현실적인 환상을 심어주며 대중조작에 전적으로 복무하는 노래들이 있었다. 이들 노래에는 직접적 다그침의 장치와 간접적 환상의 장치가 있어, 사람들의 몸과 마음을 원하는 방향으로 길들이며 부리게 하는 고삐의 구실을 한다. 따라서 이런 식으로 고삐가 되면 노래는 사람들의 주체적인 판단을 흐리게 하고 정치적인 무관심을 조장하는 대중조작의 수단으로 떨어지게 된다. 그러므로 노래는 돈도 고삐도 아닌 노래여야 한다.

결국 노래를 어떻게 부르고 들어야 하는가 하는 질문은 어떤 노래를 부르고 들어야 하는가 하는 질문으로 전환되고 말았다. 참다운 노래, 노래다운 노래를 부르고 들어야 한다고 답한다면, 그러한 노래는 과연 어떠한 노래인가. 새삼 되묻지 않을 수 없다.

2. 노래의 본디 기능과 동시대 노래문화

노래가 참노래이기 위해서는 두 가지 요건을 갖추어야 한다. 음악적 가락과 문학적 사설이 노래의 기본적인 요건이다. 음악적 가락은 신명과 흥을 돋우어 마음을 즐겁게 하는 데 더 기능적이라면, 문학적 사설은 드러내고자 하는 생각을 효과적으로 표현하는 데 더 기능적이다. 따라서 이 둘이 만난 노래는 음악보다도 더 정서적인 만족감을 주고 문학에 비해서도 더 강한 예술적인 표현욕구를 충족시켜준다. 시라고 하는 문학적 양식도 원초적으로는 노래에서부터 비롯된 것이다. 노래의 두 요건과 두 기능은 '노래'라는 말 속에 이미 잘 갈무리되어 있다. 우선 노래는 즐거워야 하고 재미있어야 한다. 이런 문화양식이 바로 놀이이다. '노래'라는 말은 곧 '놀이'라는 말의 이간에서 생성된 '놀애'라는 명사형에서 비롯된 것이다. 놀이가 고되고 타율적이면 이미 놀이가 아니듯이, '놀애'인 '노래'도 부르거나 들어서 재미나 즐거움이 없고 정서적 만족감을 주지 못하면 노래가 아니다. 힘든 고역일 따름이다. 노래의 음악적 요소는 특히 노래의 두 요건 가운데 놀이기능에 봉사한다.

노래에는 음악과 다른 문학적 요소의 표현기능이 있다. 노래말이 담당하는 구실이 그것이다. 노래말은 주장하고자 하는 바를 언어기호를 통해 형상화하고 전달하는 구실을 한다. 노래가 고삐일 수 있는 부정적인 기능을 발휘할 수 있는 것도 노래말의 이러한 구실 때문이다. 따라서 노래한다는 말은 성악의 연행을 뜻할 뿐 아니라 일정한 주장을 일삼아 줄기차게 말하는 것도 일컫는다. 이를테면 "아무개는 새 옷이 노래이다" 또는 "아무개는 술이 노래이다"라고 하면, 이때 '노래'라는 말은 새 옷을 사달라고 계속 조르거나, 술을 마시자는 의사표현을 쉬지 않고 거듭한다는 뜻이다. 한마디로 옷타령과 술타령을 하는 사람을 일컬어 '옷이 노래다', '술이 노래다'고 하는 것이다. 이때 노래는 끊임없이 졸라대는 일이나, 일삼아 하는 끈덕진 주장을 뜻한다. 그러므로 예삿말보다 더 강력한 말의 진술이 노래임을 알 수 있다. 따라서 노래는 놀이의 기능과 강한 의사표현의 기능을 함께 지닌다. 그러므로 참노래는 즐김의 놀이요소와 이념을 담는 주장의 요소가 합일되어 있어야 한다.

노래가 놀이의 기능을 배제하게 되면 노래가 아니라 무엇을 주장하는 '일'이 된다. 이처럼 노래가 무엇을 주장하기 위한 것이기만 하면 구호와 표어에 그칠 가능성이 있다. 신명의 표출이나 정서적 즐김이 없는 이념이 되고 만다. 반면에 노래가 의사표현의 기능을 배제해버리면 순전히 오락으로 떨어져 예술이라 하기 어렵다. 놀이의 자질을 갖춘 노래, 즐김의 구실을 제대로 감당하는 노래가 아닌 문예양식으로서의 예술적 가치를 지니려면 노래의 사설이 함축하고 있는 내용이 문학적 건강성을 지녀야 한다. 사랑과 이별의 상투적인 내용을 다룬 천박한 대중가요가 유흥과 즐김의 수단이기는 해도 예술작품으로서 주목받지 못하는 까닭은 그 내용의 공허함에 있는 것이다. 따라서 온전하고 건강한 노래는 놀이로서 즐김의 매체이어야 할 뿐아니라 이념으로서 표현의 매체이기도 해야 한다. 그러므로 노래를 부르고 듣는 사람이 오직 즐김을 위해서, 아니면 이념만을 위해서 노래를 부르고 들어서는 노래의 본질에 충실할 수 없다. 노래를 즐기는 가운데 이념적 공감대도 형성할 수 있어야 한다.

그럼에도 불구하고 우리들 주변의 노래들은 지나치게 즐김만 추구한다. 유행하는 대중가요일수록 더 심각하다. 돈과 유흥의 어울림이 대중가요의 유행을 더욱 부추기고 있는 것이다. 여기에 대중조작을 일삼는 관변측의 문화정책과 상업자본가의 이윤추구에 봉사하는 방송매체들이 한몫 거들고 있다. 그러나 특별한 공간에서 의도적으로 보급된 노래들은 사정이 다르다.

이를테면 학교에서 음악교육이라는 이름 아래 의도적으로 가르친 노래들은 그 가락과 사설이 정서적으로 합일되어 노래예술로서의 가치를 나름대로 확보하고 있다. 그러나 노래가 노래로서 제구실을 하려면 널리 불리고 들려야 하는데, 이들 노래는 음악시간의 교육활동에서 그쳐버리기 일쑤이다. 실제생활의 노래활동은 온통 대중음악이 독점하고 있다. 중·고등학생들이 여가시간이나 수학여행에 부르고 들으며 즐기는 노래들은 한결같이 대중가요 일색이다. 오디오를 통해서 듣는 노래들도 마찬가지이다. 한마디로 건전한 음악이라고 하는 교과서의 노래들이 즐김의 대상도 이념의 대상도 되지 못하는 데서 그 까닭을 찾을 수 있다. 우리의 음악적 정서와 대물림받은 신명을 살려내지 못하는 서구적 양식의 가락에다, 지금 살아가면서 맞부닥뜨리는 절박한 현실문제들을 제쳐두고 관념적이고 추상적인 내용의 사설들이 노래말의 주를 이루기 때문이다. 자연히 이들 노래를 불러서는 신명도 나지 않고 들어서도 마음을 움직일 만한 절실한 정서의 교감도 나눌 수 없다. 그러니 애써 가르치긴 해도 자발적으로 익히고 즐겁게 부르고자 하는 이는 흔하지 않다. 음악교육의 현실이 이러하니 대중가요가 시장경제의 원리에 따라 더욱 판을 칠 수밖에 없다. 대중가요는 곧 잘 팔리는 노래, 많이 팔리는 노래를 겨냥해서 제작한 것이다. 자연히 계층과 민족을 초월해서 누구든지 즐겨 부르도록 대량으로 생산 보급하는 것이다.

3. 노래운동의 경과와 노래패 '햇살'

그렇다고 해서 건강한 이념과 음악적 정서를 통합한 노래들이 아주 없는 것은 아니다. 대중가요의 퇴폐적 경향을 비판하고 교과서 노래의 이질적 정서를 극복하고자 적극적으로 노래운동을 펴는 이들에 의해 세 갈래의 노래가 널리 불리고 있다. 그 하나는 민중들의 생활정서를 반영한 일노래 중심의 전통적 민요이며, 그 둘은 민족적 삶의 현실과 정서를 올바르게 담아내려는 노래패들의 새 노래들이다. 그 셋은 노동현장에서 도시근로자들이 자기들의 정서를 주체적으로 표현한 신민요들이다. 노동자들은 그들 스스로 이들 노래를 '민가요'라 일컫고 있다. 이들 노래운동은 나름대로 모두 독자적 의의가 있고 그 개성을 살려나갈 필요가 있다.

그런데 올해초에 들어서면서 또 다른 노래운동 움직임이 일고 있다. 한겨레신문사가 주축이 되고 김민기 씨가 맡아서 진행하는 '겨레의 노래'운동이 그것이다. 우리 겨레이면 남녀노소 누구나 즐겨 부르고 들을 수 있는 노래를 지향한다며, '겨레의 노래'라는 노래책과 음반·테이프 등을 함께

생산해내고 같은 이름의 공연도 몇 차례 한 바 있다. 겨레의 노래가 지향하
는 바대로, 민족적 동질성을 확보하면서 잊혀져가는 민족적 음악정서를 되
살리고 모아가는 데 상당한 구실을 하였다는 사실에서, 거둔 성과를 높이
인정하면서도 이 노래운동을 별도의 갈래로 잡지 않은 것은 쓴이 나름대로
까닭이 있다. 진정한 의미에서 겨레의 노래는 '겨레의 노래'라는 이름으로
노래를 모으고 계획적으로 보급한다고 해서 이루어지는 것이 아니라는 사실
때문이다. 앞에서 거론한 세 갈래의 노래들이 널리 불리는 동안에 우리
겨레가 의식적이든 무의식적이든 민족적 공감력을 획득해가면서 누구든 어
느 때나 부르고 듣고 싶어하는 노래가 자연스럽게 드러나게 될 것이고, 이
러한 노래가 온겨레의 가슴에 두루 자리잡아가게 되면, 그것이 바로 겨레의
노래가 된다고 여기기 때문이다.

　이를테면 두레현장에서 치던 풍물이 이제 모든 양식의 문화활동과 각종
삶의 현장에 확산되어 겨레의 음악과 악기로 그 위상이 굳어가듯이, 노동자
들이 주체적으로 생산하여 부른 이른바 '민가요'가 노동자가 아닌 농민이나
학생들에게까지 점차 확산된다면, 그 민가요는 마침내 겨레의 노래로서 자
리를 잡을 것이다. 그러므로 처음부터 '겨레의 노래'임을 규정해두고서 수
집 보급되는 것은 이도저도 아닌 어중간한 노래, 곧 우리 겨레의 어느 층도
확실하게 주체적으로 즐길 수 없는 노래이거나, 아니면 '겨레의 노래'라는
품격을 염두에 둔 나머지 지나치게 고상하고 수준 높은 노래가 되어 예사
사람들은 쉽게 범접할 수 없는 노래가 될 수도 있기 때문이다. 그러므로 겨
레의 노래는 세 갈래의 노래운동에서 일단 제쳐두고 노래운동의 경과를 계
속해서 보기로 한다. 쓴이가 여기에서 주목하는 것은 두번째 갈래의 노래운
동이다.

　더러 의식가요 또는 운동권노래로 일컬어지기도 하는 이들 노래는 민주화
와 통일, 노동해방 등을 지향하면서 1980년대 중반 이후 서서히 문화운동
의 중심을 이루기 시작했다. 1980년대 초반까지만 해도 민요연구회에 의한
민요운동 수준에 머물면서 민속극을 계승한 마당극이 문화운동 분야의 중심
을 이루어왔으나, 1980년대 중반을 넘으면서 노래매체가 새로운 각광을 받

기 시작했다. 이러한 현상은 민주화운동의 양상과 무관하지 않다.

1970년대말까지는 10월유신·긴급조치 등에 의해 노골적인 시위는 불가능했다. 이들 노래를 짓고 부르는 활동도 규제를 받아 암암리에 보급되는데 그쳤다. 그러나 궁정동총격사건으로 유신정권이 일시에 무너지자, 1980년대의 봄이 새벽처럼 닥쳐오고 그동안 숨죽여 불렀던 노래들이 대규모집회와 시위현장에서 드러내놓고 자유롭게 불리게 되었다. 이 시기에, 시위대의 농성현장에서 집단성과 운동성을 확보하는 문화적 매체로서는 마당극보다 노래매체가 더욱 기능적임을 체험하게 되었다. 비록 1980년 5월과 함께 몇 달 동안의 봄기운은 다시 암울한 계절로 되돌아갔으나, 그동안 축적되었던 노래운동의 역량은 계속 활성화되기 시작해서 1982년부터는 각 대학에 민요모임과 노래패 동아리들이 결성되어 본격적인 노래운동이 전개된다.

그 결과는 1988년 봄 예술극장 한마당에서 기획한 '제1회 민족극 한마당'의 공연 성과에서 단적으로 드러난다. '제1회 민족극 한마당'에 올린 18개의 공연 가운데, 주제가 되는 15개 작품의 마당극보다 '노래를 찾는 사람들'과 '소리사위'와 같은 노래패의 특별공연이 한층 관중들의 주목을 끌었던 것이다. 이때에 이르면 마당극패들보다 소리패들의 모임과 활동이 양적 질적 성장을 보이게 되고 문화운동의 주류를 형성하게 된다. 각 지역마다 노래패들의 모임이 널리 결성된 것도 이 시기 전후이다.

안동에서 노래패가 처음 모임을 가진 것도 같은 해이다. 이 시기에 앞서서 안동에는 이미 다양한 이름의 놀이패들과 참꽃문학회, 열린영상회 등이 활동을 시작했으나, 대중적 공감대를 적극적으로 넓혀간 것은 역시 노래패 '햇살'이다. 최근에는 노래패 '둥근'이 결성되어 '햇살'에 이어 안동의 문화운동에 보탬을 주고 있다. 노래패 햇살은 1988년 7월에 첫 모임을 가지고 노래패의 이름을 '소리'라 하였으나, 만 일년 뒤인 1989년 8월에 노래패 '햇살'로 이름을 고치면서 제2회 정기공연을 가졌다. 창립 후 불과 2년 사이에 벌써 창립공연 〈어머니〉(1989.2.14.)를 비롯하여 〈함께 가자 우리 이 길을〉(1989.8.19.), 〈지금은 우리가 만나서〉(1990.2.10.) 등 3차례 정기

공연을 가진 바 있으며, 지난(1990) 8월 15일 광복절에는 제 4 회 정기공연
을 안동문화회관에서 성공리에 마쳤다. 광복절을 기념하는 제 4 회 정기공연
의 〈다시 또다시〉는 말 그대로 대성황을 이루었다.

대성황을 이룬 바탕에는 그 이전까지 3회 공연에서 보여준 햇살의 역량이
튼튼하게 뒷받침되고 있었던 셈이다. 특히 3회 정기공연 〈지금은 우리가 만
나서〉에서 불렸던 〈지리산〉은 대단히 반응을 얻었다. 실제로 4회 공연 때
도 그때의 감동을 잊지 못한 청중들이 공연 후 '더늠곡'(앙코르곡)으로 〈지리
산〉을 요청하기까지 할 정도였다. 이제 햇살의 4회 정기공연을 구체적 대상
으로 하여 노래를 어떻게 부르고 들어야 할 것인가 하는 것을 본격적으로
검토해보아야 하겠다.

쓴이가 본 공연은 오후 7시부터 시작된 2차 공연이었다. 2차 공연은 1차
공연보다 그 성과를 가늠하는 데 더 효과적이다. 이날 오후 4시에 공연된
1차 공연의 반응이 그 다음 공연의 관중 수에 그대로 나타나므로 2차 공연
에서는 이를 주목할 수 있다. 냉방장치는커녕 선풍기 하나 없는 찜통 같은
공연장에 좌석이 모자랄 정도로 빽빽하게 들어찬 관중의 수에서 우선 성공
적 공연임을 확인했다. 그러나 좀더 중요한 것은 부르고 들은 노래 자체이
다. 노래패의 공연을 듣고자 들어온 관중의 일차적인 관심은 노래에 있다.
한마디로 햇살이 1차 공연에서 부른 노래가 관중들의 기대에 흡족했다는 것
은 관중의 수와 열기 띤 호응에서 분명하게 점검되었다. 노래공연이 대성황
을 이루었다는 것은 본질적으로 노래가 노래다웠다고 할 수 있다. 여기서
공연된 노래는 돈도 고삐도 아닌 노래 그 자체로서 즐김의 기능과 이념적
기능을 조화롭게 잘 발휘했던 셈이다. 이런 사실들을 좀더 구체적으로 들여
다보자.

4. 상투성을 깬 공연방식과 노래의 힘

공연의 들머리에 놀이패 '둥근'의 사물놀이가 부조 공연을 했다. 그동안
안동지역 다른 문화패들의 행사 때마다 노래패 햇살이 앞뒤 또는 막간의 적

노래패 '햇살'의 〈다시 또다시〉 공연 모습

절한 시간을 이용해서 신바람나는 노래들을 불러줌으로써 판의 흥을 돋우어
주있는데, 이번에는 놀이패 눙근이 그 부조에 갚음을 한 셈이다. 사물놀이
는 본래 선굿이자 야외악이던 풍물을 앉은굿의 실내악으로 변용한 것이다.
그동안 사물놀이 공연을 몇 차례 보아왔으나 그 음악적 세련성만 돋보일 뿐
풍물의 본디 양식을 살리지 못한 아쉬움이 있었다. 그런데 둥근의 사물놀이
는 상쇠의 몸짓과 말짓거리로 이러한 한계를 성큼 극복하고 나섰다.

　상쇠가 일어나 선굿을 치면서 풍물잡이들의 앉은굿을 역동적으로 이끌어
가는가 하면, 어깨짓을 포함한 춤동작과 관중들에게 던지는 말짓거리를 통
해 선굿의 본디 풍물양식에 한층 접근해들어간 것이다. 이로써 풍물의 가락
에만 의존해 있는 청각적 사물놀이의 단조로움을 선굿의 몸짓과 말짓거리를
통해서 시각적으로 보완하는 성과를 올렸다고 하겠다. 풍물패의 성원인 잡
색들의 극적 몸짓과 춤의 신명을, 상쇠의 몸짓과 춤·말짓거리를 통해 보탬
으로써 풍물의 본디 맛을 살려냈기 때문이다. 앞으로 놀이패 '둥근'의 활동

도 눈여겨보아야겠다는 생각이 들었다.

곧이어 햇살의 노래공연이 시작되었다. 〈만주출정가〉, 〈참사랑〉, 〈그루
터기〉 등의 노래를 이어서 불렀다. 시작부터 파격적이다. 상투적 공연의 틀
은 공연이 시작되기 전에 노래패의 대표나 공연의 사회를 맡은 이가 나서서
장황한 인사말을 늘어놓거나 공연의 경과를 소개하는 것이 일반적이다. 〈다
시 또다시〉는 이러한 상투성을 깨고 곧바로 노래로 부딪쳐왔다. 노래패는
노래로써 말해야 한다. 진부한 사설의 늘어놓거나 알량한 말투의 자기 소개
는 노래패의 표현방식이 아니다. 한마디의 인사말과 설명 없이 당당하게 노
래로 자기 모습을 드러낸 햇살의 공연방식은 노래패다운 신선함을 던져주었
다. 햇살의 당시 대표인 이혜원은 다른 노래패 속에 평등하게 어울려 한 사
람의 노래꾼으로서 열심히 노래하는 모습을 끝까지 보여주었을 뿐이다. 이
점이 그의 드러나지 않는 돋보임이었다.

노래패다운 공연양식은 여러 모로 드러났다. 노래의 신명성과 공감성을
살리는 일, 즉 노래를 잘 부르고자 하는 일 외의 엉뚱한 문제에 마음을 쏟
지 않았다는 사실도 주목된다. 사회자를 세워서 노래판의 분위기를 단절시
키지 않은 점도 돋보인 진행이었으며, 노래의 아름다움보다 용모와 차림새
의 아름다움을 더 과시하려는 듯한 화장과 복장을 하지 않았다는 점도 노래
의 본질을 살렸다고 하겠다. 성악가나 대중가수의 노래공연을 보면 노래 솜
씨 이상으로 돋보이는 특수한 옷매무새와 현란한 화장술이 노래의 정서를
예사 사람들은 범접할 수 없는 그 무엇으로 차단시켜버린다. 마치 노래는
아무나 부르는 것도 어디서나 부를 수 있는 것도 아닌 별세계의 특별한 무
엇처럼 일상적인 삶으로부터 격리시키고 마는 것이다. 노래는 특별한 차림
을 하고 특별한 공간에서 하는 별세계의 예술이 아니라, 생활 속에서 자연
스럽게 누구나 부를 수 있는 열린 구조의 예술임을 노래패 햇살은 화장기
없는 건강한 얼굴과 일상적인 예사 옷차림으로 여실히 보여주었던 것이다.

노래를 하든 이야기를 하든, 하고 듣는 사람이 공감대를 형성하지 못하면
헛일을 한 셈이다. 그것은 독백이거나 공허한 외침일 뿐이다. 따라서 어떤
양식의 매체이든 공감력을 널리 획득하고 있는 것이 예술로서 좀더 적극적

인 기능을 발휘하게 된다. 이야기는 듣는이를 전제로 하게 된다. 혼자서 이
야기를 즐기는 일은 불가능하기 때문이다. 이야기는 자족적 기능을 지니지
않은 까닭이다. 노래는 듣는이의 마음도 움직이지만 부르는 사람 자신의 마
음도 움직인다. 그래서 듣는이가 없는 데서도 혼자서 즐겨 노래 부르기를
예사로 한다. 노래의 가락이 지닌 신명성과 자족성 때문이다. 같은 내용의
말이라도 이야기로 하는 것과 가락을 붙여 노래로 부르는 경우는 느낌의 정
도가 다르다. 이야기와 노래는 마치 물을 마시는 것과 술을 마시는 것의 차
이에 비유할 수 있다. 이야기가 물이라면 노래는 술이다. 이를테면 "자유여
민주여 내 사랑이여" 하는 문장을 그냥 말로써 읊조려보라. 별감동이 없는
구호에 지나지 않는다. 그러나 〈너를 부르마〉라는 노래의 한 구절로서 가락
에 맞추어 불러보거나 들어보라. 가슴 밑바닥으로부터 울림이 치밀어 콧잔
등까지 시큰함을 느낄 것이다. 예삿말보다 시가, 시보다도 노래가 우리들의
마음을 더 크게 움직이는 힘을 지니는 것은, 시적 형상의 언어예술에 다시
음악예술의 정서적 울림이 공명성을 덧보태어주고 있는 까닭이다.

　노래는 마음을 움직이는 힘이 다른 어느 매체보다 크기 때문에 노래의 내
용이 중요하다. 퇴폐적인 사랑노래를 자꾸 부르는 사람이 건전한 정서를 가
꾸어나가기 어렵다. 비뚤어진 정서를 지닌 이가 바람직한 삶을 꾸려나갈 수
없는 것도 정한 이치이다. 따라서 노래가 건강해야 사람들의 정서가 건강하
고 사회도 건강하게 된다. 그러므로 어떤 노래를 부르고 듣는가 하는 것은
그 사회의 건강성을 가늠하는 잣대가 될 수 있다(대중가요만 두고 보더라도
〈동백아가씨〉나 〈섬마을 선생〉이 유행하던 1960년대의 대중문화와, 〈봉선화연정〉이
나 〈거울도 안 보는 여자〉가 유행하는 이 시대의 대중문화를 견주어볼 만하다. 퇴폐
적인 대중가요의 범람이 향락산업의 번창과 부녀납치범에 의한 인신매매와 상관관계
에 놓여 있음을 알 수 있다). 노래패 햇살이 부른 노래들이 건전한 정서의 젊
은이들을 관중으로 널리 끌어들이고 이들로부터 열렬한 호응을 받으며 뜨거
운 감정의 교감을 나눌 수 있었던 것도 노래의 건강성 때문이다.

5. 민족해방과 분단극복을 겨냥한 노래

노래의 내용들은 크게 네 갈래로 나눌 수 있었다. 첫째, 나라의 독립과 민족의 해방에 관한 노래로서, 처음 부른 〈만주출정가〉는 광복절 기념공연에 걸맞는 것이었다. 독립은 벌써 46년 전에 성취된 것으로 만족해서는 안 된다. 지문날인을 포함한 제일동포의 지위문제, 징용자 명단 공개, 원폭피해자 보상문제 등 아직도 일본의 식민지침략의 상흔이 그대로 남아 있고, 현실적으로는 역사왜곡, 무역역조, 분단상황의 지속 등 신식민지 구조가 계속 강화되고 있다. 따라서 "흙 다시 만져보자. 바닷물도 춤을 춘다"와 같은 감격적 성취감에 함몰되어 역사적 현실에 눈멀게 하는 〈광복절노래〉를 부르며 자축의 분위기에 사로잡힐 수 없다. 그러므로 진정한 독립을 겨냥하며 독립군으로 출정하겠다는 의지를 다지는 〈만주출정가〉와 같은 노래들이 계속 불려야 할 것이다.

둘째, 분단극복을 위한 민족통일의 노래로서 〈우리들의 땅〉을 들 수 있다. 분단은 8·15해방의 산물이다. 하나이던 나라가 둘로 나누어져 독립된 것은 진정한 해방이 아니다. 결국 해방은 외세로부터 주어진 서로 다른 이데올로기의 사슬에 민족해방의 자유가 족쇄 채워진 것이다. 말을 바꾸면 일본의 식민지지배로부터 미국과 소련이라는 두 강대국의 새로운 신식민지지배 아래 복속된 것이 8·15해방이다. 지금 우리가 겪고 있는 민족모순들은 한결같이 분단상황에서 비롯된 것이라 해도 지나침이 없다. 이런 까닭에 8·15를 민족사적 진전이라기보다 오히려 퇴행으로 규정함직도 하다. 독립이 다소 지연되더라도 민족의 주체적 역량에 의한 온전한 독립을 이루어내야 했었다는 생각을 한다면, 광복절을 기쁨으로만 받아들일 수 없다. 이처럼 광복절과 통일문제는 역사적으로 맞물려 돌아가는 하나의 사실이자, 우리 민족이 풀어나가야 할 가장 본질적인 문제이다. 그러므로 광복절에 통일노래를 부르며 역사적 인식을 새롭게 하고 통일지향적 전망을 수립해나가는 것은 특별한 의미를 지닌다고 하겠다.

그동안 널리 불려왔던 〈우리의 소원은 통일〉이라는 노래는 이오덕 선생의 지적처럼 통일문제를 환상적으로 왜곡시키고 있다. 통일이 소원이라고 하거나 "통일이여 어서 오라"고 하면 통일이 곧 되는 것처럼, 누군가 통일을 가져다주는 것으로 착각하게 만드는 것이 이 노래의 주된 내용이다. 실제로 이 노래에는 스스로 통일을 하겠다는 실천의지나, 통일문제를 적극적으로 풀어나가려는 능동성은 전혀 보이지 않는다. 통일문제를 환상이나 꿈과 같이 낭만적 문제로 전환시켜버린 것이다. 그러나 〈우리들의 땅〉에서는 "순결한 어머니의 땅 갈라진 조국 검은 사선을 넘어 우리 가는 곳 자유의 땅 사슬 끊고 부활하라 찬란한 새벽을 위해", 또는 "우리 경의선 철마를 타고 가자 임진강 다리 건너가자 하나 된 세상 만들어 노래하리라 해방의 나라"와 같이, 통일에 대한 주체적 자각과 실천의지가 적극적으로 드러나 있다. 그러므로 〈우리들의 땅〉은 통일의 의지를 부추겨주는 구실과 함께 통일노래의 방향을 바꾸어준 구실까지 한 셈이다.

6. 민주화와 민중의식을 일깨우는 노래

셋째, 민주화와 민중의 삶에 관한 노래들이 다수 불러졌다. 〈너를 부르마〉, 〈6월의 노래〉는 민주화에 관한 것이다. 앞의 노래는 자유와 민주가 인간적 삶에서 얼마나 귀중한 것인가 하는 것을 "나와 함께 숨쉬는 공기"에다 비유하면서, 이 땅에서 숨쉬며 살아가기 위해 자유와 민주를 "내 생명"으로서 추구하는 사랑해야 할 대상으로 노래하고 있다면, 뒤의 노래는 1987년의 6월 항쟁을 소재로 "민주와 해방의 나라", "우리의 나라 이 세상의 주인은" 독재타도와 민주쟁취를 위해 투쟁하는 사람들의 것임을 구가하는 한편, "해방통일의 우리"를 위해 새로운 6월항쟁을 되살리려는 의지를 노래하고 있다. 우리는 그동안 민주주의체제의 우수성을 줄곧 들어오면서도 이것의 소중함을 노래하고 그 획득을 위해 어떻게 노력해야 하는가를 노래로 부르기 시작한 것은 불과 몇 해 되지 않는다. 말로만 민주주의를 한 셈이다. 바람직한 민주화가 정착되려면 민주화의 귀중함을 먼저 깨쳐야 한

다. 민주화의 가치에 대해 회의적인 사람이 민주화를 성취하려고 애쓸 까닭
이 없다. 〈너를 부르마〉는 이를 깨우쳐주고 있다. 그리고 민주화의 효과적
인 성취를 위해서는 공허한 관념이 아닌 역사적 경험을 통해 구체적으로 그
대책이 제시되어야 한다. 〈6월의 노래〉는 이를 말해주고 있다.

〈그루터기〉, 〈못생긴 얼굴〉, 〈우리들의 죽음〉은 민중의 삶에 관한 노래
들이다. 〈그루터기〉는 "천년을 굵어온 아름 등걸"과 "하늘을 향해 벌린 푸
른 가지"가 모두 그루터기를 구심점으로 지탱되고 있다는 노래이다. 이는
곧 반만년의 민족사를 줄기차게 이어오고 오늘의 풍요를 높이 획득해준 실
체가 바로 민중이라는 인식을 그루터기에 비유해서 노래한 것이다. 그럼에
도 불구하고 몇몇 잘난 사람, 잘사는 사람, 놀고도 배부른 사람이 이 땅의
주인인 양 우대받고 군림하는 세상이다. 마음이 착하고 땀흘려 일하며 열심
히 사는 사람도 얼굴이 못나고 가진 게 적으면, 겁먹고 살아야 하고 뺨맞고
살아야 하고 눈물을 훔치며 살아야 한다. 결국 잘사는 사람은 더 잘사는 사
회, 못사는 사람은 더 잘살 여지가 없는 사회의 구조적 모순들을 실감 있게
노래한 것이 〈못생긴 얼굴〉이다.

〈우리들의 죽음〉은 이러한 구조적 모순이 하나의 구체적 사건으로 표출
된 사례를 현장감 있게 서사적으로 노래한 것이다. 도시빈민인 맞벌이 부부
가 지하실 단칸방에 아이들을 두고 바깥으로 문을 잠궈둔 채 일을 나간 사
이에, 불이 나서 아이들이 모두 불에 타죽은 비참한 사건을 생생하게 재구
성해낸 노래이다. 몇 달 전 신문의 사회면 톱을 차지했던 민중적 삶의 처절
한 현실이 다음날 새로 펴든 사회면의 또 다른 기사로 까맣게 잊혀져버렸는
데, 그리고 일과성의 우연한 사건으로 유폐되어버릴 뻔했는데, 이 사건이
즉각적으로 노래가 되어 생생한 감동으로 우리의 귓전을 때리고 가슴 밑바
닥을 통째로 흔들어놓은 것이다.

부모들의 단순한 실수로 빚어진 돌발적 사건이 아니라, 사회구조의 모순
에서 비롯된 필연적 현상임을 이 노래를 통해서 마침내 깨달은 셈이다. 한
마디로 '이제 우리 노래도 여기까지 왔구나' 하는 신선한 충격을 받게 되었
다. 노래가 서재에서 이름있는 재주꾼에 의해 세련된 머리굴림으로 기발하

게 지어지거나, 삶과 동떨어진 낭만적 상상력으로 만들어지는 용의주도한 구성의 창작물이 아니라, 우리 주변의 사람 사는 모습과 민중적 삶의 구조적 실체들을 꿰뚫어 포착하는 데서 비로소 훌륭한 노래가 만들어질 수 있다는 것을 일깨워준 것이 〈우리들의 죽음〉이다.

민주화는 바로 예사 사람들 곧 민중이 주인되는 세상이다. 예사 사람들도 자기 꿈을 키워나가는 데 특별한 장애가 없어야 하고, 못생기고 힘없고 가난한 자들에게 오히려 좀더 따뜻한 사회적 관심과 정책적 배려가 넉넉하게 베풀어지는 사회가, 자유·평등·박애가 보장되는 민주사회이다. 이른바 사회정의가 구체적으로 실현되는 사회인 것이다. 아무리 내 손으로 국회의원을 뽑고, 그 의원들이 의회정치를 한다고 야단을 쳐도, 대다수 민중들이 소외되고 핍박을 받는 삶을 강요하는 체제가 계속되는 한 민주사회 건설은 환상일 따름이다. 우리가 민주화와 민중의 문제를 연관 속에서 함께 보아내려는 까닭도 이 때문이다.

민주화와 민중문제에 관한 해결의 가닥이 잡히지 않는 것은 집권자들의 반민주적 횡포에서부터 비롯된다고 하는 것이 예사 사람들의 생각이다. 그러한 횡포로 가장 두드러진 것이 올 연초에 있은 민자당합당사건이다. 국민들이 투표에 의해 정치적 판도를 여소야대 정국으로 만들어놓았음에도 불구하고, 밀실담합에 의해 일시에 여대야소의 정국으로 뒤집어엎어버린 횡포가 민자당합당이다. 〈1노 2김가〉는 이러한 합당정치의 반민주성을 풍자하는 내용을 지니고 있어 굉장히 재미있었다. 그동안의 정치현안을 '오리발' 청문회와 '짝짜꿍' 야합으로 적절히 풍자한 것이다. 노래의 가락이 경쾌하고 사설이 재미있어 풍자성이 잘 살아 있기는 하지만, 이러한 풍자성이 날카로운 비판의식을 한갓 우스개로 배설하는 데서 머무르거나 현실인식의 치열성을 웃음으로 희석시킬 가능성도 있어 경계되기도 한다. 다만 즐김의 노래로서 압권이라 하겠다.

7. 노조운동을 부추기는 투쟁의 노래

넷째, 전교조와 노동해방에 관한 노래들이 가장 많이 비중을 차지하고 있다. 전교조에 관한 노래는 〈참교육의 함성으로〉 한 편을 불렀다. 교사라는 직업 탓에 교육행정 당국이 일방적으로 규범화한 제도교육에 굴종해오면서 침묵해왔으나, '민족 민주 인간화'를 지향하는 참교육을 위해 교직원노조를 만들어야겠다는 의지를 노래한 것이다. 교사는 결코 노동자일 수 없는 성직이라면서 전교조를 허용하지 않던 정부는 전교조교사들을 학교에서 끌어내 연행하는가 하면, 일거에 1,500명씩이나 밥줄을 끊는 횡포를 저질렀다. 해직된 전교조교사들과, 전교조에 가입했다는 이유 하나만으로 존경하던 선생님이 교단에서 끌려나가는 모습을 본 학생들에게는 각별한 노래가 아닐 수 없다.

〈참사랑〉, 〈영원한 노동자〉, 〈동지들 잠든 밤에〉, 〈총파업가〉, 〈영원하라 현총노조〉, 〈철의 노동자〉, 〈무노동 무임금을 자본가에게〉, 〈다시 또다시〉 등 나머지 9편은 모두 노동해방을 지향하는 노동운동에 관한 노래이다. 〈참사랑〉이 노동운동 과정에서 만난 남녀 노동자의 순수하되 생산적이고 소박하되 의지적인 사랑의 아름다움을 노래한 것이라면, 〈총파업가〉는 1987년의 총파업 투쟁을 상기시키며 "노조 깃발 피에 젖어 삼천리에 날릴 때까지" 총파업투쟁으로 끝까지 싸울 것을 부추기는 선동적인 노래이다. 앞의 노래가 노동자들의 인간적 정서에 토대를 둔 사랑의 노래라면, 뒤의 노래는 총파업을 끝까지 관철하려는 목적성을 지닌 투쟁의 노래이다. 정서적 노래와 선동적 노래가 함께 있는 것이다. 다른 노래들은 모두 이 두 노래의 폭 속에 포함되어 있다.

그러나 다수의 노래가 선동적 경향이 짙다. 노래가 일정한 목적을 겨냥하고 이를 쟁취하기 위한 경향성을 강하게 지니게 되면 선동적일 수밖에 없다. 바람직한 의미의 선동성은 굴종하며 침묵 속에 안주하는 민중의 의식을 일깨워주고 실천의지를 다지게 하는 기능을 하지만, 그렇지 못한 경우는 맹

목적 이념에 사로잡혀 인간적 삶과 주관적 정서를 희생시키는 가운데 획일적 사고와 폭력적 행위를 즉흥적이고 감정적으로 분출시키는 기능도 한다. 그러나 어느 경우든 민중 각자의 주체적 자각과 이성적 판단을 기초로 하는 것이 아니라, 앞에서 이끄는 자의 의식과 목표하는 바에 따라 타율적으로 움직이게 하는 교조적 강제성이 숨어 있는 것이 선동적 행위의 속성이다. 따라서 선동적인 노래들은 민중의 의식과 행동을 한쪽 방향으로 경직되게 몰아가는 '고삐'가 될 수도 있다. 나는 '총파업가'류의 선동적인 노래를 들으면서 노래가 노래답지 않고 '고삐'처럼 들리는 느낌을 떨쳐버릴 수 없었다.

그러나 이러한 수용은 상대적인 것이다. 노래도 일정한 목적성을 지녀야 하기 때문이다. 적어도 내가 노동자이고 노동현장의 모순들을 해결하기 위해 총파업의 결단을 내려야 하는 상황 속에서, 또는 총파업투쟁으로 맞서고 있는 현실 속에 처해 있다면, 이들 노래는 어떤 정서적 노래들보다 더 신바람나는 노래이며 더 적극적인 노래의 구실을 발휘하는 것으로 수용될 수 있었을 것이다. 하지만 현실적으로 대다수의 관중이 노동자가 아닐 뿐더러 노동자라 하더라도 총파업의 실제상황을 떠나 있는 이들에게 총파업으로 맞서자고 하는 것은 일방적인 선동이다. 노동현실에 익숙하지 못한 젊은 시민들과 학생층을 향해 총파업과 노동해방의 투쟁을 선동하는 노래를 들려주며 감동하기를 기대하는 것은 노동자들의 위안잔치에 정수라를 초청가수로 무대에 세워두고 〈아, 대한민국〉을 부르며 "저마다 누려야 할 행복이 언제나 자유로운 곳 원하는 것은 무엇이든 얻을 수 있고, 뜻하는 것은 무엇이건 될 수가 있어" 하는 노래에 감동하기를 기대하는 것이나 다름없다.

도덕적 당위성을 업고 이들 노래를 평가하면 어느 노래든 모두 가치가 있다. 노동해방의 쟁취를 위해서는 전국의 노동자들이 단결하여 피흘려 끝까지 싸워야 한다는 〈총파업가〉가 노동자들의 파업에 당위성을 부여하는 가치를 지니듯이, 조국의 산하와 민족의 삶을 긍정적으로 보고 무한한 가능성을 전망하며 조국은 은혜로운 땅, 행복한 나라로 노래하는 〈아, 대한민국〉도 국민적 애국심의 당위성을 지니고 있다. 〈총파업가〉가 파업현장의 긴박한

상황에서 노동자들의 투쟁의지를 다지는 데 강한 공감력을 발휘할 수 있듯
이, 해외동포 위문공연의 자리에서는 〈아, 대한민국〉이 훨씬 더 큰 설득력
을 지닐 수 있다. 그러나 이러한 당위성과 기능들을 일반적으로 받아들이게
되면 가치관의 훼손이 야기된다. 같은 노래라도 상황에 따라서 노래로서 가
지는 의미와 기능이 달라지게 마련이다. 자연히 가치평가도 달라질 수밖에
없다. 특히 선동적 경향의 노래는 더욱 그러하다. 그러므로 〈총파업가〉와
〈아, 대한민국〉은 서로 대척적 관계에 있는 노래이지만 상황에 따라서 엉뚱
한 역기능을 빚을 수 있다는 점에서 동질성을 지니기도 한다.

그럼에도 불구하고 〈무노동 무임금을 자본가에게〉는 노래예술로서 큰 감
동을 준다. "총파업으로 맞서리라"고 투쟁적 의지를 선동하고 있음에도 이
것이 공연한 노래들 가운데 단연 돋보이는 까닭은 노래내용이 일정한 설득
력을 확보하고 있기 때문이다. 노동자들의 파업투쟁을 막기 위해 파업기간
에는 임금을 지급하지 않아야 한다는 자본가의 논리가 무노동 무임금이다.
그러나 노동자의 처지에서 보면 자본가는 일하지 않는 자이다. 무노동 무임
금의 논리를 굳이 적용해야 한다면 일꾼인 노동자가 아니라 놀고 먹는 자본
가가 그 대상이라는 것이다. 물론 노래의 속성상 이러한 관계를 체계적으로
논술한 것은 아니지만 "일하지 않는 자여 먹지도 말라, 자본가여 먹지도 말
라" 하는 대목이 체계적인 논설의 글 이상으로 객관적 설득력을 지니고 마
음 깊이 와닿는다. 노동자가 아니라도 이 노래를 들으면 자본가들의 무노동
무임금의 논리가 노동자를 탄압하기 위한 억지라는 생각을 새로 가지게 할
것이다.

일반적 구호의 선동적 노래는 구호의 내용과 상반된 생각을 가진 이들에
게는 아무런 공감을 주지 못한다. 노래로서 정서적 감동의 기능을 상실했기
때문이다. 노래의 내용과 같은 생각을 가진 사람들에게는 하나마나한 노래
이다. 왜냐하면 노래를 부르고 듣기 전에 먼저 그런 생각을 품고 있기 때문
이다. 다만 같은 생각을 가진 이들끼리 연대의식을 강화하고 의지를 다지게
하는 선동의 구실을 할 따름이다. 그러므로 노래의 사설과 가락이 독창성을
지니면서 다른 생각을 가진 사람들조차도 자기도 모르는 사이에 공감할 수

있는 예술적 형상성을 획득하고 있을 때 노래가 진정한 제구실을 할 수 있는 것이다. 즐김으로서의 노래의 기능이 한층 더 강화될 필요가 있는 것도 이 때문이다.

8. '햇살'의 공연준비와 현실인식

노래패 햇살이 공연한 노래는 자작품이 아니다. 개인작이나 공동작으로 만들어진 노래를 골라 부른 것이다. 햇살의 노래에 대한 인식은 그들이 골라 부른 노래의 내용을 통해서 드러난다. 이들의 노래에 대한 인식은 이들의 현실인식에서 비롯된 것이다. 앞에서 살펴본 것처럼 돈을 만들기 위해서나 인기를 끌기 위해서 노래를 수단으로 삼지 않았다. 사적 이해관계에서 떠나 민족적 민중적 문제를 해결하기 위해 노래를 부른 것이다. 막간에 공연의 진행을 맡은 햇살의 초대대표 주홍미가 나서서 "자주 민주 통일이 올 때까지 열심히 노래하겠다"고 한 그대로 통일과 민주와 노동자를 중심으로 한 민중의 자유로운 삶을 위하여 노래했다. 그것도 8·15광복절에 맞추어 준비하고 공연했다.

아무도 이 날을 순비하지 않았는데, 이들은 무더위와 맞서며 땀흘려 준비했다. 광복절을 순전히 가족나들이나 피서를 즐기는 공휴일 정도로 알고 있는 많은 어른들이 국기를 다는 일도 제쳐두고 집을 떠나고, 일부 관공서에서는 관례에 따라 마지못해 치른 형식적인 기념식이 있었을 따름이다. 기념식조차 광복절의 기쁨을 회고적으로 떠올리는 데 만족한다면 역사발전에 보탬이 될 수 없다. 우리가 맞닥뜨리고 있는 각종 모순의 뿌리가 불완전한 독립에서 비롯되었고, 이러한 모순을 해결하기 위해서는 통일을 준비하고 민주화를 이루어내야 한다는 사실에까지 생각이 미쳐야 한다. 민족모순과 계급모순을 해결해야 진정한 광복이 이루어질 수 있다는 햇살의 현실인식이 공식적인 〈광복절노래〉보다 더 적절한 광복절노래들을 골라 부르게 한 것이다.

우리 모두가 보고 겪은 바와 같이 햇살은 마치 일꾼들처럼 땀흘려 노래했

다. 그 흔한 선풍기 하나 없는 찜통 같은 공연장에서……. 그래도 일이 아
니고 노래인 것은 노래하는 보람과 즐거움이 그들의 충만한 의지와 밝은 표
정 속에 잘 갈무리되어 있음을 통해 확인할 수 있었다. 신영복 선생이 《감
옥으로부터의 사색》을 통해 말한 바처럼, 여름이 겨울보다 더 무섭게 느껴
지는 상황이었다. 사람의 체온이 짜증스럽도록 싫어져 칼잠을 자면서 아무
런 이유 없이 인간이 미워지기 때문에 여름 감옥살이가 더 견디기 어렵다고
한 바 그대로, 노래패나 듣는이들이나 사람의 체온을 가능한 멀리하고 싶은
절박한 상황 속에 있었다. 그러나 노래가 주는 공감력 덕분에 몸을 서로 부
대끼는 어깨동무도 짜증스럽지 않고 낯 모르는 옆좌석의 관중과 손잡고 노래
부르는 일도 전혀 어색하지 않았다. 노래패와 듣는이들이 모두 노래의 정서
속에 기꺼이 일체가 되게 한 것이다.

　짝꿍과 함께 냉방시설이 잘된 소극장 구석자리에 앉아 외화 〈주말의 정
사〉나 〈인터 걸〉을 보며 옆자리 사람들의 눈길을 의식해가며, 때로는 아는
사람들의 눈길을 피하며 엉뚱한 속셈에 사로잡혀 있는 상황과 견주어볼 만
하다. 그러면 노래가락의 신명과 노래말의 건강한 이념이 합일되어 낯선 사
람과 사람들을 한 동아리 튼실한 공동체로 묶어낸 〈다시 또다시〉의 성과가
새삼 주목될 것이다.

9. 노래극의 한계와 노래의 수용

　노래에 이어 노래극이 공연되었다. 준비를 하는 사이 듣는이들과 함께 새
노래 〈다시 또다시〉를 거듭 부르며 익혔다. 그리고 〈님을 위한 행진곡〉도
더불어 불렀다. 새 노래를 익히는 기회를 마련하고 이미 아는 노래를 함께
부르는 노래패의 공연양식은 기존의 음악회나 발표회에서는 경험할 수 없는
신선한 전통이다. 민속극마당이나 소리판에서 하는 이와, 듣고 보는 이의
엄격한 구분이 없는 것은 오랜 우리의 전통이다. 광대나 구경꾼이나 모두
놀이마당과 소리판의 주체가 되는 것이 민중적 연행양식의 훌륭한 전통이
다. 구경꾼으로 왔다가 새 노래를 익힌 소득과, 노래패에 동참하여 함께 노

래 불렀다는 성취감을 구경꾼도 노래패처럼 소리판의 주체가 되게 하는 것이다.

〈님을 위한 행진곡〉을 함께 부르기로 하고서, 진행을 이끈 이가 나서서 "이 노래를 모르는 사람은 거진 간첩"이라는 말을 해서 관중을 웃겼다. 이 일을 가벼운 웃음거리로 들어넘길 수도 있다. 그러나 두 가지 측면에서 재고의 여지가 있다. 우선 진짜 이 노래를 모른 사람들을 소외시킬 가능성이 있다는 점이다. 그리고 '간첩'이라는 말 자체가 민족모순의 산물로서 분단의 장벽을 확대 재생산하는 구실을 해왔다는 점이다. 간첩이라는 말 대신에 가짜 안동 사람이라든가 가짜 한국 사람이라고 했다면, 이 노래를 모르는 사람도 노래에 대한 긍정적인 관심을 가지게 될 것이고 '간첩'이라는 용어가 지닌 섬찟함에서 헤어날 수 있다. 우리 현대사에서 '간첩'으로 지목되는 것이 한 개인의 일생뿐만 아니라 가족사에까지 얼마나 큰 비극이라는 것을 염두에 둘 때, 우스개로 하는 경우에도 이 말을 함부로 쓰지 않는 것이 좋겠다.

노래극은 1989년말 5공청산 청문회와 민자당합당의 상황을 슬라이드로 보여준 다음, 그 이후에 벌어지는 민중탄압의 실상들을 슬라이드 화면과 극적 구성과 노래로 꾸며주었다. 노점상 규제를 그린 극적 표현과 기층민중의 열악한 삶의 실상을 노래한 〈우리들의 죽음〉은 극적 구성의 변화와 비극적 사건의 노래화로 인해, 연극 보는 재미와 함께 노래 특유의 비극적 감동을 주었다. 그러나 다른 부분들은 각종 매체로 널리 보도된 사실과 장면들이 지루하게 거듭 보임으로써 노래공연에서 얻은 신명과 고무된 의식이 지겨움으로 가라앉고 말았다. 무엇을 설명하고 일정한 방향의 의식을 갖도록 강요하는 듯한 슬라이드 그림과 주입식 해설은 노래도 아니고 극도 아니며, 물론 햇살이 표방한 '노래극'도 될 수 없다. 설명이거나 웅변, 또는 브리핑이거나 주입일 따름이다. 지나치게 말한다면 예비군교육장이거나 이념을 강요하는 집회장과 같은 분위기였다. 노래와 극, 노래극 가운데 어느 것이든 제대로 되려면 독창성과 예술적 형상성을 지녀야 한다. 그래야 듣고 보는 이들의 정서적 감동을 얻어낼 수 있다. 노래극의 앞뒤에서 오리발을 내미는 청문회 모습과 정경유착을 그린 풍자극이 그 예술적 형상성과 상관없이 보는 사람들의 지루함과 무미건조함을 깨뜨려주어 다행이었다. 다른 부분들을 이념적으로 보고 들었다면 이 부분들은 즐거움으로 보고 들었다.

여기서 우리는 '다시 또다시' 노래는 어떻게 부르고 들어야 할 것인가 하는 의문에 부닥뜨린다. 지나친 단순화이기는 하지만, 노래는 즐김의 요소와 이념의 요소가 합일되어 있어야 한다. 이는 부르는 사람이나 듣는 사람에게 한결같다. 순전히 즐기기 위해 노래를 부르고 들었다면 바람직한 삶의 의지를 고양하는 감동을 얻지 못한다. 순전히 이념적으로 부르고 들었다면 노래가 짐이자 고역일 따름이다. 재미만 있고 이념이 없거나 이념만 있고 재미가 없다면 그것은 온전한 노래가 아니다.

우리는 노래패 햇살의 공연을 보면서 각자 나름대로 공연성과를 수용하고 판단할 수 있다. 이념적으로만 보았거나 재미삼아 보는 데 그쳤다면 공연성과는 별 볼일 없다고 해야 할 것이다. 그러나 재미삼아 보았는데 이념적 고양을 가져왔다든가, 이념적으로 보았는데 재미까지 즐길 수 있었다면 성공적인 공연이라 높이 평가해도 좋겠다. 물론 이 둘을 분별할 수 없는 가운데 정서적 즐거움의 신명과 이념적 각성의 성취감을 함께 얻었다면 더 말할 나위가 없겠다. 결국 공연의 성과는 이를 받아들이는 사람들 각자의 수용태도에 달려 있는 것이다. 그러므로 저마다 이번 공연의 성과를 체계적으로 가늠해보기 위해서도 노래패 햇살의 노래들을 '다시 또다시' 불러볼 필요가 있다.   (《안동》 가을호, 1990. 8. 25.)

임하댐, 그 얻는 것과 잃는 것

1. 천재지변 탓에 인재지변 겪은 수몰민

다음에라도 얻을 수 있는 것을 미리 얻기 위하여, 한 번 잃어버리면 두 번 다시 얻을 수 없는 것을 영원히 잃어버려야 한다면 그보다 더 안타까운 일은 없을 것이다. 이러한 안타까운 일을 막아보려고 이 글을 쓰는 것은 아니다. 이 글의 효용이 그런 데까지 미치지 못하기 때문일 수도 있지만, 당장 자기 삶의 터전을 물그릇으로 비워주고·고향을 떠나야 하는 사람들의 현실이 너무나 급박하기 때문에, 이들의 삶에 깊은 인간적 관심을 가질 필요가 있다는 사실을 깨우치는 것이 더욱 긴요하므로 이 글을 쓴다.

큰 물그릇을 새로 얻음으로써 물이 넘치거나 말라버리는 데서 오는 여러 가지 불편을 덜 수 있는 사람들은, 이른바 다목적이라고 하는 물그릇의 고마운 기능들 때문에 한시 바삐 큰 물그릇이 이루어지길 간절히 소망할 수도 있다. 그러나 그로 인하여 삶의 터전을 잃고 물피난을 떠나야 하는 사람들에게는 커다란 공포일 따름이다. 일정한 사람들의 행복을 위하여 다른 사람들을 불행하게 만든다면, 또는 일정한 사람들의 불행을 근거로 다른 사람들이 행복을 성취한다면, 그 행복은 온전히 성취된 것으로 보기 어렵다. 온전한 행복의 실현은 불행의 요소를 그 자체로써 극복하여 해결하는 것일 때 성취될 수 있다. 그렇다면 기존의 행복을 다가올 불행으로 대체하거나 자리바꿈으로써는 아무래도 바람직한 행복의 성취에 이를 수 없기 때문이다.

다수결의 원칙이라는 민주주의적 전제나, 큰 것을 위해서는 작은 것을 희생할 수 있어야 한다는 전통적인 도덕률을 내세운다고 하더라도 희생을 참고 받아들여야 하는 소수의 억울함은 그러한 정당성으로 쉽게 해소될 성질의 것은 아니다. 그것은 대국적인 견지나 민주주의적 원칙으로 납득될 수 있는 희생이 아닐 뿐 아니라, 자발성에 의하지 않는 강제성에 지배되고 있기 때문에 더욱 그러하다. 수몰민 스스로 물그릇으로 적당하니 우리의 집터와 일터를 비우겠다고 이삿짐을 싼다면 그리 문제될 일은 아니다. 이때에는 응어리질 원도, 풀지 못할 한도 맺히지 않을 테니 그러하다. 천재지변(天災之變)에 의한 불행은 하늘을 원망하면서 숙명으로 받아들일 수 있지만, 인재지변(人災之變)에 의한 불행은 사람과 사회에 대한 풀어버릴 수 없는 한을 남기는 것이다. 전셋방에 살던 사람에게도 임의로 집 내놔라, 남의 땅을 빌려 농사짓는 사람에게도 괜한 일로 땅 내놔라 하는 일은 도덕적인 자제와 더불어 제도적 보호를 받는 판에, 바깥에서 눈여겨보아 물그릇으로 적당하다고 해서 누대로 뿌리 박고 살던 사람들에게 떠나달라고 하는 것은 아무래도 무리한 요구이다. 이주에 대비한 근거 있는 보상이 따르긴 하지만, 돈으로 보상할 수 없는 삶의 일상을 함께 물 속에 묻어놓고 떠나야 하기에 전셋집을 비워주고 떠나는 이사와는 사정이 영 딴판인 셈이다.

내가 살고 있는 마을이 물바다가 될지도 모르기 때문에 확실히 안전한 남의 마을을 더 이상 변동할 수 없는 물바다로 만들어야 한다고 생각해보자. 지난 여름 장마로 인한 물난리 탓에 끔찍한 고난과 피해를 입었다고 해서, 또는 올 여름 가뭄으로 식수난을 극심하게 겪었다고 해서, 내 대신 네가, 우리 마을 대신 너희 마을이 영원히 물피난을 떠나야 한다고 처지를 바꾸어놓고 생각해보자. 그 물난리가 한여름 장마철에 잠시 겪는 고통이 아니고, 그 물피난이 며칠 동안 겪어야 하는 일시적인 대피가 아니라, 빠질 줄 모르는 물바다로부터 사뭇 쫓겨남이라고 생각한다면 아무도 '너'와 '너희들'로 간주되는 데 동의하지 않을 것이다.

수재민도 아닌, 그래서 수재의연금의 도움이나 복구사업의 손길도 미치지 않아 원상회복의 가능성이 전혀 없는, 이른바 수몰민의 딱한 처지를 다목적의 이로움 때문에 그냥 댐으로 단단하고 높게 막아버리고 말겠는가? 수재민이 겪는 일시적인 물난리의 공포가 수몰민으로 하여금 영원한 물난리

지금은 임하댐 물 밑에 잠겨버린 임동면 마령동 입구의 당나무와 당집

의 공포로 대치되어도 좋다는 말을 누가 감히 내놓고 할 수 있겠는가? 그러나 댐은 속속 쌓아지고 수몰민들은 무더기 무너기로 이삿짐을 꾸리고 있다. 정든 고향마을 동구밖과 밥줄이었던 논밭, 선조들이 대대로 잠들고 있는 선산이며, 마을의 동티 막음과 풍년을 기원하던 수백 년을 지켜온 골맥이 동신 등, 그립고 아쉬운 것들 모두를 물속에 묻어버리고 산목숨들이나 물귀신 면하려고 하나둘 마을을 떠난다. 한동아리가 되어 제의와 의례, 일과 놀이를 함께 하며 서로 돕고 부추겨주던 이웃사촌들이 저마다 살 길 찾아 산지사방(山地四方) 흩어져가고 있다. 유목민의 떠돌이생활도, 보부상의 행상길도 아닌 채로 개척민의 의지나 새 보금자리에 대한 확신의 꿈도 없이, 다만 수몰지역 이주민이 되어 떠나지 않을 수 없게 된 것이다. 나라 잃고 헤매는 월남 난민들의 일이, 고향땅을 수장하고 이주하는 그들 수몰민에게는 예삿일처럼 여겨지지 않는 게 차라리 당연하다. 우선 고향을 잃는 아픔부터 나누어 가져보자.

2. 고향 잃은 사람들의 고향 그리는 병

고향을 그리다가 가슴에 사무쳐 시름시름 앓게 되는 증세를 '향수병'이라
고들 한다. 이런 고향앓이는 우리나라 사람들만 앓는 것이 아니지만 우리에
게는 남달리 향수가 병적으로 생리화되어 있다. 고향을 그리는 것은 일종의
정신적 현상이기는 하나, 우리 한국인에게는 생리적 현상으로 나타날 만큼
거의 체질화되어 있는 셈이다. 고향을 그리는 노래나 시가 남달리 많은 것
도 이 탓인 모양이다. 그럼 고향은 우리 한국인에게 무엇인가? 새로 사귄
사람들과 이야기를 나눌 때, 왜 우리는 곧잘 고향을 묻곤 하는가? 이처럼
우리에게는 남다른 고향문화가 삶의 일상 속에 진하게 배어 있는 것이다.

임하(臨河)댐을 착공한다는 발표가 있자, 1,762세대나 되는 수재민들은
조상에게 물려받은 정든 고향을 잃게 되었다며 눈물을 글썽거렸다는 보도가
있었다. 뿐만 아니라, 이에 곁들여서 안동댐의 3,134세대의 수몰민들도 이
주한 지 8년이 지나도록 아직 "내 고향이 눈에 선하다"고 술회했다고 한다
(《대구매일신문》, 1984.12.7.), 현지조사에서 실감나게 겪은 고향앓이들도
많다. 베틀노래를 불러준 어느 할머니에게 친정을 물어보았더니, "나는 팔
자가 사나와 친정도 없니더" 하고는 이내 시름에 잠긴다. 주위에서는 친정
없는 할마이가 어디 있느냐고 핀잔을 주었지만, 친정마을이 안동댐으로 수
몰되었다는 말을 듣고는 모두들 혀를 차며 "글쎄!" 한다. 할머니들의 동
정어린 공감의 표시인 것이다. 하기야 남편과 아들·딸·며느리·일가·이
웃들이 더불어 사는 시집이 있는데 출가외인인 주제에 친정쯤이야 하고 지
나쳐버릴 수도 있으나, 할머니의 이야기를 들어보면 사정은 그리 단순하지
만은 않다.

친정은 단순히 친가라는 의미를 넘어서, 할머니가 생장한 곳이자 소녀적
꿈을 키워온 고향인 것이다. 친정이 딴 마을로 이사를 가고 없어도 친정마
을을 찾는 할머니들이 있는 걸 보면 이를 짐작할 수 있다. 열일곱에 시집와
서 아들·딸·며느리·사위·손자 보고 시어미 노릇까지 10여 년째 하면서

평생을 다 살아도 시집마을에서는 토해놓지 못하는 사연과 풀어내지 못하는
신명이 있다. 그러나 보름 명절에 친정을 찾아가면 술술 막힘 없이 순조롭
게 풀린다고들 한다. 친정에서는 친정식구들만 만나는 것이 아니기 때문이
다. 일가친척들의 피붙이는 물론, 나이 차서 시집을 가면서 헤어졌던 처녀
적 동무들도 만날 수 있다. 아무리 멀리 시집을 갔더라도, 제각기 다른 가
문에서 시집살이를 하더라도 친정마을은 이들을 끌어들여 예전처럼 동심으
로 만날 수 있게 해주는 구심점인 것이다.

친정은 이렇게 순전히 시집간 여자들의 고향으로서만 의미를 지니는 것은
아니다. 남자들에게는 처가이며 아이들에게는 외가이고 시어른들에게는 사
가(査家)이기도 한 것이다. 친정마을이 수몰되었다는 것은 처가마을과 외가
마을과 사가마을이 함께 수몰되었다는 말이다. 혼인은 사람과 사람의 개인
적인 결합이면서 집과 집, 가문과 가문, 마을과 마을의 결합인 동시에 두
마을문화의 결합이기도 한 것이다. 친정에서 배운 말씨 · 음식솜씨 · 바느질
솜씨 · 일솜씨를 비롯해서 아이 낳고 기르기와 웃어른 모시기, 제사받들기
등에 이르기까지 시집마을의 문화에 영향을 미치지 않는 것이 없다. 처가와
외가에서 남편과 아이들이 배운 문화도 빼놓을 수 없다. 우리 삶의 반쪽을
뒷받침해주는 문화적 근거도 아울러 수장되어버리는 것이다.

5년 전 가뭄 때에는 안동댐 수몰지역 마을의 일부가 폐허처럼 그 잔해를
드러내보였다. 이 소문을 들은 수몰민들이 아들과 손자들의 손목을 이끌고
삼삼오오 고향마을을 찾아온 것이다. 물때가 시커멓게 앉은 허물어진 담벼
락과 썩어내리다 만 감나무 등걸을 열심히 가리키며, 저건 18대째 내리 살
아온 우리 마을 입향시조(入鄕始祖)의 종택(宗宅)이고, 요건 우리 집터이고
그 곁에 있는 건 큰집이었다고, 울먹이면서 말하는 수몰민의 이야기는 쉽게
목구멍을 넘어서지 못하지만, 아이들도 이젠 장난기를 거두고 철든 어른들
처럼 고개를 끄덕이며 물바닥을 바라본다. 아들과 손자들에게 고향마을을
심어주려고 거듭 이모저모 마을을 설명해가다가 두고 떠난 웃대 어른들 생
각도 나고, 객지에서 고생하다가 일찍 세상을 떠난 친구들 모습도 떠올라
마침내 흐느낌으로 어깨를 들먹인다. 꺼이꺼이 울다가 들고온 정종병과 오

징어를 앞에다 놓고 집터를 향해 수없이 절을 한다. 아이들도 영문을 모른
채 따라 절을 하고 같이 달라붙어 흐느껴 운다. 이 광경을 보고 말을 전하
는 이나 듣는 이 모두가 그때마다 콧등을 시큰거려야 했다. 친정이나 처가·
외가·사가를 잃은 사람들의 안타까움은 아무래도 이들의 설움에 비길 바는
못 되는 것이다.

　사정이 더욱 딱한 사람들은 이런 물난리를 두 차례씩이나 겪는 사람들이
다. 안동댐 수몰로 친정을 잃은 할머니가 이번에는 임하댐 수몰로 인하여
시집조차 물 속에 묻고 떠나야 할 판이다. 당대 명문의 귀한 집 딸로 태어
나서 같은 명문의 며느리로 시집왔는데, 친정집은 10년 전 안동댐 물피난으
로 고향마을을 떠났고, 시집도 임하댐으로 이삿짐을 꾸려야 할 처지이다.
흔히 국반(國班)이라고들 하는 명문의 집안들도 이 판인데, 하물며 예사 사
람들이야 양쪽 물피난이 오죽 많았을까. 몇 해 전 안동댐을 막을 때에는 친
가·처가·외가·사가의 물피난 걱정을 함께 거들었는데, 장차 임하댐을
막게 된다니 이젠 내 집 물피난 단도리(준비)로 밤잠을 설치게 된 것이다.

　친정과 시집이 함께 수몰된 예도 적지 않지만 물피난을 잘못 와서 또다시
물피난을 떠나야 할 두 불(벌) 수몰민도 한둘이 아니다. 안동댐 수몰지역에
서 일가친척을 찾아오다가 보니, 지금의 임하댐 수몰지역으로 이주해온 것이
다. 임하댐 축조지역과 가장 가까운 마을인 임하면 망천 1동 망지네마을에
사는 김노미(1984년 현지조사 때 78세) 할머니의 사정은 참으로 딱하다. 임하
가 친정인 노미 할머니는 열여덟 살 때 월곡으로 시집가서 농사를 지으며
일흔한 살까지 살다가, 월곡이 안동댐 수몰지역이 되자 친정에 가까운 이
마을로 이사를 왔다. 그러나 이제는 임하댐 건설로 또 한번 이주를 더 해야
할 판이다. 앞서 죽은 남편은 고향을 그리면서 선산에 묻히지 못하는 한을
남겼다고 한다. 영감의 죽음으로 충격을 받은 노미 할머니 역시 병을 얻어
수년 동안 누워지내다가 최근에 기력을 회복했으나 전 같지 않아 말도 더듬
고 몸도 아주 약질이 되어버렸다. 이제는 더 이상 물피난 갈 데도 없고 가고
싶지도 않으니 친정 마을에서나 죽어지는 것이 노미 할머니의 남은 소망이
라고 했다.

안동댐이 생긴 이래 낚시꾼들이 살판난 셈이어서 전국적으로 이름이 나게 되었다. 그런데 낚시꾼도 양심이 받쳐올라 낚시를 거둔 사례가 있다. 한참 낚시를 벌여놓고 앉았는데, 웬 청년이 소주병을 들고 나타나서 물끄러미 물바닥을 들여다보곤 소주 몇 모금 들이키고, 괜히 물팔매질을 하다가 애꿎은 담배만 뻑뻑 빠는 것이다. 그러다가는 사진기를 들어 물 가운데도 찍고 가장자리도 찍다가 마침내는 낚시꾼도 찍는 것이다. 안 그래도 입질이 없어 답답하고 약이 오르는 낚시꾼은 돌팔매질에 사진까지 허락 없이 찍어대니 분통이 터질 일이나, 병째로 소주를 까는 젊은이의 행색에 기가 눌려 모른 체하고 눈치만 보는데, 대뜸 소주병을 턱밑에 들이미는 것이다. "아제요! 낚시터 참 좋니더. 내가 군대 갔다가 제대하고 오이 우리 마실이 이 꼬라지 됐니더. 아제 앉았는 데가 우리 마실 당산이고 아제 낚시 끝에 달렸는 종대 있는 데가 우리집 마룻시더" 하며 넋두리를 늘어놓는데, 낚시꾼도 얼굴이 달아올라 얼른 전을 거두고 청년과 술친구가 되고 말았다는 것이다. 정작 분통을 터뜨리게 한 사람은 낚시를 방해하는 그 젊은이가 아니라 물바다가 된 남의 집 마루에 낚시를 드리운 낚시꾼 자신이었음을 뒤늦게 깨쳤기 때문이다.

우리에게 고향은 무엇인가? 고향은 삶의 역사적 사회적 문화적 기반이다. 그래서 이름만 문제되는 것이 아니고 관향(貫鄉)이 함께 문제된다. 김씨나 이씨라고만 해서는 그 삶의 기반이 온전하게 드러나지 않는다. 어디 김씨니 어디 이씨니 해야 그 사람의 출신성분이 제대로 이해되는 것이다. 그러나 이때의 관향은 성씨 시조나 중시조(中始祖)의 고향을 일컫는 것이므로, 실제로 당사자를 이해하는 데에는 그만큼 거리가 멀다. 그래서 당사자의 고향을 따로 묻는 것이다. 성씨는 혈연적인 것이므로 생리적 뿌리를 말해주는 것이라면, 관향이나 고향은 지연적인 것으로서 역사적 문화적 뿌리를 말해주는 것이다. 따라서 우리를 한 인간으로 형성시켜주는 뿌리는 생리적 문화적 뿌리인 혈연과 지연인 셈이다. 나누어서 생각하면 두 뿌리는 종횡으로 서로 다른 기능을 하면서 갈라져 있는 것이되, 생각을 가다듬어서 모아보면 이 둘은 같은 고향에서 한 뿌리로 만나는 것이다. 고향마을에서는

지연으로 얽혀진 같은 피붙이들이 종적으로 하나의 문중조직을 이루고 있기
때문이다. 그러므로 고향은 한국 사람들 삶의 총체적 기반인 것이다.

오늘날 출세는 말 그대로 세상으로 나가는 것인 양, 고향을 멀리 떠나서
대도시로, 또는 외국으로 나갈수록 큰 출세인 것처럼 인식되기도 했으나,
전통적으로는 바깥에 나가서 성취를 이루어 고향으로 돌아오는 일, 즉 금의
환향하는 것이 가장 바람직한 출세였다. 고향과 고국으로 돌아오지 않는 사
람들의 성취가 우리에게는 무의미한 것과 마찬가지이다. 고향에 남아 있는
사람들 때문에 함부로 그릇된 행실을 할 수 없는 것이라면, 우리가 품은 성
취의지의 숨은 동력과 우리의 선지향적인 행동의 근간은 우리가 마침내 돌
아가야 할 고향인 것이다. 이처럼 고향은 우리를 건강하고 진취적인 인간으
로 올곧게 잡아주는 정신적 지주인 셈이다. 이국땅에서 한 줌의 재가 되어
서도 고국으로 돌아오고자 하고, 타관에서 일생을 마쳐도 고향 선산에 묻히
고자 소원하는 것이 지금 이 땅을 디디고 살아가는 우리 겨레의 민족심성이
아니던가.

3. 사회적 유대와 문화적 기반의 상실

"촌동네 오두막에 살다가 보상금 타서 새집 짓고 대처에 나가 살면 더 좋
지, 뭘 그래!" 하고, 낭만적인 고향앓이를 하는 사람들을 위로 겸 윽박지
르는 사람들도 없지 않다. 촌살림을 구경만 한 사람이나, 사회와 문화가 무
엇인지 생판 모르는 사람은 쉽게 할 수 있는 말이다. 고향에서는 일정한 문
화적 체계와 사회적 제도, 또는 관습에 의하여 몸에 배인 일상적인 삶이 있
다. 몸에 배인 일상 때문에 낯설지도 않고 서투르지도 않으며 거슬리지도
않는 가운데, 날과 달과 계절이 바뀜에 따라 매사가 순조롭게 척척 풀려나
간다.

힘에 벅찬 일을 갑자기 맞닥뜨려도, 보고 들은 것이 있으며 묻고 도움받
을 데가 있다. 마을에는 관혼상제와 같은 가례에 밝은 문장도 있고, 잔칫날
초례청에 혼례를 이끌어줄 홀기꾼도 있으며, 큰일에 날 받아줄 일관(日官)

어른도 있고, 아기를 거들어 받아줄 산파할매도 있다. 잔병에 조약(造藥)처방 잘하는 감초할배도 있고 경기로 까무라친 아이를 바늘 끝으로 살려놓는 약손할매도 있다. 일가친척·이웃사촌들과 더불어 누대를 살아오는 동안 서로 돕고 의지하며 큰일과 잔일치레를 걱정없이 치렀다.

새로 집을 지을 때는 마을 사람들이 밤새도록 집터를 다져주었고 웃살미도 놀기삼아 거들어주었다. 새 며느리를 맞아들일 때에는 감주동이와 묵방티 함지박을 이고 쌀 말씩이나 부조들을 해주어서 동네 큰잔치를 벌였고, 할아버지 초상 때에도 온동네 장정들이 상두꾼이 되어서 품삯 한 푼 들이지 않고도 운상(運喪)과 장례를 마쳤는데, 이제 고향을 떠나면 어느 사람들이 딸 치울 때 돌아나 볼 것이며, 일흔 할머니 세상 뜨면 어느 이웃이 상두꾼으로 나설 것인가? 내년 봄에는 막내아들 대학입학금으로 목돈을 마련해야 하는데, 낯선 타관에 가서 무얼 신용으로 근 백만 원이나 되는 입학금을 융통할까? 벌써부터 오금이 저리는 어른들도 한둘이 아니다.

배운 것이 없고 재산도 적지만 갓·망건에 흰 두루마기라도 입고 긴 담뱃대를 내저으며 동구밖에라도 나갈라치면, "할배 어디 가시니껴?" 하고 동네 꼬마들이 꼬박꼬박 인사를 착실히 한다. 골목길에서 만난 청년들도 담뱃불을 얼른 숨기며, "아제, 나오시니껴?" 허리를 굽신거린다. 들녘에 나가면 일하던 젊은이들이 일손을 멈추고 "어르신네, 오늘은 조용하이더!" 하고는 인사가 깍듯하다. 가산이 넉넉하지 않고 못 배워도 어른은 어른으로 모신다.

들녘길 한 모랭이(모퉁이) 접어돌다가 이웃집 영감내외 밭 매는 것을 보고 "영감 할마이가 다정시리도 밭 매네!" 하고 넌지시 한마디 농을 건네면, "이 사람 어디 또 해놓는공? 우리 밭이나 거들어 매주고 농주나 한잔 자시고 가게!" 말 대답에 인정이 넘친다. 어느 타관에 이주를 해간들 이런 대접을 받겠는가.

누대로 같이 사는 동안 가진 것이 적고 배운 것은 없어도 사리에 어긋난 짓을 하지 않으며 흉되는 일 멀리하고, 못된 젊은이들 꾸짖어가며 행신하고 지내온 줄 고향 사람들이야 익히 알지만, 타관 사람이야 어찌 알고 할배·

아제·어르신네 대접하듯 각별할 수 있겠는가.

모처럼 안동장(安東場)에라도 나올라치면 경로중으로 공차(空車) 탄다고 안내양조차 눈 흘기고, 젊은것들 담뱃불이 눈앞에 왔다갔다 하는 판인데, 어느 천지에 어른대접 받을까 보냐. 살림살이 먼저 눈대중하고 배운 것부터 겨냥한 뒤에 사람을 대접하는 객지에서는 가히 사람값에 가기 어려운 노릇이다.

"가니껴? 오니껴? 가니더, 오니더." 평생 익힌 말씨 타관에 간다고 쉽사리 그 고장말로 바뀔 수 없다. 어지간히 낯선 사람을 만나도 말씨만 같으면 이웃처럼 반가운데, 몇 년을 사귀어도 말씨가 어긋지면 이단시되기 쉽다. 안동 사람이 객지에서 안동 사투리를 들으면 고향 사람 만났다고 반가워하겠지만, 안동 사람끼리 사투리를 통해서 친밀감을 느끼는 것 이상으로 그 고장 사람들은 거리감을 가지는 것이다. 그래서 언어소통이 자유롭지 못하다는 것이 생활상의 불편 가운데 가장 큰 것이라고 해도 지나친 말은 아니다. 피부색이 다르고 풍속이 전혀 다른 외국생활에서도 그 나라의 언어만 자유롭게 구사할 수 있으면 이국생활의 불편이 절반은 싹 가시는 것이다. 다른 방언권으로 이주해가는 경우에는 언어생활의 불편보다도, 이질적인 언어로 인하여 그 고장 사람들로부터 고립되는 것이 더욱 큰 고통이 된다.

아들의 직장을 따라 다른 방언권에서 안동으로 이사온 어느 할아버지를 두고 보자. 할아버지의 말씨는 안동 사투리와 억양도 다르고 말투도 다르며 방언상으로 나타나는 음운도 많이 달랐다. 거기다가 할아버지는 가는귀까지 어두워, 이 고장 토박이 노인들이 쓰는 말을 이래저래 거의 알아듣기 어렵게 된 것이다. 고향 친구들이야 귀 어두운 사정을 잘 알고 말하니 고향에서는 전혀 장애가 없었다.

할아버지는 젊어서 독립운동도 했고 지방관공서의 장까지 지낸 분이어서 아는 것도 많았을 뿐 아니라, 아들도 남들이 부러워하는 직장에 다녔으므로, 이웃 노인들이 애써 교류하기를 원할 정도였다. 그러나 할아버지는 고향의 선산과 일가들은 물론, 노후에 말벗이 될 만한 친구들조차 두고 왔으므로 쉽게 정이 들기 어려운 데다, 언어소통까지 여러 모로 장애를 받아 화풀이 삼아 자주 소주를 마시게 되었다. 술이 오르면 곧잘 아들에게 고향으로 돌아가서 살게 해달라고 보채기도 했다. 하루는 말벗도 전혀 없고 심심하던 차에 국민학교 다니는 손자 마중이나 나가겠다고 낯선 길에 나섰다가 교통사고를 당하고 말았다.

경적소리를 잘 들을 수 없었던 탓도 있지만 사정은 그렇게 간단한 것만이 아니다. 이제는 고향땅 선산의 따뜻한 남쪽에 고이 묻히게 되었지만, 고향을 떠난 불행이라고들 말하는 이도 많다.

안동댐 수몰지역의 한 동성(同姓)마을에서 대대로 살아오던 어느 할아버지댁은 보상받을 밑천이 적어서, 이리저리 수소문을 해보았으나 집터도 장만하지 못할 딱한 형편이었다. 경산군 압량면의 어느 마을로 시집가 사는 딸이 이 소식을 듣고 마을의 빈집을 수리해서 친정식구들을 이사오게 했다. 친정에서 뵐 때는 점잖던 아버지 모습이 시집마을로 모셔와서 보니 왜 그렇게 초라한지 그 딸도 알 수 없었다. 아이들 입음새나 말씨도 하나같이 마을사람들의 그것과는 어울리지 않았다. 사돈동네라서 그런지, 아니면 오랜 관습 때문인지, 이 할아버지는 늘 갓망건을 하고 두루마기 차림으로 마을 출입을 했다. 이 마을 아이들로서는 차림새부터 큰 구경거리였다

면사무소에 전입신고를 할 때나 손자아이 전학을 시키는 일에도 늘 할아버지가 나섰다. 호주인 할아버지가 바깥일을 보는 것은 할아버지댁의 오랜 가풍인 것이다. 손자를 전학시키고자 교무실을 들어서면서 "교감 선상님 계시니껴? 손주놈 전학시키러 왔니더"하자, 선생님들은 웃음을 참고 아이들도 교무실을 기웃거린다. 해당 학급을 찾아 담임선생님에게 손자를 데려다주고 교문을 나설 때까지 조무래기 아이들의 이상한 눈길이 따라다녔다. "헷기놈! 차라리 고향마실에서 물귀신이 되고 마는 긴데……." 어느새 장탄식이 새어나온다.

손자놈의 말씨도 할아버지와 다를 턱이 없다. 아이들 사이에는 '안동 꺼꺼이'로 불리게 되었다. 자기도 남의 별명을 곧잘 호칭으로 부르기는 했지만, 이 별명이 그렇게도 싫을 수 없었다. 고향의 친구들이 불러준 별명은 친근함을 나타내는 호칭노릇을 했는데, 이 고장 아이들이 부르는 별명은 순

전히 따돌리고 놀려먹기 위한 것이기 때문이다. 가장 미덥고 든든하게 여겨
지던 할아버지도 부끄럽게 생각되고 이 고장 사람 행세하는 고모도 밉기만
하다. 이러지도 저러지도 못하는 아버지는 무능하게만 여겨진다. 점차 말수
가 적어지고 마을 아이들과 맞서서 욕설을 퍼붓거나 싸움질만 하게 된다.
자연히 어른들은 사람값에 못 가고 아이들은 적응을 못해 비뚤어져가는 것
이다.

이러한 상황은 사회적 유대와 문화적 기반을 상실하고 타의적으로 이주하
게 된 시골 사람들이 겪게 되는 문화충격의 일반적인 양상이다. 언젠가는
이런 충격현상이 가라앉고 순조로운 현지적응이 이루어지리라 믿지만, 가고
싶어서 들떠 있다가 제발로 떠난 이향이나 이민도 실패작이 되어 돌아오는
걸 보면, 강요된 수몰민들의 이주는 더욱 낙관할 일이 못 된다. 그들이 잃
어버린 것은 집과 마을과 고향만이 아니다. 같은 언어로 말하고 동일한 가
치관과 신앙을 지니며 같은 관습과 지식을 공유한 문화적 준거집단과, 사회
적 상호작용을 위한 규범과 기호체계와 혈연적 지연적 유대를 다져온 공동
체적 준거집단을 함께 잃어버린 셈이다.

4. 수몰민의 경제적 파탄과 빈부의 심화

고향은 역사적 문화적 사회적 삶의 기반이라고 했다. 혈연까지 앞세우거
나 풍토병을 비롯한 생태적인 문제까지 들먹이면 자연적 모둠살이의 기반이
기도 하다. 그러나 이보다 더 중요한 문제가 경제적인 삶의 기반에 걸려 있
는 것이다.

오늘날과 같은 산업사회 또는 자본중심적 사회에서는 문화적 사회적 삶의
기반이 약하고 생태학적 조건이 불리하더라도, 경제적 기반이 든든하면 문
화적 충격도 부드럽게 흡수할 수 있고, 생태학적 부적응도 자연스럽게 해소
시킬 수 있다. 산업사회에서는 물질적인 풍요가 구조적으로 가장 으뜸되는
가치기준이 되고 있는 탓이다. 그만큼 경제적인 역량은 나라의 힘이나 가정
의 힘을 좌우하게 된다.

　대부분의 수몰민들은 농업을 주산업으로 하는 만큼, 그들의 경제적인 기반은 경작지에 달려 있다. 따라서 농토가 많은 지주는 부농이고, 농토가 적은 소작인은 빈농이다. 농토가 없거나 적은 사람들은 살아갈 길이 막연한 것 같으나 부지런히 일하면 소작으로도 살림을 꾸릴 수 있다. 그러므로 빈부의 격차는 있으나 최저생계조차 유지할 수 없는 사람은 거의 없다. 다만 자식들을 남들처럼 고등교육을 시킬 수 없고 천연색 텔레비전이나 냉장고를 들여놓을 수 없는 정도의 살림살이인 것이다. 도시의 근로자들이나 저소득층 빈민들처럼 가족이 제각기 뿔뿔이 흩어져 온갖 험한 일들을 마구잡이로 해야 할 사정은 아니다. 아침 저녁 가족과 이웃끼리 단란한 시간도 가질 수 있고, 농번기가 아닌 때에는 마을 사람들과 거의 동등한 여가와 문화생활을 누리는 것이다. 빈부차에서 오는 사회적 문화적 불평등은 거의 느낄 수 없다. 같은 놀이터에서 같은 놀이를 하고 같은 학교에 다니며 같은 통신을 받들고 같은 농사일을 더불어 하는 것이다. 가옥의 차이는 두드러져도 먹는 것과 입는 것들의 차이는 대수롭지 않다.

　수몰민이 되어 이주를 하는 경우는 이와 같은 경제적 균형이 일시에 깨지게 되어 사회적 문화적 불평등의 심화가 가중되게 된다. 이른바 부익부 빈익빈 현상이 잠재되어 있다가 표면으로 노출되는 것이다. 그들의 유일한 생업의 터전인 토지가 전혀 없어도 건강한 노동력과 부지런하다는 신용만 있으면 생계유지는 걱정 없으며, 토지가 없는 경우는 면으로부터 여러 가지 혜택과 도움을 받게 된다. 비록 자기 소유로 등기된 토지는 없어도 수년 동안 부쳐온 소작지들은 자기 땅이나 다름없는 셈이다. 그러나 이들이 마을을 뜨게 되면 이러한 경제적 삶의 바탕이 더불어 박탈되어버린다. 보상받을 것이라고는 융자를 얻어서 초가를 벗기고 슬레이트를 이은 삼칸 오두막뿐이라면, 이 보상으로는 도시에 나가 전셋방 얻기도 어려운 것이다.

　안동댐이 들어서면서 수천 세대가 이주를 하자 인근지역의 땅값과 집값이 거의 두 배로 뛰었다고 한다. 이제 임하댐의 수몰민들이 이삿짐을 꾸릴 때는 보상받은 땅값의 몇 배가 될지 아직은 알 수 없으나 적게 오르지는 않을 것이다. 따라서 가까운 농촌으로 이주를 하려고 해도 집조차 마련하기 어렵다. 더욱이 시골에는 셋집도 잘 없으니 사정은 더욱 긴박하다.

지주와 같은 부농이나 종가들은 사정이 다르다. 어느 쪽에 속하든 이들은 상당한 토지를 비롯하여 임야와 선산들을 골고루 많이 소유하고 있다. 마을 사람들의 대부분을 먹여살리고도 남을 만한 토지를 지니고 있을 뿐 아니라 마을 면적의 절반 이상을 차지하는 들과 산들이 이들 소유로 되어 있는 것이다.

이처럼 엄청난 물량의 토지를 소유하고 있기는 하나 거기서 나오는 연간 수익은 대단한 것이 못 된다. 임야나 산에서 나오는 소득은 거의 없는 편이다. 논밭에서 나오는 수익도 같은 피붙이나 오랜 이웃들이 소작하는 탓으로 야박하게 소작료를 많이 받을 수도 없기 때문이다. 그저 큰집을 지키고 아이들을 대도시로 내보내어 고등교육을 궁색하지 않게 시킬 수 있는 정도이다.

이들 촌부자들의 살림이 아무리 부유해도 도시 졸부들처럼 흥청망청일 수는 없다. 그러나 이들의 막대한 토지를 일시에 돈으로 보상한다면 도시의 졸부들도 놀랄 만큼 상당한 금액이 된다. 따라서 한꺼번에 이들 재산을 돈으로 바꾸기는 쉽지 않다. 도시의 복부인들도 이런 오지에는 투자를 하지 않기 때문이다.

이들 부농들의 자제들은 이미 고등교육을 받아서 대도시의 좋은 일자리를 두루 차지하고 있다. 그러므로 새 세대의 삶의 터전은 이미 대도시에 잘 닦여져 있는 것이다. 다만 촌살림을 관리하기 위해 노인들 일부가 마을을 떠나지 못하고 있는 형편이나 살림만 처분된다면 언제라도 도시에 나가서 아들·손자들과 새 살림을 차릴 준비가 탄탄하게 되어 있는 것이다. 따라서 이들에게는 수몰민이 된 것이 얼마나 다행하고 고마운 일인지 모른다. 촌살림을 싫어하는 맏며느리의 기호에도 영합하고, 들과 산은 버려두고 우선 돈이 되는 논밭만이라도 팔아서 도시로 나오면 좋은 양옥에다 자가용까지 타게 해드리겠다는 사업하는 맏아들에게도 큰 생색을 내게 된 때문이다. 수몰보상금으로 맏아들 사업자금 넉넉히 대고도 둘째놈 아파트 끼워 한 살림 차려줄 돈과, 막내녀석 유학 밑천까지 두둑하게 챙길 수 있는 목돈이 떨어진다.

그러나 마을의 역사가 곧 가문의 역사나 다름없는 종가의 경우는 사정이
다르다. 가문의 권위와 체통이 수몰되는 것이나 다름없기 때문이다. 하지만
"나라에서 하는 일 종가인들 어쩔까?" 하고 마음 한번 돌려먹으면, 아니
"촌에 들어앉아서 봉제사(奉祭祀) 접빈객(接賓客)에 종친들 눈치 보랴, 종
손노릇 하기 힘들었는데……" 하고 생각을 고쳐먹으면 그 많은 종가재산이
한꺼번에 목돈으로 들어오는 반가움에 더해, 종손의 노릇이 지겨웠던 사람
들은 더욱 잘된 일로 여겨질 일이다. 객지에 나가서 자리를 잡고 있는 아랫
대 종손에게도 더할 수 없는 반가움일 수 있다. 고향의 수몰로 인하여 현재
살고 있는 도시생활을 더욱 윤택하게 할 수 있는 단단한 밑천을 일시에 제
공받을 수 있기 때문이다.

종가의 면모에 어울릴 정도로 오래된 골기와의 종택은 수십 칸이나 되
고, 사당이야 창고야 안채야 바깥채야 일일이 돈 덩어리이다. 게다가 문화
재로, 또는 보물로, 또는 민속자료로 지정되어 있는 경우는 수몰될 일도 없
다. 정부에서 수천만 원이 들더라도 이전해줄 것이고, 그럴 형편이 안되더
라도 보상금은 보상금대로 규모와 가치에 걸맞게 받아내고도, 이런 옛집을
구입하시 못해 안달이 나 있는 돈 많은 기호가들에게 고가로 매매할 수 있
는 것이다. 임하댐이 아직 착공도 되기 전부터 유원지 가까이에서 고급음식
점을 하는 사람들이나, 민속촌과 같은 관광사업을 하려는 업자들이 벌써부
터 수몰지역의 집 구경을 하러 다니고들 했었다.

부농들은 아이들의 교육을 위해 대도시에 집을 마련하여 시골의 본가(本
家)에 대한 지가(枝家)를 마련했는데, 그 아들들이 학교를 마치고 일정한
성취를 이루어 도시에 삶의 기반을 닦게 되자, 경제적인 수입과 가족구성으
로 보아 오히려 도시의 지가가 본가가 되고 시골의 본가가 지가노릇을 하게
된다. 그동안 도시의 본가를 살찌우기 위해 시골 지가의 생산품이나 수익금
을 계속해서 도시로 빼올리는 한편, 도시살림을 불리는 방향으로 재투자되
어왔으나 목돈이 되지 못해서 늘 불만이었는데, 이제 수몰보상금으로 목돈
을 쥐게 되었으니 댐이 아니었더라면 이런 다행은 꿈에도 없었을 것이다.

노상 팔아치우고 올라오라는 아들놈의 성화에 한편은 세전지재물(世傳之財物)이라 덜컥 팔아버리기가 아깝고 섭섭해서 망설이고, 한편으로는 그러고 싶어도 막대한 토지와 큰 집을 휘어잡을 사람이 나서지 않아 팔지 못하고 있던 차에 막대한 수몰보상금이 나온다고 하니 신바람이 오르고 어깨춤이 절로 나서 잠시인들 사랑방을 그냥 지킬 수 없다. 서울 사는 아들놈들도 이 소식 챙겨듣고 전화질이 빈번하다. 빨리 수몰되기를 비는 투로 말이다. 수몰지역 한 마을에 이런 집이 몇일까마는 보상받을 것이 거의 없는 대다수 빈농들은 한숨으로 밤을 지새우는데, 부농들은 새 살림의 꿈에 부풀어 잠을 못 이룬다. 누대를 이웃하고 살아오면서 가난설움 몰랐는데, 이제 그 이웃 한둘은 하늘이 되고, 그 나머지 여럿은 설 땅도 없어진 것이다. 이른바 부익부 빈익빈 현상의 구조적 모순이 더욱 깊어지게 된 셈이다.

경제적 기반이 허물어진 것은 농사꾼뿐만 아니다. 5일장을 바라보고 이 장 저 장 다니며 행상하던 보따리 장사꾼도 같은 사정이다. 안동댐으로 예안장과 월곡장이 없어졌다. 신예안에 새로 지은 장옥은 창고처럼 즐비하게 서 있으나 예안장이 없어진 지는 이미 오래이다. 장꾼들의 발길이 안동호로 절반이나 묶여버렸고 새로 난 도로 덕분에 이 고장 사람들도 안동장을 주로 보게 된 것이다.

장꾼이 줄면 장사꾼이 줄어들고, 장사꾼이 줄면 물건이 적게 나고, 물건이 적게 나면 물건값이 비싸지고, 물건값이 비싸지면 장꾼은 더욱 줄어들어서 시골장은 가속도로 쇠퇴해버리고 마는 것이다. "옛날에는 예안장이 아그랍게 섰는데……" 하는 예안 사람들의 말은 얼른 알아듣기 어려웠지만, 수몰지역 이전의 예안장은 대단히 번창했음을 짐작할 수 있었다. 그때 장터에서 노점이나 작은 점포로 생계를 유지하던 사람들은 수몰 뒤에 마을을 모두 떴거나 구호대상자가 되어 새 거주지인 신예안에 남아서 날품을 파는 신세가 되었다고 한다. 월곡장으로 먹고살던 사람들도 다를 리 없을 것이다. 이제 임하댐이 착공되면 임동장과 진보장도 이 꼬라지가 될 것이다. 두 장터에서 먹고살던 장사꾼들도 같은 신세가 될 것이다. 장터가 줄어들수록 뜨내기 장사꾼들은 생계에 위협을 받고 상설시장의 슈퍼마켓이나 상회(商會)를 경영하는 돈 많은 장사꾼들은 더욱 수익이 늘게 되는 것이 정한 이치이다.

장바닥에서 먹고살던 사람이 장바닥을 떠나면 금붕어가 어항의 물을 떠난 꼴이 된다. 이웃을 잃은 금붕어는 살 수 있어도 물을 떠난 금붕어는 잠시도 살 수 없다. 잠시 허공을 차올랐던 금붕어는 어항으로 다시 떨어져서 살 수 있지만 어항이 깨져서 물 밖으로 나온 금붕어는 살 수 없다. 고향을 두고 객지로 나간 사람들은 망해도 다시 돌아와 발붙일 고향이 있으므로 사뭇 망하지는 않는다. 그러나 고향을 물그릇으로 통째로 비워주고 쫓겨난 사람들은 망하면 사뭇 망하고 마는 것이다. 이 사정을 누구보다도 수몰민 자신들이 더욱 잘 알고 있으므로 그들의 물피난은 하나의 큰 공포가 되어 밤마다 가위누르는 것이다.

5. 다시는 건져낼 수 없는 물 속의 문화

중국 사람들의 국부(國父)로 떠받들어지는 장개석은 모택동에게 본토를 잃은 패전지장(敗戰之將)이기도 하다. 그러면서도 국부로 떠받들리는 것은 탁월한 정치적 역량이나 철학적 이념, 또는 군사적 통솔력 때문이 아니다. 다만 문화재에 기울인 남다른 관심 때문이다. 싸움에 패하여 본토에서 대만으로 철수할 때, 3개 사단의 병력을 수송할 수 있는 선박이 준비되었다고 한다. 이때 3개 사단의 병력이나, 같은 무게의 황금을 실어올 수도 있었는데, 이 둘을 다 그만두고 같은 무게의 문화재를 실어왔다는 것이다.

전쟁을 치르는 사람에게 가장 중요한 것은 군대이다. 피난을 가는 사람에게 가장 중요한 것은 금붙이이다. 그런데도 이 둘을 버리고 문화재를 택한 것이다. 싸움은 이미 패했다. 건질 것은 사람의 생명과 문화재와 재산이다. 패한 싸움에 군대는 필요없다. 본토에 두어도 죽을 목숨들은 아니다. 재산은 다음에라도 노력하면 축적할 수 있다. 그러나 수천 년 동안 간직해 온 문화재들은 한번 잃으면 영원히 찾을 수 없다. 그러므로 문화재를 택한 것이다. 이때 실어온 문화재들이 대만의 고궁박물관(故宮博物館)에 진열되어 있다. 중국인의 전역사와 정신적 긍지가 고궁박물관에 응축되어 있는 셈이다. 이 박물관은 세계 4대 박물관 가운데 하나이며, 3개월마다 한 차례씩 진열품을 바꾸어도 수십 년을 새 자료로 전시할 수 있을 정도로 막대한 양의 문화재를 소장하고 있다.

그들은 부지런히 일하고 저축해서 국민소득이 선진국을 육박하고, 고궁박물관으로 인하여 중공의 침공도 저지할 수 있는 문화적 무기를 지니게 되었다. 대만을 침공하는 것은, 곧 고궁박물관의 수많은 문화재를 폭파시키는 것이 되므로, 세계적 여론의 지탄과 인류사의 준엄한 심판을 면하기 어려운 야만행위가 되기 때문이다. 따라서 장개석은 중국 사람들의 국부를 넘어서 우상으로까지 떠받들어지고 있다. 이처럼 문화력은 경제력보다 고귀하고 유용한 것일 뿐만 아니라, 군사력보다도 강하고 무서운 무기노릇까지 하는 것이다.

우리 문화의 본질은 우리다운 고유성에서 찾을 수 있다. 이런 문화를 민족문화라고 한다면, 민족문화의 모습은 이제 도시에서 찾아내기는 어렵게 되었다. 비교적 보수성을 지녔다고 생각되는 시골에서 우리다운 민족문화를 찾아야 하는데, 일반적으로 안동지역의 전통문화는 민족문화의 전형적인 모습을 가장 잘 간직하고 있는 것으로 알려져 있다. 서울에 있는 대학이나, 문화를 다루는 학자들이 안동문화를 조사하고 연구하는 데 특별한 관심을 기울이며, 외국인 학자들까지 한국문화를 이해하는 중요한 방편으로 안동문화를 이해하고자 하는 것도 이 때문이다. 이러한 안동문화의 핵심은 농촌 취락 형성의 입지적 조건에 따라 낙동강 유역에 모둠살이를 이루고 있는 마을을 중심으로 전승되고 있다. 그러나 낙동강 유역의 취락들은 댐을 쌓을 때마다 수몰됨으로써 마을과 문화가 함께 해체되기에 이르렀다.

안동댐을 쌓았을 때에는 18개나 되는 대종가(大宗家)가 수몰되었다고 한다. 대종가를 중심으로 한 동성마을이 반드시 우월한 문화를 누렸을 것으로 보기 어렵지만, 조선시대의 전통적인 양반문화를 가장 잘 간직해온 곳이라고 할 수 있다. 전통적인 반촌(班村)마을이 집중적으로 형성될 수 있었던 것도 낙동강의 입지적 조건 때문이다. 동성반촌과 더불어 강을 끼고 형성된 민촌들 역시 모둠살이의 조건이 좋았기에 찬란한 문화를 제각기 가꾸어왔다고 볼 수 있다. 따라서 무리한 주장이기는 하지만, 우리 민족문화의 한 전형은 안동문화로 대표될 수 있고, 안동문화는 댐에 의한 수몰지역문화로 대표될 수 있다고 하겠다. 이 주장을 인정한다면, 안동댐에 이어 계속되는 임하댐의 건설은 민족문화를 대표하는 안동문화의 핵심을 수장시켜버리는 셈이다. 그러므로 안동문화는 곧 수몰문화라고까지 일컬을 수 있다.

옛날부터 문화는 큰 강을 젖줄 삼아 생성 발전해왔는데, 근대에 이르러서는 오히려 강 때문에 오랜 시간 축적해온 문화적 유산들을 모두 해체시키게 된 것이다. 결국 강은 시대적 상황에 따라 문화를 생성시키는 모태구실과 더불어 문화를 말살시키는 재앙노릇까지 함께 하는 것이다. 이러한 두 극단적인 구실 때문에 강으로 생성된 문화는 마침내 강으로 망한다는 논리가 성립된 셈이다.

댐은 문화를 해체 말살하는 문화적 재앙으로만 받아들일 수는 없다. 댐으로 수몰지역의 문화가 일부 해체되거나 이동되긴 하더라도 완전히 말살되는 것은 아니며, 댐의 다목적 기능의 결과로 오히려 새로운 문화를 창조하는 데 도움이 될 수도 있다. 으레 새로운 것은 낡은 것을 부수어버려야 가능하고 새집도 잿더미 위에 먼저 들어서는 법이다. 그래서 건축공학 분야에는 건물을 허무는 법을 다루는 파괴공학(破壞工學)도 중요한 부분을 자지하고 있다. 그러므로 댐 탓으로 문화가 다소 훼손되는 것은 더 발전적인 문화를 창조하기 위한 희생으로 받아들여야 할 것 같다. 그러나 기존문화가 그 자체로서 고유성을 지니고 바람직한 가치를 인정받는다면 예사롭게 다룰 일이 아니다.

주택개량은 초가지붕을 슬레이트로 바꾸고 돌담을 콘크리트 담으로 대치시켰다. 우선 보기에 반듯하고 튼튼하며, 해마다 지붕을 다시 이거나 빗물에 허물어진 담을 손질해야 하는 수고도 덜게 되었다. 누가 이러한 개량을 파괴라고 하겠는가마는, 반드시 바람직한 쪽으로만 개량된 것은 아니다. 전통적인 한옥의 자재들은 자급자족할 수 있는 것이면서 그들 스스로 오랫동안 집짓기에 이용해온 것들이므로, 전문가가 아니라도 웬만한 살림집은 일구어낼 수 있나. 초가지붕은 잘 일 수 있는 사람도 슬레이트 지붕을 잘 일

수 없다. 교통이 불편한 오지에서는 슬레이트와 같은 건축자재의 운반비가
구입비 못지않게 먹힌다.

초가지붕은 겨울에 따뜻하고 여름에 시원한 재질적인 특성이 있으나 슬레
이트는 비를 가리는 기능뿐 보온기능은 거의 없는데다 박넝쿨도 올릴 수 없
다. 그 흔한 박바가지가 귀해진 것도 초가가 없어진 탓이다.

생활의 편리함도 문제이지만 그 속에서 살아가는 사람들의 건강도 문제가
된다. 시멘트가 내는 독성은 사람의 피부를 부르트게 만들고 공기도 오염시
킨다. 그래서 맨발로 시멘트 바닥 위에서 생활하는 것을 삼가는 것이다. 전
통가옥을 헐어낸 자리에는 농작물이 잘 자라지만 시멘트 집을 헐어낸 자리
에는 농작물이 자라지 못하는 것도 시멘트의 독성 탓이다. 흙이나 나무·볏
짚과 같은 자재로 지은 한옥은 자연과 더불어 숨쉬는 생명력을 공급하나,
시멘트와 같은 화학가공품은 자연적인 생명력을 약화시키는 것이다. 이러한
한옥의 가치는 양옥의 편리함보다 한층 본질적인 것이다. 그러므로 모두들
한옥을 고수할 필요는 없겠으나 의도적으로 한옥을 부수고 양옥을 짓도록
조직적인 유도를 할 필요도 없다.

이제는 도시·농촌 구별 없이 양옥이나 시멘트 집이 판을 치고 있어, 상
대적으로도 초가집이나 한옥이 문화적 희소가치를 지니게 되었다. 아무리
사진발이 잘 안 받더라도 우리가 우리집이라고 세계적으로 내세울 수 있는
집은 역시 한옥인 것이다. 외래문화가 대중매체를 통해서 민족문화의 개성
을 끊임없이 오염시키는 가운데, 그래도 오지라고 할 수 있는 수몰지역의
농촌문화는 아무리 촌티가 나더라도 세계적으로 자랑할 만한 우리 문화의
마지막 보루인 셈이다. 스테인리스 그릇의 편리함 때문에 고려자기를 깨뜨
릴 수 없는 것처럼, 댐의 다목적 기능 때문에 세계적인 민족문화의 한 전형
을 묻어버릴 수는 없다.

댐은 결코 문화를 수장시키거나 해체해버리지는 않는다. 다만 이동시킬
따름이다. 딴은 그렇기도 하다. 그래서 수몰지역의 역사유물들은 이전시켜
보존된다. 그러나 원래의 장소에서 옮겨진 문화는 그 문화적 가치와 기능이
크게 약화되어버린다. 유형문화든 무형문화든 그 문화적 가치는 원래의 사

임하댐으로 수몰된 임하면 사의동의 어느 봄날.
할머니의 봄냉이 다듬는 손길 뒤에 토종벌집이 유난히 돋보인다.

회적 자연적 환경 속에서 의미 있는 것이며, 환경을 떠나버리면 골동품적
의의로 한정된다. 이집트의 피라밋을 이 땅에 이전한다면 세계적인 유물로
서의 가치는 일시에 사라진다. 불국사를 서울대공원에 옮기고 도산서원을
광화문 앞에다 옮겨놓는다면 본래 지니고 있던 사찰이나 서원의 문화적 가
치와 기능을 발휘할 수 없는 이치와 마찬가지다. 외내 광산김씨(廣山金氏)
들의 종택들이 신오천으로 옮겨 세워지고 그 유물각도 거창하게 지어졌지
만, 지금은 빈집만 덩그러니 어깨를 겨루고 있을 뿐 역사의 숨결도 잦아지
고 후조당(後彫堂)에 서려 있던 학문적 맥락도 유물각의 고서 속에 갇혀버
렸으며, 명문세가의 문객들이 빈번하게 드나들던 대문간은 빗장이 가로막고
누워 있다.

옮겨 세울 수 있는 유형문화재도 이런 형편인데 옮겨갈 수 없는 무명문
화재들은 오죽하겠는가. 더구나 유물 가운데서도 문화재로 지정되지 않은
것이나 조사 발굴되지 않은 선사유물들은 가차없이 물귀신 신세가 되어버
린다. 이 고장 지방사 서술의 중요한 자료가 되는 선사유적과 생활유물들

이 체계적인 조사보고와 연구가 이루어지지 않은 채 댐의 희생물이 되는 것
이다. 이러한 유물에 의하지 않고 말과 행위로 줄기차게 전승되고 있는 전
설·민담·민요·무가·속담·동제·가신신앙·기우제·세시풍속·관혼
상제·농악·민속놀이 등의 각종 무형문화재들은 그 성격상 옮겨 세울 수
도 없는 형편이다. 무형적인 민속문화는 전승자와 향유자에 따라 가변적인
폭이 큰 것이므로 옮겨서 전승한다고 하더라도 제모습을 지니기 어려우며
본래의 문화적 기능은 소멸되어버리는 것이다. 특히 이와 같은 민속은 문화
와 사회 전체를 구성하는 필수적인 요소의 일부라는 뜻에서 지극히 유기적
인 것이다. 따라서 이야기나 노래, 민속신앙과 세시풍속 등은 그 본래의 장
소와 시간, 사회로부터 분리해내는 일은 필연적으로 질적 변화를 초래하게
된다. 댐은 민속의 전승공동체를 묻어버리고 수몰민들을 이산시킴으로써 사
실상 그들이 공동으로 창조하고 향유하던 여러 가지 민속문화들도 따라서
소멸시켜버리는 것이다. 댐은 다음에라도 건설할 수 있고 댐의 목적은 다른
방법으로도 실현할 수 있으나, 옛날부터 축적해온 전통문화는 지금 한번 잃
어버리면 다시는 되살릴 수 없는 일임을 깊이 깨우칠 필요가 있다.

6. 댐의 허물을 고마움으로 바꾸는 처방

댐으로 잃어버리는 것은 고향과 이웃과 재산과 문화만은 아니다. 자연환
경의 조화도 잃어버리게 된다. 산과 강, 마을과 들, 바위와 나무들까지도
서로 어울려 조화를 이루던 것이 댐이 들어서면 물과 산만 남게 된다. 물도
옛 물처럼 굽이쳐 흐르는 물이 아니라 갇혀 있는 물이며, 산도 옛 산처럼
오르내릴 수 있는 산이 아니라 그저 물막이 담벼락으로 물을 가두고 선 산
이다. 유형적이고 고정적인 환경의 훼손은 시각적으로 쉽게 인식할 수 있으
나, 무형적이고 유동적인 것은 지나치기 십상이다. 이런 변화로는 날씨를
들 수 있다. 안동이 전에 없이 기온차가 극심해서 전국적으로 가장 춥고 더
운 지역의 하나가 된 것은 안동댐 탓이라고들 한다. 최근에는 농무(濃霧)현
상도 두드러졌는데, 가을철이면 일반적으로 발생하는 복사무(輻射霧) 외에

안동댐으로 인한 증기무(烝氣霧)가 겹쳐져서 두터운 안개가 장시간 끼게 되는 것이다. 농무현상은 호흡기질환을 유발하는 요인이 되어 건강에도 해롭고 일조량을 감소시켜 농작물의 작황에도 중대한 피해를 입힌다. 안개로 인한 대형 교통사고 소식도 자주 들을 수 있다. 안개는 해상과 육상은 물론 항공교통에까지 막대한 장애를 주는 것이다. 안동댐이 생기고 연평균 10일 정도 안개일이 많아졌다고 하니 인접지역에 임하댐이 또 건설되면 농무현상은 가속도로 증가할지도 모른다. 농무가 도시공해와 만나면 스모그현상까지 일으킨다. 1952년 12월 5일에서 9일 사이에 런던 시내에서 발생한 스모그현상은 4,703명의 사망자를 내기도 했다.

그러나 댐을 계속해서 쌓아왔고 지금도 쌓고 있으며 앞으로도 쌓을 것이다. 다른 많은 얻는 것들 때문에 계속 쌓지 않을 수 없다. 이른바 다목적댐의 일반적인 기능들을 살펴보자. 첫째, 저지대의 수해를 줄이고, 둘째, 가뭄 때 고지대의 농업·공업·생활용수를 공급하며, 셋째, 수력발전으로 전력을 생산한다. 내수면(內水面)의 어족들을 보호하는 기능도 있으나, 은어와 같이 바다로부터 유어(幼魚)가 거슬러올라와서 서식하는 어족들은 댐을 뛰어넘을 수 없어 오히려 서식이 불가능하게 되는 역기능도 있다. 따라서 댐의 중요한 기능은 지나친 물 부족과 물 많음을 조절하고 전력을 생산하는 것 정도로 한정된다. 풍부한 전력과 적절한 물의 공급은 농업과 공업, 일상생활에 중요한 도움을 주는 것이기는 하나, 댐을 막지 않고도 얻을 수 있는 것들이기도 하다. 지금 당장은 실현하기 어렵지만 과학의 급속한 발전으로 불원간 이런 문제를 다른 방법으로 해결할 수 있는 길이 열릴 것이기 때문이다.

물 부족은 두 가지 방법으로 해결할 수 있다. 이미 선진국에서 시험적으로 사용하고 있는 인공강우법과 지하수 이용법을 들 수 있다. 인공강우는 아직 이르기는 하나, 지하에서 잠자고 있는 풍부한 수자원을 길어올리는 일은, 최근에 지하의 수맥도(水脈圖)를 작성한다는 보도가 있기는 하지만, 너무 늦은 셈이다. 물 많음은 장마 때 각 고을의 물이 일시에 좁은 강으로 모여들기 때문이다. 낙동강 상류를 중점적으로 하되 하류까지도 자기 고을의

물을 자체적으로 수용하고 방출할 수 있는 저수지나 소규모의 간이댐을 다
단위로 만든다면 대규모의 댐으로 인한 수몰민의 물피난은 막을 수 있다.
그리고 상습 수해지역은 제방을 높이 쌓아야 할 것이다. 전력의 공급은 댐
의 수력을 이용하지 않고도 가능할 뿐 아니라, 대체에너지의 개발이 이런
문제들을 근본적으로 해결할 수 있어야 한다. 다목적댐이 이미 있는 것의
희생을 통한 상대적 목적달성이라면, 이와 같은 방법들은 새로운 노력으로
성취할 수 있는 절대적 목적달성인 것이다.

이처럼 다른 방법으로도 댐의 목적을 성취할 수 있으나, 현실적인 가능성
과 우선의 이익 때문에 댐은 계속 쌓아지고 있다. 그러므로 우리는 이 사실
을 인정하는 가운데 해결의 실마리를 찾아야 한다. 댐에 의한 자연환경의
훼손은 더 이상 어쩔 수 없는 것인지도 모른다. 그러나 사회와 문화, 역사
와 경제적 손실은 어느 정도 줄일 수 있다. 먼저 사회적 유대와 문화적 기
반의 상실에서 비롯되는 불이익부터 줄일 수 있어야겠다. 최선의 방법은 같
은 문화권에 속하는 가까운 지역에 마을공동체가 집단으로 이주하는 것이
다. 적절한 장소를 마련하기는 쉽지 않겠지만 집단이주가 이루어지면 고향
마을에서 유지되었던 공동체로서의 유대와 결속이 지속될 수 있어, 다른 문
화권에서 겪어야 하는 문화적 충격이나 사회적 지위변동에서 오는 부적응의
요인을 최소로 줄일 수 있게 된다.

다음으로는 경제적 파탄을 최대한으로 줄이는 방법을 모색해야겠다. 수
몰 덕분에 갑자기 잘살게 되는 사람이야 많을수록 좋다. 그런데 다수의 수
몰민들이 보상을 받을 수 있는 재원이 적은 탓으로 갑자기 못살게 되는 데
큰 문제가 있다. 이들에게는 기존의 보상방법을 바꾸어야 한다. 농토와 가
옥·나무·묘지·임야·산 등의 면적과 수량에 따라 기계적으로 보상하는
데서 발생하는 빈부차의 심화를 줄여야 한다. 그러자면 토지의 다소나 가옥
의 대소에 보상의 전적인 기준을 둘 것이 아니라, 현재의 생활상태와 연평
균소득을 가구별로 계산해서 최소한의 연평균소득을 보장할 수 있는 일자리
와 삶의 터전이 '보상'으로 마련되어야 한다. 희망에 따라서는 이에 상응하
는 보상금을 일시에 지급할 수도 있지만, 그보다는 가옥과 일자리를 마련해

임동면 박곡동 폐가에 버려진 목판들

주는 것이 이들의 경제적 파산을 막고 실질소득을 보장하는 안정된 보상이 된다. 수몰민들은 고향과 이웃을 잃는 아쉬움보다 경제적 기반을 상실하게 되는 것이 가장 큰 현실적인 불안이므로 보상에 대한 세심한 배려가 특히 필요한 것이다.

　유형문화재는 수장(水葬)되는 것을 최대한 막아야 한다. 그러기 위해서는 수몰지역의 문화재들을 한자리에 모아서 보존할 수 있는 옥내박물관이 대단위 규모로 지어져야 한다. 이와 더불어 문화재의 골동품화를 막고 사회적 자연적 상황과 고립된 죽은 문화재가 되지 않게 하기 위해 종합적인 현지조사와 보고서가 뒤따라야 한다. 즉, 이들 문화재를 실제상황 속에서 재구성 연구할 수 있는 보고서를 갖추어야 한다는 것이다. 흔히 문화재라고 하면 대단한 역사적 유물만 떠올리는데, 이 지역의 생활문화를 고스란히 남겨서 온전한 연구자료로 삼기 위해서 일상적인 유물들도 등록된 문화재와 같은 차원에서 다루어야 한다. 고인돌과 같은 선사유적도 마찬가지다.

　그런데 박물관에 옮겨서 보존하거나 전시하기 곤란한, 민속자료와 같은 무형문화재는 그 대책이 더욱 막연하다. 그만큼 가변적이고 유동적이어서 실제대로 잡아둘 수 없기 때문이다. 무형문화재는 그 전승기반이었던 공동

체만이 온전하게 갈무리할 수 있는 것이다. 따라서, 이에 대한 치밀한 현지
조사와 체계적인 보고서 작성이 유형문화재 쪽보다 더욱 긴요하고 시급하
다. 수몰민들이 이주를 시작하기 전에 장기간의 조사를 통해 방대한 자료들
을 수집하고 조사보고서를 써서, 이 지역의 민속지 작성과 지방사 서술이
이루어질 수 있어야겠다. 이것은 댐의 착공보다 우선적으로 이루어져야 할
작업인데도 아직 그런 기획의 낌새가 적어 안타깝다. 안동대 안동문화연구
소에서 교수들의 개인적인 관심에 따라 단편적인 예비조사가 이루어진 것
과, 안동대 박물관에서 기획한 '임하댐 수몰지역 지표조사' 정도로 만족해
야 할 판이다. 어느 것이나 부분적이고 형식적인 조사보고에 그칠 가능성이
짙다.

어떤 처방을 내리든 고향을 묻고 떠나는 아픔을 덜 수 없다. 사진으로 담
아간다고 해서 재구성될 수도 없는 것이 고향이다. 수많은 사람들이 고향을
떠나서 도시생활을 하고 있으나, 그것은 자의적인 것이므로 언제든지 마음
만 먹으면 고향으로 돌아올 수도 있다. 흔히들 고향은 객지생활의 담이 되
고 울이 된다고 한다. 객지에서 실패하더라도 돌아갈 터전이 있다는 말이
다. 이북에 고향을 두고온 월남 가족들은 추석 같은 명절에는 물론, 평소에
도 망향의 정으로 가슴을 적신다. 실향의 설움 탓도 있지만 지척의 고향을
바라보고도 갈 수 없는 처지가 딱하기 때문이다. 그러나 이들에게는 희망이
있다. '통일의 그날이 오면……' 또는 '남북적십자회담을 통해 고향방문의
기회가 주어진다면……' 하는 기대감이 있다. 하지만 수몰민에게는 이러한
기대나 바람조차도 있을 수 없다. 물 속에 잠긴 고향 마을은 통일이 되어도
천재지변이 일어나도 원상태로 회복할 수 없는 상태이다. 온전한 물그릇으
로 완전히 훼손되어버린 것이다. 그러므로 집단이주와 충분한 경제적 보상
을 마련해줌으로써 실향의 상처를 다소나마 아물게 할 수밖에 없다.

댐의 허물을 끊임없이 들추어내더라도 댐의 현실적인 필요성을 부정할 수
는 없다. 댐은 여러 가지 복합적인 문제들을 한꺼번에 근본적으로 해결해줄
수 있기 때문이다. 댐의 베품과 혜택을 우리가 납득할 수 있고 또 그 고마
움이 아무리 크다고 하더라도, 댐의 허물은 역시 허물대로 남고, 그 잃어버

리는 것 또한 잃어버릴 수밖에 없는 것이 또한 현실이다. 댐의 허물로 삶의 총체적 기반을 상실하게 될 수몰민들에게, 댐의 큰 베풂을 입는 쪽에서 정부가 지급하는 보상금과는 별도로 수몰민의 이주와 정착을 위한 보호성금이라도 공동으로 넉넉하게 모금한다면, 우리가 베풂받는 댐의 고마움이 그들에겐들 반드시 허물로만 남을까? 　　《安東文化硏究》 1, 1986. 5. 30.）

안동댐 십년, 그 퇴행적 삶의 현장

1. 전통의 고장에서 댐의 고장으로

안동은 전통문화의 고장이다. 유학의 중심지이자 성주의 본향이며, 양반문화가 강성한 곳이자 민속문화의 전통이 뿌리 깊은 곳이기 때문이다. 적어도 안동을 속속들이는 몰라도 대충 그 겉모습이라도 보거나 들어서 아는 이는 이러한 인식에 쉽게 동의할 것이다. 그러나 전통문화의 고장으로서 안동이 지니는 위상은 늘 한결같지 않다. 한결같지 않은 정도가 아니라 멀지 않아 안동의 위상은 다른 무엇으로 규정되기 십상일 정도로 위태로운 지경에 이르렀다. 이러한 위기의식은 역사적으로 전승해오던 생생한 전통문화의 유산들을 송두리째 훼손시키면서 그 자리를 다른 무엇으로 대체시키고 있는 데 근거하고 있다. 그 다른 무엇이 바로 거대한 물막이 '댐'이다.

안동댐이 완공된 지 10년 만에 또 임하댐까지 착공되어 현재 공사가 착착 진행되고 있다. 이대로 공사가 계속되면 멀지 않아 임하댐도 수억 톤의 물을 가둘 수 있는 물막이노릇을 제대로 할 것이다. 이로써 안동의 젖줄이나 다름없는 낙동강 본류와 반변천이 함께 댐으로 막히게 되고, 안동의 동북쪽 대부분은 삶의 터전이 물바다가 되면서 낚시꾼들의 놀이터로 바뀌는가 하면, 안동의 중심부와 나머지 지역은 찔끔찔끔 흘려주는 댐물을 얻어마시며 가슴을 졸여야 할 판이다.

원래 안동은 두 개의 댐이 가로막고 있는 두 물줄기로부터 형성되었다. 농경사회 취락의 형성조건은 바로 강물이다. 바람막이 산을 뒤로 두고 식수와 농업용수로 이용할 강물을 바라보며 모둠살이를 이루는 것이 농경사회의 취락이다. 댐으로 가로막은 두 물줄기야말로 안동의 문화와 역사를 있게 하는 탯줄이었던 것이다. 이제 그 탯줄을 묶어버렸으니, 그 탯줄로 하여 이룬 안동의 역사와 문화는 잦아들게 되었다. 자연히 전통문화의 고장 안동은 댐의 고장 안동으로 대체되기에 이른 것이다.

안동을 이르는 다른 지명 가운데 가장 두드러진 것으로는 영가(永嘉)가 있다. '영가'라는 이름은 다른 어느 지명보다도 고향 사람들로부터 널리 사랑받으며, 안동이라는 지역의 동질성을 확보해주고 공동체의식을 강화시켜주는 이름이다. 그래서 이 지방 최초의 지방지(地方誌)인 읍지의 이름도 《영가지》(永嘉誌)라 했으며, 안동을 떠나 객지에서 타향살이를 하는 사람들의 모임도 '영가회'라 하기 일쑤이다. 영가는 바로 이 두 물줄기를 두고 붙인 안동의 가장 그럴 듯한 옛 지명이기 때문이다. 《영가지》 서문에 보면, "영(永)이란 글자는 곧 이수(二水), 즉 이(二) 자와 수(水) 자를 합한 글자로서 두 줄기 물을 뜻한다. 안동부에는 북쪽에서 흘러오는 개목과, 동쪽에서 흘러드는 와부(瓦釜)의 두 갈래 물줄기가 있는데, 이 두 물줄기[永]가 아름답기[嘉] 그지없어 '영가'라고 한다"고 했다. 즉 도산을 거쳐 흘러서 현재의 안동댐을 지나 법흥으로 흘러드는 한 줄기 물을 개목이라고 했으며, 내앞과 금소 쪽에서 흘러오는 남강 또는 반변천이 선어대를 돌아 흘러드는 물을 와부탄(瓦釜灘)이라 했는데, 이 두 물줄기가 모여들어 안동시 용상동과 정상동 사이에서 만나 합강을 이루는데, 그 풍경의 아름다움을 일러 '영가'라 한 것이다. '영가'는 곧 두 물줄기의 아우름이 가장 아름답다는 이수최가(二水最嘉)를 뜻하는 말이다. 이제 안동댐과 임하댐으로 이 두 강물을 막아버렸으니, '영가'라는 지명의 근거와 함께 누대로 살아오던 삶의 터전도, 역사의 뿌리도, 경관의 아름다움도, 또한 안동다움의 개성도 모두 잃어버리게 된 셈이다.

2. 안동호의 물길을 거들떠보는 뜻은?

안동댐이 완공된 지 불과 10여 년 남짓 하지만, 안동댐을 찾는 사람들은 뱃놀이나 낚시터 정도로 알고 있는 이가 대부분이다. 얼마 전까지만 해도 거기 수만 명의 사람들이 수십 개의 마을을 이루고 몇 천 년을 대대로 살아 왔다는 사실을 까맣게 잊은 듯하다. 한가롭게 낚싯대를 드리우고 앉은 객지의 낚시꾼들이나 유람선을 타고 유행가 가락에 옷자락을 날리며 흥에 겨워 하는 놀이꾼들에게는, 54개 마을의 1만 9천 6백여 명의 목숨들이 물피난을 하면서 논밭 733만 2천여 평과, 집 3천여 호를 물 속에 버려두고 고향 마을을 떠나야 했던 수몰민들의 안타까움쯤은 벌써 옛날이야기처럼, 아니 딴세상의 이야기들처럼 아득하게 여겨질지도 모른다. 안동지역 사람들 가운데서도 그리 알고 있는 이가 적지 않으니, 낚시하러 오거나 관광차 온 객지 사람들이야 오죽할까. 객지 사람들이야 그렇다 하더라도, 댐이 들어서기 전의 생활모습과 들어서면서 겪어야 할 변화들을 스스로 감당하면서, 대대로 지켜온 삶의 터전을 속속 물 속으로 수장시키고 있는 상황을 직접 맞닥뜨리고 있는, 지금 이 땅에 발을 딛고 사는 안동 사람들이 이렇게 태평스러워도 괜찮은가 하는 의문 정도는 한번쯤 가질 만하다.

안동댐의 옛일들을 생생하게 되살려보는 일은 그리 쉽지 않다. 마찬가지로 임하댐 건설 이후에 벌어질 앞날의 일들도 구체적으로 전망하기는 어렵다. 그러나 방법에 따라서는 어렵기만 한 일도 아니다. 왜냐하면, 안동댐의 과거는 지금 임하댐이 여실하게 드러내주고 있고, 임하댐의 미래는 지금의 안동댐이 생생하게 보여주고 있기 때문이다. 그렇다고 해서 안동댐의 옛일을 들추어내기 위해 임하댐의 현장을 돌아보며 낭만적 회고에 빠져 있을 겨를은 없다. 좀더 긴요하고 급한 일은 이미 이루어진 것보다, 앞으로 이루어질 것에 관해 전망하고 거기에 따른 대책을 모색하는 일이다. 그러려면 자연히 임하댐의 앞날을 정확하게 내다보는 쪽에 우선 관심을 돌려야 한다.

한때 동해안의 어물집산지로 전국에 이름을 떨치던 임동 채거리 장터도 하늘을 찌를 듯한 높이의 콘크리트 교각에 가위눌려 장이 숨을 죽인 것은 물론, 장터에 발붙이고 누대로 살던 수백 가구의 마을 사람들도 하나둘씩 이사를 떠나, 이제는 폐동이 다 되었다. 하물며 이, 삼십 가구씩 모여살던 예사 마을이야 더 말해 무엇하겠는가. 어떤 식으로든 이주를 하고 마을을 댐

의 물그릇노릇을 하게 내주고 떠난 사람들도 딱한 처지이지만, 이주조차 갈
수 없어 댐 주변에 머물러 살아야 하는 마을 사람들은 더욱 딱하다. 임하댐
주위의 마을이 10여 년 뒤에는 어떤 모습으로 바뀔 것이며, 거기서 눌러사
는 사람들은 어떤 고난과 불편을 겪으며 살아갈까 하는 것은, 지금 안동댐
주위의 사람들을 돌아보면 쉽게 확인할 수 있다. 우리가 새삼스럽게 안동댐
주위의 사람들을 주목하고자 하는 것은, 이른바 안동호의 넓은 수면과 안동
댐의 규모만 감상하고 말 게 아니라, 자유로운 삶을 가로막고 있는 그 물길
을 뛰어넘을 수 없어 한숨으로 버티며 남아 있는 사람들의 딱한 처지를 헤
아려보며 그들의 희생에 동참하는 한편, 임하댐으로 겪게 될 고난을 미리
알고 조금이라도 줄여보자는 데 있다.

그래서 쓴이는 이 문제에 공감하는 몇 분들과 함께, 아직 이주를 하지 못
하고 안동호 주변에 머물러 사는 주민들 가운데 교통이 특히 불편한 몇 마
을들을 우선적으로 찾아보기로 하고, 이두호 씨의 도움을 받아 배를 빌려
타고 3일 동안 안동호의 망망한 물길을 오르내렸다. 답사지역과 일정은 아
래와 같다.

> 1988. 10. 8., 와룡면 두곡동 아랫문암 · 웃문암, 임하면 석동 마일
> 1988. 10. 9., 와룡면 도곡동 도곡, 절강동 박실골, 예안면 미질동 황새골
> 1988. 11. 7., 도산면 토계동 하계, 예안면 천전동 가래골, 주진동 서당골,
> 도목동 독가촌 등

3. 우리사 그때 숙맥짓을 했지

가두리양어장의 화물선을 타고 안동호의 물길을 거슬러오르다 처음에 다
다른 마을이 아래발돋질 문암리였다. 문암리의 한 할아버지에게 댐을 막고
난 다음에 사는 형편이 어떠냐고 물었더니, "망했부렀다"는 말부터 했다.
이웃마을 주민들도 같은 대답들을 했다.

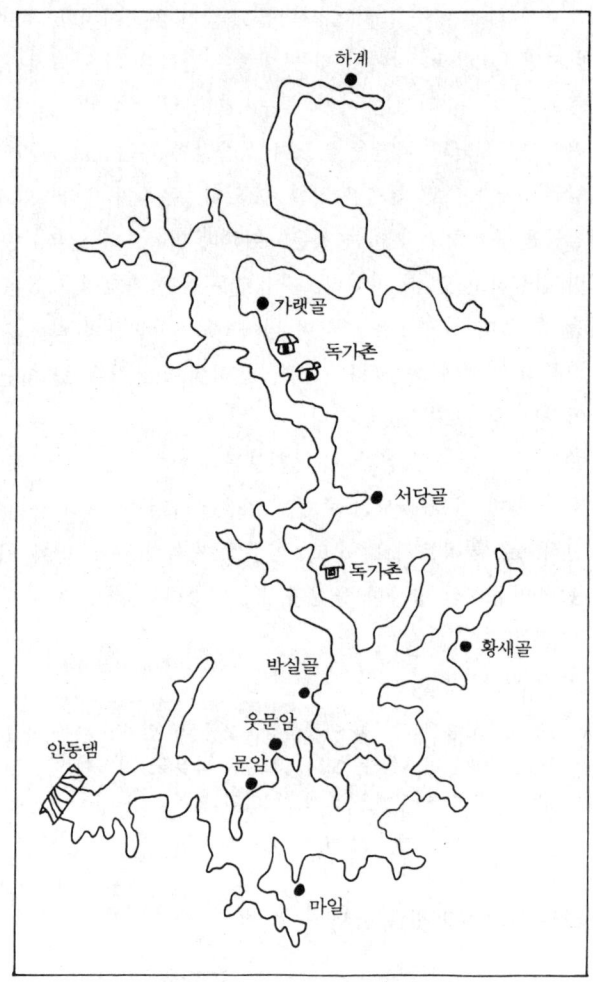

3일 동안 안동댐 주변 여덟 개 동, 열한 개 지역을 들렀다.

사는 형편이고 마고 망했부렀지 뭐. 요새 임하댐 사람들 보상받는 거 들어보
만, 우리사 그때 숙맥짓을 했지! 전답값을 제대로 보상받았나, 길을 제대로
닦아주나. 우리는 뭐 영문도 모르고 나라에서 살기 좋도록 댐 만든다카이 그런
줄 알고 주는 대로 받아야 되는 줄만 알았지. 우리는 하마 보상비 책정할 때부
터 글러부렀어. 임하댐 이바구를 들어보만, 첨부터 보상비가 현싯가 이상으로

높이 책정됐는 데다가, 조금만 마음에 덜 차도 군에 몰려가거나 도에 몰려가
보상비 더 올려달라고 시위도 하고 해서 우리보다 얼매나 더 받아냈다카데. 임
하댐 사람들은 당당하게 보상받아 어디든지 가 살 수 있고, 또 보상받을 게 적
은 사람들은 별도로 다 대책을 세워준다는데, 우리는 통 망해부렀어. 임동은
댐 되고 부자됐다는데, 우리는 보상도 얼마 안되는 걸싸나 그것도 몇 년 동안
찌꿈찌꿈 나누어주이, 이래저래 망했부렀는기라.

댐을 만들고서 살기가 더욱 딱해졌다는 사정을 과장해서 하는 하소연일
테니, 이 말을 곧이곧대로 다 들을 수도 없고, 또 이 말을 임하댐 수몰민들
이 듣는다면 남의 속사정도 모르고 별소리 다한다고 나무람부터 하겠지만,
안동댐 수몰민들의 처지에서는 상당히 공감이 가는 이야기이다. 특히 숙맥
짓을 했다는 대목에 언성을 높였는데, 그 까닭은 제대로 보상도 받지 못한
채 강제로 이주를 해야 하면서도 당국에 항의시위 한 차례 해보지 못했다는
사실 때문이다. 최근에 집단민원이 시위라는 형태로 다양하게 분출되어 어
느 정도 그 욕구가 해소되는 상황이며, 임하댐의 경우도 이러한 과정을 거
쳐 보상과 이주대책을 유리하게 한 바 있으므로, 보상을 적게 받았다는 사
실보다 한번도 제 권리를 떳떳하게 주장하지 못했다는 점에서 더욱 억울함
을 느끼는 것이다.

실제로 그때와 지금은 여러 모로 크게 달라졌다. 수몰민들에 대한 보상의
법적 근거도 달라졌을 뿐 아니라 사회적인 분위기도 크게 달라졌다. 유신정
권 이전 시대에는 시골 사람들이 자신들의 주장을 앞세워 집단시위를 한다
는 것은 꿈에도 생각하지 못하던 상황이었다. 그래서 삶의 기반을 온통 수
장시키면서도 이에 대한 항의나 거부운동을 할 엄두조차 내지 못했다. 그러
나 지금은 사정이 크게 달라졌다. 소값이 떨어지거나 고추값이 떨어져도 당
국을 상대로 시위를 하며 생산비보장을 요구하기에 이른 것이다. 게다가 몇
년 전에는 '공공용지의 취득 및 손실보상에 관한 특례법'이 제정되어, 공공
개발의 미명 아래 사유재산을 임의로 취득할 수 없도록 법적인 근거를 마련
하게 되었다. 따라서 모든 사정이 보상받는 사람들에게 유리하도록 크게 바
뀐 셈이다. 이를테면 안동댐 당시에는 이미 잡혀 있는 총보상예산액의 테두

리 안에서 보상가를 책정하는 방식이었는데, 임하댐의 경우에는 보상대상물을 감정하여 보상가를 책정한 다음 이에 충분한 예산액을 확보해서 보상하는 방식이었다. 자연히 안동댐의 경우는 정해진 예산의 범위 안에서 보상받아야 하므로 제값을 받지 못할 수밖에 없었다.

이주를 하지 못하고 안동호 주변에 머물러 사는 사람들에게는 더 딱한 것이 수몰지역에 대한 '직접보상'뿐 아니라, 수몰되고 남은 자투리 토지에 대한 '관련지보상'과, 수몰은 되지 않았지만 댐으로 인해 영농이 불가능한 토지나 길이 막힌 살림집 등에 대한 '간접보상'이다. 임하댐 이주대책 담당자에 의하면, 임하댐의 경우는 관련지보상도 직접보상과 같은 가격으로 동시에 보상을 했고, 간접보상도 댐 공사의 진척에 따라 영농과 생활에 불편을 주는 경우가 생기면 제때 보상을 해주고 있다. 그러나 안동호 주위의 주민들에 따르면, 관련지보상도 못 받았고 간접보상도 받지 못했다고 한다. 마을을 떠나지 못한 대부분의 사람들은 직접보상의 대상이 아닌 사람들이거나 극히 일부만 해당되는 사람들이다. 따라서 마을이나 토지의 상당 부분이 만수위 위쪽에 자리잡고 있는 사람들이다. 이들은 살림집과 전답이 물에 잠기지 않았으므로 직접보상의 대상은 아니지만, 댐으로 인해 교통이 두절되어 고립되는가 하면, 사실상 자기 땅처럼 부치던 소작지를 잃게 되는 등 여러 모로 큰 손실을 입고 불편을 겪어야 했지만, 이에 따른 보상비를 받지 못했다. 제 살림집과 전답을 죄다 버리고 떠날 수도 없는 형편이다. 일부 직접보상을 받은 경우는 주로 쓸 만한 토지를 물 속에 묻은 경우인데, 그 토지가 전체 소유 토지의 일부에 지나지 않으므로 보상비가 워낙 적어 이주는 꿈도 못 꾸는 형편이다. 결국 좋은 농지만 줄어든 셈이다. 그러니, "나가도 드가도 못하고 죽을 지경이지 뭐요. 워에든지 좀전만하게 살도록 좀 해주이소!" 하는 하소연이, 낯선 사람들 앞에서도 예사로 나오는 것이다.

4. 교통불편이 제일 큰 문제

수몰이 되고 길이 막히니 얼마 남지 않은 토지들도 경작할 수가 없다. 배를 타고 돌아들지 않으면 농지에 접근하기조차 어렵다. 고립된 지역에는 묵는 것이 토지라고 했다. 만수위 위의 골짜기에 마을을 이루고 있으므로, 큰 마을과 넓은 들로 통하던 큰길들은 모두 물에 잠겨 입지적인 조건이 농기계를 사용할 수도 없게 악화되었다. 경운기는커녕 손수레도 끌 수 없을 정도로 마을길은 좁고 험하다. 길들도 한결같이 좁은 마을 안에 갇혀 있다. 이웃 마을로 통하는 길이나 대처로 나가는 길은 물길이 아니면 산길이다. 우리 일행이 마을을 들어서면 한결같이 놀라며 어디로 해서 왔느냐고 묻곤 했다. 길이 없으니 수레가 있어도 쓰일 데가 없다. 자전거도 없다. 소용이 없기 때문이다. 무거운 짐을 나를 경우에는 지게를 사용하거나 길마를 이용할 따름이다. 그래서 농사깨나 짓는 집에는 수레나 경운기는 없어도 길마는 아직도 한두 쌍씩 있다. 오래전부터 쓰지 않아서 버려두었던 길마를 댐이 들어서면서 다시 쓰게 된 셈이다. 아마 소 길마를 아직도 사용하는 지역은 전국적으로도 희귀할 것이다. 사정이 이러하니 자연히 소득도 줄어들 수밖에 없다. 일하기가 힘들고 우선은 살기가 어렵더라도 장래의 희망이 있으면 그래도 참고 견딜 수 있다. 여기서는 무엇 하나 확실하게 기대할 것이나 바랄 것이 없다. 따라서 어지간한 사람은 마을에 남아 있지 않다. 자식들을 따라 도회지로 나갈 수 없는 늙은 사람들만 남아 있기 일쑤이다.

댐이 되고 망해버렸다는 주민들을 진정시키고 제일 불편해진 것이 무엇이냐고 물으면 으레 교통이라고 한다. 아랫문암에서는 자전거를 타면 20분 만에 안동 시내까지 갈 수 있었는데, 지금은 유람선을 얻어 타지 못하면 발길이 묶인다. 하도 답답해서 노를 저어가면 선착장까지 1시간은 걸린다. 거기서 다시 시내버스를 타고 10여 분 정도 가야 시내에 이를 수 있다. 육로를 이용하는 경우 버스 타는 곳까지 험한 산길을 30여 분 걸어가서 다시 버스를 40여 분 타야 한다. 그러나 짐이 있는 경우는 버스를 타는 곳까지 걸어

다닐 수 없다. 배를 탈 수밖에 없다. 하루에 서너 차례 다니는 유람선이 손을 흔들고 고함을 쳐도 못 본 척하고 지나쳐버리면 그만이다. 하는 수 없이 배를 빌려서 1시간 가량 노를 직접 저어야 한다. 자전거로 20분 걸리던 거리가 배와 '버스를 이용해서 1시간 이상 걸리게 된 것이다. 전에는 저녁 먹고 자전거로 안동 시내에 가서 영화를 보고 와도 넉넉할 정도였는데, 지금은 시내에 볼일을 보려면 하루를 버려야 한다고 했다.

이 경우는 그래도 형편이 좋은 경우이다. 그 이웃에 있는 웃문암은 더욱 불편하다. 배도 없고 유람선도 들어오지 않는다. 유람선을 타려면 아랫문암까지 비탈길을 걸어가야 한다. 전에는 이웃이던 두 마을이 댐으로 길이 묻히자 완전히 딴 동네가 되어버렸다. 버스를 타려면 산길로 40분을 걸어야 한다. 그러나 아래·웃문암은 시내에서 비교적 가깝고, 불편하지만 유람선을 타거나 걸어서라도 버스를 이용할 수 있다. 육로와 수로가 함께 막힌 마을도 적지 않다. 유람선이 지나다니지도 않을 뿐더러 육지로 통하는 길도 전혀 나 있지 않은 경우이다. 이를테면 미질 황새골을 비롯한 일부 독가촌들이 그렇다. 황새골의 경우 외부와 연락을 취하려면 1시간 정도 노를 저어 사월까지 가야 한다. 물론 편지도 배달되지 않는다. 미배달지역으로 간주되고 있다. 이 마을에는 노인들밖에 살지 않는다. 노인들이 한 차례씩 노를 저어 사월까지 나가야 가게에 맡겨둔 우편물들을 찾아볼 수 있고 또 외지로 소식을 전할 수 있다. 처음부터 이런 상황에 처해서 살았다면 그래도 견딜 만하다. 그러나 이들 마을은 댐이 되기 이전에는 한결같이 교통이 좋았던 곳이다. 그러니 더 불편하다. 옛날 생각을 하면 분통까지 터진다. 미질은 원래 월곡면 소재지 마을이었다. 그런데 이제는 교통과 통신이 완전히 두절된 고립지역이 되어버린 것이다. 마을마다 사정이 다 같은 것은 아니지만, 우선적으로 필요한 것은 교통편의이다.

아랫문암의 김영호(남, 41) 씨는 정부가 간접보상을 해주는 것보다 이설도로를 내주는 것이 유리하다고 생각해서인지 보상은 안해주고 길을 내주었는데, 그냥 불도저로 밀어놓기만 해서 길이 다듬어져 있지도 않고 포장도 되지 않아서 트럭만 간신히 다닌다고 했다. 물이 빠지지 않아 늘 길이 질고

세상과 고립되어 살아가고 있는 독가촌의 움막. 원시생활을 연상하게 한다.

경사가 심해서 버스가 다닐 수 없는 형편이다. 버스가 다닐 수 있도록 콘크리트 포장이라도 해준다면 더 바랄 게 없단다. 그러면 댐 건설 이전 같지는 않아도 고립감은 해소시킬 수 있다. 여러 차례 건의도 하고 진정도 했으나 헛일이었다고 한다. 임동면 미질 황새골이나, 예안면 천전 가래골, 그리고 예안면 도목동에 속하는 독가촌들은 길이 전혀 없다. 이런 곳은 물길밖에 이용할 방도가 없다. 배라도 정기적으로 들려 교통의 편의를 제공하면 큰 다행이다. 그런데 배조차 이용할 수 없는 마을도 있다. 이들은 절해고도에 사는 사람들이나 다를 바 없다.

유람선이 댐 덕택에 행락을 즐기려는 사람들에게 놀이터만 제공할 것이 아니라, 댐 탓에 많은 희생을 겪고 고난을 감수하고 있는 주민들에게 봉사하는 것이 더 마땅할 터인데, 어찌된 판인지 사정은 뒤바뀌어져 있다. 유람선이 유행가 가락을 확성기로 내쏠으면서 마을 앞의 물위를 한가롭게 떠다니거나, 쾌속정이 낚시꾼들을 싣고 쏜살같이 물살을 가르긴 해도, 고립된 마을의 교통편의에는 관심이 없다. 그러한 놀이와 밥벌이가 누구의 희생을

딛고 가능하게 되었는지를 조금이라도 염두에 둔다면, 댐으로 인해 고립된
지역의 주민들에게 교통편의를 제공하는 배려쯤은 그리 어려운 일이 아닐
것이다.

5. 자녀교육 때문에 젊은이들 못 살아

교통의 편의는 당장 살아가는 데 불편을 주지만, 장래를 생각하면 이 정
도의 불편쯤은 사실상 아무것도 아니다. 좀더 큰 불편은 다른 데 있다. 교
육문제가 그것이다. 사실 교육은 불편함의 문제를 넘어선다. 삶과 희망의
근원적인 문제이다. 젊은이들이 발붙이고 살 수 없는 까닭도 여기에 있다.
어른들의 유일한 희망은 아이들이 제대로 교육을 받아 훌륭하게 성취하는
것이다. 그러나 여기서는 그것이 불가능하다. 희망이 없다. 아이들이 다닐
만한 국민학교조차 없기 때문이다. 따라서 마을에는 아이들이 없다. 아이들
을 낳아 기를 만한 젊은이들도 없다. 어른들은 여러 가지 불편과 희생을 감
수하면서 고향을 지킬 수 있다. 그러나 아이들의 교육을 생각하면 한시도
그럴 수 없다. 인근에 국민학교가 아주 없는 것은 아니다. 길만 좋으면 통
학이 가능하지만, 댐으로 교통이 두절되거나 새로 낸 이설도로가 험하고 멀
어서 국민학생들이 혼자서 통학할 수 없도록 악화되었기 때문이다.

그래서 이들 마을에는 노인들만 살기 일쑤이다. 미질 황새골에는 다섯 집
이 사는 데 인구가 모두 10명이다. 한결같이 노인들 내외만 짝을 지어 살고
있다. 완전히 고립된 지역이니 그럴 수밖에 없다. 사람이 늙어서 즐기는 유
일한 기쁨과 보람은 손자들의 어리광을 받으며 그들의 성장과정을 지켜보는
것이다. 그러나 그들은 예사 노인들이면 누구나 누리는 그러한 보람도 맛볼
수 없다. 손자를 안아보는 일은 그들에게 지나친 사치인지도 모른다. 사람
들의 삶을 숨죽이는 수몰의 땅 주변에 겨우 빌붙어사는 처지에 목숨을 부지
하는 것만 해도 천만다행으로 여기며 사는 듯 보이기도 한다. 김우표(남,
71) 할아버지는 우리 일행을 만나자 "무다이 이런 데 살아 미안하이더" 하
고 오히려 송구스러워할 정도였다.

안동호를 사이에 둔 채 신예안 맞은편에 있는 예안면 천전동 가래골은 수
몰 전에는 50여 호가 모여살던 마을이었다. 이제는 여섯 집뿐인데, 육로는
완전히 막혀서 물길을 이용할 수밖에 없으니, 섬마을이나 다름없다. 젊은이
라고는 장애자인 32세 나는 청년 한 사람뿐이었다. 주민은 모두 14명으로
모두들 노인 내외만 사는데, 두 집만 식구가 셋이다. 장애자인 젊은이가 있
는 집 외에 5학년짜리 국민학생이 있는 집이다. 그 부모는 쉰 살이 넘었지
만, 막내를 형들에게 딸려 보낼 수 없어 데리고 있다. 아침 7시와 오후 3시
40분경에 예안 서부단지에서 뜨는 배가 있는데 이 배를 이용해서 예안에 있
는 국민학교에 다닌다. 더러 배를 놓치거나 결항하는 경우는 등교할 수 없
을 뿐 아니라, 학교에서 돌아올 수 없는 딱한 사정에 놓이기도 한다.

아랫문암은 모두 12가구인데 인구가 30명 남짓하다. 대부분이 노인들 내
외가 짝을 지어 살고 아이들을 데리고 사는 젊은이들은 세 집뿐이다. 그 아
이들도 대부분은 중·고등학생이어서 마을에 실지 않는다. 이들은 모두 안
동 시내에서 하숙이나 자취를 한다. 국민학생이 있는 집은 딱 한 집이다.
현재 국민학교 3학년 학생이다. 내년쯤 취학연령에 드는 아이가 하나 더 생
긴다고 한다. 제일 딱한 것은 이들이다. 마을에서 국민학교를 시킬 수가 없
어, 하는 수 없이 1학년 때부터 중·고등학교에 다니는 형들과 함께 시내의
국민학교에 유학을 보내고 있다. 동부국민학교 3학년 4반에 다니고 있는
9살짜리 김조근 학생이 바로 그 주인공이다. 김군의 아버지 김영호(남, 41)
씨는 3년 전 아들을 입학시킬 때를 회고하며 다음과 같이 말한다.

　　방을 하나 얻어 가주고 중학교 2학년짜리 딸년한테 국민학교 4학년짜리하고
새로 들어간 막내를 맡겨놓고 저녁에 와서는 집사람하고 밤새도록 잠을 못 잤
지요 뭐. 일을 해도 일이 손에 잡히지 않고 만날 걱정이래요. 그래 생각 좀 해
보소. 요새 테레비 보만 다 큰 고등학생들도 부모가 일일이 돌봐주고 별야단들
을 다 했사도 인간이 되니 안되니 캤샀는 판에, 국민학교 때부터 아이들이 부
모를 떨어져 있으이 갸들이 암만 머리가 좋고 착하다 한들 그게 뭔 꼬라지가 될
리껴. 글은 배울동 모르지만 교육은 안되지요. 그르이 자식교육 똑바로 씨길라
만 리야까를 끌고 남의 집 종노릇 하는 일이 있어도 젊은 사람들은 객지에 나가

야 돼요. 젊은 사람들은 무조건 도시로 나가야 된다카는 원인이 첫째는 교육 때문이래요. 젊은 사람들이 이런 데 살고 싶어도 자녀들 교육 때문에 못살아요. 우선 사는 데는 교통이 제일 불편할 동 모르지만 앞을 내다보고 사는 데는 교육이 더 큰 문제지요. 우리가 이렇게 힘들게 살아가주고도 자식들 교육만 똑바로 씨길 수 있다카만 다른 거는 별 문제될 게 없다고 봐요.

그래도 아랫문암에서는 아이를 유학이라도 보내며 사는 젊은이들이 몇 집 있다. 뛰어노는 아이들을 볼 수 없어 그렇지 그래도 사람들이 사는 마을처럼 보인다. 웃문암을 찾아가보면 더 기가 막힌다. 집은 모두 여덟 집이 있는데 세 집만 사람들이 산다. 나머지 다섯 집은 모두 빈집이다. 집을 비워두고 떠난 것이다. 떠날 형편이 못 되는 사람들만 남아 사는 것이다. 떠난다고 해도 집이나 전지를 다 그냥 버리고 떠나야 한다. 아무도 살 사람이 없기 때문이다. 객지에 다른 기반이 없으면 떠날 엄두를 못 낸다. 살림살이는 시내서 하면서 농사를 짓는 집도 한 집 있다. 이 집은 그래도 살기가 괜찮은 경우이다. 마을 입구에는 동구나무가 죽어가고 있고 빈집이 폐허처럼 허물어져가고 있어 폐동이나 다름없다.

산업사회에서 교육의 질은 삶의 질을 보장한다. 따라서 교육환경의 악화는 곧 삶의 조건의 악화를 뜻한다. 교육환경이 이러니, 젊은이들과 함께 살다가도 아이들만 나면 어떻게 해서든 싸잡아 내보낸다. 그들이 나가 자리를 잡는 데 조금이라도 짐을 덜기 위해 노인들은 짐짓 기꺼운 체하며 몇 가지 명분을 내세워 남기로 한다. 왜 아들과 손자 다 떠나보내고 노인분들만 남았느냐고 하자, 우리사 이제 죽은 목숨과 한 가진데 어디서 산들 어떠냐고 하며, 같이 떠나자는 아들 며느리들을 달랠 때 한 말을 되뇌었다.

　객지에 나가봐야 말동무도 없고 정 붙일 이웃도 없는데, 쓸데없이 따라 나가만 뭐하노? 자투리 땅이지만 버려두기 아깝고 하니 농사를 지으면 우리 입에 풀칠은 안 할라. 다행히 가물어가주고 물바닥이라도 넓게 드러나면 너들 살림하는 데 고추 근이나 보내고 깻말이나 보내면 좀 좋나. 그라고 고향 지키는 사람도 있어야제, 선산에 풀도 내리고…… 그러이 우리 걱정은 말고 너들이나 열심히 해가주 잘살아라.

자식들은 그래도 도회지에 나가 제대로 배우고 성취해 살아야 한다는 생각에서 마음에 없는 말을 하기도 하지만, 젊은 목숨들이 수몰로 죽어가는 땅에 눌러앉아서는 건강하게 살 수 없다는 절박한 생각 때문에, 자신들의 마음앓이쯤은 애써 숨기며 자식들의 발걸음을 가볍게 하느라 여념이 없었던 것이다. 젊은이들 생각도 별 다를 바 없다. 좀 교통이 낫다고 하는 절강 박실골도 젊은이들 처지에서 보면 사정이 딱하긴 매 일반이다. 20여 분은 걸어야 버스를 탈 수 있는데, 빗방울만 있으면 차가 들어오지 않는다고 불만이 대단하다. 교사 두 명이 29명의 전교생을 가르치고 있는 분교의 교육환경도 마음에 흡족하지 않다.

"농로가 없으니 경운기도 쓸 수 없는데다가, 비탈밭에다 일손이라고는 노인네들뿐이어서 농사일이 더욱 힘든다"는 김창한(남, 48) 씨는, 지금이라도 밑천만 있으면 당장 나가고 싶은데 곡가금도 없고 고추값도 없어 옴짝달싹을 못한다고 했다.

사정이 이러하니 독가촌은 물론, 서너 가구씩 사는 곳은 곧 마을이 사라질 조짐을 보이고 있다. 70세 안팎의 노인들만 사는 탓에, 할아버지나 할머니 가운데 어느 한 쪽만 세상을 떠도 버틸 수 없다. 형편이 되든 말든 아들네가 있는 객지로 나갈 수밖에 없다. 따라서 짧게는 5년, 길게는 10년 전후로 마을이 속속 없어질 것이다. 10여 호 이상씩 모여사는 마을들도 젊은이들이 사는 경우는 서너 집 안쪽이니 사정은 크게 다를 바 없다. 길게 보아야 20년 정도이다. 점차 폐동이 되어갈 수밖에 없다. 동네가 망해가는 모습은 마을 입구에서부터 쉽게 드러난다. 수백 년 동안 마을을 지켜오던 동구나무가 죽어가고 있는 모습은 마치 마을의 운명을 상징적으로 보여주고 있는 것 같았다.

6. 마을이 망하니 당나무도 죽어가고

우리 사랑방 회원들이 찾아간 마을은 주로 댐의 피해를 많이 입은 마을이었다. 모두 열두 마을을 찾아간 셈인데, 이들 마을 가운데 동구나무가 아예

퇴계선생의 고향마을인 토계동 입구의 하마비(오른쪽)와 말라죽은 동구나무(왼쪽)

없거나 당집이 없는 마을이 있는가 하면, 동구나무가 죽었거나 죽어가고 있
는 마을도 있었다. 그런가 하면 당나무가 아직도 생생하게 살아 있고 동제
도 여전하게 계속되는 마을도 있었다. 이상하게도 당나무의 생존여부 또는
동제의 전승여부가 마을의 흥망성쇠와 거의 일치하고 있었다. 독가촌이나
노인들만 사는 마을에는 아예 당나무가 없었다. 동제는 물론 중단된 지 오
래였다. 사실상 마을로 인정받지 못하는 동네였다. 마을의 운명도 노인들의
잔명과 함께 결정될 것이다. 그런데 배를 타고 거슬러올라갈 수 있는 안동
호의 상류에 속하는 도산면의 토계동은 사정이 달랐다.

　수몰과 더불어 마을 앞에 버티고 섰던 당나무의 생육이 점차 나빠지더니
마침내는 더 이상 살아날 가망이 없는 상태에 이르렀다. 당나무와 함께 마
을로 접어드는 길목에 관문처럼 서 있던 동구목도 죽어가고 있었다. 마을
어귀에는 토계동의 마을 품격을 알리는 동시에 하마비(下馬碑) 구실을 하는
'퇴도선생 묘하동문'(退陶先生墓下洞門)이라는 글귀가 쓰인 비석이 있다.

동구나무는 길을 사이에 두고 이 비석과 장승처럼 마주서서 마을 어귀의 수
문장 구실을 했으니, 이 동구나무 역시 마을 앞의 당나무와 함께 마을을 지
키는 수호신노릇을 하던 위하는 나무였다. 따라서, 정월 보름에 동제를 지
낼 때는 이 두 나무에 모두 금줄을 쳤다. 제의의 대상이 되는 신성한 나무
였기 때문이다. 그런데 이들 두 나무가 함께 죽어가는 것이었다. 이를 안
마을 사람들은 걱정이 대단했다. 동신목과 동구목이 죽어가는 것은 마을 수
호신이 마을을 버리는 것이나 다름없다고 생각한 것이다. 그래서 대책을 세
운 것이 동신을 모실 당집을 새로 짓기로 했다. 물이 드는 쪽인 마을 앞과
어귀에 자리잡고 있던 동신목들이 물이 들면서 죽은 것을 고려해서, 물이
드는 쪽과 정반대쪽인 뒷산 기슭에다 자리를 정했다. 마을이 모두 물밑으로
들어가도 동신당만은 끄떡없도록 대책을 세운 셈이다. 그러므로 한때 70호
를 자랑하던 하계동이 27호로 크게 줄어들고 소득도 낮아졌지만, 새로 지은
당집과 함께 마을의 역사는 영원할 것으로 예상해도 좋겠다.

　안동 김씨 14호가 사는 절강 박실골도 당나무가 여전하다. 당나무로 섬
겨지는 참나무가 아직 꿋꿋하고 주위의 나무들도 아름드리 거목이 어우러져
있어 마을의 사정이 그래도 괜찮다는 것을 상징하는 듯했다. 실제로 토계동
다음으로 조건이 좋은 마을이었다. 그래도 아이들을 인근 대동분교에 보낼
수 있고 20분 정도 걸어나가면 버스도 이용할 수 있다. 일가들끼리 모여살
고 정자도 있는 걸 보면 넉넉지는 못해도 행신하며 사는 마을 같았다. 당나
무에 제사도 일년에 두 차례씩 올린다. 정월 보름에는 동장이 제사를 올리
고, 음력 7월에 풋굿을 먹을 때는 제관을 뽑아서 제사를 올린다. 원래 담배
를 많이 했는데 양담배 수입으로 담배농사를 지을 수 없어 소득이 크게 줄
었다고 하나, 동신이 마을을 지키며 수호신노릇을 하는 한 다른 마을처럼
쉽게 망하지는 않을 마을이었다.

　당나무가 죽어가고 있거나 죽은 나무와 산 나무가 함께 서 있는 마을도
있다. 이를테면 웃문암과 아랫문암이 그런 마을이다. 웃문암에는 동구나무
에 동제를 지내지는 않았으나 어른들이 위했던 나무였다. 그래서 다른 고장
사람들이 이 나무를 사러왔을 때도 어른들이 팔지 않았다. 그런데 물이 들

면서 마을 어귀를 지키던 동구나무가 죽어버렸다. 아직 쓰러지지는 않았지만 앙상한 줄기만 남았다. 용케도 그 옆에 어린 느티나무가 살아 있어 죽은 나무와 대조를 이루고 있다. 마을에 들어서면서 제일 먼저 눈에 띄는 죽은 동구나무로 인해, 마치 폐동처럼 보인다. 실제로 폐동이 거의 다 된 마을이다. 아랫문암의 동신목도 죽은 지 오래되었다. 댐이 만수가 될 때 어른들은 동신목이 죽는다고 걱정이 대단했는데, 기어코 죽었다. 이제 그 둥걸만 형해(形骸)처럼 남아 있다. 다행히 그 옆에 참나무 한 그루가 버티고 있어서 당터를 지탱하고 있고, 동신으로 모시던 바위가 옛모습을 그대로 지니고 있어 동제는 계속된다. 바위는 거북처럼 동쪽을 향해서 뾰족한 머리를 쳐들고 있는데, 옛날에 동쪽 방향에서 들어오던 물길을 따라 살이 들어오는 것을 막기 위해 바위를 그렇게 모셔두고 섬겼다고 한다. 아마 문암(門岩)이라는 지명도 이 바위에서 유래된 것이 아닌가 한다. 마을을 지키는 기둥이므로 동신은 계속 섬겨야 한다는 김호진(남, 58) 씨의 말을 들어보면, 뜻밖에 동신목은 죽었지만 바위가 그 몫을 대신하고 있는 덕택에 아랫문암의 장래도 아주 어둡지만은 않을 것 같은 생각이 든다.

7. 이말무지로 살아가는 사람들

안동호 주위를 돌아보면서 평소에 보기 어려웠던 상황을 여럿 목격했다. 이름 모를 물새들이 떼를 지어 날거나 물결을 박차며 노니는 모습들, 또는 안동호 군데군데 분포되어 있는 가두리어장의 생산적인 모습들도 그런 상황 가운데 하나가 될 수 있다. 그러나 우리의 관심을 끄는 것은 생명이 죽어가고 자연이 훼손되어가는 상황들이었다. 우선 나무가 죽어가고 있는 광경을 숱하게 볼 수 있었다. 물이 들어 죽어가고 있는 나무, 이미 죽은 나무, 죽어서 쓰러진 나무, 죽은 채 물에 잠겨 가지의 끝만 내놓고 있는 나무 등이 곳곳에 보인다. 산도 마찬가지였다. 물에 잠겨 죽어버린 산, 죽어가고 있는 산, 지맥이 짤린 산들이 허다하다. 문전옥답이었던 수많은 토지들도 마찬가지였다. 더욱 안타까운 것은 농작물이다. 거의 다 가꾼 상태에 물이 들어 죽은 농작물이 물가 마을 어느 곳에나 보였다. 1,2백 평이 아니라, 수백 평이, 더러는 수천 평의 농작물이 고스란히 죽어 있는 것을 볼 수가 있다.

하계동 앞에는 거의 수만 평의 농지들이 물이 들어 농작물이 죽어 있는 광경을 폐허처럼 드러내고 있었다. 이원백(남, 67) 씨에 의하면 물가의 땅이 제일 좋고 넓은데 언제 물이 들지 장담을 못한다고 했다. 올해도 물가에서 담배농사를 한 사람들은 추수를 못했다고 하며 이말무지로 농사를 짓는다고 했다. 되면 되고 말면 말고, 두판지기로 농사를 짓는다는 말이다. 다행히 날이 가물어 물이 들지 않으면 괜찮고 물이 들면 그만이라는 각오로 농사를 짓는다는 것이다. 헛일 삼아 농사를 지으니 일하는 것이 재미있을 리도 없고 농사에 대한 희망도 적다. 다만 비가 적게 오기를 기다릴 뿐이다. 황새골의 김우표 할아버지는 물만 올라오면 만사 헛일이라면서 추수 직전에 물이 들어 죽은 깨밭을 가리켰다. 한해는 비가 많이 와서 농사지은 것을 거의 다 못 먹게 되었는데, 관에서 쌀 두 가마를 주어서 얼마나 고맙던지 눈물이 막 나더라고 했다.

그러나 더 절박한 것은 사람이 죽어가고 마을이 망해가는 일이다. 노인들로 이루어진 마을이니 그럴 수밖에 없다. 늙은이들 내외만 사니 어느 한쪽이라도 먼저 죽는 날에는 의지할 곳이 없다. 두 식구가 한꺼번에 마을에서 사라지는 셈이다. 독가촌의 경우는 마을이 완전히 없어진다. 옛 월곡면 소재지였던 도목동의 산기슭에 할아버지와 단둘이 살고 있는 전분이(63) 할머니는 고추를 따다가, 사는 형편을 물으니, "사람 사는 게 천층만층 구만층이라 그러디, 우리가 이래 살 줄은 꿈에도 몰랬니더. 애이고, 이것도 사는 게라고 참! 죽도 사도 못하고 영감 할마이 이래 삐치니더" 하며 담배 꽁초 하나를 찾아 물었다. 할아버지 남성섭(68) 씨는 신경통을 앓아서 약을 지으러 안동 시내를 나가고 온 골짜기와 온 마을을 할머니 혼자 지키고 있는 참이었다.

물 들기 전에는 도목 아랫동네·윗동네가 이웃해서 천여 호가 넘는 대촌을 이루고 살았지요. 그때는 영양 남씨들이 참 큰 문중 채리고 일가들끼리 재미있게 살았더니만, 물 막는 바람에 일가들도 다 떠났부고 돈 없는 우리 영감 할마이만 이래 남았니더. 나갈라이 워디 돈이 있어야 나가지요. 우리도 아들이 사고만 안 냈으만 워째든동 마을을 떴을 낀데……

이렇게 말을 하고 말끝을 다 못 맺었다. 아들이 대구 나가사는데 운전하다 사고를 내서 하루 벌어 하루 먹고 산다고 했다. 이런 독가촌이 도목동만 하더라도 산등성이 하나를 사이에 두고 세 곳이나 있었다. 할머니의 회상이나 넋두리를 듣지 않더라도 이런 마을은 죽은 마을이나 다름없었다.

　　우리사 죽은 목숨이나 다름없지만 그래도 일철에는 견딜 만하지요. 영감 할마이 같이 일할 때는 뭐 장래걱정은 잊었부고 하이 좀 나아요. 글치만 밤에는 참 딱해요. 이넘의 전기라도 좀 들오만 그래도 사는 것 같을텐데, 외딴 산골에 불도 밝게 못 혀고 테레비도 못 보이 무섭기도 하고 세상 돌아가는 것도 모르고……. 그래도 여름에는 낫니더. 겨울이 되만 주야로 방구석에 처박혀 살아야 되이 참 징역살이도 이런 징역살이가 없지요. 적막강산이라요 고마. 병 나까봐도 겁나지만 겨울 다오까봐 더 겁나니더.

사람이 그리웠던 탓인지 뜻밖에 살림살이의 사정들을 자세하게 털어놓았다. 논에는 유난히 메뚜기가 많이 뛰어 놀았다. 할머니의 모습을 사진으로 찍긴 했지만 전해드릴 수 있을지 모르겠다면서 오래 사시라고 인사를 하고 돌아나오는데, "임 기럽고 돈 기럽다드니……" 하는 노래소리가 들렸다. 돌아다보니, 울먹이면서 치마를 뒤집어 눈물을 훔치고 있었다.

독가촌 사람들의 한결같은 바람은 전깃불이었다. 어차피 외지로 자주 나다닐 처지는 못 되는 편이니 교통이 편리하기를 기대하는 것은 오히려 사치였다. 미질 황새골의 주민도 마찬가지였다. 독가촌 사람들은 스스로 살아 있다는 것을 확인하고자 전깃불이라도 밝게 켜고 싶었던 것이다. 더 욕심을 낸다면 텔레비전을 보면서 다른 사람들과 더불어 살고 있다는 것을, 자기들이 사는 골짜기 밖에는 그래도 수많은 사람들이 함께 살아가고 있다는 것을 느끼고 살고자 전기를 원하는 것이었다. 황새골 노인들은 그래도 이웃이 몇

도목동 산기슭에 할아버지외 외따로 고립되어 살고 있는 전분이(63세) 할머니

집 있어서 그런지 다른 욕심을 낸다. 전기가 들어오면 자동펌프를 이용해서 댐물을 쳐다 먹는 수고는 덜 수 있을 것이라고 했다. 대부분의 마을이 식수가 부족해서 곤란을 겪는다고 했는데 황새골에는 전혀 식수원이 없다. 사철 댐물을 길어다 끓여먹는다. 노인들이 일일이 100여 미터나 되는 물가까지 내려가서 물을 지고 날라야 하기 때문에 여간 고생이 아니다.

8. 댐으로 잃은 것은 많아도 덕본 것은 없어

황새골이나 도목동 독가촌에도 돈만 있으면 전기를 넣을 수 있다. 한전 직원이 찾아와 황새골에는 100만원, 도목동 독가촌에는 150만원만 내면 전기를 넣어준다며 전기 넣을 것을 권하더라고 했다. 회사측으로 봐서는 이 돈이 실경비에 지나치 않을지도 모르지만, 이들에게는 턱없는 목돈이었 다. 전분이 할머니는 이런 사정을 전하면서 "우리 처지에 150만원이 어디 있니껴. 단 돈 만원도 만져보기 어려운 형편에 먹고 죽을라 캐도 없니더. 그 돈 있으만 가만 앉아 먹고 살지요" 하면서 안타까워했다. 황새골의 한 할아버지는 댐을 막아 전기를 그렇게 많이 생산한다는데, 댐 때문에 오도 가도 못하고 사는 동네에 전기 좀 넣어주면 어떠냐면서 흥분했다. "우리 땅 을 뺏다시피 해서 전기를 많이 생산했으면 우리한테는 헐값으로 전기를 넣 어주는 게 도리지 그래, 저들 때문에 망했는 우리한테까지 비싼 값으로 팔 라 그래가주 되겠나 그래. 그런 식으로 장사할라만 어느 넘인들 뗴돈 못 벌 겠노?" 불만은 끝이 없었다.

노인들이 그래도 고향을 지키며 묵은 토지 한 뙈기라도 놀리지 않고 농사 짓는 게 나라로 봐서 얼마나 이익인데, 나라는 그렇게 무심한지 모르겠다는 불평도 털어놓았다. 댐 때문에 잃은 것은 많아도 댐 때문에 덕본 것은 조금 도 없다면서, 댐을 만들면 나라에 크게 이익이 된다고 했으니, 이익을 본 나라에서나, 댐을 막아 물장사로 수십억 원을 벌어들이는 수자원개발공사측 에서, 댐 탓에 손해보고 사는 사람에게 돈 100만원씩 보조해 전기를 넣어주 는 게 당연한 일이 아니냐며 따지는데, 대답할 말이 없었다.

댐을 이용하여 소득을 올리는 일거리에 관해서도 주민들은 불평이 대단했 다. 우선 댐바닥이 드러나서 농사를 짓게 되는 경우도 토지이용에 따른 세 금을 댐 소유주인 수자원개발공사측에 내야 한다. 그러기 위해서 댐바닥에 경작을 할 경우에는 수자원개발공사에 신고를 해야 한다. 하계동의 이원백 할아버지는 노는 땅에 이말무지로 짓는 농사까지 세금을 받아가니, 아무리 자기들 땅이라고 하지만 너무하다는 것이었다.

제대로 보상도 안하고 나라 힘으로 뺏은 땅이나 마찬가지인데, 그 때문에 집 앞에 있던 학교도 없어지고 면사무소도 없어져, 아나 어른이나 얼매나 불편한 가. 댐 때문에 동네도 3분의 1로 줄어들고 젊은 사람들은 다 나갔부러가주 폐

동이 되다시피 했는데, 그런 데 대한 미안한 생각은 전혀 없는 모양이라. 그래
도 늙은 사람들이 먹고 살라고 물 들면 다 내버릴 각오하고 두판 잡고 농사지어
놓으면 세금내라 카이 말이 되나? 댐 막아가주 우리를 그만큼 피해주고 저는
연연이 물값을 수억씩 받으면서 그래, 우리한테 와가 세금 내라니, 뭐 신고하
라니, 그게 옳은 일인가, 이 사람아. 우리 그 땅에 농사지가주 저 손해나는 게
뭐 있다고 세금내라 카노 말이래. 뼈빠지게 농사지어 놨다가 물 들어 못 먹게
되만 그 품삯은 누가 쳐주고 씨값은 누가 보상해주노?

이처럼 가장 흔하게 들을 수 있는 불만은 댐바닥에 농사를 지었다고 해서
토지세를 징수하는 것이다. 물이 들어 수확을 못하는 경우를 생각하면 어쩌
다 가물어 수확을 낮게 올려도 소작료 이상을 이미 지불한 것이나 다름없다
고 했다. 그래서 주민들은 식수가 모자라면서도 비를 크게 바라지 않는다고
한다. 비를 바라지 않는 것이 아니라 가뭄을 간절히 바라고 있다는 것이 더
정확한 사실이다. 토계동의 경우, 가물어서 경작지에 물이 들지 않는 해에
는 정초부터 풍물을 치고 설립을 크게 하며 동제도 낮게 지낸다는 사실을
통해서도 짐작할 수 있다. 물을 많이 가두어서 덕을 보는 댐과, 주민들의
풍요로운 삶은 역의 관계에 있는 셈이다.

주민들에 의하면 댐 덕에 떼돈을 번 사람들은 모두 객지 사람들이라는 것
이다. 제일 크게 돈을 버는 것이 가두리양식장인데, 대부분이 객지 부자들
이 와서 연간 몇 억씩 번다는 것이었다. 확인삼아 양식업을 하는 이에게 물
어보니, 안동호에 15개의 가두리양식장이 있는데, 이 가운데 직접 피해당
사자인 군민은 전혀 없고 시민만 다섯 사람이며 나머지 열 사람은 모두 외
지의 대도시 사람들이라고 했다. 자연히 양식장에 일하는 사람도 외지 사람
들이 주로 고용되고, 연간 30억의 총매출액 가운데 이익이 10억 가량 되는
데, 여기서 생산된 고기나 수익금의 대부분이 외지로 곧바로 유출되어 지역
주민이나 고장 사람들에게는 아무런 혜택을 주지 못한다. 오히려 수질오염
으로 인한 피해만 준다. 양식업 허가권이 도지사에게 있는데, 수몰지역 주
민들이 허가를 신청하니 정원이 찼다고 허가를 해주지 않더라며 불만을 털
어놓았다. 불만은 양식업에 대한 것만 아니었다. 놀이꾼이나 낚시꾼들을 상

대로 한 유람선과 보트의 영업권도 피해자인 자기들한테는 전혀 주어지지
않았다고 하며 관의 처사를 개탄했다. 다음은 문암의 김영호 씨의 말이다.

　　살길이 막연해가주고 나도 가두리양식장이나 한번 해볼라고 허가를 내볼라카
　이 티오(정원)가 찼다고 안된다 카데요. 우리가 뭐 아니껴? 참말로 티오가 찼
　는동. 뭐, 찼다 카이 찼는 줄 알지요. 티오 안 찼을 때 우리한테 먼저 지도를
　해조야 되지요. 우리는 지바닥에 앉아서도 양식장 하는 줄 몰랐는데, 울산 사
　람이나 부산 사람들이 어에 알고 여기까지 와서 양식장 하니껴? 결국 돈 있는
　넘들만 덕보고 우리는 이래저래 손해보고 살지요.

　댐이나 댐물을 이용해서 소득을 올릴 수 있는 일거리가 있으면, 댐 탓에
삶의 기반을 잃은 수몰민들에게 우선적으로 알선을 해야 마땅한데, 사실은
거꾸로 되어 있다. 엉뚱한 사람들이 돈만 투자해서 목돈을 빼가는 것이다.
유람선이나 쾌속정의 영업도 마찬가지이다. 주민들 가운데 농사일과 외부와
의 교통을 위해 조그만 보트를 소유하고 있는 이도 있다. 더러 낚시꾼들이
와서 얼마를 줄 테니 낚시터까지 태워주기를 요청해도 태워줄 수 없다. 태
워줄 수만 있다면 푼돈은 벌어쓸 텐데, 당국에서 나와 영업행위를 하지 않
는가 단속을 하는 한편, 매년 영업을 하지 않겠다는 서약서를 받아간다는
것이다. 잘못하다가는 벌금을 물거나 벌을 받아야 하므로 배가 있어도 농선
으로밖에 이용하지 못한다고 했다. 결국 이러한 통제가 주민들에게는 시내
의 자본가들이 운영하는 유람선 영업을 보호하기 위한 것으로 인식되어 더
욱 불만스러워하고 있었다.

　가두리양식업이나 유람선 영업을 하려면 자본도 많아야 하고 기술도 있어
야 하는데, 아무나 할 수 있는가 하고, 주민들의 소망을 헛된 욕심으로 받
아들이는 이도 있을 것이다. 그러나 이들을 도와주기로 마음만 먹는다면 못
할 일이 전혀 없다. 자본은 마을 단위로 합자해서 출자를 하면 가능하다.
그러기 어려울 경우 정부에서 얼마든지 융자를 해줄 수 있다. 기술도 마찬
가지이다. 기술자를 파견해서 기술지도를 하고 유경험자를 고용해서 운영할
수도 있다. 기존의 업자들 역시 자본 따로 기술 따로인 것이다. 그래도 자

망어업을 하는 열두 사람들은 모두 수몰민들이어서 큰 다행이다. 앞으로 이들은 더욱 보호 육성할 필요가 있다. 댐을 근거로 수익사업이 가능한 경우, 그 사업은 모두 댐의 피해당사자인 수몰민들에게 돌아가야 한다. 그래서 "댐 탓에 사뭇 망하는 줄 알았더니, 요새 생각하이 우리 수몰민들이 댐 덕에 잘살게 됐다"는 말을 들을 수 있도록 해야 할 것이다. 안동댐은 이미 10여 년 전에 완공되었다고 이미 옛일처럼 간주하는 사람도 있다. 그러나 주민들이 안동댐을 탓하는 한 안동댐은 아직 온전하게 완성되지 않은 것이나 다름없다. 우리 모두 댐 덕을 이야기하며 댐의 고마움을 노래할 때까지 안동댐은 계속 새롭게 만들어나가야 할 것이다.

(《安東文化硏究》4, 1990. 1. 31.)

제3부 민속놀이와 민속신앙의 전승양상

놀이문화의 역사적 전개와 민속현상
윷놀이의 신명성과 민중적 세계관
민속신앙, 그 믿음과 섬김의 세계
풍농기원의 굿놀이와 모내기노래의 주술성

놀이문화의 역사적 전개와 민속현상

1. 놀이의 말뜻

인간의 생존에 직접적인 관련이 있는 활동과, '일'에 해당되는 활동을 제외한 신체적 정신적 활동 일체를 '놀이'라 한다. 자고 먹는 활동은 인간의 직접적인 생존활동이다. 일정한 목적달성을 위해 고통을 참아가며 제약된 상황 아래서 참여하는 활동은 일이다. 놀이는 생활상의 이해관계를 떠나서 자발적으로 참여하는 무목적적 활동으로서 즐거움과 홍겨움을 동반하는 가장 자유롭고 해방된 인간활동이다.

따라서 막연한 휴식은 놀이가 아니다. 일정한 육체적 정신적인 활동을 전제로 하며, 정서적 공감력과 정신적 만족감을 바탕으로 이루어지는 활동이다. 인간으로서의 삶의 재미를 적극적으로 추구하고 즐기고자 하는 의지적인 활동인 것이다. 그러므로 놀이는 재미가 있어야 하고, 다른 사람들을 끌어들이는 공감력이 있어야 하며, 모든 제약으로부터 해방시켜주는 자유스러움과 놀이주체자의 자발적인 참여가 보장되어야 한다.

우리말 '놀이'는 '놀다'의 어간 '놀'에 명사형 어미 '이'가 붙어서 이루어진 말이다. '놀다'라는 동사는 여러 가지 뜻을 지니고 있다. 소극적으로는 일을 하지 않고 쉰다는 휴식의 뜻이 있는가 하면, 적극적으로는 재미를 즐기기 위해 일정한 놀이활동을 한다는 뜻이 있다. 더러는 주책없이 들떠서 마구잡이로 행동하거나, 제자리에 붙박혀 있지 않고 이리저리 움직이는 것, 또는 이곳 저곳을 돌아다니는 것 등을 일컫는 말이기도 하다. 무당의 세계에서 '놀다'의 의미는 신이 몸에 실려 노래와 춤과 공수 등을 행하는 굿놀이 활동을 뜻한다. 그래서 무당들은 굿하는 것을 '일하다', '공사하다'로 일컫기도 하지만, '놀다'라는 말로 나타내기도 한다. 무당에게는 굿이, 곧 놀이이고 일인 것이다.

'놀다'라는 말이 지닌 종교성을 거슬러 올라가면 원시종합예술 활동과 닿아 있다. 신에게 제의를 바치는 활동이 바로 놀이였다. 놀이를 나타내는 일본어 아소비(遊び)가 영혼을 일깨워 놀게 한다는 뜻이 있고, 태초의 신성한 신사(神事)와 관련을 지닌 말이듯이, 우리말 '놀다'도 종교적인 제의활동인 굿과 밀접한 관련을 맺고 있다.

적극적인 놀이활동으로서의 '놀다'는, 악기를 연주하는 일, 노래 부르는 일, 춤추는 일, 일정한 형상을 그려내거나 만들어내는 일, 경기를 통해서 승부를 겨루는 일, 거닐면서 노니는 일, 특별한 재주와 기량을 발휘하는 일, 어떤 사건을 꾸며내어 극적으로 보여주며 즐기는 일 등을 두루 포괄하고 있어, 영어의 플레이(play)에 해당되는 말뜻을 지녔다고 하겠다.

'놀음' 역시 '놀다'의 어간 '놀'에 명사형 어미 '음'이 붙어서 된 말인데, 놀이보다 한층 구체적으로 한정된 의미를 지닌다. 놀음은 극적으로 보여주는 특정 놀이활동을 한정해서 지칭할 때 흔히 쓰이는데, 그 쓰임새를 보면 꼭두각시놀음, 들놀음[野遊], 원놀음, 청단놀음, 사자놀음 등이 있다. 그리고 도박성을 띤 화투·마작 등의 놀이를 싸잡아서 일컬을 때 놀음, 즉 '노름'이라고 한다. 이와 같이 '놀'에 명사형 어미가 붙어 된 말을 보면, 노래(놀애), 노리개(놀이개), 노릇(놀옷), 놀림(놀임), 노님(노닐음) 등이 있다. 그러므로 '놀이'는 이러한 놀이활동 전반, 즉 굿놀이·음악·무용·체육·연극·경기·묘기·미술·연희·오락 등 제의와 예술, 문화활동 전반에 걸려 있는 말이나, '놀음'은 도박과 같은 판놀이와 연행적인 마당놀이에 한정되어 있는 말이다.

2. 놀이하는 즐거움과 일

사람들은 누구나 놀이를 즐긴다. 놀이를 즐기는 까닭은 재미있고 즐겁기 때문이다. 놀이의 즐거움을 통해서 생활 속에서 부닥뜨리는 여러 가지 정신적 고통을 잊어버리고, 생업에 종사하는 동안 지쳐 있던 육체적 피로를 풀어내기도 한다. 이러한 놀이는 정신적 육체적 긴장을 이완시켜주므로 다가오는 생업활동을 더욱 정력적으로 할 수 있는 새로운 활기를 불어넣어주는 구실을 한다. 놀이의 이와 같은 기능 때문에 흔히 놀이가 레크리에이션의 중요한 부분을 차지하기도 한다. 그것은 놀이가 피로를 풀어주고 원기를 회복시켜 생활에 탄력을 주는가 하면, 삶의 기쁨을 표현하는 계기와 생활상의 열등감을 극복하는 기회를 제공하게 되어, 좀더 성숙한 삶을 위한 준비의 기능을 지니고 있는 까닭이다.

그러나 놀이의 이러한 기능도 일을 전제로 했을 때 상대적으로 발휘되는 것이다. 일하지 않는 상태에서 놀이만 탐닉하는 경우에는 그 기능들이 발휘될 수 없다. 일하지 않는 사람들에게 놀이가 별의미를 지니지 못하는 것도 이러한 사정 때문이다. 일이 고되고 힘들수록 놀이의 기능은 한층 크게 발휘되는 것이다. 열심히 일하고 생업에 적극적인 사람일수록 드세며, 또 흥이 오르고 신바람이 나는 놀이를 즐긴다. 이처럼 놀이와 일이 적절하게 조화를 이룰 때 놀이의 건강한 기능이 온전하게 발휘되고, 일의 능률도 올리게 되며 삶의 보람을 느끼게 된다. 그러므로 때로는 놀이가 일 못지 않은 가치를 지니며, 생산활동 이상의 생산성을 확보해주기도 한다.

원시인의 주술에서는 놀이가 일의 연장이다. 실제로 놀이의 연원은 노동에 있다. 놀이의 동작은 노동의 동작에서 비롯된 것이다. 그러면서 놀이의 리듬은 노동의 동작에 리듬을 준다. 그럼으로써 노동의 동작을 놀이의 동작으로 전환시켜 정신적 육체적 고통을 덜어준다. 놀이와 일의 만남이 이루어지는 것이다. 일의 현장에서 일을 담당하는 사람과 놀이를 담당하는 사람이 함께 더불어 있는 것이 예사이다. 논매기 현장에서 논을 매지 않고 논매기노래 앞소리만 매기는 앞소리꾼이 있는가 하면, 상여가 나가는 현장에서 상여를 메기는커녕 상여를 타고 상여노래 앞소리만 매기는 앞소리꾼이 있다. 이들 앞소리꾼은 일을 직접하지 않지만 일과 별도의 행위를 한다고 여기지 않을 뿐만 아니라, 품삯은 오히려 일을 하는 사람들보다 더 받는다. 앞소리

꾼이 일을 지휘하고 일의 능률을 올린다고 믿기 때문이다. 앞소리꾼이 하는
노래와 춤, 또는 풍물은 단순한 놀이로서 그치는 것이 아니라 일을 지휘하
고 이끌어나가는 구실을 하는 것이기 때문이다.

놀이와 일은 인간의 의식적인 활동이란 점에서 동일하다. 일에도 놀이에
도 인간의 자기실현의 기회가 주어지고 있다. 자기 변화의 체험을 일과 놀
이에서 다 같이 느낄 수 있다. 삶의 보람과 성취도 일과 놀이를 통해서 함
께 느끼거나 이루어낼 수 있다. 그러나 놀이는 즐거움을 전제로 하지만, 일
은 그렇지 않다. 즐거움과 다른 현실적인 목적을 전제로 한다. 일 속에서도
즐거움을 찾을 수는 있으나, 그것은 필수적인 것이 아니다. 일은 곧 생업과
연결되는 생산활동으로서 물질적 소득과 경제적 보상을 전제로 한다. 더러
는 사회적 지위의 상승을 목적으로 할 수도 있다. 따라서 일은 상당한 제약
과 의무감 속에서 하게 된다. 성취해야 할 구체적인 목적이 있기 때문이다.
그 목적이 행동에 제약을 주고 자유로운 사고를 통제하게 되는 것이다.

놀이의 즐거움도 일종의 목적일 수 있으나, 그것은 자발적이고 자유스러
운 놀이활동 가운데 자연스럽게 성취되는 것이므로 특별한 속박이 따르지
않는다. 그러므로 호이징하(J. Huizinga)는 놀이의 형식적인 특성을 요약해
서, 놀이는 일상생활에서 의식적으로 벗어나려는 자유롭고 쾌활한 활동이
며, 동시에 놀이를 즐기는 사람의 마음과 그 주위를 전적으로 사로잡는 활
동이라고 했다.

놀이와 일은 자유와 제약, 자발성과 강제성, 즐거움과 고통, 소비와 생
산, 무목적성과 목적성 등 서로 맞서는 관계에 있는 것 같으나, 상보적으로
합일될 수도 있다. 일을 효율적으로 하기 위해서 일을 놀이로 전환시키는
경우이다. 일을 하면서 노동요를 부른다든가, 두레노동을 하면서 풍물을 치
는 경우에는 일의 고통을 노래의 재미로 잊어버리게 하고, 일의 동작을 풍
물의 가락으로 신명을 돋우어 더욱 활성화해준다. 우리의 전통노동이 이와
같은 노동요와 풍물과 더불어 이루어진 것은 이 때문이다.

놀이의 본질은 재미를 즐기는 데 있다. 따라서 재미가 있다면 놀이와 일
이 별도로 구분되어 있다고 하기 어렵다. 동일한 활동이 재미를 주는가 주

지 않는가에 따라 놀이일 수도 있고 일일 수도 있다. 어떤 사람에게는 일인 것도 특정한 사람에게는 놀이가 될 수 있다. 그 반대도 있을 수 있다. 춤추는 일은 어떤 사람에게는 놀이이지만 직업적인 무용수에게는 일이다. 직업적으로 춤을 추는 무용수에게는 놀이와 같은 재미나 자유로움을 춤추면서 느끼기 어렵다. 자기 신명에 의한 춤이 아니기 때문이다. 반대로 고기를 잡는 일은 어부에게는 일이지만 다른 사람에게는 놀이일 수 있다. 재미삼아 고기잡는 일을 즐기기 때문이다. 그러므로 자기 일에 만족하기 위해서는 자기 일에 재미를 붙일 필요가 있다. 자기 일에 재미를 붙이고 일하는 사람에게 그 일은 놀이나 다름없다. 아무리 훌륭한 놀이라도 재미를 느끼지 못하면 일처럼 따분하고 고된 노동이 된다. 마찬가지로 아무리 힘든 일이라도 재미를 느끼게 되면 놀이처럼 신바람나는 오락이 된다.

3. 놀이의 요소와 특성

놀이의 가장 핵심을 이루는 요소는 역시 재미이다. 놀이에 재미를 주는 요소는 다양하다. 첫째, 겨루기의 요소이다. 누구든 상대와 겨루어 이기고자 하는 욕망이 있다. 승리는 즐거움을 주기 때문에 거듭 겨루기를 하고 싶어지고, 패배는 승리에 대한 아쉬움을 주기 때문에 패배를 만회하고자 다시 겨루기를 하게 된다. 대부분의 놀이들이 겨루기 형식을 이루고 있는 것은 겨루기가 가장 적극적인 재미의 요소이기 때문이다.

둘째, 신명의 요소이다. 흥을 부추기고 신명을 고조시킬 수 있어야 놀이로서 제격이다. 신바람이 나지 않으면 놀이의 기분을 맛보기 어렵다. 놀이의 신바람이 세상살이의 근심을 잊게 하고 경직된 육체를 유연하게 풀어주기 때문이다. 이러한 놀이의 신명성은 사람을 집단화해주고 대동성을 획득해준다. 신명이 올라 추는 춤이 대동적 기능을 가진 것도 이 때문이다. 풍물과 대동춤을 중심으로 한 마을굿이나 지신밟기 등이 신명을 핵심으로 한 놀이양식이다.

셋째, 우연성의 요소이다. 우연성은 결과를 예측할 수 없는 것이다. 예

측할 수 없는 결과에 의존해서 놀이를 진행함으로써 별도의 재미를 맛보게
된다. 우연성은 현실법칙을 초월하기 때문에 놀이의 독자적인 세계를 확보
해준다. 나이의 다소, 능력의 정도, 남녀의 구분 등 모든 사회적 기준을 뛰
어넘어 기계적으로 평등한 상태에서 순전히 우연성의 법칙과 그 결과에 따
라 성취가 주어지기 때문에, 사회적 제약과 속박으로부터 진정한 해방감을
맛보고 열등의식을 보상할 수 있는 기회가 제공되어 즐거움을 느끼게 하는
것이다. 가위바위보·윷놀이 등이 우연성에 입각해 있는 놀이양식이다.

넷째, 표현의 요소이다. 사람은 누구나 표현의 욕구를 지니고 있다. 그
러나 자유로운 표현의 기회는 흔하게 제공되지 않는다. 표현성의 요소는 새
로운 창조의 기쁨과 자아의 실현을 획득해주고, 평소에 발휘할 수 없는 장
기를 과시함으로써 자족적 즐거움은 물론, 소속집단에 자기를 인정받는 만
족감을 얻게 해준다. 이른바 공작하는 즐거움도 바로 표현의 요소로부터 주
어지는 것이다. 노래와 춤, 공작활동 등은 표현의 요소에 입각한 놀이들이
다. 이런 놀이가 미학적으로 형상화되면 예술활동이 되는 것이다.

다섯째, 성취의 요소이다. 놀이는 일상생활에서 쉽게 누릴 수 없는 성취
감을 준다. 놀이의 과정이 성취의 과정이기도 하다. 돌치기·고무줄놀이
등은 놀이의 진행이 쉬운 단계에서 점차 어려운 단계로 성취해가는 과정의
연속이다. 일정한 단계에까지 도달하는 활동이 곧 재미를 주는 것이다. 또
는 일정한 기량을 갖추어야 놀이를 잘할 수 있는 것도 있다. 제기차기·그
네뛰기 등은 기능의 숙련 정도에 따라 잘할 수도 있고 못할 수도 있다. 계
속해서 놀이하는 동안에 기량을 기르게 되어 놀이도 잘할 수 있고, 기량의
습득에 따른 성취감도 맛보게 되는 것이다.

이 밖에도 긴장감에서 오는 재미, 상대를 공격하는 재미, 어지러움과 같
이 비정상적인 상태에서 느끼는 재미 등 여러 가지 재미의 요소가 있을 수
있다. 그리고 이들 재미의 요소는 어느 놀이에 한 가지만 있는 것이 아니
라, 여러 요소가 더불어 있을 수 있다. 더불어 있는 놀이일수록 더 재미있
고 복잡한 놀이가 되는 것이다. 놀이는 이와 같은 재미의 요소를 핵심적인
특징으로 하면서, 다음 몇 가지의 중요한 특징을 지니고 있다. 이러한 특징

을 두루 갖추고 있어야 진정한 의미의 놀이가 될 수 있다.

첫째, 놀이는 공감력(共感力)을 지녀야 한다. 놀이에서 얻어지는 재미나 즐거움은 개인적인 것에서 그쳐서는 안된다. 주위의 사람들을 함께 끌어들일 수 있는 객관적 공감대를 형성할 수 있을 때 비로소 놀이가 된다. 개인에 한정된 즐거움을 주는 것은 놀이로서 객관성을 획득하지 못한 것이다. 따라서 공동의 즐거움으로 확산되고 정서적인 공감력이 확대되어 집단적 신명으로 나타날 때 놀이는 절정에 이르는 것이다. 그러므로 남을 끌어들이지 못하는 놀이나 남으로부터 고립되어 놀아지는 놀이는 건강한 놀이라고 할 수 없다.

둘째, 자유스러움의 구가와 모든 속박으로부터 해방되는 것이 놀이의 중요한 특징이다. 호이징하는 말한다. "모든 놀이는 우선적으로 먼저 하나의 자유로운 행동이다. 명령된 놀이는 놀이가 아니다. 그러한 놀이는 아무리 잘된 것이라고 해도 우격다짐의 모방에 지나지 않는다." 따라서 통제되고 강제된 놀이는 일보다 더 큰 고통일 수 있다. 일은 일정한 제약 속에서 고통을 참아가며 할 수도 있다. 오히려 그것이 일의 싱취이고 보람일 수 있다. 왜냐하면 부자유와 고통에 상응하는 보상이 주어지기 때문이며, 직접적인 생산활동이기 때문이다. 그러나 놀이는 재미를 즐기고자 하는 것이므로 자유가 제약되어서는 놀이가 될 수 없다. 그러므로 놀이는 곧 인간의 자유와 해방을 뜻한다고 해도 좋겠다.

셋째, 놀이는 생활상의 이해관계를 떠나 있어야 한다. 놀이는 무목적성을 특징으로 하는 것이다. 물질적 보상이나 그것의 획득을 기대할 때, 또는 사회적인 욕망의 성취를 위한 것일 때, 그 활동은 놀이가 될 수 없다. 따라서 놀이는 삶의 필요불가결한 행위이기는 하나 현실적인 삶의 현장 밖에서 이루어진다. 실생활이 아닌 허구적인 세계 속에서 놀이가 진행되므로, 현실을 일시 떠나거나 생활을 일시 중단하는 셈이다. 그러므로 놀이에는 현실법칙이 적용되지 않는다. 현실에는 부도덕한 것으로 취급되는 행위가 놀이의 세계에서는 용납된다. 때로는 현실법칙을 뒤집어엎는 데 적극적이기도 하다. 놀이의 질서와 법칙에 의해서 놀이가 이루어지기 때문이다. ·

넷째, 놀이는 참여해야 하는 특징이 있다. '놀다'의 명사형이 '놀이'인 것처럼, 직접 참여하여 놀이하는 행위를 통해 그 의의가 실현된다. 따라서 스스로 참여하는 주체적 행위 없이 즐기는 것은 엄밀한 의미에서 놀이가 아니다. 보며 즐기는 것이라든가, 쉬면서 즐기는 것은 오락이요, 휴식일 뿐이다. 놀이하는 자만이 진정한 놀이의 즐거움을 느낄 수 있다.

그러므로 놀이는 자발적인 참여에 의해 현실적인 속박으로부터 벗어나 독자적인 질서에 입각해서, 공감력을 지닌 재미를 적극적으로 추구하는 직접적인 활동이라고 규정할 수 있다. 놀이의 이러한 성격 때문에, 현실법칙 속에서 사회적 지체를 높이 유지하고 아랫사람들의 지배를 통해서 자신들의 부와 지위를 확보하고 있는 지배층에서는 놀이가 부정적인 것이 된다. 놀이의 공감력으로 인해 사람들은 집단화되고, 현실법칙과 질서가 적용되지 않으므로 누구든지 놀이마당에서는 평등하게 된다. 그리고 거기에는 모든 속박으로부터 벗어나고자 하는 자유와 해방의 정신이 살아 있다. 그러므로 놀이는 사람들로 하여금 지배의 논리에서 벗어나게 한다. 민중적 공동체의식이 놀이를 통해서 강화되고 집약적으로 표현되므로, 교육과 도덕률에 의한 상층문화에 맞서서 생활에서 우러나는 감흥과 신명을 발휘하는 가운데 경험적으로 터득하고 창조한 주체적인 문화가 놀이판에서 생산된다. 이런 까닭에 상층의 지배력이 강화되고 신분적 불평등이 깊이 조성되었던 중세사회에는 이러한 놀이를 부도덕하게 여기는 관념이 생겨나 놀이활동을 통제하기까지 했다. 이때부터 국중대회(國中大會)를 비롯한 대규모 집단놀이는 숨죽게 되었다.

4. 놀이의 역사적 전개

1) 삼국시대 이전

상고대에는 놀이가 다른 무엇과 분명하게 구별된 삶의 양식이 아니었다. 일과 놀이, 오락과 제의, 의식과 축제, 생활과 표현 등 여러 가지 활동이 자연스럽게 하나로 통합을 이룬 가운데, 이른바 원시종합예술을 생성 전승하고 있었던 것이다. 혈연집단을 기초로 공동생활을 하는 원시공동체를 이루고 있던 시대이므로, 신분적인 계층의 분화나 통치권에 따른 지배층과 피지배층의 구분이 없었다. 공동으로 일하고 신앙하며 더불어 즐기는 공동체사회로서, 일정한 방식에 의한 지도자는 있되 전제적인 통치자는 없었다. 따라서 놀이의 경우에도 공동체의 구성원이 계층적 제한 없이 공동으로 참여하여 더불어 즐기는 대동놀이가 중심을 이루었다. 이때의 놀이는 일과 완전히 분리된 것이 아니다. 일의 순조로운 성취를 위한 예축적(豫祝的)인 놀이이거나 일의 결과에 대한 감사의 놀이였으므로, 자연히 일과 신앙, 놀이행위가 통합성을 지니게 되었다. 그러므로 이 시대를 삶의 양식에 따라, 특히 '놀이공동체 시대'라고 규정할 수 있다.

혈연공동체를 뛰어넘어, 군장(君長)이라고 하는 통치자의 다스림 아래 지역공동체를 중심으로 한 군장사회 시대가 등장하게 되면 놀이양식 역시 조금씩 변모를 보인다. 이때부터 농경생활이 본격적으로 시작되고 모든 생활양식이 농사력(農事曆)과 일정한 관계를 맺게 된다. 계절의 변화에 따른 농사력을 근거로 일정한 양식의 세시풍속이 형성되고, 놀이도 이를 바탕으로 생성되어 행해지게 되었다. 놀이의 전체적 성격은 놀이공동체 시대와 큰 차이는 없으나, 앞시대에는 모든 놀이가 주술적인 신앙행위와 함께 필요에 따라 수시로 이루어진 데 비해, 이때에 이르러서는 세시풍속과 밀접한 관련 아래 이루어지게 된 것이다.

3세기경 한반도의 여러 문화양식을 두루 기록해둔 《삼국지》(三國志) 위서(魏書) 동이전(東夷傳)을 보면, 어느 나라에서나 매년 한두 차례 농공시필기(農功始畢期)를 잡아서 국중대회를 열고 노래와 춤을 중심으로 한 각종 놀이를 즐기고 있었다는 사실을 알 수 있다. 제천행사(祭天行事)로 행해지던 국중대회는 가무오신(歌舞娛神) 행위를 통해서 신으로부터 기대하는 바를 얻을 수 있다고 믿는 고대인의 집단적 제의형식이다. 대표적인 것으로는 고구려의 동맹(東盟), 부여(扶餘)의 영고(迎鼓), 예(濊)의 무천(舞天)을 들 수 있다. 이들 국중대회의 공통점은 백성들이 남녀노소의 구분 없이 술과 음식을 먹으며 노래와 춤을 밤낮으로 계속해서 즐겼다는 것이다. 이러한 가무오신 형식의 지역공동체 단위의 제의는, 오늘날까지 동신제(洞神祭)의 하나로 전승되는 마을굿에서 그 흔적을 찾아볼 수 있다.

신라의 백희(百戲)나 백제의 잡희(雜戲)라고 하는 것도 국중대회에서 더불어 놀던 전통놀이였다. 문헌상에 구체적으로 나타나는 탈놀이[假面戲], 검무(劍舞), 오기(五伎), 처용무(處容舞), 원효의 무애무(無㝵舞) 등은 신라의 놀이들이다. 백제에도 악삭(握槊), 농환(弄丸)과 같은 놀이와 백제사람 미마지(味摩之)가 일본에 전했다고 하는 기악(伎樂) 등이 있었으나 자세하지 않다.

2) 고려시대

국중대회는 삼국시대를 거쳐 고려시대까지 계속되어 팔관회(八關會)와 연등회(燃燈會)로 발전하였다. 팔관회가 고려의 최고 전례(典禮)로서 역사적으로 거행되고 전승됨에 따라, 가무백희(歌舞百戲)도 팔관회와 함께 발전되었다. 연등회는 정월 보름 또는 2월 보름에 거국적으로 행해졌는데, 임금과 신하가 함께 참여하여 의식을 행하고 노래와 춤을 비롯한 온갖 놀이를 즐겼다. 이러한 놀이들은 섣달 그믐날 밤에 하는 나례(儺禮)행사 때에도 행하여졌으므로, 고려시대에는 놀이가 상당히 성황을 이루고 있었음을 알 수 있다.

팔관회를 비롯한 연등회와 나례는 신분적인 차별 없이 임금과 신하와 모든 백성들이 동참하여 즐기는 거국적 축제였으므로, 그 성격상 대동놀이의 특징을 강하게 지니는 국중대회였다. 3세기경의 군장사회에서부터 시작된 국중대회는 그 마지막 모습인 팔관회가 자취를 감추어버린 고려 원종(元宗)대인 13세기까지 약 1천년 동안 계속되었으므로, 이 시대를 특히 '국중대회의 시대'라고 할 수 있다.

국중대회 시대인 13세기까지는 가무백희를 중심으로 한 대동놀이가 중심을 이루었다. 여기에는 신분적인 차별 없이 놀이마당에서 하나가 될 수 있었으므로, 민족적 동질성과 유대를 다지면서 지역공동체 성원 전체가 일체감을 조성할 수 있었다. 그러나 점차 왕권이 강화되고 중앙집권적 통치체제

가 자리잡으면서 국중대회는 그 규모가 축소되기 시작하였다. 이미 유교이
념을 적극적으로 받아들이기 시작한 성종(成宗)은 국중대회에서, 백희(百
戲)를 잡성스러운 것이라 하여 폐지하기까지 했다. 그러나 신라 이래로 고
려에 이르기까지 줄기차게 전승되던 팔관회와 연등회 등의 국가적 행사에
는, 가무백희가 여전히 채붕(綵棚) 위에서 공연되었으며, 이와 같은 놀이양
식은 조선조에까지 계속되었다.

　이와 같이 채붕 위에서 공연되던 각종 놀이를 14세기 후반부터 산대잡극
(山臺雜劇)이라고 일컬었는데, 채붕의 설치로 인하여 자연히 놀이를 직접
담당하는 자와 놀이를 관람하는 자가 구별되기에 이르렀다. 산대잡극 이후
에는 왕과 귀족들이 국중대회로 이루어지는 팔관회에 참여하되, 채붕 위의
산대놀이를 구경하는 것이 고작이었다. 이 시대의 산대놀이는 국중대회의
일환이었으므로 산대놀이 자체가 국중대회 이상의 의미를 지닐 수가 없다.
그러나 고려 중엽 이후에 들어온 중국의 나례의식이 세말나례(歲末儺禮)로
계속되면서 전통적인 국중대회인 팔관회와 연등회의 자리를 대신 차지하게
된다.

　나례는 점차 악귀를 쫓는 구나의식(驅儺儀式)에서 관중을 즐겁게 하는 구
경거리로, 또는 연극적 행사로 바뀌어 우인(優人) 또는 창우(倡優)라고 하
는 직업적 배우가 등장하게 된다. 따라서 14세기 중엽에는 나례의식이 종교
적 기능을 지닌 구나부(驅儺部)와, 각종 묘기와 탈놀이를 주로 한 가무백희
의 나희부(儺戲部)로 나누어지게 되었다.

　3) 조선시대

　조선조에 들어오면 척불숭유(斥佛崇儒) 정책에 의하여 연등회와 팔관회는
중단되고 만다. 그러나 산대잡극과 중국에서 들어온 나례는 계승하여 더욱
성행되었다. 광해군 때에는 나례도감(儺禮都監) 또는 산대도감(山臺都監)이
라고 하는 관청을 두어 산대잡극과 나례행사를 관장하였으며, 세말나례와
관계없이 주로 중국 사신을 맞이할 때 산대회를 공연하였다. 산대잡극이 조
선시대에 들어오면서 산대희·산대잡회·산대나례 등으로 불리었으나 그

놀이의 양식은 같은 것이었다. 국중대회의 일환으로만 존재하던 산대놀이가 국중대회와 상관없이 관람용의 구경거리로서 의미를 지니기 시작한 고려 중엽부터 인조(仁祖) 이후에 공의(公儀)로 폐지되기까지를 '산대놀이 시대'로 규정할 수 있다.

산대놀이 시대에는 국중대회 시대와 달리 놀이가 지배계층의 구경거리로 변질되고 말았다. 궁중에서 필요한 시기에 높은 대를 설치해두고, 서울의 사대문(四大門) 밖에 살면서 궁중의 천역에 종사하던 전문 놀이꾼인 광대들을 동원하여 놀이를 시켰으며, 왕과 신하들은 이를 구경하며 연회를 즐겼던 것이다. 이처럼, 신민동락(臣民同樂)의 국중대회가 광대들의 동원에 의한 산대놀이로 변모함에 따라, 당시의 놀이양식은 재인광대로 이루어진 전문 놀이꾼과, 귀족계급으로 이루어진 구경꾼으로 갈라지게 되었다. 물론 일반 백성들은 구경꾼으로조차 참여하기 어렵게 됨으로써 놀이마당에서조차 지배층과 피지배층이 분별되기에 이른 것이다.

인조 이후에 산대놀이가 중단되면서 궁중에서 행해지던 대규모의 놀이는 사라졌다. 이에 따라 놀이마당은 궁중에서 세간으로 이동되면서 놀이 양식도 소규모화·개별화·계층화 현상이 일어나기 시작했다. 특히 신분에 따른 놀이계층화 현상이 점차 심화되어, 귀족성을 띠는 놀이는 하층민들이 하지 못하도록 통제하였다. 이때 지배층이 독점하던 놀이로는 격구(擊毬), 투호(投壺), 쌍육(雙六·雙陸), 기국(碁局) 등이었다. 특히 격구는 말과 넓은 구장이 있어야 하므로 도구면에서도 일반 백성들에게는 힘겨운 것이어서, 지배층의 전유물이 되지 않을 수 없었다. 태조(太祖)가 내정(內庭)에서 격구를 했다는 기록을 비롯하여 역대 왕의 격구에 관한 기록이 실록에 두루 보인다. 투호의 경우도 마찬가지이다. 《세종실록》(권 44, 13년 11월 壬申條)에 의하면 "선왕이 겨울에는 격구를 하고 여름에는 투호, 봄·가을에는 활쏘기를 하였는데, 지금 겨울철이니 바로 격구의 때이다. 내가 세자와 여러 신하들과 더불어 격구를 하고자 한다"고 했다. 이를 보아 궁중놀이의 종목을 어느 정도 짐작할 수 있다. 유교적 문치주의(文治主義)에 입각한 유신(儒臣)들의 무예천시와, 일부 귀족들의 지나친 사치로 격구의 폐해가 거론되어, 점차 쇠퇴하다가 효종(孝宗) 때에 이르러서는 거의 사라졌다. 다만 말을 사용하지 않는 '장치기' 놀이가 세간에서 널리 전승되었을 뿐이다. 그러나 투호는 당시 조신(朝臣) 등에게 치심(治心)의 수단으로 생각되어 놀이가 끊이지 않았다.

《태종실록》(3년 8월 戊申條)에 사사로운 매사냥을 금하였다는 기록과, 매사냥 패를 만들어 부마(駙馬), 공신, 대신에게 나누어주었다는 기록이 있을 뿐 아니라, 역대 왕들이 매사냥을 엄격히 통제했다는 기록이 많이 보인다. 이런 기록들을 통하여 조선시대에 이르러 매사육이나 매사냥은 상류층의 독점 오락임을 알 수가 있다. 이 밖에 주사위를 던져 승부를 정하는 승경도(陞卿圖) 놀이가 있다. 정1품에서부터 종9품에 이르는 관직도를 그려서 양반들의 염원인 벼슬자리의 획득을 놀이를 통해서 대리 충족시키는 것이었다. 조선조의 신분제가 놀이에까지 연결되어 이와 같은 상류층의 놀이는 민중들에게 여러 모로 통제되었으며, 여건상 민중들의 놀이가 되기도 어려웠다.

반면에 양반들은 대동놀이의 성격을 지닌 풍물·탈춤·지신밟기·별신굿 등에는 구경꾼으로조차 참여하지 않았다. 활달한 몸짓과 신바람나는 풍물장단으로 신명풀이를 하는 놀이에 양반들이 참여하지 않는 것은, 아랫것들과 어울리지 않고 점잖음을 지켜야 자신들의 지체를 유지할 수 있다는 생각 때문이다. 특히 제의적 기능을 지닌 의례와 관련된 놀이는 유교적 사고 때문에 놀이가 배제된 의식으로 바뀌어버렸거나, 원래의 모습이 변질되기에 이르렀다. 마을굿으로 행해지던 동신제가 독축고사(讀祝告祀) 형식으로 바뀐 것은 그러한 사례 가운데 하나이다. 따라서 이때부터는 계층에 따른 놀이의 분리뿐만 아니라, 제의와 놀이도 점차 분리되기에 이르렀다.

놀이계층화 현상이 분명해지면서 민속놀이가 별도의 의미를 지니게 되었다. 상하가 분별 없이 거국적으로 동참하여 축제를 하던 국중대회 시대까지는 민속놀이라고 하는 것이 따로 존재할 수 없었다. 놀이공동체 시대와 국중대회 시대의 놀이는 계층의 구별이 없었으므로 민속(民俗)이 곧 국속(國俗)이었기 때문이다. 산대놀이 시대에 들어와서는 상하가 분리되어 놀이를

하고 보는 관계가 성립됨에 따라 민속과 국속이 서로 교류하는 가운데 상보
적인 관련을 맺고 있었으나, 조선조 중기에 들어오면서 놀이계층화 시대를
맞이함에 따라 민속과 국속의 일치가 파괴되었다. 관속(官俗) 또는 반속(班
俗)과 민속이 맞서는 가운데 놀이가 이원적으로 존재하면서 근대에까지 이
르게 되었다. 이때부터 민속놀이는 하층민의 전통놀이로서 별도의 의미를
지니기 시작했다.

5. 근대 이후의 문화와 놀이

조선조 말엽에서 일제시대로 접어들면 반속과 민속의 병립적인 균형마저
깨지게 된다. 관의 힘에 의하여 각종 민속놀이가 규제를 받기 시작했기 때
문이다. 이를테면, 편싸움[石戰]과 같은 지역 단위의 대규모 겨루기놀이는
법령으로 금지하기까지 했다. 놀이의 격렬성이 사상자를 내는 등 위험하다
는 이유를 내세웠으나 사실은 민중의 힘이 집단화되는 것을 막고자 한 것이
다. 관아의 금령에도 굽히지 않고 계속되던 편싸움은 일제의 민족의식 말살
정책의 일환으로 직접적인 탄압이 자행됨으로써, 그 뿌리가 뽑히게 되었
다. 《매천야록》(梅泉野錄 ; 권 6, 石戰禁止條)에 의하면, 일제는 이 놀이를
금지하기 위해 군대를 파견하고 총포를 쏘기까지 했다고 한다. 그러므로 조
선조 후기의 '놀이 통제의 시대'에서 일제에 접어들면 본격적인 '놀이 탄압
의 시대'로 바뀌었다고 할 수 있다.

일제는 편싸움뿐만 아니라 공동체의식을 높이며 진취적인 민족기상을 표
현하고 상무정신(尙武精神)을 고취하는 횃불싸움·줄다리기·지신밟기·동
채싸움 등 대규모 집단놀이들을, 다중집회(多衆集會)의 금지라는 허울 좋은
명목을 들어 금지시켰다. 그것은 우리 민족의 단결된 힘이 이들 놀이를 통
해서 집약적으로 표출되고 민족의식이 강화되기 때문이다. 일제는 1937년
중일전쟁의 발발을 계기로 비상시기를 선포하고 민중집회를 금지시키면서
노골적인 놀이 탄압을 자행했던 것이다. 이때 중단된 민속놀이들이 아직도
그 맥을 잇지 못하고 있는 것은 해방 후의 사정이 놀이의 건강성을 회복시

키는 방향으로 호전되지 못한 탓이다.

일제로부터의 독립과 함께 놀이 탄압 시대는 자연히 끝이 났다. 그러나 놀이의 부흥시대가 독립과 함께 광복을 맞이한 것은 아니다. 일제 아래서 받은 식민지교육의 영향으로, 민속문화에 대한 가치를 정당하게 평가할 수 있는 역량을 스스로 갖추지 못했으며, 일제를 통해 잘못 받아들인 서구문화의 영향으로 우리의 민속을 미신으로 간주하는 동시에, 개화라는 이름으로 서구의 것을 받아들이고 따르는 것을 발전으로 착각하게 되었다.

따라서 놀이 계층화 시대와 놀이 탄압 시대에 역기능으로 작용하던 놀이의 문제들이 그대로 남아 있는 채, 새로운 문제들이 덧보태지게 된 것이다. 해방 후 미군들을 통하여 묻어들어온 서구의 저속한 놀이문화가 우리 사회를 물들이는가 싶더니, 어느새 대중매체를 통한 서구의 대중문화가 우리 놀이의 풍속도를 완전히 바꾸어놓고 말았다. 우리의 농사력 또는 세시풍속과 무관한 크리스마스가 새로운 명절로 등장하는 것과 동시에 설날이 신정으로 대체되었다. 정월 대보름이나 단오와 같은 전통적인 세시명절이 퇴색한 것도 이때부터였다. 설날을 비롯하여 정월 대보름과 단오에는 특히 여러 가지 전통 민속놀이가 널리 전승되었으나, 명절의 퇴색과 함께 이들 민속놀이도 점차 사라지게 되었던 것이다.

중요한 것은 민속놀이가 사라졌다는 사실보다 이와 함께 민속놀이가 지니고 있던 놀이의 건강성이 훼손되었다는 사실이다. 말을 바꾸면, 오늘의 새로운 놀이가 건강하지 못한 쪽으로 치닫고 있다는 것이다. 사람의 마음을 소비적으로 들뜨게 하고 퇴폐적이고 유흥적인 방향으로 유도하고 있기 때문이다. 대다수 민중들이 왜 성탄절에 카드와 선물을 주고받으며 '메리 크리스마스'라는 인사를 나누고 케이크를 사먹어야 하는지 모르는 가운데, 크리스마스는 수십 일 동안 대중매체를 타고 사람들의 조용한 마음을 흔들어놓는다. 각종 숙박업소와 유흥업소가 성황을 이루는 가운데 퇴폐적이고 소비적인 놀이가 망년회와 신년회라는 이름으로 거듭된다. 놀이 장소도 돈으로 구입해야 할 뿐 아니라, 선물도, 케이크도, 심지어는 연예인들의 노래와 춤까지도 돈으로 구입해야 한다. 상업적이고 소비적인 놀이성향은 경제적인 놀이계층화를 새로 조성하기에 이르렀다. 따라서 경제적인 빈부에 따라 놀이의 질과 종류도 크게 달라졌다.

대중매체는 놀이를 위한 상업광고를 통해 아침 저녁으로 소비를 강요하는 한편 놀이의 방향도 제시한다. 관광안내 정도에 머무르지 않고 바캉스와 같은 낯선 용어들을 동원하면서 피서를 떠나도록 자극하고 부추긴다. '콘도미니엄'이라는 새로운 숙박시설도 끊임없이 소개된다. 무절제한 소비적 상업광고가 경제적 불평등을 표면화하고, 유흥적 놀이와 관광을 위해 가정과 마을을 떠나도록 충동질하는 것이다. 그 결과 경제적 능력에 따라 놀이의 시간과 장소가 함께 결정되며 놀이의 질이 계층화되어, 가진 사람과 그렇지 못한 사람들 사이의 벽을 놀이마당에까지 더욱 높게 쌓는다.

자가용을 타고 주말을 산장이나 콘도미니엄에서, 아니면 골프장에서 즐기는 놀이층이 있는가 하면, 이때를 이용하여 거금의 수익을 올리는 이른바 레저산업이라고 하는 신종 기업이 부를 더욱 축적한다. 전에 없던 관광회사들이 즐비하게 늘어나서 시골 사람들까지 관광계를 조직하고 일년에 한두 차례씩 가족과 마을을 떠나야 체면을 유지할 정도로, 놀이의 풍토가 상업주의에 의해 점점 엉뚱한 방향으로 나아가고 있는 것이다. 따라서 놀이를 위해 별도의 놀이감을 구입해야 되는 것은 물론, 먹을 것, 입을 것, 잘 곳까지 돈을 주고 구해야 할 지경에 이르렀다. 그러므로 경제력이 있는 사람들이나 놀이를 통해서 부를 축적하는 기업주를 제외한 대다수 민중들은, 남들의 화려한 놀이로 인하여 상대적으로 더욱 빈곤을 느끼게 되는 것이다. 이와 같은 놀이문화 탓으로 국민적 화합이나 지역 단위의 공동체의식을 다지는 기회는 놀이마당에서 찾을 수 없게 되었다.

놀이의 상품화는 자연히 놀이모방의 상황으로 몰고간다. 새로운 놀이를 상품으로 포장하여 비싼 값으로 소비시키기 위해 끊임없이 외국의 놀이들을 수입해 들여오는 것이다. 이에 따라 우리의 전통적인 민속놀이는 상대적으로 위축되게 마련이다.

윈드서핑 · 스키 · 행글라이더 · 골프 · 스케이트보드 · 스킨다이빙 · 롤러스케이트 등 낯선 이름들의 외래놀이들이 즉각적으로 수입되어 값비싼 장비와 함께 판매되고 있고, 이를 퍼뜨리고 소개하는 데 대중매체와 상업자본가들이 함께 열을 올리고 있으므로, 민속놀이의 계승은 물론 창조적인 놀이의 개발은 기대하기 어려운 상황에 놓여 있다. 그리고 이들 놀이를 자유로이 향유할 수 있는 부유층과, 구경꾼노릇도 하기 어려운 민중들 사이의 경제적 불평등은 더욱 깊이 조성되고, 놀이의 주체이며 생산자노릇을 해왔던 민중들이 놀이의 객체이자 소비자로 전락한 탓에, 여기서 파생되는 부작용과 놀이의 역기능이 오늘의 놀이를 점점 더 불건강하게 만들고 있는 것이다.

이러한 놀이문화의 오염은 산업화로 형성된 대중사회의 구조적 모순이나 상업자본가의 이윤추구 때문만은 아니다. 집권자들의 정치적 속셈 탓도 크다. 해방 후 정권을 잡은 사람들은 식민지정책으로 단절되고 왜곡되었던 전통문화와 민속놀이를 되살리는 데 관심이 없었다. 이러한 관심이야말로 식민지 상처를 아물게 할 뿐 아니라 정신적 독립마저 성취하는 가장 우선적인 처방인데도 집권자들의 관심은 미군들로부터 넘겨받은 권력을 계속 독점하는 쪽으로만 쏠렸다. 관심의 방향이 크게 달라지지 않은 상태에서 정권이 계속 교체되었으므로 그 상처는 더욱 깊어졌다. 뿐만 아니라 국민들의 정치적인 무관심을 유도하기 위한 방편으로 대중매체를 이용하여서 의도적으로 놀이를 조작하기까지 했다. 이런 상황에서 새롭게 문제된 것이 스포츠 정책이다.

체력은 국력이라는 조작적 구호 아래 운동경기의 비중은 우리 문화의 어느 분야보다 늦게 평가되기 시작했다. 운동선수에 대한 대우도 다른 분야의 종사자들에 비해 현격하게 좋아졌다. 이른바 프로스포츠라는 것이 생기면서 이러한 양상은 더욱 심화되었다. 그러나 이러한 스포츠 정책이 국민 일반의 평균적 체력향상이나 국민건강의 증진과는 무관한 것이기 때문에 한낱 소비적인 구경거리로 대중의 마음을 엉뚱하게 사로잡는다는 점에서 통속적인 대중문화나 다름없는 구실을 하고 있다. 프로스포츠는 재벌기업의 상업광고를 위한 수단이 되는가 하면, 운동선수들은 수입과 인기에 집착하게 되었고 일반 대중들은 관중석을 지키는 구경꾼조차 하기 어렵게 됨으로써, 이른바 스포츠 정신이나 운동의 본디 목적과는 크게 어긋진 방향으로 나아가고 있는 것이다. 이 시대를 놀이 조작의 시대, 놀이 상품화의 시대, 놀이 모방의 시대라고 규정할 수 있겠다.

이런 상황에 대한 반작용으로 대학가에서부터 민속놀이에 대한 실천적 관심과 학술적 관심이 함께 고조되기 시작했다. 1970년대부터 불기 시작한 민속놀이에 대한 관심은 1980년대에 들어오면서 대학축제의 모습까지 바꾸어놓기에 이르렀다. 그 결과 쌍쌍파티·빙고게임·페스티발과 같은 서구적 놀이양식이나, 연예인들을 불러들인 대중적인 놀이행사는 내놓고 벌이기 어렵게 되었다. 탈춤패·노래패·굿패·풍물패 등이 전통적인 민속놀이를 축제마당에서 주도적으로 펼쳐나가기 때문이다. 대학가의 놀이문화는 일반인들에게까지 크게 영향을 미쳤다. 기능보유자를 통한 전수활동이 끊임없이 계속되는 한편, 사설단체나 강습소에서까지 탈춤을 가르치고, 민요와 판소리, 풍물 등을 교습하고 익히는 모임이 두루 생겨났다. 그러나 이러한 움직임이 마을공동체의 대동놀이로 뿌리를 다시 내리려면 범국민적인 문화적 각성이 뒤따라야 한다. 민중이 놀이의 주체자로 복귀하고 전통적인 지역축제와 대동적 민속놀이 양식을 되살리는 것이, 우리의 삶을 건강하게 하고 민족문화를 창조적으로 발전시키는 길임을, 민속놀이의 건강성을 통해서 깨쳐야 할 것이다.

6. 놀이집단과 놀이

1) 아이들 놀이

아이들의 놀이도 사내아이와 계집아이의 놀이가 구별되어 있다. 놀이감과 놀이양식에서 성별 특징에 알맞게 놀이가 개발되어 있기 때문이다. 사내아이들 놀이로는 고누·땅재먹기·자치기·제기차기·장치기·깡통차기·딱지치기·돌치기·말타기·군사놀이 등이 있다. 이들 놀이는 놀이감이 필요없는 것이 적지 않으나, 놀이감을 필요로 하는 경우에도 아주 단순하고 간단한 것들이 소용된다. 돌멩이와 같은 자연물을 그대로 이용하거나 헌 깡통과 사금파리 등 폐품을 이용해서 놀이를 할 수 있는 것들이다.

딱지치기·팽이치기·제기차기 등의 놀이들은 있는 그대로의 재료를 놀
이감으로 삼을 수 없다. 나무를 다듬거나 종이를 접고 오려서 놀이감을 만
들어야 한다. 팽이·제기·딱지 등은 아이들의 놀이감이자 공작품이기도
하다. 놀이감을 스스로 만드는 과정에서 공작술을 익히고 공작하는 즐거움
과 창조적 표현의 기쁨도 느낀다.

공기놀이·고무줄놀이·콩주머니놀이·널뛰기·그네뛰기 등은 계집아이
들의 놀이이다. 계집아이들이 즐기는 공기놀이는 적당한 자갈만 있으면 어
느 곳에서나 할 수 있다. 콩주머니놀이는 놀이감인 콩주머니를 만들어야 한
다. 이것을 만드는 데에는 초보적인 바느질 솜씨가 필요하다. 어느 정도 성
장한 계집아이들은 제 스스로 콩주머니를 만들 수 있다. 사내아이들의 놀이
감인 팽이와 장치기 막대는 남자들의 세계에서 구할 수 있는 재료를 그들이
주로 쓰는 연모를 사용해서 제작하는 것처럼, 콩주머니는 여자들의 세계에
서 널리 쓰이는 재료를 여자들이 주로 쓰는 연모를 사용해서 만들어낸 것들
이다. 그러므로 놀이양식은 놀이감을 구하거나 만들 수 있는 놀이 주체자의
세계와 밀접한 관련성을 지닌다고 하겠다.

아이들의 놀이는 놀이감이 이처럼 단순하지만, 이러한 단순성이 오히려
놀이를 창조적으로 다양하게 개발시켜주는 구실을 한다. 아이들은 고무줄
하나로 10여 종 이상의 놀이를 변화 있게 즐긴다. 각종 춤 동작이 여러 가
지 동요와 함께 일정한 박자에 맞추어 조화를 이루고 있다. 고무줄을 높여
가면서 점차 복잡해지고 어려워져가는 노래와 춤과 곡예를 차례로 진행해나
갔다. 콩주머니놀이도 마찬가지이다. 그 받는 동작의 다양한 난이도와 노래
의 관계가 계속해서 발전된다. 사내아이들의 제기차기도 그렇다. 제기 하나
면 또래끼리 얼마든지 창조적인 놀이를 개발해서 즐길 수 있다. 차는 양식
도 가지가지이고 겨루기 하는 방식도 다양하다.

놀이의 양식을 보면 사내아이들의 놀이는 그 명칭에서 보는 바와 같이,
'치기'와 '차기' 형식의 놀이가 대부분이다. 작은 손놀림보다는 팔을 휘둘
러치는 놀이와, 발로 차는 놀이가 우세하다. 그러나 계집아이들의 놀이는
'놀이'와 '뛰기'가 주를 이루고 있다. 공기놀이나 콩주머니놀이처럼 손놀

림을 주로 한 놀이이거나 그네뛰기·널뛰기·고무줄놀이·줄넘기놀이 등
온몸을 솟구쳐 뛰거나 박자에 맞추어 율동적으로 움직이는 놀이가 주를 이
룬다. 사내아이들의 놀이는 팔다리의 근육을 골고루 발달시켜주는 놀이양식
을 취했다면, 계집아이들은 손재주를 기르거나 뛰기와 같은 전신운동으로
몸매를 다질 수 있는 놀이양식을 취했다고 하겠다. 성별에 따라 생리적 특
성에 맞게 놀이가 개발되어 있는 것이다.

2) 여자들 놀이

아낙네들의 놀이에는 놀이감이 거의 소용되지 않는다. 계집아이들이 하
는 놀이종목과 그 성격이 비슷하다. 겨루기의 형식을 취하지 않고 자족적
즐거움을 추구하는 것이 대부분이다. 계집아이들의 놀이와 차이를 보이는
것은 세시풍속과 관련되어 있는 놀이들이다.

아낙네들 놀이의 자족성은 춤과 노래로부터 주어진다. 강강술래는 마을
아낙들이 여럿 어울려서 손을 잡고 활달한 원무를 추고 노래를 부르면서 즐
기는 놀이이고, 놋다리밟기는 두 패로 나뉘어서 노래를 부르며 놋다리를 밟
아나가는 놀이이다. 이들 놀이는 마을 아낙들이 집단적으로 참여하는 대동
놀이로서 지역적 통합기능과 제의적 주술기능을 함께 발휘한다. 춤과 노래
가 중심을 이루고 있으므로 남정네들의 놀이와 달리 여성적인 부드러움과
율동이 놀이를 이끌어가는 원동력이 된다. 이들 놀이는 정월 보름, 또는 8
월 보름의 농공시필기(農工始畢期)에 이루어지는 놀이이므로, 풍농을 기원
하고 추수를 감사하는 고대 제의의 한 양식이라고 하겠다. 고대에는 여성들
도 지역사회의 공동제의에 주체적으로 참여했다고 볼 수 있는 문화적 흔적
인 셈이다.

일과 관계된 아낙네들 놀이로는 다듬이놀이·길쌈놀이·해녀놀이 등이
있다. 공동으로 길쌈을 하기 위해 두레를 조직하고 노래와 옛날이야기를 주
고받으며 일의 고달픔과 지루함을 잊는다. 두레 길쌈이 끝나면 맛있는 별식
을 장만해 모아두고 노래와 춤을 즐기는 놀이판을 벌인다. 더러는 어느 쪽
이 길쌈을 더 곱게 빨리 했는가를 겨루어보기도 한다. 분업사회에서는 찾아

보기 어려운 협업의 즐거움이 두레 길쌈에 있다. 이처럼 일을 놀이와 더불어 즐기는 가운데, 일의 능률을 올리고 생산성을 높였던 것이다. 그러므로 풍농과 일 및 생산성과 무관한 소비적인 놀이는 생각하기 어렵다.

일과 직접 관련되지 않은 놀이로는 화전놀이와 방천놀이 등을 들 수 있다. 남정네들의 천렵(川獵)에 대응될 만한 아낙네들의 계절놀이이다. 화전놀이는 화창한 봄날을 잡아서 진달래가 많이 핀 봄산에 올라가 꽃잎으로 붙임떡을 구워먹으며 노래와 춤으로 하루를 즐기는 봄놀이이다. 이때 〈화전가〉(花煎歌)라고 하는 꽃노래가 불린다. 스스로 노래의 사설을 짓고 가락을 붙여 직접 부르는 기회를 가지는 것이다. 이런 기회를 통해서 삶의 문제와 자연의 아름다움을 노래로 표현하는 문예창작의 능력을 기르고 생활 속의 감정을 정서적으로 토로해내는 것이다. 방천놀이 역시 야외에서 소리판을 벌이는 것이다. 여기서는 한 해 동안 지어두었던 새 노래가 돌림노래로 발표된다. 우수한 노래는 널리 불리어 공동의 노래로 뿌리를 내리게 되므로, 시가문학의 경연장 구실을 한다. 여성들의 문예적 역량이 표출되는 놀이양식인 것이다. 그러면서 집안에 갇혀 있는 아낙들의 춘정을 자연스럽게 발산시키는 구실을 한다. 오늘날은 시골 아낙들까지 소비적인 봄놀이관광에 익숙해져 이러한 창조적 놀이들이 전승기반을 잃고 있다.

3) 남자들의 놀이

고싸움·동채싸움·나무쇠싸움·농기싸움·편싸움·횃불싸움 등 남정들의 놀이는 명칭에서부터 싸움 형식의 겨루기놀이가 주종을 이루고 있다. '차기' 또는 '치기'와 같은 사내아이들의 겨루기 양식과 일치하면서, 그 방식이 한층 격렬하고 규모도 거대한 '싸움' 형식을 취하고 있다.

놀이감부터 거대하고 복잡하다. 아이들 놀이에서는 생각하기 어려운 동채·고·나무쇠 등 거대한 놀이감이 동원되는가 하면, 각종 풍물과 깃발 등이 함께 준비되어야 한다. 풍물을 구입 보존하고 동채와 같은 거대한 놀이감을 제작하는 과정에서 이미 마을 단위의 성원이 함께 참여하는 집단적인 놀이라는 것을 알 수 있다. 이러한 집단적인 패놀이는 그 양식상 오랫동

고싸움 장면. 서부의 고가 높이 치켜올려져 위용을 보이고 있다.

안의 준비기간과 소정의 경비를 필요로 하며, 대규모의 인원이 일시에 동원
되어야 하므로 수시로 판을 벌일 수 있는 놀이가 못 된다. 따라서 남정들
놀이는 자연히 세시풍속과 밀접한 관련을 지니지만, 세시풍속이 약화되면
이들 놀이도 전승이 중단된다. 요즘 이들 놀이를 찾아보기 어려운 것은 전
통적인 세시풍속이 외래문화의 영향으로 약화되어버린 탓이기도 하다.

　세시풍속과 관련된 남정들의 놀이는 풍농과 안녕을 기원하는 제의적 기능
을 함께 수행하고 있다. 따라서 동부와 서부의 두 패로 갈라 겨루기를 하는
데, 여성을 상징하는 서부가 이겨야 풍년이 든다는 속신이 있다. 그러므로
이들 놀이는 남정들끼리만 즐기는 놀이가 아니라 그들이 속해 있는 마을사
람들과 더불어 즐기는 지역공동체의 축제나 다름없다. 이때 마을 사람들은
놀이의 구경꾼이라는 처지를 넘어서서 공동체의 일원으로서 일체감을 다지
고 그 동질성을 확보한다.

　싸움 형식의 놀이가 아닌 것들도 세시풍속이나 계절의 변화에 관계없이
수시로 즐길 수 있는 것은 아니다. 지신밟기·기세배·풍물놀이 등은 세시

풍속과 관련되어 노는 것이며, 호미씻이·풋굿 등은 농사력과 밀접한 관련
성을 지닌 놀이들이다. 아이들과 달리, 일을 하는 어른들에게는 세시풍속에
따르는 각종 명절, 또는 농사철의 틈을 이용한 대규모 집단놀이들 외에 서
넛이서 아무 때나 즐길 수 있는 놀이는 거의 없는 편이다. 따라서 남정들의
놀이는 그 규모도 대단한 것이며 범지역적 놀이의 성격을 자연스럽게 띠게
되는 것이다. 오늘날은 아주 건전한 놀이로 알려진 바둑과 장기도 일하는
민중들에게는 잡기(雜技)로 받아들여질 정도였다. 그러므로 생산적 의미와
공동체적 기능을 지닌 축제형식을 떠나서 이루어지는 남정들의 민속놀이는
없는 것이나 다름없다.

4) 마을 전체의 놀이

세시풍속과 관련된 어른들의 놀이는 사실상 마을 전체의 놀이라고 할 수
있다. 풍농기원의 제의적 성격을 지닌 놀이는 이러한 성격이 더 짙다. 이를
테면 아낙네들이 하는 놋다리밟기나 강강술래, 남정들이 하는 동채싸움이나
고싸움놀이 등은 마치 남녀 어른들에 한정된 놀이 같지만, 참여의 범위
나 놀이의 기능으로 보아 마을 전체의 놀이나 다름없다. 그러나 남녀노소의
구분 없이 마을 사람들 전체가 함께 참여하는 가장 대표적인 놀이는 역시
줄당기기이다.

줄당기기는 지역주민들 사이에 겨루기를 통해서 공동체의식을 강화하는
한편, 성행위굿 형식의 주술성을 지니고 있다. 동부의 숫줄과 서부의 암줄
이 생긴 모양이나 그 결합과정과 줄을 당기는 과정이 남녀의 성적 결합을
상징하고 있어 풍요다산(豊饒多産)을 기원하는 모의적 유감주술(類感呪術)
의 성행위굿에 입각해 있는 것이다. 이러한 주술성 때문에 줄당기기는 일반
적으로 생산의 현장인 논밭에서 한다. 그러므로 일제 때 관권에 의해 줄당
기기를 하지 못하게 되자 흉년이 들었다고 하며, 일경(日警)들의 감시를 피
해 밤에 몰래 놀기까지 했다고 한다.

마을 사람들 전체가 공동으로 참여하고 구경하는 놀이는, 놀이 자체의 집
단적 성격 때문이기도 하지만, 공동참여를 유도할 수 있는 지역 단위의 공

동목표가 있으므로 가능하다. 이를테면 지신밟기를 해야 지신을 누르고 잡
귀를 몰아내어 마을이 평안하고 풍년이 든다든가, 줄당기기를 해야 새해의
흉풍을 점치고 마을의 질병과 재앙을 막을 수 있다는 제의적 목적이 그것이
다. 이러한 공동의 목적을 성취하기 위해 주민들은 이웃끼리 협동하는 가운
데 놀이판에 공동으로 참여하는 것이다.

　마을 전체가 참여하는 놀이는 '대동놀이'와 '패놀이'로 구분할 수 있
다. 대동놀이가 노래와 춤을 즐기는 가운데 더불어 하나가 되는 대동적 일
체감을 확보하는 놀이인 데 비하여, 패놀이는 지리적 위치에 따라 나누어진
두 패가 서로 맞부딪쳐서 겨루기를 하는 동안에 상대적으로 획득되는 연대
의식을 고취하는 놀이이다.

　대동놀이는 고대 삼한시대(三韓時代)의 제천행사 때부터 있어온 가무사제
형식의 대동굿에서 비롯된 것이다. 대동굿이 가지는 전통적인 제의성이 후
대에 들어온 외래종교들이 가지는 제의성과 일치하지 않으므로, 오락적인
놀이개념으로 한정되어버렸다. 그러나 농경의식과 밀접한 관련 속에 행해지
고 놀이 전후에 제의가 바쳐지는 한편, 각종 주술적인 기원이 의식(儀式)
과 노래 속에 내포되어 있는 것으로 보아, 대동굿으로서의 제의적 성격이
아직도 뚜렷하다. 대동놀이는 농공시필기와 성장기에 두루 높아질 수 있는
것이지만, 그 목적상 예축적(豫祝的)인 기원과 감사의례에 한정된다. 패놀
이는 놀이의 승패에 따라 점풍의 기능을 지닌다. 따라서 패놀이는 주로 정
초에 놀며, 승패에 따라 흉풍이 결정되는 것이므로 승부욕으로 인한 열기가
대단하다.

　패놀이는 다른 집단과 모의적인 대립관계를 의도적으로 조성함으로써 공
동체의 유대를 다지는 기능이 있다. 외부세력과 겨루기를 통해서 공동의 승
리와 풍년을 위해 서로 힘을 모으고 의지를 집약하는 협동의 계기를 마련하
는 것이다. 이에 갈등과 분쟁이 잠재되어 있는 마을에서도 다른 마을과 서
로 경쟁하는 패놀이를 함으로써 평소보다 강한 공동체의식으로 뭉치고 단결
하여 겨루기에 대처하는 것이다. 그러므로 마을 전체가 참여하는 놀이는 어
떠한 놀이이든 공동체의 사회적 통합과 결속을 강화해주는 대동적 기능과,

풍농과 마을의 번영을 기원하는 주술적 기능을 함께 지닌 셈이다.

7. 민속의례와 놀이

1) 통과의례와 놀이

통과의례와 관련된 놀이는 주로 잔치형식을 취하고 있다. 잔치는 경사를 맞이해서 일가친척과 이웃사람들을 청해서 술과 음식을 대접하고 노래와 춤을 즐기는 일종의 향연(饗宴)이다. 백일잔치·돌잔치·혼인잔치·회갑잔치 등은 아직까지 행해지고 있다. 관례(冠禮) 때도 잔치를 했으나 하층에까지 일반화되지 않았으며 오래전에 중단되었다. 잔치는 '이바지', '큰일' 등으로 불리기도 한다. 이바지는 술과 음식을 정성껏 장만하여 널리 베풀어 대접한다는 뜻에서 쓰인 말이라면, 큰일은 큰 의식을 치른다든가, 잔치하는 일이 예삿일이 아니라는 뜻에서 쓰인 말이다. 큰일이라고 할 때에는 경사에 속하지 않는 장례도 포함된다.

백일잔치와 돌잔치는 잔치의 주체가 어리기 때문에 특별한 놀이가 행해지는 것은 아니다. 이때는 아이의 무병장수와 건강한 성장을 기원하는 뜻의 잔치음식을 장만한다. 옷차림이나 장식물 역시 이러한 기원에 바탕을 두고 있다. 백일떡이나 돌떡으로 수수떡이 빠지지 않는 것은 수수경단의 둥근 모양이나 붉은 색깔에서 덕을 상징하고 잡귀를 물리쳐 무병(無病)을 기원하는 동시에, 수수의 키처럼 쑥쑥 건강하게 자라라는 유감주술의 의미도 담겨 있기 때문이다. 돌잔치에서 가장 중요한 의식은 돌잡이놀이이다. 아기가 돌상 위에 놓인 활·실·책·붓·대추 등에서 무엇을 먼저 집느냐에 따라 아기의 장래를 예측해보는, 속신에 바탕을 둔 놀이라고 할 수 있다. 아기가 먼저 활을 집으면 장군이 되고 쌀을 집으면 부자가 되며, 책이나 붓을 집으면 선비가 된다고 믿는 것이다. 어른들은 이 광경을 지켜보고 아기의 장래 성취를 낙관하면서 손뼉을 치며 즐기는 것이다.

혼인잔치는 상당히 성대하다. 회갑잔치와 함께 마을잔치로 성대하게 베풀어진다. 놀이는 대례(大禮)마당에서부터 시작된다. 신랑이 대례판에 서서

신부를 기다리는 동안 하객(賀客)들은 여러 모로 신랑을 놀린다. '코가 크
니 뭣도 크겠다'든가, '포선(布扇)으로 입을 가리고 있는 걸 보니 입이 째
보인 모양'이라고 하면서 말재담으로 신랑을 놀리며 웃기려 든다. 구경꾼들
은 놀림말이 재미있어 웃기도 하지만, 신랑이 애써 웃음을 참는 모습 때문
에 더욱 웃게 된다.

대례를 마치면 대례판에 놓아둔 닭을 신부측과 신랑측의 젊은이들이 서로
가지려고 다투는 것도 일종의 놀이이다. 본격적인 놀이는 첫날밤의 신방을
지켜보는 일이다. 신방에는 이부자리가 깔려 있고 병풍이 둘러쳐져 있는
데, 신랑과 신부가 주안상을 마주하고 있다. 지켜보는 이들이 신부에게 첫
아들 낳도록 주안상의 알밤을 먼저 먹도록 권한다. 주안상을 물리면 신랑이
신부의 옷을 벗기는 차례가 된다. 집안의 부녀들이 문구멍을 뚫고 신방을
엿보면서 신랑과 신부를 놀린다. 옷을 벗기는 차례를 가르쳐주기도 한다.
옷 벗기는 장면이나 불을 끄고 잠자리에 드는 광경을 보고 즐기는 것이다.
신방지키기는 일종의 의식이면서 첫날밤에 관한 인간적 호기심을 충족시켜
주는 놀이라고 하겠다.

다음날은 동상례(東床禮)라는 신랑다루기놀이가 행해진다. 처남·동서·
처제 등 집안의 젊은이들이 모여서 신랑을 묶어놓고 술과 안주를 내놓으라
고 한다. 신랑이 수완을 발휘하여 닭도 잡아오고 잔치용으로 준비해둔 돼지
다리도 찾아온다. 그러지 못하면 닦달이 심하다. 주로 신랑의 다리를 묶어
시렁에 거꾸로 매달아놓고 발바닥을 마른 명태나 방망이로 때리고 간지르기
때문에 여간 고통이 아니다. 신랑으로서는 최대의 시련이다. 통과의례의 시
련을 단단히 겪는 것이다. 동상례를 통해서 처가 식구들과 아주 허물없는
사이가 된다.

회갑 때는 가장 큰 잔치가 벌어진다. 의식보다 놀이가 한층 강조된다. 풍
물놀이가 중심을 이룬다. 회갑주(回甲主)에게 헌수(獻壽)를 하는 의식이 끝
나면 마을 사람들이 풍물을 치며 춤판을 벌인다. 회갑주를 업고 나와 목말
을 태우기도 하고 들것을 준비해 그 위에 태우고 춤을 추기도 한다. 재미있
는 놀이는 솥검정이나 먹물로 회갑주의 아들·딸과 며느리·사위의 얼굴에

황을 그리는 일이다. 황을 그리지 않으려고 실랑이를 벌이는 것부터 재미있다. 주로 안경과 수염을 과장되게 그려 회갑주와 손님들을 즐겁게 한다. 회갑주를 기쁘게 해주려는 놀이이다.

장례 때는 빈상여놀이가 행해진다. 지방에 따라서는 '대돋움'이나 '상여놀이'라고 한다. 상여가 나가기 전날 밤에 상두꾼을 모아 빈 상여를 메고 앞소리꾼이 상여소리를 메기며, 망자의 친척이나 동갑친구들을 찾아다니며 주안을 대접받는다. 지역에 따라서는 판소리를 부르며 북을 치고 노래와 춤을 즐기기도 한다. 마치 '상여를 동채 놀리듯 한다'는 말도 있다. 이러한 전야의 축제 분위기는 출상 당일에도 이어진다. 기생들이나 마을의 부녀들이 상여 앞에서 상여소리와 북 장단에 맞추어 춤을 추며 나간다. 가무가 어우러진 장례행렬을 이루는 것이다. 유가족들이 슬픔에 몰입하는 것을 차단하고 가무의 흥겨움으로, 살아 있는 사람들의 삶의 의지를 고양시키는 구실을 하는 것이다.

2) 세시풍속과 놀이

세시풍속과 관련된 놀이들은 그 시기에 따라 기풍(祈豊)과, 성장·수확의례의 놀이로 구분할 수 있다. 정월과 2월의 놀이들은 기풍의 놀이라면, 하절기에 하는 놀이는 성장의례와 관련된 놀이이며, 가을에 하는 놀이는 수확의례와 관련된 놀이이다. 그리고 구체적 목적에 따라 풍농을 기원하는 예축형식의 놀이와 흉풍을 미리 점쳐보는 점풍(占豊) 형식의 놀이가 있다.

농한기인 겨울철의 놀이는 정월에 집중되어 있다. 설에는 조령과 조상에 대한 차례와 세배로 혈연간의 상하유대를 다지며, 일년 동안의 계획을 세우고 몸과 마음을 삼가는 때이므로, 윷놀이나 종경도(從卿圖)놀이와 같은 소규모 가족 단위의 놀이가 주로 집안에서 행해진다. 그러나 보름이 되면 놀이의 양상이 크게 달라진다. 동신에게 제의를 바치고 지신밟기를 하는가 하면, '줄당기기와 동채싸움·고싸움·편싸움·놋다리밟기 등의 야외놀이를 대규모로 하게 된다. 동신제는 지역신에게 마을의 평안과 풍농을 기원하는 제의인데, 마을 단위로 놀게 되는 대보름의 놀이도 이와 같은 의미와 기능

을 지닌다. 동신을 구심점으로 하여 마을공동체의 횡적 결속을 다지는 동제
의 기능과 마찬가지로, 이들 놀이 역시 대동성을 확보하며 마을 사람들 사
이에 평등한 처지에서 유대를 다지는 기능이 있다. 설의 놀이는 개인적이고
가족적인 점복(占福)행위와 관련되어 있다면, 보름의 놀이는 마을 단위의
점풍행위와 관련되어 있다.

여성들이 하는 놋다리밟기는 그 춤사위가 보름달의 생멸과정을 형상화하
고 있으며, 노래 역시 일년생산신을 상징하는 남성을 맞이하는 내용으로 이
루어져 있어 풍농기원의 의미를 상당히 구체적으로 표현하고 있다. 특히 집
집마다 돌아가면서 하는 지신밟기는 가정의 재앙을 물리치고 일년 동안의
안과태평(安過泰平)을 기원하는 정초놀이로서 특별한 의미를 지닌다.

하절기에 이르면 단오와 호미씻이라는 세시풍속이 있다. 단오는 설과 보
름, 추석과 함께 4대 명절의 하나이다. 호미씻이는 논매기를 모두 마치고
하는 일꾼들의 축제이다. 호미씻이를 풋굿이라고 하듯이 단오도 단오굿이라
고 하여, 놀이만 하는 것이 아니라 동신에 대한 제의도 바친다. 단오굿과
풋굿은 정월 보름의 동신굿과 달리 농작물의 성장을 기원하는 성장의례에
속한다. 시기로 보아 단오굿이 밭농사 작물에 관한 것이라면, 풋굿은 논농
사 작물에 관한 것이다. 작물의 생장을 위해 사람이 할 일은 다 마쳤으니
동신에게 마지막으로 풍농을 비는 셈이다.

단오에는 여성들의 그네뛰기와 남성들의 씨름이 행해지고, 풋굿에는 풍
물놀이를 특히 드세게 한다. 씨름은 남성의 놀이답게 둘이서 맞겨루어 상대
를 쓰러뜨리고 승부를 낸다면, 그네는 여성들이 박자에 맞추어 발을 굴려서
그네를 높이 오르게 한다. 단오는 초여름의 무성한 수목과 성장하는 곡물들
처럼 힘과 기량을 겨루어서 젊음의 기상을 발산하는 가운데 농번기를 맞기
전에 신명나는 놀이를 즐기는 명절이라면, 풋굿은 주된 농사일을 모두 마치
고 노동의 매듭을 지으면서 그동안에 쌓인 피로를 푸는 일꾼들의 향연이라
고 하겠다. 따라서 풋굿을 계기로 호미를 씻고 그동안 함께 일해왔던 두레
가 해체되는 것이다.

가을에는 추석과 중구(重九)가 있어 새로 수확한 햇곡식과 햇과일을 조상

신에게 바치는 차례를 올린다. 추수감사제에 해당된다. 햇곡식이 나는 절후
가 지역에 따라 다르므로 시기적으로 통일성을 지니지 않는다. 추석에서 중
구 사이에 적절한 날을 잡기도 하나, 요즈음은 추석이 공휴일이 되어 모두
이 날에 차례와 성묘를 하게 되었다. 추석에는 여성들의 강강술래놀이가 보
름달의 풍요를 상징하면서 달밤에 놀아졌다. 가을철의 풍요를 경축하는 놀
이인 셈이다. 남성들은 소놀이를 한다. 일년 동안 농사일을 열심히 도와준
소의 고마움에 진지한 관심을 표현하는 한편, 일꾼들이 소처럼 일했음을 소
놀이로 상징하면서 지주들이 향연을 베풀도록 한다.

　그러므로 통과의례에 따른 놀이들이 사람의 일생을 중심으로 수명장수와
복록을 비는 의미를 지녔다면, 세시풍속에 따른 놀이들은 일년 단위로 농사
가 잘되고 마을이 평안하도록 기원하는 의미를 지녔다. 이에 따라 통과의례
의 놀이들은 개인적이고 가족적인 문제와 관련되어 소규모로 놀아지는 데
비해, 세시풍속의 놀이들은 어느 것이나 지역공동체의 문제와 관련되어 있
으므로 대규모로 놀아지게 된다.

　세시풍속의 놀이들이 순전히 농사력이나 풍농의 의미에 한정적으로 관련
되어 있는 것은 아니다. 연날리기나 팽이치기 등의 놀이는 바람이 많고 얼
음판도 이용할 수 있는 겨울철의 놀이라면, 천렵이나 화전놀이는 개울물이
풀려 물고기들이 놀고 진달래가 한창 필 무렵인 봄철의 놀이들이다. 특히
이런 놀이들을 계절놀이라고 하겠다. 계절의 상황에 따라 놀이가 결정되기
도 하므로 사철의 변화가 뚜렷한 우리나라는 계절과 놀이가 일정한 관련을
지니고 있다. 그러므로 명절놀이와 달리 계절놀이는 별도의 특성을 지니는
것이다.

3) 무속과 놀이

　무속의 제의양식이 굿이다. 굿은 곧 노래 부르고 춤추는 것이라고 할 정
도로, 가무가 중심이 되는 제의양식을 취하고 있다. 굿에서 노래와 춤은 신
을 즐겁게 하여 신으로 하여금 인간의 소망을 이루어주도록 하는 가무오신
의 행위이다. 따라서 가무사제의 굿은 인간을 즐겁게 하는 놀이양식과 일치

한다. 인간의 가장 적극적인 놀이양식이 곧 노래와 춤인 것이다. 무당들 스스로도 굿판에서 가무로 신명풀이를 하지만, 제주(祭主)들도 굿판에서 무당들과 어울려 가무를 즐긴다. "며느리 춤추는 꼴 보기 싫어 굿 못하겠다"는 속담은 이러한 놀이의 성격을 반영하는 것이다.

마을굿의 경우는 이러한 놀이적 성격이 더 강하다. 서낭굿 또는 별신굿으로 불리는 마을굿은 독축고사(讀祝告祀)의 비의(秘儀)형식으로 이루어지는 동제와 달리, 마을의 풍물잡이가 중심이 되는 가무사제이다. 이때는 신분상의 제약이나 남녀의 구별 없이 자유롭게 참여하며 공동으로 제의를 바치고 풍물굿의 신명을 즐기는 마을축제가 된다. 국중대회의 잔존형태라고 할 만하다. 하회별신굿놀이는 농촌 별신굿의 전형적인 모습이다. 별신굿의 일환으로 연행되는 하회탈춤은 추는 이나 보는 이가 민중적 공감대를 형성하면서, 신분사회의 모순을 풍자하는 가운데 현실을 비판적으로 인식하면서 놀이로서의 즐거움도 만끽하는 것이다.

어촌에서 하는 별신굿에서도 탈춤을 비롯한 각종 놀이양식이 무의(巫儀)와 함께 베풀어진다. 별신굿을 담당하는 세습무(世襲巫)들은 특히 오락성과 연예성이 강하다. 굿의 영험성보다는 무당들이 노래를 잘 부르고 춤을 신명나게 추며 굿을 흥미롭게 이끌어갈 때 주민들로부터 굿을 잘한다는 칭찬을 듣고 훌륭한 무당으로 평가받는다. 따라서 별신굿에서는 구경거리가 되는 놀이형식의 잡희들이 많다. 천왕굿에서 원님이 부임하여 기생 점고하는 놀이를 하거나, 세존굿에서 중의 부정적인 면을 보여주는 중도둑잡이 잡희를 벌이는 것은 제의라기보다 놀이에 가깝다. 무가도 세속화되어 흥미본위로 수식되고 무당 부부가 함께 나와 음담패설을 주고받는 등 오락성이 짙어서, 별신굿은 이웃마을 사람들까지 참여하는 큰 구경거리가 된다. 마지막에 모든 신들을 배송(拜送)하는 거리굿은 해학과 풍자, 재담과 노래, 욕지거리와 과장된 몸짓 등으로 관중을 사로잡는 놀이마당이 된다. 오늘날의 원맨쇼나 코미디가 따라잡을 수 없는 놀이가 굿마당에서 벌어지는 것이다.

어촌의 별신굿에서는 놀이굿이 별도로 있다. 무당들이 하는 굿거리 사이에 몇 차례씩 마을 사람들이 굿마당에 직접 나와 풍물장단에 맞추어 춤과 노래를 직접 즐기는 것이다. 무당들이 하는 굿거리에서도 신명이 나는 사람들은 무당과 어울려 춤을 추기도 하지만, 놀이굿에서는 무당들이 아예 굿판을 비워주고 마을 사람들이 홍겹게 놀도록 거들어주는 구실만 한다. 이러한 놀이굿은 무당들이 하루의 굿을 마치고 다음날 굿을 다시 시작할 때까지 밤새도록 굿판에서 계속되기도 한다. 마을 젊은이들은 이때 굿판을 지키면서 신명풀이를 마음껏 하는 것이다.

8. 한국 놀이문화의 특징

우리 놀이의 전반적인 특징은 국중대회의 대동놀이에서 찾을 수 있다. 《삼국지》 위서 동이전이나 《후한서》(後漢書)의 기록을 보면, 한결같이 나라 사람들이 크게 모여서 술을 마시고 노래와 춤을 즐기면서 제천행사를 하였다고 기록되어 있다. 남녀가 함께 더불어 춤추며 주야로 쉬지 않고 음주가무(飮酒歌舞)하였다는 내용이 특히 두드러진다. 우리 민족은 옛날부터 노래와 춤을 즐겼으며, 이때에는 반드시 술을 마시고 맛있는 음식을 장만해서 마음껏 먹었다는 것을 알 수 있다. 이러한 놀이전통은 지금까지 계속되고 있다.

연중 술소비량이 다른 나라에 비해 앞서 있다는 통계도 이러한 전통을 반영하고 있는 것이다. 지금도 신바람나는 민중의 놀이에는 반드시 풍물이 따르고 노래와 춤이 어우러지게 된다. 관광지나 유원지에서 집단적으로 풍물을 치면서 노래 부르고 춤추는 장면을 쉽게 볼 수 있다. 나라 안에서만 그런 것은 아니다. 중국의 한인 자치구역에 사는 우리 동포들도 마찬가지이다. 백두산까지 들놀이를 가서도 풍물을 치며 춤추고 노래 부르기를 즐겨한다. 그리고 어느 놀이판이든지 술과 안주가 푸짐하게 마련되어 있어야 한다. 야외에서 놀이를 할 때에도 이러한 준비가 집안의 잔치 이상으로 성대하게 마련된다. 냇가에서 개를 잡아 큰 가마를 걸어놓고 고아 먹는 풍속도, 먹고 마시는 데에 상당히 비중을 둔 우리 민족의 특징적인 놀이모습이라 하겠다.

춤과 노래의 양식이나, 악기도 대동놀이의 특징에 맞게 개발되어 있다. 대동놀이는 집안의 마당놀이로서 하는 외에, 더러는 마을의 넓은 공터나 야외의 들판에서 이루어진다. 두레노동을 하면서 풍물을 치는 경우는 들녘 전체가 놀이마당이 된다. 따라서 놀이의 흥을 돋우는 악기 역시 소리가 크고 울림이 강한 꽹과리·징·북·장고 등 타악기가 중심을 이루고 있다. 이들 풍물은 실내에서 연주하면 거의 소음에 가까울 정도로 시끄러우나 야외에서는 풍물놀이의 신명을 돋우기에 적절하다. 풍물의 이러한 성격 때문에 우리 민요는 지신밟기를 제외하면 풍물의 반주에 의해 불리는 것이 없다. 풍물소리가 유난히 커서 노래의 사설이 전달되지 않기 때문이다. 그러므로 풍물은 노래의 반주악으로서보다 춤을 위한 반주악이라 하겠다. 지금도 운동회 때 아동들이 풍물을 치면 노인네들이 운동장으로 나와 춤을 덩실덩실 추는 것을 볼 수 있다. 춤을 유도하는 악기인 것이다.

풍물반주에 의한 우리춤은 서양춤과 큰 차이를 보인다. 서양춤은 남녀가 서로 손을 마주잡고 추는 대무(對舞) 형식의 쌍쌍춤이다. 사교춤에서나 포크댄스라고 하는 민속춤에서나 한결같다. 그래서 스텝이라고 하는 발놀림이 특히 문제된다. 그러나 우리춤은 쌍쌍춤이 아니라 대동춤이다. 두 팔을 좌우로 크게 벌리고 여러 사람이 더불어 어울리는 춤이므로 손놀림이나 발놀림이 함께 자유롭다. 따라서 동작이 크고 활달한 신명의 춤이 우리춤이다. 풍물의 반주가 없으면 〈쾌지나칭칭〉을 부르면서 풍물반주를 대신한다. 〈쾌지나칭칭〉은 후렴구를 풍물소리의 의성어(擬聲語)로써 나타낸 선·후창의 노래로서, 풍물이 없이도 춤의 신명을 돋우어주는 구실을 한다. 민요의 일반적인 양식도 후렴구에 의한 선·후창, 또는 대구(對句)에 의한 교환창으로 이루어져서 공동조직에 의한 집단적 가창형식을 취하고 있다. 노래 역시 대동성을 지니고 있는 것이다.

농경의례와 관련된 놀이는 이웃나라들과 비슷하다. 줄당기기를 하여 암줄이 이겨야 풍년이 든다든가, 단오에 그네뛰기를 하면 농작물이 잘 자란다든가 하는 것은 동북·동남아시아의 벼농사지역에서 비슷하게 나타난다. 소련의 발트해 지방에서는 봄의 부활제부터 성요한일(夏至)까지 그네를 탄다. 태국에서는 그네뛰기를 새해초에 많이 한다. 인도네시아에서는 벼 수확기에 그네뛰기를 한다. 일본의 남큐슈(南九州)와 남서제도에서는 보름날 밤에 줄당기기를 한다. 오키나와에서는 수확제 때 이 놀이를 한다. 풍년을 동쪽으로부터 서쪽으로 당겨와야 한다고 믿기 때문에 서쪽이 이기도록 한다.

윷놀이는 우리 민족 고유의 것으로 알려져 있으나, 이웃나라는 물론 에스키모족과 북아메리카 인디언들도 윷놀이를 한다. 윷의 재료나 놀이방법에 약간씩 차이를 보이지만 4개의 토막을 던져 그 나타나는 면에 따라 놀이를 진행한다는 점에서 같다. 우리나라의 윷놀이는 고대에 중국에서부터 전래한 저포(樗蒲)의 일종으로 보고 있다. 윷놀이도 원초적으로는 승패에 따라 풍농을 점치는 기능이 있었다. 그러므로 농경의례와 풍농기원과 관계된 놀이는 중국·일본과 함께 아시아의 이웃나라에서도 함께 놀이되는 것으로 볼 수 있다.

그러나 탈춤이라든가 꼭두각시놀음 등의 극적인 놀이는 자생적인 것으로 밝혀져 있다. 고싸움과 동채싸움, 놋다리밟기 등 민중들의 집단놀이도 우리 고유의 놀이라고 하겠다. 특히 고싸움은 줄당기기의 앞놀이에서 발전적으로 변형된 창조적인 우리 놀이이다. 강강술래와 놋다리밟기, 화전놀이 등 여성들의 춤놀이가 노래와 함께 전승된다는 점도 우리 놀이의 특징으로 들 수 있다.

특히 주목할 만한 특징으로는 줄타기·대접돌리기·땅재주부리기 등 묘기와 곡예를 보이는 놀이의 경우에는 다른 나라와 달리 연희자와, 매호씨라고 하는 대화의 상대역이 재미있는 사설을 주고받으면서 연희를 한다는 점이다. 아슬아슬한 묘기의 긴장과 웃음을 터뜨리게 하는 해학적인 말재담의 이완이 묘한 역동성을 자아내, 보고 들으며 즐기는 놀이로서 우리 놀이의 독자적 개성을 획득하고 있는 것이다. 이러한 양식의 원초적인 모습은 풍물패(농악대)의 잡색놀이에서 찾아볼 수 있다. 잡색들은 풍물을 치지 않고 풍물잡이와 더불어 말재담을 주고받으면서 과장된 몸짓으로 세태를 풍자하고 관중을 웃기는 구실을 한다. 민속극의 싹이라 하겠다. 그러므로 말재담의 해학성과 극적인 풍자성을 지닌 문예적인 성격이 강하다는 사실 또한 우리 놀이의 특징으로 정리할 수 있겠다.

(《한국민족문화대백과사전》 5, 1990. 12. 30.)

참고문헌

김광언, 《한국의 민속놀이》, 인하대 출판부, 1985.
金宅圭, 《韓國農耕歲時의 硏究》, 영남대 출판부, 1985.
성병희, 〈전통놀이의 역사와 이해〉, 《전통문화》 1986년 2월호.
沈雨盛, 《韓國의 民俗놀이》, 삼일각, 1975.
李光圭, 《韓國人의 一生》, 형설출판사, 1985.
李杜鉉, 《韓國의 假面劇》, 일지사, 1979.
林在海, 《민속문화론》, 문학과지성사, 1986.
張壽根, 《韓國의 歲時風俗》, 형설출판사, 1984.

윷놀이의 신명성과 민중적 세계관

1. '승벽'으로 하는 윷놀이의 재미

"윷놀이는 승벽(勝癖)으로 한다"는 옛말이 있다. 윷놀이의 본질을 가장 잘 드러낸 말이다. 놀이의 일반적 본질은 재미를 즐기는 데 있으므로, 윷놀이의 재미가 어디에 있는가를 말하는 것은 곧 윷놀이의 본질을 드러내주는 말에 다름 아니다. "승벽으로 한다"는 옛말은 윷놀이에서 이기고 지는 것을 다투는 승부의 재미가 어느 놀이보다 크다는 사실과 함께, 승부의 결과보다 승부를 다투는 과정에서 획득하게 되는 놀이꾼의 신명성과, 곁에서 지켜보며 편을 드는 응원꾼들의 고조된 흥이 윷놀이의 진짜 재미라는 사실도 말해주고 있는 것이다. 그렇다면 윷놀이의 '승벽'이 무엇에서부터 비롯되는가 하는 것을 따져볼 필요가 있다. 재미를 즐기는 데 일차적 목적을 두고 놀이를 하게 되므로, 놀이의 재미가 어디서부터 오는가, 재미의 양상은 어떻게 나타나는가 하는 문제에 관심을 가지는 것은 자연스럽다. 이제 그 재미의 근거를 찾아보기로 한다.

다른 놀이에 견주어보아 승부의 재미가 특히 큰 것은 윷놀이가 가지는 우연성의 원리 때문이다. 윷을 던져올렸다가 떨어질 때 나타나는 윷가치 윷짝)의 양상, 즉 윷패는 놀이꾼의 솜씨나 의도적 전략에 의해서 필연적으로 결정되기보다는 자연스럽게 나타나는 우연성에 의해 결정된다. 기계적으로 보면 윷가치 넷 가운데 몇 개가 젖혀지고 엎어지는가 하는 것은 순전히 확률상의 문제이다. 가장 높은 확률로 나타나는 윷패는 윷가치 넷 가운데 둘이 젖혀지고 다른 둘이 엎어져서 나타나는 '개'이다. 다음은 넷 가운데 하

나만 젖혀지거나 엎어지는 '도'와 '걸'이다. 윷가치의 구조상 젖혀지는 것
이 엎어지는 것보다 힘들기 때문에 하나만 젖혀지는 도가 걸보다 더 많이
나타난다. 마지막으로 모두 젖혀지는 '윷'과, 모두 엎어지는 '모'는 가장
어렵게 나타나는 윷패이다. 윷과 모 역시 확률적으로는 같은 비율로 나타날
수 있으나, 윷가치의 구조상 엎어지기 쉽도록 되어 있으므로 실제로는 윷이
가장 귀하게 나타난다.

결국 개·도·걸·모·윷의 순서로 윷패의 확률을 가늠할 수 있기는 하
지만, 실제로 어떤 패가 나타날지는 아무도 모른다. 우연성이 놀이의 양상
을 지배하고 있는 것이다. 따라서 놀이꾼이나 응원꾼들이 기대하는 패를 소
리 높여 외치면서 윷을 던지고는 그 결과에 따라 희비가 엇갈리게 마련이
다. 아무리 솜씨 좋은 놀이꾼이라 하더라도 판마다 이길 수 없다. 삶의 이치
를 터득한 할아버지도 철들지 않은 어린이들에게 질 수 있고, 학문이 출중
한 선비도 갓 천자문을 익힌 학동들과 겨루어 이긴다는 보장이 없다. 윷패
의 우연성은 놀이꾼의 사회적 처지와 상관없이 공평한 것이다. 윷패의 확률
은 곧 자연법이나 다름없다. 그러므로 누구든 윷판에서 맞붙어 한판 승부를
겨룰 만하다. 이것이 승벽을 부추기는 근거이다.

이러한 우연성으로 인해 누구든지 윷을 놀 때 그냥 놀지 않게 된다. 윷을
던질 때마다 "모야!" 하고 기대하는 윷패를 소리 높여 외치게 되는 것이
다. 누구든 신명껏 목청을 높여볼 만한 것이다. 골프나 당구처럼 실력에 다
른 급수가 있어서 같은 급수끼리라야 겨룸이 가능한 것도 아니다. 장기·바
둑처럼 실력의 수준에 따라 몇 점을 놓아주거나 접어주고서 시작하는 그런
놀이도 아니다. 놀이의 기능을 익히고자 시간과 돈을 상당히 투자해야 하는
소비성이 강한 놀이도 아니다. 소비적인 놀이는 아무나 익힐 수도 없다. 시
간상의 여유와 경제상의 풍요가 함께 갖추어져야 익힐 수 있는 제약성을 가
진다. 자연히 아무나 익힐 수도 즐길 수도 없는 특수층의 놀이가 되기 쉽
다. 그러나 윷놀이는 누구든 동등한 수준에서 평등한 놀이판을 손쉽게 벌일
수 있다. 뿐만 아니라, 곁에서 편을 들어 응원을 하며 마음껏 훈수를 해도
탓이 되지 않는다. 오히려 보아주는 이들이 응원을 하고 말판을 거들어 써

주어야 윷판이 제대로 어울린다. 그러므로 누구와 언제든지 더불어 즐기면서 신명을 돋울 수 있는, 민주적으로 열린 구조의 공동체놀이가 윷놀이라 하겠다.

2. 윷놀이의 우연성과 신명성

필연적인 귀결로 나타나는 현상에는 감흥이 적다. 그럴 수밖에 없는 당연한 사실, 곧 결과를 미리 알고 있는 사실을 두고서는 겨루기형식의 놀이를 즐길 수 없다. 그것은 겨루어볼 거리가 되지 않는다. 이미 알고 있는 합법칙적 사실이 결과적으로 나타났을 때는 충격을 줄 만한 감흥이 일어날 수 없다. 인과법칙에 따라 착착 진행되는 일을 두고 호기심의 긴장 속에 빠져들거나 정서적인 충격을 받는 이는 없는 법이다. 그러나 예기치 못하게 벌어진 뜻밖의 우연성에 대해서는 그 사실이 긍정적이든 부정적이든 충격이 크다. 따라서 모나 윷과 같은 큰 사리가 나거나, 또는 말판을 쓰는 데 수월한 쪽으로 윷패가 나오면 박장대소와 함께 환호가 윷판을 잡고 흔든다. 신명이 오르면 놀이꾼은 물론 자기편의 구경꾼들까지 자리를 박차고 일어나서 덩실덩실 춤을 추기 일쑤이다. 이에 질세라 상대편의 응원꾼들도 함께 뛰어들어 춤을 춘다.

때로는 '윷송'이라 하는 뒤풀이형식의 윷놀이노래도 울려퍼진다. 이를테면 도가 나면 '도'송을 부르고, 걸이 나면 '걸'송을 부르는데, 각 윷패마다 노래사설이 독립적으로 존재한다. "첫도가 적실하고 인의예지 분명하니······", 또는 "호걸이라 호걸이라 제왕문에 스승하니······" 등과 같이, 도·개·걸·윷·모의 음절을 첫구절이나 앞부분에 넣어서 사설을 이어간다. 노래가 2음보 형식의 4·4조로 구성되어 있어 가사(歌辭) 투와 닮아 있다. 사설이 제법 길게 엮어져 있는데, 내용은 지방마다 조금씩 차이를 보인다. 사설이 길고 4·4조로 이루어져 있어 윷패마다 '윷송'을 부르다가는 윷판의 신명이 가라앉을 수도 있다. 이때는 즉흥적인 노래가 불리기도 한다. 인용해본다.

(흥에 겨운 노래로)
홀발산이 산밑에 가고
석동문이 막 돌아간다.
윷이냐 삼이냐 오금의 떡이냐
동——
자가사리 박실박실한다.
(읊조리듯이)
너희는 이제 겨우 첫째 말이 한구석을 가는데,
우리는 세 개 말을 겸한 석동문이 막 돌아간다.
너희는 윷이냐 무엇이냐 오금의 떡처럼 붙어만 있구나.
동——, 자 우리는 넉 동이 다 났다.
그러나 너희 말은 아직도 많이 남아서 자가사리가 박실박실하는 것 같구나.

　자가사리는 메기과의 민물고기이다. 박실박실한다는 것은 복잡하게 한 곳에 모여서 오물거린다는 뜻이다. 자기편의 윷말이 말판을 돌아서 석 동씩이나 나는데, 상대편의 말은 아직도 제자리에서 박실거리고 있다는 노래이다. 자기편의 말이 말판을 쑥쑥 잘 돌아나니까 신명에 겨워서 이기는 상황을 노래로도 부르고 말로도 읊은 것이다. 이때는 자연히 춤까지 추게 마련이다. 그러면 상대편에서도 이에 질세라 윷판에 들어서서 노래와 춤으로 맞서기 일쑤이다. 윷놀이판의 상황이 이쯤 되면 마치 윷이 아닌 춤과 노래로 승부를 가리겠다는 듯이 윷판의 열기가 더욱 고조되는 것이다.
　기대에 어긋나게, 도나 개와 같은 작은 사리가 나거나 낙판이 되어 무효가 되어버리면 윷을 논 쪽의 사람들은 탄식을 토하며 기가 죽는 반면에, 상대편은 오히려 기가 살아서 잘되었다고 함성들을 지른다. 따라서 대규모의 편윷을 노는 윷판에서는 어느 경우든 '승벽'에 따른 응원과 신명으로 윷판을 흥분의 도가니로 몰고 간다. 윷을 던질 때마다 기대하는 윷패를 구호처럼 외치는 주문과, 윷패의 결과에 따라 자축하는 환호나 또는 상대편의 실패를 통쾌해하는 함성이 춤과 노래와 더불어 윷판을 신바람나는 굿판으로 전환시키는 것이다. 결과적으로 인간의 생명본성을 부추기고 활성화하는 놀이가 바로 윷놀이인 셈이다.

윷판의 흥겨운 모습

　윷놀이는 놀이꾼의 수나 놀이판의 상황이 폐쇄되어 있지 않고 열려 있다. 둘이서도 할 수 있고 수십 명이서도 할 수 있다. 개별적으로 승부를 겨룰 수도 있고 여럿이서 패를 갈라서 편놀이로 할 수도 있다. 한 사람씩 겨루어서 격끔내기(찍어내기)로 할 수도 있고 여럿이서 돌아가며 편윷으로 놀 수도 있다. 집안의 방과 마루에서는 물론 집 밖의 뜰이나 마당과 같은 데서도 가능하다. 앉아서 놀아도 좋고 서서 놀아도 좋다. 종지에 담아서 던지는 자그마한 밤윷에서부터 두 손으로 끌어잡아서 키 높이 위로 던져야 하는 장작윷에 이르기까지, 놀이의 규모나 방식이 상황에 따라 다양하게 개발되어 있다.

　설 명절처럼 선조들에게 차례와 세배를 올리며 몸과 마음을 삼가고 자제하는 세시에는, 집안에서 가족끼리 작은 규모의 윷판을 벌인다. 그러나 보

름 명절과 같이 동신에게 풍농을 기원하는 마을굿을 올리고, 줄당기기와 동
채싸움을 하는 세시에는 집 밖에서 마을 사람들끼리 대규모의 윷판을 벌인
다. 이때는 윷가치도 장작개비처럼 크고 윷말이나 말판도 동뜨게 큰 것을
준비한다. 마당에 '맷방석'이라고 하는 둥근 멍석을 펴서 먹이나 숯으로 말
판을 만들고 제법 굵은 돌멩이나 사금파리로 말을 쓴다. 어마어마하다. 윷
을 던질 때도 키 높이 정도로 줄을 치고서 그 위를 넘기도록 해야 한다. 옆
에는 막걸리 자배기와 안주상이 마련되어 있으며 풍물까지 준비되어 있어,
큰 사리가 나오거나 겨루기에서 이기면 풍물에 맞추어 한참 춤판이 벌어진
다. 윷놀이의 신명성은 달이 이지러진 정월 초하루에서부터 달이 완전히 차
오르는 정월 대보름으로 발전하면서 점차 고조되는 것이다. 남녀노소 가림
없이 피붙이들과 이웃끼리 때와 상황에 맞게 적절히 변용하면서 융통성
을 발휘할 수 있는 놀이가 바로 윷놀이인 것이다.

윷놀이는 확률에 입각한 우연적인 결과를 즐기는 놀이라고 했다. 그러나
놀이가 지니는 신명성 때문에 우연성을 넘어서는 필연성이 나타나기도 한
다. 특별히 윷을 잘 노는 이가 있는 것이다. 그런 사람은 특히 신명이 뛰어
난 이다. "모야—!" 하고 외치는 품이 유난히 신명이 들어 있고 모가 거
듭 나길 기대하며 "둘이 둘이!" 하고 춤을 추듯 윷가치를 던지는 손에는
기(氣)가 뻗쳐 있는 듯하다. 이런 사람들은 건성으로 윷을 던지는 이들보다
큰 사리도 자주 날 뿐 아니라, 도든 개든 원하는 대로 나오는 것처럼 보인
다. 확률을 뛰어넘는 윷패의 행운이 마치 신명의 정도와 비례하여 나타나는
듯하다. 윷을 잘 치는 이는 윷의 이치를 잘 포착해서가 아니라, 윷놀이의
신명을 잘 터득하고 있기 때문이다. 이러한 윷놀이의 성격상 승벽의 신명이
나지 않는 윷판은 재미가 없다. 둘이서 마주앉아 심심풀이로 마지못해 하는
경우나, 놀이꾼의 승벽이 일지 않고 구경꾼들의 응원이 없는 경우에는 놀이
의 흥겨움이 잦아들고 만다. 그러다가도 뜻밖에 큰 사리가 계속 터지면 잦
아들었던 신명이 되살아나기도 하는 것이다.

3. 윷놀이의 역사와 사회변동의 관계

윷놀이의 역사는 상당히 오래이다. 일본의 옛 노래책인 《만엽집》(萬葉集)에 의하면 8세기경에 우리나라에서 건너간 사람들이 윷놀이하는 법을 보급했음을 알 수 있다. 최남선은 이를 근거로 신라 때 이미 윷놀이가 성행했다는 추론을 한 바 있고, 양재연은 전설을 기초로 윷놀이의 패가 백제의 관직명인 저가(猪加), 구가(狗加), 우가(牛加), 마가(馬加), 대사(大使)에서 유래된 것이라는 설과, 동서남북과 중앙을 나타내는 고구려의 오가(五加)에서 나온 것이라는 설을 들기도 한다. 중국의 《북사》(北史)나 《수서》(隋書)와 같은 역사책에도 백제 사람들의 잡희에 '저포'가 있다고 하는 걸 보면, 삼국시대에 이미 중국의 저포놀이와 비견할 만한 우리의 윷놀이가 있었음을 알 수 있다.

고려 이후의 문헌에는 윷놀이에 관한 기록이 두루 보인다. 고려말의 목은집》(牧隱集)에 윷놀이에 관한 시가 실려 있는가 하면, 조선조의 문헌들에는 윷의 어원이나 말판의 그림을 해설하는 논설들이 다수 수록되어 있다. 김문표(金文豹)는 《중경지》(中京誌)에서 사도설(柶圖說)을 펴서, 말판의 바깥의 둥근 모양은 하늘을, 안의 모난 것은 땅을 본뜬 것이니, 하늘이 땅의 바깥까지 감싸고 있다는 것을 나타낸다고 했다. 나아가 말판을 이루는 점들은 별자리를 뜻하는 것으로서 새벽의 북극성을 중심으로 뭇별이 둘러싸고 있음을 형상하고 있는 것으로 보는 한편, 윷말의 움직임을 해에 비유하고 말판의 네 점과 중점을 오행(五行)에 견주어 설명하고 있다. 이를테면 윷말이 가장 짧게 말판을 돌아나는 양상을 해가 물[水]을 따라 나무[木]로 들어갔다가 다음에 흙[土]에 이르러서 다시 물을 따라 돌아나는 것은 동지의 해가 짧음을 나타낸다고 보는 것이다. 그리고 가장 길게 돌아나는 양상은 해가 물을 따라 들어가 나무와 불, 쇠붙이[金]를 각각 지나서 다시 물로 나오는 것을 하지의 해가 긴 것을 본뜬 것이라 해석하고 있다. 이 밖에도 이규경(李圭景)의 《오주연문장전산고》(五洲衍文長箋散稿)에 '사희변증설'(柶戲辨

證說)이 있다. 이런 사실들을 미루어보아, 우리나라에는 삼국시대 이전부터 윷놀이가 세간에 널리 전승되었으며, 조선조에 와서는 이것이 연구의 대상이 될 정도로 크게 유행했다는 사실을 추론할 수 있다.

다른 나라에도 윷놀이와 같은 유의 놀이가 있다. 중국의 저포는 다섯 가치의 나무를 사용하며 말도 6개를 쓴다. 점수는 윷놀이처럼 1점에서 5점까지 차례로 있는 것이 아니라 2·3·4·5·11·14·16으로 되어 있어, 점수의 분포나 층차가 무척 크다. 말판도 윷놀이의 경우는 사방 5밭씩 20밭과 가운데 정점을 중심으로 사방 2밭을 하면 모두 29밭에 불과하나, 저포놀이의 경우는 360밭이나 된다고 한다. 따라서 나무가치를 던져서 그 엎어지고 젖혀지는 모양에 따라 말판을 쓴다는 점에서 우리 윷놀이와 중국의 저포놀이는 유사하나, 전적으로 같은 놀이는 아니다. 영향을 받았다고 보기도 어렵다. 점수의 계산법이나 말판이 그리는 세계관적 차이도 크다.

일본의 우츠무키사이(うつむきさい)는 8세기의 나라(奈良)시대에 우리나라에서 그대로 수입한 것이라는 연구가 일본인으로부터 이루어졌으며, 우리의 조선조 한문표기와 같이 윷놀이를 척사(擲柶)로 표기한다. 윷가치 넷을 사용한다는 점에서 놀이방식도 우리와 유사하다. 이 밖에도 만주와 북아메리카 인디언들이 우리 윷놀이와 비슷한 놀이들을 즐기는데, 에드워드 타일러(Edward Tylor)는 16세기경 아시아로부터 이들 놀이가 건너왔다고 추론한 바 있다. 말판의 형식이나 점수를 내는 방식이 중국대륙의 저포놀이와 더 가깝게 여겨진다. 이처럼 우리 윷놀이는 이웃나라들의 그것과 달리 나름대로 독자성을 지니면서 오랜 역사를 지녀왔으나, 최근 이,삼십년 사이에 사정이 크게 달라졌다.

1960년대말부터 윷놀이가 서서히 사라지고 있는 것이다. 그러다가 최근 10년 동안에는 다른 놀이들이 윷놀이판을 석권하고 말았다. 망년회든 신년회든 연말연시의 모임에는 으레 먹고 마시는 술판이 벌어지고 그런 뒤에는 곧 고스톱판을 펴게 된다. 예사 숙박업소에서는 이러한 손님들을 위해 늘 화투와 담요를 비치해두고 있다. 여행을 떠나도 고스톱 장비를 빠뜨리지 않고 챙겨간다. 밤새워 놀이를 즐기고 이른 새벽에 충혈된 눈으로 해장국을 찾는 이들조차 보일 지경이다. 불과 20년 사이의 일이다.

　돈을 따도 돈을 잃은 친구들의 성화로 날 새기 전에 자리를 박차고 일어
날 수 없다. 돈을 잃으면 약이 올라서 끝장을 볼 때까지 물고 늘어진다. 고
스톱은 신명으로'하는 것이 아니라 계산 빠른 머리굴림과 상당한 술수로 한
다. 독기와 속임수로 하는 이도 있다. 자기가 든 패와 판에 깔린 패들을 보
며 상대편의 패를 읽어내고 그에 적절한 대안을 세워서 패를 던지든 먹어오
든 해야 한다. 신명은커녕 마음을 조이고 온갖 생각을 짜내는 머리굴림만
있다. 돈을 잃게 되면 조바심이 나고 약이 오른다. 안타깝고 원통한 생각도
든다. 그러니 독한 마음을 품고 밤을 새워서라도 잃은 돈을 만회하려 드는
것이다. 삶의 신명을 발산하면서 생명본성을 부추기는 놀이가 윷놀이라
면, 신명을 숨죽이고 생명력을 소비적으로 메마르게 하는 것이 고스톱이
다. 앞의 글에서 고스톱의 긍정적인 면을 자세하게 다루었지만, 윷놀이에
비기면 이러한 단점이 드러날 수밖에 없다.

　윷판이 고스톱판으로 바뀐 데는 사회적 변동과 무관하지 않다. 윷놀이가
줄어들고 고스톱이 유행하기 시작한 1970년대는 우리나라가 농경사회에서
산업사회로 전환하는 시기였다. 농경사회가 인정의 교감에 의한 집단적 정
서로 사회적 질서를 유지하는 시대였다면, 산업사회는 서로의 이해관계에
의한 개인적 능력으로 사회적 질서를 틀 지워가는 시대이다. 농경사회와 산
업사회는 따뜻한 가슴의 사회와 차가운 머리의 사회로 맞서 있는 것이다.
따라서 고도의 산업사회에 접어들게 되면, 윷놀이와 같이 정서적 교감과 집
단적 신명에 뿌리를 내리고 있는 놀이는 일상적으로 즐기기 어렵게 된다.
서로간의 이해관계를 치밀하게 따지는 상황에서는 집단적 신명이 살아날 리
가 없다. 개인적 능력이 우선적으로 문제되는 사회에서는 이웃관념, 곧 지
역적 공동체의식이 성립되기 힘들다. 자연히 윷놀이가 발붙이기 어려운 상
황을 조성하게 된 것이다.

　산업사회로의 문화적 변동과 함께 새로운 놀이로 떠오른 것이 고스톱이
다. 사회변동을 생각한다면 윷놀이 대신에 고스톱이 판을 치는 것은 한편으
로는 자연스러운 일이다. 그러나 인정이 메말라가는 각박한 세태, 이웃을

모르는 개인주의의 극성, 삶의 생명력을 갉아먹는 기계문명의 남용, 채워지지 않는 탐욕이 빚어내는 치열한 경쟁의 가속화 등 산업사회로 인한 사회적 변동의 역기능을 고려한다면, 적어도 놀이에 한해서는 좀더 인간적인 정서를 지닌 윷놀이의 전통을 회복할 필요가 있다.

명절이나 가족행사로 일가친척이 두루 모일 때도, 남정네들끼리 아이들을 등지고 돌아앉거나 부인들을 제쳐두고 작당하듯 한켠에 모여서 고스톱판을 벌일 것이 아니라, 아이들과 부인들이 더불어 참여하는 떳떳하고 신명나는 윷놀이판을 벌이는 것이 피붙이들의 화목을 다지고 우의를 강화하는 데 훨씬 기능적이다. 직장에서도 동료들끼리 모일 만한 행사나 의식이 있을 때 몇 패로 나누어 화투패를 돌릴 것이 아니라, 상하·남녀 사원이 두루 한판에 어울리며 춤과 노래의 장기까지 발휘할 수 있는 윷판을 벌일 만하다.

고스톱판에 익숙한 이들은 윷놀이가 다소 서먹서먹하고 유치한 감이 들어 재미가 없을 것 같으나, 판을 시작하게 되면 놀이의 속성상 승벽이 생겨 자기도 모르게 흥분이 고조되고 신바람이 나게 되는 것이다. 고스톱처럼 개인적으로 민폐를 끼칠 염려도 없고 잠시 동안이나 돈 따먹기에 사로잡혀 이성을 잃고 얼굴을 붉히는 일도 없을 것이다. 윷놀이는 승패의 결과에 상관없이 놀이꾼 모두에게 놀이의 재미와 즐거움을 안겨주고 인간적 친화력을 높이 확보해주는 장점을 지녔기 때문이다.

최근에 전교조에서 참교육 상품으로 '윷'을 개발했다. 예쁜 보자기에 말판을 수놓듯 그려두고 한켠에 쌈지 모양의 주머니를 만들어 윷을 넣어 감쌀 수 있도록 만들었다. 편리하게 휴대하고 손쉽게 놀 수 있어, 언제 어디서든지 윷놀이를 즐길 수 있게 만든 기능적인 상품이다. 앞으로 윷놀이 보급에 큰 몫을 담당할 것으로 기대된다.

4. 윷패의 상징과 윷놀이의 체계

윷놀이는 단순히 신명이나 발휘하는 한갓된 놀이에 머물지 않는다. 윷놀이의 독자적인 문법과 놀이의 이치에는 이 놀이를 만들어내고 계속해서 전

승하는 사람들의 세계관이 담겨 있다. 이제 그러한 세계관을 탐색하기 위해
서도 윷놀이의 이치와 그 놀이방식을 차근차근 따져보아야 할 것이다.

윷놀이의 승부는 놀이꾼이 윷가치를 던져서 나타난 윷패에 따라 일정한
수의 윷말을 써서 먼저 말판을 돌아나고자 겨루는 데 있다. 이때 윷말 넷을
쓰는 것이 가장 일반적인 양식인데, 이를 두고 '넉동나기'라고 일컫는다.
윷말 하나만 두고 승부를 겨루는 경우는 '단동나기', 둘을 두고 겨루는 경
우는 '두동나기'라고 일컫지만, 특수한 경우가 아니고는 하지 않는 방식이
다. 윷말은 윷패에 따라 점수로 환산하여 움직이게 되는데, 도에서부터 모
까지의 패가 1점에서 5점까지로 계산되어, 윷패가 도일 경우에는 말판 하
나, 개일 경우에는 둘, 걸일 경우에는 셋, 윷일 경우에는 넷, 모일 경우에
는 다섯을 간다. 윷패에 따라 점수를 이렇게 계산하는 근거는 동물의 걸음
걸이에서 찾는다. 즉 도는 돼지, 개는 개, 걸은 염소, 윷은 소, 모는 말을
상징하고, 도·개·걸·윷·모의 명칭도 이들 가축의 이름에서 따온 것이
다. 가축의 크기와 빠르기에 따라 윷패의 점수와 윷말의 움직임이 결정되었
다고 보는 것이다.

이렇게 볼 때, 도를 나타내는 돼지가 개보다 걸음이 느린 것은 납득이 가
지만 크기가 작다는 것은 쉽게 동의하기 어렵다. 그러나 옛날에는 지금과
달리 돼지가 개보다 작았다는 설이 있어 이를 뒷받침하는 근거가 될 수 있
다. 그렇지만 근본적으로는 윷말의 빠르기를 나타낸 것이니, 가축의 몸집이
크고 작은 것은 그리 문제될 일이 아니다. 대부분의 학자들이 윷패와 가축
의 관계에 관해서 일치된 견해를 지니고 있으나, '걸'의 경우는 저마다 다
른 견해를 가지고 있다. 걸을 염소라고 하는 외에 신마(新馬)나 코끼리, 노
새 또는 말이라고 하는 이도 있다. 양주동과 박은용은 각기 신마 또는 말이
라고 한다. 특히 박은용은 윷패의 어원을 몽고어에서 찾아 걸은 'Kura'라고
하는 야생말에서, 모는 'Mora'라고 하는 신종말에서 비롯된 것이라고 보
고, 모는 나중에 첨가된 양식이라고 본다. 결국 처음의 윷놀이에서는 도·
개·걸·윷의 네 패만 있었는데, 나중에 모가 덧붙여졌다는 주장인데, 상
당히 주목할 만한 견해이다.

박은용에 의해 제기되고 권영철에 의해 보완된 논의는 '윷'의 어원까지 주목하고 있다. 박은용은 윷과 모가 날 때는 '사리'라 하여 한 차례 더 노는 것으로 보아, 모는 후에 첨가된 것이고, 처음은 윷이 최고점의 사리여서 이 놀이의 명칭도 '모놀이'가 아니고 '윷놀이'가 아닌가 하였다. 권영철은 이에 동의하면서 걸은 야생말이고 모는 신종 외래말이니, 신종말이 들어온 이후에 모가 첨가된 것으로 보았다. 중요한 것은 우선 '윷놀이'라는 명칭과, 윷패의 한 양상인 '윷'과 일치한다는 사실이다. 그래서 윷놀이라고 하는 것은 곧 최고점인 윷을 목표 삼아 추구하는 놀이였다고 할 수 있다. 점수로 따지면 모가 5점이니 모놀이라고 해야 할 것 같으나, 당초의 '윷'이라는 명칭이 그대로 굳어져 지금껏 '윷놀이'로 일컬어지고 있다고 하겠다. 따라서 '윷'패를 중심으로 '윷 치다', '윷놀다', '윷점', '윷판', '윷말', '윷노래' 등의 활용형이 널리 쓰이고 있는 것도 같은 맥락에서 이해할 수 있다. 모놀이나 모판, 모점, 모놀다는 말은 쓰이지 않는다. 쓰임새가 없는 것이다.

이 문제는 단순히 어원학적 고찰에 머물 것이 아니라, 윷의 놀이양식에 관한 기본적인 틀을 통해서 더 진전된 논의를 할 수 있다. 새삼 주목할 것은 윷패가 나타나는 양상을 순전히 윷가치가 젖혀지는 갯수를 중심으로 결정한다는 사실이다. 하나가 젖혀지면 도, 둘이 젖혀지면 개, 셋이 젖혀지면 걸, 넷 모두 젖혀지면 윷이다. 그러니 윷패는 여기서 끝인 셈이다. 더 이상 젖혀질 패가 없으니 윷이 최고점이 될 수밖에 없다. 윷가치는 반원 모습의 막대이므로 엎어지는 쪽보다 젖혀지는 쪽이 어렵다. 자연히 윷가치를 많이 젖히는 것이 점수가 높을 수밖에 없고, 모두 젖히는 것은 지극히 어려운 일이므로 '윷'이라 하여 한 차례 더 놀 수 있도록 특혜를 주는 것이다. 그렇다면 하나도 젖혀지지 않은 상태가 지금의 모인 셈인데, 하나도 젖히지. 못했으니 당연히 점수는 없는 셈이다. 그러므로 모는 당초에 윷패로 간주되지 않은 채 지금의 낙판처럼 영점으로 처리되었을 가능성이 높다. 성병희의 조사에 의하면, 북아메리카 인디언 가운데 블랙후드(Black food)족의 윷놀이에서도 영점으로 처리하는 패가 있는 것으로 볼 때, 원초적으로 지금의 모는 영점으로 고려되었음을 추론할 수 있다.

순전히 윷가치를 젖히는 것을 중심으로 놀이를 하는 양식에는 '손윷'이라고 하는 것이 있다. 손윷의 경우에는 서로 두 가치씩 윷을 나누어 쥐고 엎어놓은 윷가치를 젖히는 것인데, 하나를 젖혀 도를 쓰면 상대편이 다시 젖혀 개를 쓰는 식으로 올라가면서 다른 편의 말을 잡게 된다. 이때 최고점수는 역시 넷을 모두 젖히는 윷이 된다. 말판에 직접 쓰지 않고 머리속으로 계산하기 때문에 이를 두고 '건궁윷'이라고도 한다. 지금은 찾아보기 어려운 놀이양식이나, 윷놀이의 원초적 모습을 확인하는 데에는 큰 도움이 된다.

윷패의 점수가 4점까지, 즉 윷을 최고점수화했을 가능성은 윷점에서도 그대로 나타난다. 윷점을 윷을 세 차례 던져서 나오는 패로 3가지 괘를 만들고 그에 따라 그해의 점복을 가늠해보는 것인데, 패는 111에서 444까지 64패로 정해져 있다. 이를테면 세 차례의 윷패가 도도도이면 111, 도개걸이면 123으로 점괘가 결정되는데, 234와 444는 현재 개걸모와 모모모일 경우로 규정해두고 있다. 윷점에서는 윷을 점수화하지 않고 제외시켜버린 것이다. 윷놀이에 5점 구실을 하는 모를 4점으로 환산하여 윷의 자리를 대신하고 있는 것이다.

윷점에서 패의 체계상 최고점수는 4점으로 존재한다. 윷이 4점이고 모가 영점일 경우를 전제로 해야 이러한 패가 성립이 되는 것이다. 지금처럼 모를 영점이 아닌 5점으로 처리할 경우에는 윷점의 패가 성립되지 않는다. 지금은 윷의 점수인 4의 자리에 모의 점수를 4로 간주하여 윷에 대신하는 편법을 쓰고 있다. 그러니 윷점에서 패가 윷이 나면 한 차례 더 놀아서 패를 다시 정해야 한다. 윷을 영점화하는 무리를 범하고 있는 것이다. 이것은 윷패의 점수 환산과 어긋나는 것이다. 윷점의 점괘로 보면, 원래 윷을 4점으로, 모는 영점으로 환산하던 윷놀이의 본디 문법에 따라 윷점이 이루어졌으나, 모를 새로 인정하면서 윷을 제치고 모를 4점으로 환산하는 문법의 변화가 일어난 것을 알 수 있다. 그러므로 여기서도 본디 양식의 윷놀이는 모든 윷가치가 젖혀진 윷에 최고점인 4점을, 한 가치도 젖혀지지 않은 모에는 영점을 두었다는 근거를 찾을 수 있다.

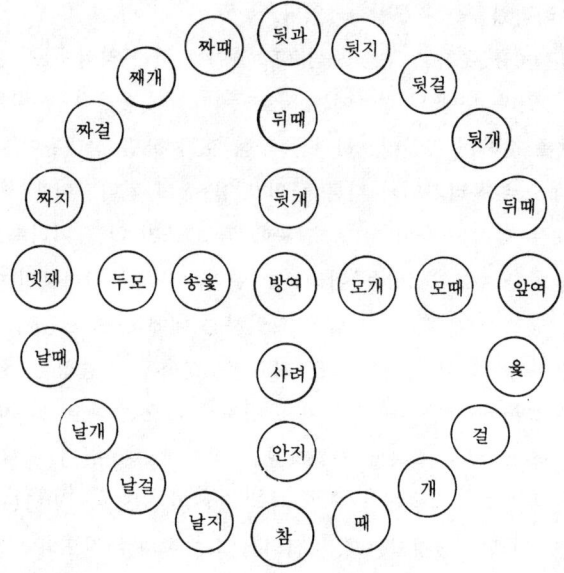

안동지방 윷판. 도를 '때'라고 일컫는다.

5. 윷판이 뜻하는 세계관적 상징성

결국 모가 생겨나기 전까지는 0에서부터 4까지 넷의 범주 속에서 윷패를 설정한 것이다. 이러한 인식은 윷판·윷말·윷가치의 수 등에서도 두루 통일적으로 나타나므로 상당한 설득력을 지닌다. 윷가치가 넷이라는 것은 더이상 변동의 여지가 없다. 윷말도 특수한 경우를 제외하고는 넷을 써서 넉동나기로 일반화되어 있다. 윷을 한자로 나타낼 때 사(梱)로, 윷놀이를 사희(梱戲)로 표기하는 것도 넷의 숫자를 중요시한 것이다. 윷말이 움직이는 말판도 정방형이든 마름모든 네모꼴로 이루어져 있어 그 변도 넷이다. 원형으로 이루어진 경우도 그 영역은 넷으로 뚜렷이 구분되어 있다. 사방의 네 점에 위치한 밭과 중앙의 밭이 크게 그려져 있어 가운데를 중심으로 정확하게 사방을 나타내고 있는 것이다. 이는 우리의 전통적인 방위개념과 일치하

는 양상이다. 처용춤에서 각 방위를 상징하는 다섯 광대가 나와 다섯 방위
춤을 추는가 하면, 풍수지리설에서도 음택이나 양택을 중심으로 좌청룡·
우백호·주작·현무 등 동서남북의 좌표를 동물과 색채개념으로 상징화하
여 인식하고 있는 것이다.

　말판이 사방의 영역을 형상화하는 한편 가운데 한 점에서 만나는 교차의
중점을 설정한 것도 윷패 넷이 드러내는 점수의 체계와 절묘한 일치를 보인
다. 윷가치가 젖혀진 양(陽)의 체계가 도·개·걸·윷의 1·2·3·4로 나
타나는 한편, 모두 엎어진 상태인 음(陰)의 체계가 영(0)으로 나타나는 것
이다. 양의 윷패가 말판에서 동서남북의 사방으로 대응된다면, 음의 윷패인
모는 말판 가운데서 교차점을 이루는 '방여'의 중점과 대응되는 것이다. 동
서남북 사방과 중앙, 그리고 양의 윷패 넷과 음의 윷패 하나는 음양오행의
논리와 일치하면서 세계 전체를 상징하고 있는 것이다. 모의 영점은 공간상
의 중앙이자 음의 세계이다.

　음의 패이자 '숨김새'이며 점수가 없는 모의 상태가, 양의 패로 다양하
게 '나타남새'에 따라 도·개·걸·윷의 패가 비로소 생산되듯이, 음의 공
간이자 방위의 '숨김새'인 중앙에서 양의 공간으로 일정하게 나아가면 방위
의 '나타남새'인 동서남북의 어느 한쪽 세계에 이른다. 숨김과 잠복의 상태
인 음의 세계에서 나타남과 생동의 상태인 양의 세계로, 또는 그 역으로 변
하면서 조화를 이루는 것이 윷놀이의 세계이다. 그러므로 도·개·걸·윷
이 상징하는 동서남북의 사방과 모, 곧 영점의 중앙은 전통적인 공간개념의
총체이자 시간개념의 준거라 하겠다.

　윷패에 따라서 윷말이 윷판을 돌아온다는 것은 세계의 일주 또는 천체의
운행을 뜻한다. 사계절이 분명하니 윷말도 넷이 적절하고, 세계를 도는 방
식도 사철에 따라 넷으로 나누어져 있다. 김문표의 해석처럼 윷말을 태양이
라고 생각한다면, '참'(날밭)에서 시작해 모와 '방여'를 거쳐서 말판의 3분
의 1만 돌아 가장 짧게 나는 '동지', 즉 겨울이 있는가 하면, 모 또는 뒷과
(뒤여)를 거치고 '방여'를 지나쳐서 윷판의 2분의 1을 돌아나는 춘·추분,
즉 봄·가을이 있고, 말판을 한 바퀴 모두 돌아서 나는 '하지', 즉 여름이

있는 것이다. 자연히 가까운 길을 택해서 윷말이 빨리 나길 다투게 된다.

기하학적으로는 3분의 1, 2분의 1, 또는 한 바퀴를 도는 것으로 그 길이를 상대적으로 인식할 수 있으나, 수학적으로는 12밭·17밭·21밭으로 그 도는 길의 길이가 구분되어 있다. 그런데 기하학적이든 수학적이든 윷말의 길은 셋이지만, 실제로 윷말이 돌아나는 양상은 넷이다. 2분의 1 또는 17밭을 도는 길은 두 가지 양상으로 나타나기 때문이다. 이는 마치 낮과 밤이 같은 춘·추분의 시기가 봄·가을에 둘인 것을 그대로 반영하는 것이다. 춘·추분의 경우 밤낮의 길이는 한결같이 똑같지만 해가 움직이는(사실은 지구가 움직이지만) 방향은 다르게 인식되고 있는 것이다. 그러므로 우리의 윷은 중국의 저포놀이처럼 다섯 가치의 나무를 쓰고 여섯 동의 말을 쓰거나, 서양의 주사위처럼 여섯 면을 이용하지 않고 오로지 넷만을 쓴다. 넷이라는 숫자에 현실적인 삶을 중심으로 한 시공간적 인식이 함께 함축되어 있기 때문이다.

이로써 원초적인 윷놀이는 모가 낙판으로 간주되어 영점으로 처리되고 윷일 경우에만 최고점으로 간주되어 큰 사리로 한 번 더 놀았을 가능성이 높다. 자연히 말판도 지금과 달리 사면에 밭이 하나씩 줄어들고, 안쪽의 밭도 방여를 중심으로 사방 하나씩 줄어든 상태였을 것으로 추론된다. 이럴 경우 윷만 치면 어느 경우든 말판의 전환점인 모서리까지 갈 수 있게 되어 지금 윷판보다 기능적으로 더 합리적이다.

그리고 세계를 사방으로 인식할 때 이를 한번 더 가르면 8방이 되고, 다시 한 차례 더 가르면 16방이 된다. 따라서 원초적인 윷판은 16방위 개념에도 일치한다. 지금의 말판을 기초로 하면 20방위라고 하겠는데, 이러한 방위개념은 존재하지 않는다. 그러므로 사방 20밭으로 되어 있는 지금의 말판은 신종말이 들어오면서 영점인 모를 5점으로 처리하기 시작한 때부터 변형된 것으로 보는 것이 좋겠다. 그렇지만 윷가치와 윷말의 수와 윷판의 구조는 공간적으로는 동서남북의 사방과 중앙으로 인식되는 세계 전체를, 시간적으로는 사계절이 분명한 일년 주기 세시의 변화와 천체의 운행 총체를 나타내는 데에는 변함이 없다.

6. 윷놀이에 갈무리된 민중의식과 농경생활

신명은 민중적 정서의 양식이다. 지체 높은 양반이나 엘리트들은 위엄과
권위를 존중한 나머지 본성적 신명은 의도적으로 자제한다. 따라서 윷놀이
가 지닌 신명성은 곧 이 놀이가 민중적 정서에 입각한 민중주체의 놀이였음
을 말해주는 것이다. 자연히 윷놀이에는 민중의식이 여러 모로 갈무리되어
있게 마련이다. 우선 세계인식에서 공간적으로는 사방으로 열려 있는 막힘
없는 삶의 지평을 상정하고, 시간적으로는 일년 단위 사계절의 변화를 상정
하고 있는 것이다. 이러한 세계인식은 민중의 생업인 생산활동과 밀접한 관
련을 지니고 있다.

전통사회에서 민중은 한결같이 농경활동에 종사했다. 농경활동은 넓은
토지를 공간적 토대로 삼고 사계절의 변화를 시간적 축으로 고려하여 이루
어지는 것이다. 땅이 있되 생산의 계절이 닥치지 않으면 농경활동을 할 수
없고, 생산의 계절인 여름이 닥쳐도 경작할 토지가 없으면 농사지을 수 없
다. 따라서 동서남북 사방으로 열린 넓은 토지를 확보하는 것이 민중들의
소망일 뿐 아니라, 계절의 순환이 빠르게 이루어져서 농사의 결실을 서둘러
거둘 수 있는 것 또한 그들의 희망이다. 겨울이 빨리 지나 파종의 봄을 맞
이하고 이것을 거둘 수 있는 여름이 빨리 와야 보리고개를 수월하게 넘길
수 있다. 그리고 추수를 할 수 있는 가을이 빨리 와야 겨울을 날 수 있는
양식을 거두어들일 수 있다. 4개의 윷말이 다투어 말판을 돌아나길 겨루는
것은 이러한 계절적 순환의 기대와 맞물려 있는 것이다.

결국 윷놀이는 윷판이라는 공간적 개념과, 윷말이라는 시간적 개념이 어
울려 생산의 풍요를 기원하는 세계관적 의식을 총체적으로 갈무리하고 있는
것이다. 특히 이들 놀이가 풍요다산을 기원하는 제의와 기풍의례의 민속놀
이들이 많이 이루어지는 정월의 명절에 집중적으로 행해진다는 점을 예사로
보아넘길 일이 아니다. 정초는 일년의 기점이다. 죽음의 계절인 겨울이 빨
리 가고 생산의 계절인 봄이 빨리 와야 풍농이 보장된다. 이런 때에 윷놀이

를 하며 승부를 다투는 것은 계절의 빠른 순환을 촉구하는 기원이자, 동시
에 계절의 순환을 형상화한 유감주술적 활동인 것이다. 윷점이라는 독자적
인 주술양식이 있는 것도 윷놀이의 이러한 성격과 무관하지 않다. 따라서
아무리 한가하고 놀이가 아쉬운 때라도 여름에는 윷놀이판을 벌이지 않는
다. 윷놀이가 정초의 명절놀이이자 겨울철의 계절놀이인 까닭도 여기에 있
는 것이다.

윷놀이와 견주어볼 만한 것으로는 벼슬자리를 다투는 종경도놀이와 부처
되기를 다투는 성불도(成佛圖)놀이가 있다. 종경도놀이는 사대부 계층에서
정초에 윷놀이 대신 즐기던 놀이였다. 윷놀이의 말판과 달리, 유학(幼學)에
서 영의정에 이르기까지 조정의 모든 내외관직을 망라해서 바둑판처럼 그려
둔 장방형의 종경도판을 마련해두고서, 종경도 알이나 윷을 던져서 나오는
패에 따라 벼슬자리에 나아가기도 하고 물러나기도 하는 놀이이다. 좋은 패
가 나와 순조롭게 관계에 진출하여 계속 높은 벼슬에 오르기도 하지만, 패
가 나쁘면 파직되어 변방으로 귀양을 가거나 사약까지 받을 수 있다. 양반
자제들이 과거에 급제하여 높은 벼슬자리에 오르고자 하는 욕구를 대리충족
시켜주는 동시에, 관운을 점치고 관계진출을 기원하는 뜻이 담긴 놀이로
서, 관직의 직제에 대한 지식을 익히게 하는 구실과, 관운의 흥망성쇠가 미
치는 행·불행에 관한 일종의 교훈 구실을 하기도 한다.

성불도놀이는 절간에서 승려들이 주로 하는 놀이이다. 불가에 입문하는
단계에서 성불하여 부처가 되는 단계까지를 종경도의 벼슬자리 직위처럼 성
불도로 그려두고서, 다섯 모가 나게 깎은 성불도 알이나 윷을 굴려서 그 점
수에 따라 놀이하는 것이다. 이 역시 운이 좋아 성공하면 성불하여 부처가
되고 극락에 이르게 되지만, 실패하면 지옥에 떨어지게 된다.

윷놀이의 말판에는 농경활동을 하는 농민들의 민중적 세계관이 담겨져 있
다면, 종경도나 성불도에는 사대부와 승려들의 세계관이 담겨 있다. 민중들
이 세계를 생산 가능한 경작지로 인식하면서 생산의 계절을 염두에 두고 있
다면, 사대부는 벼슬자리의 높낮이가 오직 그들이 그리는 세계이며, 승려들
은 현실적인 이승의 고해를 벗어나 극락이라고 하는 초월적인 피안에 이르

는 것이 그들이 그리는 세계의 모습 전부이다. 이러한 세계는 생산활동에 종사하며 놀이의 신명을 즐기는 민중들의 세계관과는 상반되는 것이다. 사대부들은 신분적 특권을 누리고자 관계의 진출을 꿈꾸고 있다면, 승려들은 초월적인 삶을 획득하고자 관념적 허위에 빠져 있는 것이다.

일년 단위의 생산활동에 관심을 쏟는 민중과, 평생의 영화를 좌우하는 관계진출에 매달려 있는 양반, 저승의 삶까지 영화롭기를 원하며 성불하려는 승려들의 세계관이 놀이를 통해서 극명하게 드러나는 셈이다. 그러므로 놀이에서도 민중과 양반, 승려들은 제각기 윷놀이 · 종경도놀이 · 성불도놀이 등으로 세계관의 대립을 이루고 있다. 탈춤과 같은 민속극에서도 양반들의 신분적 특권을 비판하고 승려들의 관념적 허위를 풍자하는 것은, 윷놀이양식에서 보여주는 민중적 세계관과 일정한 연관성을 지니고 있는 것으로 보아야겠다.

윷패의 이름을 가축으로 상징하고 윷말을 그에 따라 움직이도록 한 것도 민중적 현실인식과 맞닿아 있다. 돼지 · 개 · 염소 · 소 · 말이 모두 농가에서는 중요한 짐승들이다. 사람 중심의 출세주의나 신 중심의 관념주의와는 다른 세계관이 민중들에게 있는 것이다. 사람이 온전한 삶을 꾸려나가기 위해서는 자연과 조화를 이루어야 한다. 짐승들의 삶을 돌아보지 않을 수 없다. 가축과 더불어 살아가야 하는 것이다. 소나 말처럼 농사일을 크게 돕는 가축도 필요하지만, 개 · 돼지와 같은 가축들도 그 나름대로 농가에서는 없어서 안될 짐승이다. 윷판에서 모나 윷만 필요한 것이 아니라, 때로는 도나 개가 큰 사리보다 더 필요할 때도 있는 것이다. 공명을 떨치는 잘난 사람 못지않게 이름 없이 살아가는 예사 사람들의 삶이 공동체생활에서 더욱 요긴한 구실을 할 수 있다는, 민중적 삶의 인식이 놀이양식으로 적절히 형상화된 것으로 이해할 수 있다.

7. 윷말쓰기와 민중적 삶의 이치

윷놀이는 인간의 본성에 입각한 신명성을 토대로 하고 있지만, 윷말을 쓰

는 법은 냉정한 이성에 입각해 있다. 윷패는 윷놀이꾼과 응원꾼의 신명에
따라 뜻밖에 좋게 나올 수 있으나, 이를 점수화하여 말판에다 윷말을 쓸 때
는 신명나는 대로 써서는 안된다. 상대편의 윷말을 가늠하면서 차분한 가운
데 전후 맥락을 따져봐야 한다. 무턱대고 욕심을 부리다가는 상대편의 말에
잡아먹히기 일쑤이고, 엉뚱한 성급함을 보이다가는 도리어 늦잡쳐서 낭패를
당하는 수가 있다. 돌아가는 길이 빠른가 하면 욕심을 버리는 것이 오히려
득을 보기도 한다는 사실을 알고 있다. 그래서 윷을 놀 때는 놀이꾼과 응원
꾼이 공감을 형성하는 일치된 신명을 보이지만, 윷말을 쓰는 사람들 사이에
는 같은 편끼리라도 다툼이 생기게 마련이다. 이성적 판단이 서로 엇갈리기
때문이다.

상대편 말을 잡아먹고 한 판 더 놀자든가 아니면 그냥 두고 가던 말이나
계속 가자든가, 또는 말을 겹으로 포개놓아 한꺼번에 여러 말을 쉽게 나도
록 하자든가 아니면 안전하게 판에 있는 말을 앞으로 가도록 하자든가, 또
는 판에 있는 말이 돌아가야 하니 새로 말을 쓰자든가 아니면 새로 말을 쓰
면 둘 다 위험하니 기꺼이 돌아가는 길을 택하자든가 하는 등으로 티격태격
하기 일쑤이다. 여기에 세상을 살아가는 처세의 길이 대립적 관계에서 논쟁
적으로 부닥뜨리는 것이다. 각자 자기 삶의 방법을 자기식대로 주장하면
서, 윷말의 나고 죽음을 통해 건강한 삶의 바른 길이 어디에 있는가 하는
것을 구체적으로 체험하게 되는 것이다. 윷패가 나는 대로 신바람나게 상대
편 말을 닥치는 대로 잡아먹거나 계속 덤으로 포개놓아서 쉽게 한몫 보려들
었다가는, 도리어 상대편 말에 줄줄이 잡아먹히는 참화를 당하거나 상대편의
큰 사리 한 번에 포개놓은 말들을 한꺼번에 몽땅 날려버리는 낭패를 당하기
쉽다. 그러므로 어느 길을 택해야 할 것인가 하는 문제는 신중하게 따져보
고 서로의 의견을 모아보아야 할 것이다.

윷말을 쓰는 법은 윷놀이와 관련된 옛말이나 관용구에 잘 나타나 있어 별
도의 주목이 필요하다. 거기에는 세상살이의 이치까지 잘 담아두고 있어 더
욱 관심을 끈다. "첫도 부자", "첫도 천리"라고 하는 옛말들이 "첫도 유
복", "첫도 왕"이라는 관용구들과 함께 세상살이의 이치를 잘 설명해준

다. 삶의 첫걸음을 성급하게 내딛거나 처음부터 큰 성취를 기대하지 않도록 일깨우는 말이다. 한걸음씩 차근차근 시작해야 마침내 큰 성취를 이룰 수 있다는 것을 일깨워주며 첫도를 친 사람에게 사기를 북돋우어주는 구실까지 한다. 이와 반대로 "첫모 방정에 새 까먹는다"든가, "첫모 비상(砒霜)"이라는 옛말은 처음부터 지나친 행운을 기대하는 것을 경계하는 말이자, 인생을 살아가는 데는 첫모와 같은 일시적 행운이 오히려 비상과 같은 독약이 될 수도 있다는 뜻을 지니고 있는 말이다. "업은 말은 무거워 못 간다"고 하는 옛말에도 지나치게 욕심을 부리면 도리어 손해를 볼 수 있다는 뜻이 담겨 있다. 불로소득을 꿈꾸거나 일확천금으로 운명을 바꾸어보려는 인간의 탐욕을 절제시키는 뜻이 윷놀이에 관한 옛말로 전승되고 있는 것이다. "윷말 속이면 ○○된다"고 하는 말 역시 인간의 도덕성을 일깨워주는 관용구이다.

이들 옛말들은 처음으로 맞닥뜨린 현실이 어렵더라도 성실히 노력하면 성공할 수 있다는 희망을 심어주는 동시에, 우연히 닥친 행운에 탐닉하다보면 뜻밖의 고난을 겪게 될 수도 있다고 주의를 환기시켜주기도 한다. 이러한 옛말의 숨은 뜻 역시 윷놀이 자체에서 비롯된 것이기도 하지만 현실적인 삶의 경험에서 비롯된 것이기도 하다. 따라서 윷놀이의 이치와 관용적인 옛말들은 작게 보면 윷놀이를 잘하는 규범에 지나지 않지만, 크게 보면 세상살이의 훌륭한 지침이 되기도 한다. 그러므로 윷말 쓰는 일을 두고 같은 편끼리 서로 다투는 것은 공연한 일이 아니다. 이는 세상살이를 어떻게 할 것인가 하는 근본적인 삶의 논쟁이기도 하다.

윷놀이꾼이 윷을 아무리 잘 놀아도 윷말을 쓰는 이가 윷말을 헤프게 잘못 쓰면 패가망신하기 십상이다. 그러니 윷은 신명으로 던졌지만 말을 쓸 때는 중지를 모아서 여러 모로 냉정하게 따져보아야 한다. 그러므로 윷놀이를 순전히 인간적 감성에 토대를 둔 신명풀이의 놀이로만 해석하는 것은 편벽된 이해이다. 누구에게나 확률상 공평하게 나타나는 윷패이지만 신바람에 따라 좋은 패가 날 수도 있다는 우연성에 입각한 가능성을 열어둔 동시에, 아무리 윷패가 잘 나와도 욕심 없는 마음과 돌아가는 지혜를 토대로 한 이성적

절제를 보이지 않으면 파탄을 일으킬 수도 있다는 제약성을 함께 지니고 있
는 것이다. 삶의 진실은 열린 구조의 개방성과 닫힌 구조의 폐쇄성, 원심력
적 활성화와 구심력적 통제화 등의 두 극단 가운데 어느 한쪽에 있는 것이
아니라, 그 사이에 있음을 윷놀이의 세계는 잘 보여주고 있는 것이다.

생산활동에 직접 참여하는 민중의 처지에서 보면, 농사일은 신명으로 해
야 많은 소출을 올릴 수 있으나, 거둔 곡식을 먹고 쓰는 데는 이성적으로
절제하는 것이 풍요로운 삶을 보장할 수 있다는 경험적 세계관과, 윷놀이
속에 갈무리되어 있는 놀이법칙이 일치되어 있다는 것을 알 수 있다. 윷놀
이의 신명과 윷말쓰기의 사려깊음이 생산활동의 신명, 살림살이의 절제와
잘 조응하고 있다. 따라서 비록 민중적 삶을 살지 않은 이들도 윷놀이를 즐
기며 그 놀이문법을 이해한다면, 자기도 모르게 과소비를 자제하고 불로소
득을 꿈꾸는 투기는 삼가게 될 것이 아닌가 생각한다.

윷패와 말판이 그리는 세계관과 윷놀이의 문법을 익히면서 윷놀이를 하다
가 보면, 시간과 공간, 생활과 자연, 사람과 동물, 귀한 것과 천한 것이 두
루 조화를 이루어야 한다는 인식이 무의식적으로 자리잡게 될 수 있다. 세
상살이의 방식이 변화되고 세간의 인심이 달라짐에 따라 윷놀이가 사라지고
고스톱과 같은 놀이가 판을 치게 되었다고 볼 수도 있는 한편, 윷놀이 대신
에 고스톱과 같은 놀이가 판을 치게 됨에 따라 세상이 달라졌다고 볼 수도
있다. 놀이와 같은 특정 문화현상은 놀이 자체로서만 고립적으로 존재하는
것도 아니고 늘 같은 양상으로만 존재하는 것도 아니다. 다른 문화양식들과
유기적으로 관련되어 있으면서 역사적으로 변화하는 것이 문화의 생태이기
때문이다. 사회가 놀이를 바꾸기도 하지만 놀이가 사회를 바꾸기도 한다는
사실과 함께, 모든 사회적 현상은 상호작용하면서 변화된다는 사회과학적
인식이 중요하다. 제법 오래전에 옛날에는 쓰지 않던 '뒷도'와 같은 윷패를
새로 만들어내는가 하면, 최근에는 자동임신과 유산의 밭을 말판에 표시하
여 윷말이 윷패와 관계없이 일정한 말판에 이르면 자동으로 임신하도록 하
거나 유산하도록 한다. 이러한 윷패나 말판의 변화는 오늘의 세태를 적절히
반영하고 있는 것이다.

그런 변화를 보이면서도 윷놀이의 본디 세계관이나 기본적인 틀거리는 변함이 없다. 전통의 수용과 변용의 변증법적 현상으로 인식할 수 있다. 오랜 역사 속에 터잡아온 전통이 쉽게 무너져내릴 리가 없다. 따라서 종경도 놀이나 성불도놀이에서 보이는 부정적 의식들의 놀이는 거의 사라져버렸지만, 그 의식들은 지금껏 정계와 종교계의 관행 속에 그대로 존속되고 있다. 드러난 겉모습만 달리한 채 반동적인 모습으로 우리 주변에 강고하게 자리잡고 있는 것이다. 이른바 대통령병이나 일류병에 걸렸다고 지탄받는 이들이나, 종교적 광신자로 취급받고 있는 이들은 중증의 환자에 속한다. 그러므로 순전히 개인적 영달을 위한 관직의 추구에 매몰되어 있는 사대부 지향적 의식이나, 현실적인 삶은 돌아보지 않은 채 영원한 안식만을 추구하는 초월지향적 의식과는 다른, 인간적 삶의 건강성이 두루 갈무리되어 있는 민중적 세계관을 확보해나가기 위해서도 윷놀이의 보급과 계승이 새삼스레 요청되는 바이다.　　　　　　　　　　　(《安東文化硏究》5, 1991. 5. 30.)

참고문헌

權寧澈, 〈윷놀이의 歌辭에 대하여〉, 《여성문제연구》 5·6, 효성여대 한국여성문제연구소, 1976.

金文豹, 《中京誌》.

金鱗九, 〈윷놀이俗 原形 再構를 위한 試論〉, 《語文論叢》 26, 고려대 국어국문학연구회, 1976.

朴恩用, 〈윷놀이의 결에 對하여〉, 《池憲英先生華甲紀念論叢》, 화갑기념논총간행위원회, 1973.

成炳禧, 〈윷놀이의 比較民俗的 考察〉, 《民俗學硏究》 1, 안동대민속학회, 1989.

梁柱東, 〈麗謠箋注〉, 을유문화사, 1947.

李圭景, 〈五洲衍文長箋散稿〉.

李日永, 〈윷의 由來와 名稱 등에 관한 考察〉, 《韓國學報》 2, 일지사, 1976 ; 〈윷놀이의 신명성과 민중적 세계관〉, 월간 《말》 1991년 2월호.

崔南善, 《朝鮮常識問答》, 삼성미술문화재단, 1972.

崔常壽, 《韓國民俗놀이의 硏究》, 성문각, 1985.

민속신앙, 그 믿음과 섬김의 세계

1. 마을신과 집안신의 유기적 관계

정초에 동신당 앞에서 벌이는 당굿으로 출발해서 마을의 각 가정을 방문하는 집돌이 풍물굿을 우리는 흔히 '지신밟기'라 한다. 우리 풍물의 음악적 가락과 신명이 가장 잘 발휘되는 것이 바로 이 지신밟기 마을굿이다. 지신밟기는 정월 대보름 터주신인 동신에게 제사를 올리고 난 다음에 하는 것이 일반적이지만, 지역에 따라서는 정초부터 정월 열나흗날까지 하는 곳도 있다. 동제를 준비하면서 목욕재계하고 각종 금기를 지켜오던 긴장과 조임의 시간이 동제를 기점으로 이완과 풀림의 시간으로 전환되면서, 신과 인간의 제의적 유대를 넘어 인간과 인간, 이웃과 마을의 사회적 유대를 다지는 계기를 마련하는 것이, 마을굿으로서 지신밟기가 지닌 중요한 기능이다.

동제를 마치고 동신에게 바쳤던 제주와 제물을 음복하는 가운데, 마을 일을 의논하는 대동회가 끝나면 풍물패들의 지신밟기가 시작되면서 마을 성원들끼리 공동체의식을 다지게 되는 것이다. 동제 역시 동신에 대한 믿음의 표현으로 끝나는 것이 아니라, 마을 사람들이 같은 신을 섬긴다는 공동체의식을 강화하는 구실을 하지만, 지신밟기도 인간적인 유대뿐만 아니라, 신과 인간, 동신과 집안신을 하나로 이어주는 구실을 한다. 따라서 지신밟기는 마을과 집안의 신앙체계와 일정한 관련을 지니고 있다. 먼저 당산굿·샘굿에서 시작되어 집돌이에 들어가면, 문굿·조왕굿·성주굿·삼신굿 등으로 이어져 집안에서 섬기는 각종 신들을 찾아보게 된다. 마을의 집돌이가 모두 끝나면 다시 동신당 앞에 와서 당굿으로 지신밟기 의식을 마감하게 된다.

이러한 시작과 마감을 통해서, 지신밟기도 동신을 섬기는 마을굿의 일환이며, 집안 구석구석의 신들을 찾아 의례를 하는 집돌이 역시 동신을 떠나서 이루어지는 것이 아니라는 것을 짐작할 수 있다.

결국 동신을 중심으로 집안의 각종 신들을 유기적으로 하나되게 얽어주는 것이 지신밟기의 전개과정이며, 이러한 체계 속에 전승되고 있는 것이 우리 전통신앙의 구체적 모습이라 하겠다. 동신으로 일컬어지는 마을신과, 가신 (家神)으로 일컬어지는 집안신들을 그 자체로 제각기 다루지 않고, 지신밟기 풍물잡이들의 마을굿 진행에 따라서, 그 신격들의 모습과 믿고 섬기는 관행들을 주목하는 까닭도, 하나의 신앙체계 속에서 이들 신앙들을 유기적으로 이해하고자 하는 의도에서이다. 이제 지붕개량으로 초가마을이 사라져 버렸듯이, 외래종교와 합리주의적 사고로 이러한 전통적인 신앙체계도 찾아보기 어렵게 되었다. 어려운 상황에도 그동안의 조사결과와 연구성과를 근거로, 초가마을, 그리고 초가 안팎의 신앙들을 지신밟기 풍물패가 되어 두루 돌아보고, 초가와 더불어 전승되었던 민중들의 믿음과 섬김의 세계를 이해하고자 한다.

2. 마을의 터주인 동신들의 모습

지신밟기 마을굿은 으레 당굿에서 시작된다. 당에는 마을을 지켜주는 동신이 모셔져 있기 때문이다. 마을을 최초로 개척하고 터를 잡아살았던 입향시조(入鄕始祖)가 동신으로 모셔지는 것이 관례이지만 사정에 따라 그렇지 않은 사례도 많다. 일반적으로 동신에 대한 인식은 흔히 두 갈래로 나누어진다. 마을 수호신으로서의 인식과 수문장으로서의 인식이 그것이다. 수호신으로 인식될 때에는 마을의 풍요와 안녕을 보장해주는 지역공동체의 집단적인 믿음의 대상이 되어, 정월 대보름과 같은 동제일에 주기적인 제의를 주민들의 공동참여에 의해 치르게 된다. 그러나 마을의 경계를 표시하고 마을 입구와 길목을 지키는 수문장으로 인식될 때에는 지나치는 사람마다 일정한 의례를 그때마다 바치게 된다. 마을에 뿌리를 내리고 사는 사람들은

수호신으로 인식하여 한결같이 믿고 섬기는 반면, 지나가는 나그네들은 수
문장으로 인식하여 지나칠 때만 의례를 바친다. 당의 형태와 위치, 명칭에
따라 동제의 방식과 명칭이 저마다 다르고, 개별적인 길목의 통과의례도 그
양식이 다르다. 이는 전통적인 민중문화가 마을 단위의 독자적 개성을 지니
면서 전승될 수 있었기 때문에 확보된 다양성이라 하겠다.

당의 형태는 큰 고목이나 돌무더기, 짚으로 만든 이엉 또는 볏짚가리·
장승·솟대·당집 등으로 이루어져 있다. 자연 그대로의 나무에서 점차 문
화적인 구조물 또는 인공물로 바뀌어온 셈이다. 지나칠 때마다 돌을 던져
쌓은 돌무더기도 있지만, 일종의 탑처럼 의도적으로 돌을 쌓은 경우도 있
고, 시멘트를 섞어 제대로 다져둔 경우도 있다. 의도적으로 정교하게 쌓은
돌무더기에는 그 위에 장방형의 돌을 비석처럼 우뚝하게 세워두기도 한다.
아무래도 고목만으로는 동신의 형상을 상징하기 어려웠던 게다. 그래서 동
신목 옆에 단순하게 큰 바위 한두 개를 세워둔 곳도 있다. 더러는 짚으로
이엉을 엮어서 신체(神體)를 덮어둔 마을도 있다. 마치 초가움막처럼 동신
목 밑에 자리잡고 있다. 동제 때마다 새 이엉을 덧씌워 덮어주므로, 이엉
속의 신체는 아무도 모른다고 이야기한다. 더러 이엉을 가볍게 덮어두어 돌
로 만든 동신의 신체가 드러나보이는 예도 있다.

이것보다 문화적인 구조물이 장승과 솟대이다. 동신의 형상을 한층 구체
적으로 조형하여놓은 것이 장승이다. 흔히 '천하대장군', '지하여장군' 등
으로 표기되는 남녀 한 쌍을 이루고 있는데, 마을 수호신으로서의 동신기능
과 더불어, 마을의 경계를 나타내는 경계표기능, 큰 고을까지의 거리를 나
타내는 이정표기능을 함께 담당한다. 중부 이남지역에는 돌장승을 주로 세
웠으나, 중부 이북지역에는 주로 목장승을 세웠다. 목장승은 쉽게 훼손되므
로, 몇 년 만에 한 번씩 새 장승을 깎아세우는 장승제를 동제와 곁들여올리
기도 한다. 솟대는 지역에 따라 오리대·기러기대·수살대라고도 하며 장
승과 나란히 서 있는 것이 일반적인데, 동신인 장승을 보조하여 풍농을 보
장하고 마을의 재앙을 물리치는 기능을 한다. 돌로 만들어진 경우는 짐대라
고도 하며 장승과 상관없이 동신구실을 담당한다.

시낭제의 모습(왼쪽)과 장승제의 제사터(오른쪽)

　마을에 따라서 이들 동신의 형태 가운데 어느 하나만을 취하지°않고 복합적인 형태를 취하기도 한다. 복합적인 형태는 주로 고복과 다른 형태들이 더불어 있는 것이 일반적이다. 당의 명칭과 위치, 형태에 따라 동제는 서낭제·당제·당산제·장승제·산신제·당고사 등으로 일컬어지며, 당을 지나가는 사람들이 당에 바치는 의식도 제각각이다. 돌던지기·돌쌓기·침뱉기 등을 하면서 소원을 빌기도 하고, 길거리에 떠돌아다니는 귀신들의 범접을 따돌리기도 한다. 또는 아이들의 장수를 빌기 위해 당나무에 헝겊조각을 묶어놓는다. 장사꾼들은 짚신을 매달아 장사가 잘되길 빌기도 한다. 이처럼 당은 마을 공동체 성원 전체의 종교적 구심점이자, 길 가는 나그네들 각자의 삶을 지켜주고 소망을 성취시켜주는 정신적 의지처로서, 민중적 믿음의 전통과 뿌리를 이루고 있다.

　그러나 이를 민중적 믿음의 뿌리로만 인식하고 만다면, 동신당은 이 시대까지 잔명을 지켜온 종교적 잔존물로서 한갓되게 받아들여지고 말 일이다.

동신당은 마을신앙의 터전으로서 주민들의 유대를 다지고 공동체의식을 강화하는 구실을 한다는 사실에서뿐만 아니라, 자유롭고 평등한 삶을 보장하는 민의수렴과 반영의 마을자치 기회를 제공함으로써 민주주의의 광장구실도 감당하고 있다는 사실에 주목할 필요가 있다.

전통사회에서, 마을 사람들은 제도적으로 평등하지 못했다. 태어날 때부터 지체가 결정되는 신분사회였다. 그래서 성씨와 문벌 등 혈연을 근거로 사람의 높낮이를 자리매김하였다. 그러나 서낭신 앞에서는 이러한 지체의 분별이 인정되지 않는다. 동신 앞에서는 한결같이 평등할 따름이다. 누구든 동신에 대해 균등한 의무를 지는가 하면 그 혜택도 차별 없이 받는다. 동제의 제관이 되는 데도 성이나 문벌이 문제되지 않는다. 생기복덕(生氣福德)이 맞고 집안이 정결하며 부정탈 일이 없는 이면 누구든 제관으로 뽑힐 수 있다. 동제를 지내는 동안 마을 사람들은 일정한 금기를 해야 하는데, 이때도 차별이 있을 수 없다. 동제를 마친 다음날은 음복을 하면서 대동회를 개최한다. 음복도 역시 지체와 상관없이 노소만 문제된다. 신성한 제물과 제주를 고루 음복함으로써, 동신을 중심으로 한 '믿음과 섬김의 공동체'가 튼실하게 형성되는 것이다.

대동회에는 우선 동제에 든 경비의 결산이 이루어진다. 그리고 마을의 공동경비와 토지 등에 관한 마을의 일년 예산 전체가 공개적으로 심의 결산된다. 그런 다음에는 마을의 공동사업을 의논한다. 길을 새로 닦아야 할 곳이나 다리를 놓아야 할 곳을 의논하는가 하면, 마을회관의 신축이나 수리시설의 보수문제도 의논한다. 하루 품삯을 얼마나 할 것인가 또는 머슴의 새경은 연간 얼마로 할 것인가 하는 기준도 의논을 거쳐 정해진다. 동장이나 유사의 선출도 이 대동회에서 이루어지고, 더러는 마을의 향약까지 여기서 결정된다. 이러한 의사 결정과정은 물론 자치적이고 민주적이다. 동장이 관에 의해 임명제로 바뀐 다음에도 동제 뒷날 대동회를 열어 주민들 스스로 동장을 뽑는 마을도 있다. 동신신앙의 뿌리가 깊은 마을일수록 이러한 마을자치의 관행이 더 튼튼하게 자리잡고 있다.

서구적인 행정이론이나 정치논리들을 따르기 앞서 동신당의 자치문화를 진지하게 검토하고, 민중적 자치역량을 주체적으로 계승할 수 있는 길을 모색하는 것이 좀더 긴요한 과제로 인식되는 때이다. 오늘 이 땅의 동신들은 민주적인 마을자치가 제대로 뿌리 내리길 기대하며, 이 시대의 민중사 한 자락을 거머쥔 채 자유롭고 평등한 삶을 지켜주고자 마을 어귀마다 여전히 터잡고 있는지도 모른다.

3. 생명의 원천인 우물과 조왕

풍물패들은 당굿에 이어 마을의 공동우물을 찾아가 샘굿(우물굿)을 벌인다. 샘굿을 하기 전까지는 아무도 이 우물에 함부로 범접하지 못한다. 왜냐하면 금줄을 쳐두었기 때문이다. 동제를 올리기 사흘 전에 마을 사람들이 공동으로 우물치기를 한다. 우물 속에 빠져 있는 찌꺼기를 말끔히 치워내고 깨끗한 자갈로 밑바닥을 다시 정리한다. 우물치기를 마치면 금줄을 쳐두어 동제의 제관, 또는 동제의 제물을 장만하는 사람만 이 우물을 사용하도록 하고 다른 사람들은 사용을 엄금한다. 풍물패들이 공동우물에 도착하면 차려놓은 제물 앞에서 간단한 인사를 하고 샘굿에 들어간다. 상쇠가 용왕님께 샘이 잘 나도록 해달라거나 물이 맑아서 마을 사람들이 배탈 없이 건강하게 해달라는 내용의 축문을 외운다. 한문으로 된 축문이라기보다 지신밟기 사설처럼 우리말로 된 민요형식으로 불리기 일쑤이다. 샘굿소리 두 대목만 들어본다.

> 뚫으세 뚫으세 펑펑 뚫으세
> 수정같이 맑은 우물 펑펑 뚫으세
> 조상대대 자자손손 먹고살고 먹고살고
> 뚫으세 뚫으세 펑펑 뚫으세
> 목을 축여 생명주고 물이넘쳐 식량주고
> 아랫말우물 윗말우물 동구밖우물
>
> 앗다 그 물 맛있다. 꿀떡꿀떡 마시고
> 아들낳고 딸낳고 미역국에 밥먹자

풍물패들이 샘굿을 치는 모습

이렇게 샘풀이소리가 불러지는 가운데 풍물을 치며 우물을 몇 바퀴 돈다. 마을에 따라서는 독축 후에 집집마다 호주의 이름을 부르며 소지를 올리기도 한다. 샘굿이 끝나면 음복을 하고 금줄을 벗긴다. 이때부터 누구든 우물을 이용할 수 있다. 우물을 깨끗하게 치워내고 샘굿까지 올렸으니 이 우물은 태초의 우물처럼 맑고 신성한 생명수의 원천으로 전환된 것이다. 소라실(공주 탄천 송학 2리) 장승제에서는 이 샘굿을 우물마다 한다는 점에서 특이하다. 샘물을 이용한 우물은 물론 상수도까지 샘굿의 대상이 되므로, 요즘은 거의 집집마다 샘굿을 하는 형편이다. 샘이 있는 집에서는 정월 열나흗날 낮에 샘치기를 하는데, '샘을 품어낸다'고 한다. 샘에 고인 물을 모두 퍼내고 샘 주위를 깨끗하게 청소한 다음 짚을 깔고 쌀을 담은 그릇에 초

를 꽂아 불을 밝힌다. 샘굿 준비가 끝난 셈이다. 풍물패들은 이장집에서 시
작하여 집집마다 돌아가며 차례로 샘굿을 한다. 여기서도 "뚫으셔 뚫으셔
물구녕만 뚫으셔 칠년대한 가뭄에 물구녕만 뚫으셔"라는 축원이 구송(口
誦)된다. 생명과 건강의 원천인 샘물이 펑펑 솟아나기를 비는 것이다.

지신밟기 풍물패들이 공동우물에서 샘굿을 끝내면 집돌이에 들어간다.
집돌이에도 정해진 순서가 있다. 일반적으로 문굿에서 시작하여 마당굿(터
주굿), 조왕굿, 성주굿, 삼신굿 등의 차례로 하나, 마을에 따라서 조금씩
다르다. 같은 마을이라도 집의 구조에 따라 일정하지 않다. 이를테면 대문
간이 별도로 있는 경우는 문굿을 하지만, 대문간이 없는 경우는 문굿을 생
략하기도 한다. 문굿은 두 가지 양식으로 나타난다. 하나는 신앙적인 모습
이라면 다른 하나는 대문출입의 통과의례적 모습이다.

신앙의 양식은 대문을 통해 온갖 귀신들과 길흉화복이 드나든다고 여겨서
대문간의 지신을 누름으로써, 잡귀들이 범접하거나 재앙이 들이닥치는 것을
막고 좋은 신령과 복록만 걸러서 들어오도록 하는 본격적인 대문지신밟기이
다. 대문지신밟기는 대문신이 있다는 전제로 이루어진다. 대문신은 수문신
또는 수살대감이라고 일컬어지기도 하는데, 대문으로 들어오는 모든 액을
막아주는 구실을 한다고 믿는다. 고리나 바구니에 색쌀 있는 헝겊들을 담아
두고 수문신으로 모신다. 아기를 낳았을 때 대문 앞에 금줄을 치거나, 재앙
을 막기 위해 방문 위에 가시가 무섭게 난 엄나무를 걸어두는 것도 수문신
의 구실과 같은 맥락에서 이해할 만하다.

통과의례적 양식은 풍물잡이들이 집돌이를 하면서 집 앞에 당도할 때마
다, 집주인이 나와서 풍물패를 맞아들일 때까지 풍물을 치는 것이다. 이때
상쇠는 "주인 주인 문 여소 — 문 아니 열면 갈라오 — 주인 주인 문 여
소 — 복 들어강께 문 여소 —" 하고 앞소리를 메기기도 한다. 동해안에서
별신굿을 할 때 무당들이 마을 입구에서 풍물을 치며 기다리다가, 마을 풍
물패들이 마중을 나오면 서로 대치하여 밀고 당기는 듯 풍물로 다투다가 화
해하여 함께 마을로 들어오는 경우가 있다. 이것도 역시 문굿 또는 맞이굿
이라 일컫는다. 따라서 집들이의 경우 대문채가 없어도 맞이굿 형식의 문굿

은 풍물패들이 하는 게 관행이나, 최근에는 이마저 생략하는 일이 많아졌다. 그래서 풍물패가 집안에 들어서면 마당굿부터 한다. 신바람나는 풍물장단으로 판굿을 한판 크게 벌이는 마당굿이 끝난 뒤에, 조왕굿·성주굿·장독굿·터주굿의 차례로 하거나, 아니면 성주굿을 먼저 하고 조왕굿·장독굿을 뒤에 한다.

조왕굿은 부엌에서 시작된다. 조왕은 부엌신이자 불의 신, 부뚜막신, 여신 등으로 인식되면서, 구체적으로 음식맛을 관장하며 화재가 나지 않도록 하는 구실을 하지만, 일반적으로 가족의 건강과 무사고, 또는 자손의 수명을 보장하는 기능까지 하는 것으로 믿어진다. 그래서 아들이나 손자가 객지에 나갔을 때에는 조왕에 정성을 드리게 되며, 특히 군대나 배를 타고 바다에 나갔을 때 더욱 열심히 축원을 드린다. 조왕의 구체적 형상은 물그릇으로 나타나는 것이 일반적이다. 이를 '조왕중발'이라고 하는데, 부뚜막 정면 벽이나 부뚜막 모서리에 흙으로 단을 만들거나 또는 세 갈래로 벌어진 나뭇가지 등으로 받침대를 만들어 중발을 놓을 자리를 마련하고 맑은 물을 가득 담아둔다. 특별히 정성을 드리지 않을 때라도 아침마다 새로 물을 길어다가 정화수처럼 떠놓는 것이 조왕신앙이다. 집을 떠나 있는 자식들을 위하여 아침마다 정화수를 바치며 조왕에게 무사를 비는 조왕신앙은 모성의 상징이기도 하다.

새벽에 남보다 먼저 물을 길어와서 조왕을 모시면 집안 운세가 좋다고 하여, 이전에는 앞을 다투어 대문(부엌문)을 열어젖히고 마을 우물에서 물을 길어왔다. 대문열기와 물길어오기가 며느리 또는 주부의 부지런함을 상징하기도 한다. 따라서 조왕신앙은 종교적 문제를 떠나서도 결국 부지런한 주부의 일손이 가운을 일으킨다는 현실적인 구실을 하는 셈이다. 특히 동제가 끝난 보름날 새벽에는 물긷기의 다툼이 치열해서 주부들은 거의 밤을 새우다시피 한다. 제관들이 동제를 마치고 마을에 돌아올 무렵이면, 동이 트기도 전에 물동이를 이고 나선다. 이 날 제일 먼저 물을 긷는 사람이 그해 농사를 제일 잘 짓는다는 믿음이 있어서이다. 보름날 새벽에 처음 물을 긷는 행위를 일컬어서 '용알뜨기'라고 하는데, 샘물에 달빛이 비쳐들어 마치 달

을 뜨는 것이나 다름없다. 태양신이 남신이라면 달의 신은 여신이다. 여신
은 샘, 즉 물의 신이며, 용신이기도 하다. 따라서 보름날 용알뜨기 믿음은
'샘＝물＝달＝여성＝대지'의·생명력과 관련되어 형성된 것으로 해석된다.

경기도 지역에서는 대보름날 첫새벽에 처음으로 길어온 우무물을 '복
물' 또는 '용알 떠온다'고 하면서, 열나흗날 자정부터 동이를 이고 우물에
가서 기다리는 부인도 있다. 이 날 밤에 용이 하늘에서 내려와 우물에 알을
낳는다고 믿기 때문에 대보름에 특히 물긷기를 다툰다. 동이 트고 나서 부
녀들이 우물가에 몰리게 되면, 두레박을 쉼없이 우물에 던져넣어 물을 길어
올리고, 길은 물로 쌀을 씻거나 채소 등을 다듬고 그 찌꺼기 물을 계속 버
리게 되므로, 아무래도 맑은 물을 유지하기 어렵다. 따라서 보름뿐 아니라
평소에도 남보다 먼저 물을 길어온다는 것은 가장 맑은 물을 확보하는 일이
다. 밤 사이에 물찌꺼기와 샘 바닥의 불순물들이 가라앉아 있는 상태이므
로, 첫새벽에 처음으로 길어온 물을 식수로 쓰게 되면 조왕이 돌보지 않더
라도 가족의 무병장수를 보장하는 일이 된다.

물은 깨끗함을 상징하고 부정을 씻어내는 의미를 지니고 있다. 그래서 조
왕뿐만 아니라 산신이나 동신, 칠성신 등에게도 개인적으로 치성을 드릴 때
는 정화수, 또는 청수를 올리고 기도드리는 것이 관행이다. 특히 부엌은 가
족들의 먹거리를 장만하는 주부의 취사공간이자, 일상적으로 불을 다루는
곳이기도 하다. 그러므로 음식의 정결함을 관장하고 화재의 위험을 예방하
는 청수가 늘 필요하다. 밖에서 들어온 음식은 먼저 조왕에게 바쳤다가 나
누어 먹는 것도 음식을 통해 들어온 부정을 막기 위한 것이다. 음식이 정갈
하고 맛이 있으면 가족의 건강과 수명은 자연히 보장된다. 조왕신의 직능이
가족의 생활 일상에까지 확대된 것도 이런 이치 때문일 것이다. 조왕중발을
따로 모시지 않는 경우도 '건궁조왕'이라 하여, 물독이나 물버지기(자배
기)에다 물을 가득 채워두어 조왕중발을 대신한다. 따라서 언제든지 부엌에
는 물이 마르지 않는다. 요즘에는 상수도의 혜택으로 부엌과 욕실 등에 제
각기 수도꼭지가 있어 언제든지 물을 공급받을 수 있지만, 수도공사와 같은
예기치 못한 사정으로 물을 공급받지 못하는 경우는 세수할 물은커녕 밥 지

을 물조차 없어서 쩔쩔매는 지경에 이르기도 한다. 이런 난처한 상황을 겪지 않기 위해서도, 조왕신앙의 지혜를 본받아 부엌에 물 한 동이쯤은 늘 넉넉히 받아둘 필요가 있다.

4. 어른과 아이를 지켜주는 성주와 삼신

부엌에 있는 잡귀·잡신이 물러가도록 축원하고 집안의 재수대통을 비는 조왕굿이 끝나면, 풍물패들은 고방을 들르거나 부엌 뒤곁에 있는 장독대에 가서 터주굿을 하기도 한다. 그러나 부엌과 마루가 봉당을 사이로 연결되어 있거나, 성주를 모실 만한 큰 마루(대청)가 없는 집의 경우는 성주도 조왕과 함께 부엌에 모시므로, 성주굿을 먼저 하기도 한다. 즉 부엌 정면의 부뚜막 위에는 조왕중발이 있고 그 가운데 기둥의 윗부분에는 성주를 모시고 있는 경우, 성주굿을 나중에 별도로 할 수가 없다. 자연히 조왕굿에 이어 성주굿을 하게 된다. 지신밟기 축원사설을 보면 이러한 상황이 그대로 나타난다.

> 이집대주 일년열두달 삼백육십날 재수대통하도록
> 모든 잡귀잡신 물어다가 대동강물에다 집어던지고
> 성주조왕께서 재수있게 잘받아
> 어허야 성주조왕이여
> 위로보니 성주신 밑으로보니 조왕신
> 아들놓고 딸놓고……

조왕신이 여신이자 주부의 신이라면, 성주신은 남신이자 대주(大主), 즉 가장(家長)의 신이다. 가장인 남신이 위쪽에서 자리잡고 주부인 여신이 아래쪽에 자리잡고 있으니, 가정이 화목하고 자손이 번성할 수밖에 없다. 집안신들은 성주 외에 조령·조왕·삼신·칠성·터주·측신·업 등 다양하지만, 성주처럼 가장인 남성이 직접 섬기는 신은 없다. 따라서 집안신 가운데 가장 높은 신으로 여겨지며, 집안의 길흉화복을 두루 관장한다고 믿어진

다. 모시는 시기도 대주의 나이와 관련이 있다. 대주의 나이 끝자리가 1·
3·5·7·9세가 될 때 새 성주를 헌 성주 위에 덧붙여 모시거나, 한 세대
가 끝나고 대주가 바뀌었을 때는 헌 성주를 떼고 새 성주를 갈아 모신다.
대주의 신이 소급되어 조상의 신으로 믿어지고 받들어지기도 한다. 집안 통
솔권을 지닌 어른 보호의 신격인 것이다.

　그러나 성주를 새로 모시는 상황이나 성주의 봉안형태를 보면 반드시 대
주를 보호하는 신으로만 보기도 어렵다. 성주를 처음 모실 때는 집을 새로
지을 때이다. 상량(마룻대)을 올릴 때에 성주를 상량에 매달아두었다가 집
을 준공한 다음 제자리에 모신다. 물론 이때에는 새집의 주인을 위한 성주
가 지금 살고 있는 현재의 집에도 별도로 있다. 결국 상량을 올린 이후 준
공을 하여 이사하기 전까지는 두 집에 각각 성주가 있는 셈이다. 만일 성주
가 순전히 대주의 신이라면 이치에 맞지 않다. 대주는 한 사람인데 그를 위
하는 신이 둘일 수는 없기 때문이다. 성주신이 둘인 것은 대주 때문이 아니
라 집이 둘이기 때문이다. 이런 사실로 미루어볼 때 성주는 대주의 신만이
아니라 '집의 신'이기도 한 것이다. 따라서 집을 크게 중수했다든가 다른
집으로 이사를 하게 되면 반드시 새로 성주를 모신다.

　성주신의 봉안형태를 보면, 집안의 중심이 되는 큰 마루 들보 위의 대공
에나, 종보와 마룻대 사이 대공에, 또는 들보를 받치고 있는 주기둥의 윗부
분에 일정한 모양으로 접은 한지를 세로로 붙여 모신다. 대청에 대들보가
노출되어 있는 경우에는 한지를 대들보 가운데 가로로 감아서 무명 실타래
로 묶어 고정시킨다. 기둥에 세로로 붙여 고정시킬 때에는 기둥에 나무로
깎은 못을 박고 실타래로 걸어 부착한다. 집에 따라 나무못을 기둥의 상하
좌우에 4개를 박고 실타래를 엇걸어서 가위표 모양으로 고정시키기도 한
다. 어떤 형식이든 성주가 모셔지는 장소는 집의 가장 중심 되는 부분이
자, 건축물로서의 집을 가장 튼튼하게 받쳐주고 있는 구조물이라는 것을 알
수 있다. 그리고 성주굿 무가나 성주풀이민요에는 대목이 등장하여 집나무
감을 가려서 베어 다듬고 터를 잡아 집을 지어나가는 과정을 자세하게 묘사
하고 있다. 이들 무가나 민요에 의하면, 성주풀이노래들 역시 성주가 건축

의 신격이라는 것을 밝혀주고 있는 중요한 전거가 된다. 그러므로 성주신은
대주의 신이기도 하다는 것을 확인할 수 있다. 성주를 한자로 기록할 때
'성조'(成造)로 표기하는 까닭도 이 때문이다.

한지를 모시지 않고 성주단지나 성주봉새기, 성주당세기로 모시는 경우
도 있고 한지와 함께 모시는 경우도 있다. 성주단지 안에는 벼가 채워져 있
다. 경북지역에서 아주 큰 성주단지를 모시는 경우 '씨나락'(볍씨)을 갈무
리하는 구실까지 한다. 전라도지역에는 새 곡식이 날 때마다 쌀과 보리를
바꾸어 넣어둔다. 이런 의식들을 통해서, 성주단지에는 풍요를 기원하는 믿
음도 담겨져 있음을 본다. 다른 집안신들도 그렇지만 본디 가졌던 신격별
직능이 오랜 역사를 거치는 동안 서로 섞이는 것으로 볼 수 있으며, 신격별
로 고유하게 분담되어 있는 직능 외에 어느 신이든 사람들의 일반적인 소망
인 풍요를 보장하는 기능을 덤으로 부여받고 있는 것으로 볼 수도 있겠다.
신의 직능은 신이 주체적으로 발휘하는 것이 아니라, 이를 믿고 섬기는 사
람들이 부여하는 데 따라 결정되는 것이다. 종교 또는 신앙의 발전과정을
보면, 가장 초보적인 단계에서는 일시적으로 출현하는 순간적인 신을 섬기
게 되며, 다음 단계에서는 일정한 직능을 가진 신을, 마지막 단계에서는 모
든 직능을 총괄적으로 담당하는 유일신을 섬기게 된다. 즉 잠재적이고 순간
적인 신에서 고정적인 직능을 분담한 직능신으로, 다시 모든 문제를 관장하
는 전지전능한 유일신으로 발전해온 셈이다. 따라서 성주신이 대주신, 건축
의 신, 풍요의 신이기도 한 것은 구체적인 직능신구실을 하던 집안신들이
점차 다른 문제들까지 관장하는 것으로 변모 발전했다고 보는 게 옳겠다.

풍물패들이 대청에서 성주굿을 마치면 방으로 들어간다. 방에는 삼신이
있다. 삼신굿이 시작되는 것이다. 성주가 어른들을 위한 신이라면 삼신은
아이들을 위한 신이다. 집안이 유지되고 번성하려면 위로 어른들이 건강하
고 크게 성취를 해야 할 뿐만 아니라, 아래로 후손들이 끊이지 않고 나서
대를 이어주고 어른들을 받쳐주어야 한다. 앞의 기능을 주로 담당하는 것이
성주로 섬겨지는 가부장의 남신이며 할아버지 조상이지만, 뒤의 기능을 담
당하는 것은 삼신으로 섬겨지는 모권이며 여신으로서 할머니 조상이다. 그

래서 삼신은 흔히 '삼신할매'로 일컬어진다. 자연히 삼신은 잉태와 출산, 육아를 담당하는 신격으로 섬겨지는 것이다.

대를 이으려면 우선 아기를 가져야 한다. 아기배기를 위해서도 삼신에게 빌어야 한다. 삼신이 아기를 점지하고 잉태시켜준다고 믿는다. 아기를 배어도 출산이 순조롭지 못하면 헛일이다. 출산 때가 제일 위험한 순간이다. 해산 기미가 보이고 진통이 오면 가장 먼저 삼신에게 물을 떠놓고 빈다. 순산을 빌고, 산모와 아기의 건강을 기원해야 한다. 해산이 순조로워도 아기가 세 돌까지 자랄 동안 안심하기 어렵다. 삼칠일 동안 아침 저녁으로 미역국과 메밥을 차려 비손을 하고 아침에 정화수를 바치고 빈다. 백일과 돌 때에는 떡과 밥, 미역국을 차려올리고 빈다. 10세까지 생일 때마다 삼신에게 비는 이도 있다.

아이의 출산을 담당하는 신이라 하여 삼신을 한자로 산신(產神)으로 표기하는 이도 있고, 더러는 세 신이라는 뜻으로 삼신(三神)으로 표기하는 이도 있다. 이것은 삼신을 무리하게 한자화한 데 지나지 않는다. 삼신의 '삼'은 '태'(胎)를 뜻하는 순우리말이다. 그래서 아이를 낳은 뒤에 탯줄을 끊는 일을 '삼가른다'고 하는 것이다. 결국 삼신은 '태의 신'을 뜻하는 우리말이므로, 이를 굳이 한자로 왜곡시켜 표기할 필요는 없다.

삼신의 봉안형태는 흔히 바가지로 나타난다. '삼신바가지'라는 말을 관용구처럼 쓰는 것도 이 때문이다. 그러나 삼신단지·삼신당세기 등으로 나타나기도 한다. 일반적으로 새 바가지에 쌀을 넣고 한지로 덮어서 실타래로 둘러맨 다음 안방의 천장 모서리 시렁 위에 얹거나, 나무가름대를 설치하여 그 위에 고정시켜 모신다. 단지는 안방구석에 놓아두기도 한다. 바가지에 쌀 대신에 옷감을 넣기도 하고, 버들고리에 흰 명주로 만든 치마저고리를 넣어두기도 하는데, 삼신할머니를 상징한다.

충북 옥천지역에는 한지로 자루를 지어 그 안에 쌀 3되 3홉을 넣고 시렁 구석에 매달아두며, 이를 '삼신자루'라 일컫는다. 삼신자루는 그 형상이나 쌀의 양을 나타내는 숫자가 모두 아기보인 '삼', 곧 '태'를 나타낸다. 유사의 원리에 의한 유감주술적 삼신의 형상이라 하겠다. 이러한 삼신의 형상

을 모시지 않은 채 믿고 섬기는 경우를 '건궁삼신'이라 한다. 임신 전부터
삼신에게 기도를 드리며 잉태를 기원하고 건강한 아기의 순산을 빌며 태아
를 위해 음식을 가리고 말씨와 행동거지를 삼가는 태교(胎敎)차원의 관행을
단순히 부질없는 믿음만으로만 몰아붙일 수 없다. 요즘 산모의 태교가 과학
적 검증을 거쳐 그 교육적 의의가 새삼스레 주목되고 있다는 사실을 염두에
두어야겠다.

5. 평안과 풍요를 보장하는 조령과 터주

안방에는 삼신바가지만 있는 것이 아니다. 조상단지도 있다. 지역에 따
라서는 신주단지 · 부루단지 · 조상당세기 · 시조단지 · 세존단지 · 제석오가
리 등으로 일컬어지는데, 학계에서는 이를 조령(祖靈)이라고 한다. 조상신
을 섬기는 것이다. 구체적으로 '조상할매'로 말하는 이도 많다. 지역에 따
라서는 삼신과 분별되지 않는 곳도 있다. 삼신과 함께 안방에 모시고 있을
뿐 아니라, 곡식을 넣고 한지를 덮어 동여매는 방식도 비슷한데다가, 조상
신으로서 후손을 돌본다는 기능 역시 삼신할머니와 닮아 있기 때문이다.

구체적으로 봉안방식을 보면 자그마한 단지에 쌀을 가득 채우고 한지로
덮은 다음 왼새끼로 동여매어 안방 시렁 위에 모신다. 마루가 있는 집에서
는 마루 위의 선반에 모시기도 한다. 경남지역에는 나무상자를 이용하는 지
역도 있으며, 충남지역에는 단지에 곡식 외에 엽전이나 깨를 넣기도 한다.
조상의 영혼을 모신 것으로 여기기 때문에 장손집이나 종가집에만 주로 남
아 있으며, 조상 제사 때나 명절 때 집안의 가장이 상차림을 마련해 절을
올리는 점은 다른 집안신들과 구별되는 특징이다. 고조대까지 4대 봉사를
염두에 두고 조상단지나 당세기를 대수별로 4개를 모시기도 한다. 조상단지
는 조상의 위패를 대신하는 것으로, 조선조 이후 사당(祠堂)을 지어 모시던
조상숭배 의식이 여기에까지 미친 것이라 하겠다. 불교의 영향에 의해 세존
단지로 섬겨지는 곳에는 술이나 고기류를 제물로 쓰지 않는다.

조령은 농신으로서 풍농을 보장하고 삼신으로서 후손을 보살펴주기도 한

다. 조상단지에 쌀을 넣는 것도 농신을 겸하는 것으로 해석된다. 특히 전라
도에서는 조령과 농신을 섬기는 행사로 '올벼심리'를 한다. 올벼로 밥을 지
어 조령에게 먼저 바치고 절을 한 다음 가족이 모여서 나누어먹는다. 햅쌀
로 지은 음식을 바쳐 풍농을 감사하면서, 새해의 풍농을 기원하는 일종의
천신(薦新)의례인 셈이다. 경북에는 적극적으로 풍농을 기원하는 믿음의 대
상으로서 조상단지 외에 용단지를 별도로 모시기도 한다. 조상단지를 모시
지 않는 집에서도 용단지는 거의 빠짐 없이 모신다. 안동지역에 용단지가
주로 보이는 까닭은 조상단지 구실을 하는 사당이나 감실이 별도로 잘 마련
되어 있기 때문이 아닌가 한다. 용단지를 마루나 안방의 대들보 밑에 모시
는 집도 있지만, 축담의 뒤꼍이나 굴뚝 옆, 처마 밑, 고방, 다락, 벽장 등
사람이 잘 보지 않는 곳에 모시는 것을 관례로 삼는다. 용단지는 조상단지
에 비해 상당히 커서 곡식이 한 가마 정도 들어가는 것도 있다. 용단지에는
새로 거둔 벼를 가득 담아두고 별식을 했을 때나 명절 때 음식상을 바친
다. 철에 따라 쌀과 보리를 번갈아 넣기도 하며 찐쌀을 해마다 한 차례씩
갈아주기도 한다. 곡식을 갈아줄 때는 정화수를 떠놓고, 동지에는 팥죽, 보
름에는 오곡밥을 바친다.

집안에 따라서 용단지를 둘 모시는 집도 있는데, 아버지 용단지, 아들 용
단지로 구분된다. 용신은 물의 신이자 농신이다. 물이 순조롭게 공급되면
농사가 잘되게 마련이다. 자연히 논에 물이 많이 필요할 때 용신은 섬김의
대상이 된다. 모내기철에 접어들게 되면, 용단지의 쌀을 내어서 밥을 짓고
그 밥을 큰 양푼에 담아 식구 수대로 숟가락을 걸쳐서 용단지 위에 바쳤다
가 나누어 먹는다. 이때 모내기에 참여하는 품일꾼들도 같이 먹는다. 비를
때 맞추어 내려주고 물을 넉넉하게 공급해주어서 모내기와 논농사가 잘되어
풍년을 이루게 해달라는 뜻이 담겨 있다. 용단지가 풍농기원의 뜻에서 섬겨
지고 있음을 알 수 있다. 모내기할 무렵에는 보릿고개를 갓넘긴 시기로 쌀
밥이 그리운(아쉬운) 때다. 일꾼들이 이때 용단지에 갈무리해두었던 신성한
쌀로 밥을 지어먹고 모내기판에 나서면 기운이 절로 날 판이다. 용신의 돌
보심을 생각하면 일하는 신명이 더욱 오르고 풍년의 기대감이 넘쳐 일의 능

뒤꼍의 장독대에는 흔히 칠성신을 모신다.

률도 오르지 않을 수 없다. 올 농사를 잘 지어서 수지 쌀을 용단지에 그득 채워두었다가 내년 이맘때도 귀한 쌀밥을 배불리 먹어야겠다는 의지가 알게 모르게 작용하게 마련이다.

방안에서 삼신굿과 조상굿이 끝나면 지신밟기 풍물패들은 밖으로 나와야 한다. 고방이나 뒤꼍의 장독대, 심지어는 뒷간의 측신까지 둘러보게 된다. 뒤꼍에 이르면 장독대가 있고 터주가리와 칠성단도 보인다. 이들 가운데 빼놓을 수 없는 것이 터주가리이다. 터주굿이 이루어진다. 지신굿이라고도 한다. 터주는 집터를 지켜주는 신이니 집안에서 둘째 가라면 서러워할 신격이다. 따라서 한판 굿을 크게 벌이며 지신밟기를 할 만하다. 터주의 신격을 경기도에서는 터주가리ㆍ터줏대감이라고도 하는데, 집의 뒤뜰에 벼나 쌀을 담은 작은 단지나 항아리를 모셔두고 그 위에 볏짚을 엮은 이엉을 원뿔모양으로 덮어둔다. 한지에 쌀을 싸서 같은 모양으로 모시는 경우도 있다. 전북지역에서는 한지에 쌀 한 홉을 싸고 안뜰 중앙이나 바깥 마당에 묻어주고 약간 봉긋하게 봉토를 만드는 것이 특이하다. 지역에 따라서는 터주단지라 하여 뒤뜰 담 밑이나 장독대에 신곡을 넣은 단지를 모시기도 한다.

충북에서는 10월에 날을 잡아 제를 올리거나 삼짇날·유두·칠석 등에 제를 올리는데, 터주 앞에 짚을 십(十) 자로 놓고 그 위에 정화수 한 그릇을 바친 뒤에 절을 올리고 비손을 한다. 경기도에서는 섣달 그믐날에 터주가리의 짚을 새로 갈아준다. 이때 시루떡과 안주를 준비하고 술 두 잔을 터주신 내외에게 바친 다음에 새것으로 갈아덮고 헌것은 태운다. 터주는 남의 식구가 만지거나 열면 안된다. 터주는 집안의 운 가운데서도 특히 재산운과 관련이 있기 때문이다. 자기 집 재산운세를 남의 손에 맡길 수 없으니 금기로 여길 만하다. 터주와 같이 재산운을 관장한다고 믿는 집안신으로 '업'(業)이라는 것도 있다. 일반적으로 모시는 신격의 형상이 없으므로, 흔히 '건궁업'을 섬긴다. 구렁이와 족제비, 두꺼비를 업으로 믿고 이들이 집에서 나가면 가운(家運)도 함께 나가는 것으로, 또는 이들을 잡거나 죽이면 재산이 기울거나 파산한다고 믿는다.

업은 보통 마루 밑이나 지붕, 담벼락 속에서 서식한다고 여기는데, 꿈에서만 그 드나듦을 볼 수 있다고 믿는 이도 있다. 업신의 드나듦은 곧 가운의 흥망성쇠의 조짐으로 알고 있어, 아무개 부잣집은 구렁이업이 나가서 그 이후에 망하고 말았다든가, 부자 아무개는 꿈에 업이 앞집으로 가는 것을 보고 그 집에 살림을 나누어주는 한편, 앞집 딸을 며느리로 맞아들여서 파산을 면하게 되었다는 등의 이야기가 널리 전승되고 있다. 업에 대한 이러한 믿음은 자기 집 앞에 버려진 어린아이까지 업으로 생각하고 받아 기르는 관행을 생산했다. 가난한 집에 아이가 많이 나면 부잣집 대문간에 몰래 두고오는 경우가 있는데, 이때 그 집에서는 인업(人業)이 들어왔다고 하여, 그 아이를 버리지 않고 거두어들여서 길렀다고 한다. 사람의 목숨을 하늘같이 소중히 여기는 일과 업신앙이 만난 셈이다. 인업의 믿음이 튼튼히 뿌리내려 있다면, 요즘 사회문제화되어 있는 우리 어린이의 해외입양 문제나 고아양육 문제 등이 그리 심각하게 나타나지는 않았을 것이다.

경기도에서는 팥을 담은 옹기를 업신이라 하여 고방이나 광의 한쪽 구석에 모셔두기도 한다. 업 역시 재복(財福)을 관장하므로 터주신과 혼동되는

경우도 있다. 집안에서 떡을 하면 터주신에게 제일 먼저 바친다. 경기도의
경우 마을 도당굿을 한 후 집집마다 봉과로 나누어준 제물은 반드시 성주와
터주가리에 일단 바치고 나서 먹는다. 서울의 경우에는 시월 고사를 올릴
때 먼저 성주에게 제를 지내고 난 다음 터주에게 지낸다. 집을 지을 때에도
먼저 터주에게 신고를 한다. 이런 사실로 보면 성주와 터주는 집안신의 2대
기둥인 셈이다. 터와 건축은 집의 필수조건이다. 터 없는 집은 그 자체로도
불가능하지만, 집 없는 터 역시 사람의 주거생활을 이루어낼 수 없다. 그러
므로 터의 신인 터주와 집의 신인 성주가 집안신의 기본적인 두 축을 이루
는 것이다. 오늘날 집은 그 터와 함께 재산증식의 수단이 되고 있다. 그래
서 주거공간이나 살림살이의 터전으로서보다 투기의 대상으로 간주되기 십
상이다. 누대로 같은 집을 지키며 가문을 이어온 문화적 전통이나 삶의 평
안함과 상관없이 재산증식의 목적으로 이리저리 집을 옮겨다니게 된 상황에
서는, 자연히 터의 신과 집의 신을 섬길 겨를이 없다. 터값과 집값에 대한
그칠 줄 모르는 욕심이 성주와 터주에 대한 믿음을 함께 저버린 셈이다.

6. 집 안팎에 자리잡고 있는 그 밖의 신들

터주는 장독대와 같은 영역에 속해 있다. 장독대에는 철륭신이 있어서 된
장과 간장을 돌봐주고 그 맛을 지켜준다. 장을 새로 담갔을 때에는 간장을
끓일 때까지 금줄을 쳐두어 외부 사람들의 접근을 막는다. 삼칠일 동안 대
문 위에 금줄을 쳐서 갓난아기를 보호하거나, 동제를 올릴 때 마을 입구나
동제당 근처에 금줄을 쳐서 부정을 막는 것이나 같은 이치이다. 금줄은 금
기기능뿐만 아니라 표시기능도 있다. 이를테면 대문 위의 금줄은 출산을 알
리는 동시에 금줄에 달아둔 고추나 솔잎, 숯 등의 내용물에 따라 갓난아기
의 성을 구별시켜 알려주는 구실도 한다. 마찬가지로 특정 독에 금줄이 쳐
져 있는 것은 접근금지를 나타낼 뿐 아니라, 새로 된장을 담가둔 장독이라
는 사실도 알려주고 있는 것이다. 장독에 금줄을 치는 까닭은 장이 익기 전
에 아무나 잘못 손을 대면 벌레가 일고 맛이 가버리기 때문이다. 장맛은 일

년의 식생활을 결정하는 것이므로, 신성하게 관리할 필요가 있는 것이다. 장독굿도 이러한 사실을 지나치지 않는다. 진주지역 풍물패들의 장독굿을 보면, 풍물패의 상쇠가 포수를 시켜서 대주를 불러오게 하고는 "장맛이 좋아야 집안이 잘되니 돈을 놓으시오" 한다. 주인이 돈을 놓으면 상쇠가 "장 달다 장 달다. 고추장·된장, 장 달다"고 반덧배기를 치며, 다시 "초장까지 장 달다"고 더불어 풍물을 친다.

장독대에 정화수가 준비되어 있으면 그것은 칠성신을 모신 것이다. 장독대 옆에 별도로 돌을 쌓아서 칠성단을 만들고 정화수를 바치는 것이 정식이지만 이제 그런 본격적인 칠성단은 흔하지 않다. 장독대 앞부분에 돌 몇 개를 쌓아 칠성단으로 삼거나, 윗부분을 부채살처럼 쪼갠 대나무를 장독대에 세우고 그 위에 물그릇을 모셔두는 것이 좀더 흔한 방식이다. 북두칠성의 신을 섬기기 때문에 칠성신이라 하는데, 평소에 정성을 들이는 일 외에 7월 칠석에 특별히 제사를 올린다. 전남에서는 매월 초이레, 열이레, 스무이레 때마다 치성을 드리는 집도 있다. 일상적으로 자손의 건강과 수명장수, 집안의 평안을 빌기도 하지만, 구체적인 소원성취를 빌 수 있는 신이라는 점에서 개성이 있다. 칠석에 치성을 드릴 때, 뒤뜰의 칠성단이 제대로 마련되어 있지 않거나 장소가 마뜩찮으면 임시로 안마딩에 제단을 만든다. 칠석 3일 전에 금줄을 치고 황토를 깔아 부정을 막고 가족들은 고기를 먹지 않고 근신한다. 제단 앞에 돗자리나 짚을 깔고 백설기와 정화수를 바치고, 쌀을 담은 그릇에 촛불을 밝힌다. 할머니나 주부가 동서남북으로 7번 절하고 불두칠성에게 기원하며 식구 수대로 소지를 올린다. 평소에도 저녁 설겆이를 마치고 머리를 감아 빗은 다음 어둠 속에서 불을 밝히고 어머니 혼자서 남몰래 정성을 들일 수 있는 집안신이 칠성이다. 조왕과 함께, 가족을 위하는 어머니의 정성이 가장 잘 반영된 믿음의 양식이라 하겠다.

칠성단을 뒤로 하고 앞마당으로 나오면 뒷간과 외양간이 있다. 여기에도 집안신들이 저마다 깃들어 있다. 풍물패들은 외양간 앞에서 외양간 지신도 눌린다. 경북에서는 마구지신이라고도 한다. 외양간신은 소의 삼신이라고 하여 소의 출산과 무병을 관장한다고 믿어진다. 소가 새끼를 낳을 때에 마당 앞에 정화수상을 차려두는 것도 소의 삼신에 대한 믿음 때문이다. 강원도에는 이 믿음이 특히 강하다. 군웅신・쇠구영신・마부신으로 일컬어지는데, 안택고사를 마치면 외양간에 와서 치성을 드린다. 이때 백편을 외양간에 매달아두기도 한다. 《동국세시기》(東國歲時記)에 보면 시월 마지막날[午日]에 팥으로 고물한 시루떡을 마굿간에 놓고 말의 건강을 빌었다는 기록도 있다.

소나 말이 농가에서는 다 귀중한 재산이다. 큰 일꾼 몇 사람의 몫에 해당하는 노동력을 제공해줄 뿐 아니라, 재산증식의 수단이 되기도 하기 때문이다. 그래서 소값파동 때에는 농민들이 집단시위까지 하면서 몸살을 앓기도 했다. 그러나 농촌인구의 감소, 영농방식의 변화, 소의 사육에 따른 번거로움 등으로 시골마을에 소보다 경운기가 점차 더 많아져가고 있다. 자연히 외양간에서 들려오던 소의 풍경소리를 듣기란 상당히 어렵게 되었다. 말은 눈에 띄지도 않는다. 말 구경을 하려면 제주도에나 가야 할 판이다. 외양간을 지키며 논갈이・밭갈이를 맡아하던 농우의 모습도 멀지 않아 사라질 것이다. 가축을 위해 그 삼신까지 섬기던 옛사람들의 관행은 이제 전설로만 남을 것 같다.

외양간 가까운 마당 한쪽에 뒷간이 있다. 측신각시・정낭각시・측간신으로 일컬어지는데, 탈을 잘 일으키는 젊고 신경질적인 각시신으로 인식하고 믿는다. 탈만 안 내면 다행이므로, 다른 집안신들처럼 일정한 직능을 가지고 있지 않으며 별도로 섬겨지는 예도 잘 없다. 다만 고사를 지낼 때 떡을 한 쪽 떼어놓으면 그만이다. 따라서 풍물패들도 측간신을 위해 특별한 지신밟기를 하지는 않는다.

그러나 실수로 변소에 빠진 사람이 있을 때는 사정이 다르다. 떡을 해놓고 빌지 않으면 측신이 노해서 병을 일으킨다고 믿어, 별도의 치성을 드린다. 경북에서는 측간에 빠진 사람의 나이 수만큼 떡을 만들어 바치고 빈 다음, 이 떡을 혼자서 다 먹게 하는 관행이 있다. 아마 영양보충을 시키는 게 아닌가 한다. 왜냐하면 재래식 변소 발판을 통나무로 해두었으므로, 몸이 허약해서 다리가 떨리면 미끄러져 빠지는 수가 많기 때문이다. 몸이 건강하

고 다리가 든든하면 빠지는 일이 없다. 결국 떡을 해서 측신에게 바치는 것
은 뒷간에 빠진 사람의 허약함을 보완하기 위한 '골밈'이라고 볼 수 있다.
기운을 차릴 만큼 먹고 싶은 떡을 양껏 먹는 일을 두고, 안동사람들은 '골
밈' 한다고들 한다.

　제주도에서는 집안신들을 가족화하여 믿고 있다. 서사무가 '문전(門前)
본풀이'에 이러한 사정이 잘 드러나 있다. 남편은 문전신(門前神)이고 아내
는 조왕신이며, 아들 일곱은 올래(집 입구)지기 신들이다. 측신은 본처를
모함하여 죽인 뒤에 일곱 아들에게 살해된 악질 첩으로서 노일제대, 또는
변소각시라 한다. 따라서 본처인 조왕신과 이를 죽인 측신은 상극관계에 놓
여 있다. 그러므로 부엌과 측간 사이에는 지푸라기 하나, 부지깽이 하나라
도 옮기게 되면 크게 동티난다고 믿고 있다. 자연히 부엌의 먹을 것이나 기
물을 들고 측간에 가서도 안되고, 측간에 있는 쓰레기나 기물도 부엌으로
가져와서는 안된다. 이러한 금기는 순전히 신앙의 차원에서뿐 아니라, 현실
적인 차원에서도 부엌의 청결과 위생을 유지하는 긍정적 구실을 한다.

　측신에는 또 다른 믿음이 있다. 측신은 머리카락이 길어서 늘 그것을 발
가락에 걸고 세고 있는 게 일이다. 머리카락을 세는 동안에 사람이 갑자기
변소에 들어와서 놀라게 하면, 긴 머리가락을 넘어씌워 탈이 나게 한다. 이
렇게 탈이 나면 굿을 해도 풀어주지 않으므로 병이 나서 죽는다고 믿는다.
따라서 변소 앞에서는 반드시 헛기침을 미리 하여 각시신이 놀라지 않도록
인기척을 내는 관습이 있다. 특히 밤에는 더 조심해서 헛기침을 해야 한
다. 일종의 노크를 하도록 변소각시의 신격을 설정한 셈이다. 전통가옥이나
변소에는 출입문의 구조가 노크를 할 수 없도록 되어 있을 뿐 아니라, 바깥
의 인기척이 쉽게 전달되는 문으로 이루어져 있다. 그러므로 남의 집을 방
문할 때에도 댓돌 위의 신발을 보고 방안의 사정을 짐작하면서 문 앞에서
인기척으로 자연스레 헛기침을 한다. 변소는 다른 사용자가 있을 때에도 바
깥에서 쉽게 확인할 길이 없다. 그러니 헛기침에 의한 의도적 인기척이 특
히 필요하다. 변소각시신을 놀라지 않도록 한다는 헛기침의 믿음이, 변소를
사용할 때 공중도덕을 지키게 하려는 생활의 슬기에 다름 아니라는 것을 발

견할 수 있다.

7. 무교의 체계에 수렴되는 집안신앙

집 안팎의 신들을 두루 찾아 지신밟기를 마치면 풍물잡이들은 다시 마당을 돌면서 한판 마당굿을 새로 벌인다. 마당에서 마무리 판굿을 하는 셈이다. 마당은 집안의 대소길흉사가 이루어지는 공간이다. 멍석이 펴지고 차일이 쳐지면 못할 의식이 없다. 누이가 시집갈 때는 대례를 올리는 혼례마당인가 하면, 아버님 수연(壽宴) 때는 회갑 잔치마당이기도 하다. 할머님이 중병으로 앓아 누웠을 때에는 푸닥거리를 하는 굿마당이 되고, 할아버님이 돌아가셨을 때에는 상여가 나가는 장례마당이기도 하다. 정초에는 가까운 집안끼리 모여서 윷마당을 벌이기도 하고, 어린아이들이 제기차기·숨바꼭질·널뛰기를 하는 놀이마당이자, 어른들이 보리타작·날개엮기·베매기도 하는 일마당이기도 하다.

이처럼 마당은 한 마당이면서도, 좋은 일, 궂은 일 가리지 않고 가족끼리, 이웃끼리 모여서 갈라져 있는 마음들을 한동아리 되게 모아주고 이어주는 열두 마당 노릇을 하나같이 감당해낸다.

오늘날 집들은 크고 넓되 마당은 작고 좁듯이, 우리를 갈라놓는 것은 많되 이어주고 붙여주는 것은 적다. 아파트의 옥상과 베란다에서 나누어 가질 수 없는 공동체로서의 결속과 유대를 다져주는 것이 마당이다. 일과 놀이, 의식과 예술, 기량과 지혜, 신명과 해학이 두루 발휘되는 생산적인 공간이 마당이다. 그러므로 마당에서의 지신밟기는 집돌이의 처음이자 끝이다. 지신밟기는 다른 말로 곧 '마당밟기'인 것이다. 풍물잡이들도 마당굿에서 특히 신명을 올리게 마련이다. 이때쯤이면 집주인은 술과 안주를 차려내느라 바쁘다. 걸립(乞粒)을 겸할 경우에는 곡식도 준비해야 한다. 마무리 마당굿이 끝나면 차려둔 술과 안주를 나누어먹고 다음 집으로 간다. 이렇게 집돌이가 계속된다.

마을의 크기에 따라 집돌이를 다하는 데 며칠씩 걸리기도 한다. 집돌이가 끝나면 다시 동신당 앞으로 모여 동신께 마지막 인사로 당굿을 한다. 집돌이가 마당굿에서 마당굿으로 끝나듯이, 지신밟기 마을굿은 당굿에서 당굿으로 끝난다. 집돌이가 집안 구석구석의 신격들을 유기적으로 싸잡아 하나되게 묶어주듯이, 마을굿 역시 동신을 중심으로 마을의 모든 집과 가정을 꿰어서 하나의 공동체로 엮어주는 구실을 한다. 결국 집안의 각종 신이나 마을의 동신이 서로 별개의 신앙체계에 의한 것이 아니라, 마을굿이라는 하나의 체계로 수렴될 수 있다는 것을 확인할 수 있다. 이 논의를 확대하면 마을에서 지내는 산신제나 용왕제는 물론, 부정기적으로 올리는 기우제, 그리고 고대에 행해졌던 제천의식들까지 서로 같은 체계 속에서 믿어지고 섬겨졌다고 보겠다. 그 같은 체계는 곧 굿이라는 종교적 양식을 지니고 있는 무교(巫敎)의 종교적 체계 속으로 수렴된다고 하겠다.

혼히 무속으로 이야기되는 무교의 범주는 집안신과 마을신에 관련된 신앙, 그리고 산신·용신 등의 신앙행위를 제외한, 무당에 의한 종교적 의식만으로 한정하여왔다. 다시 말해 무당굿만 무속 또는 무교로 간주된 것이다. 그러나 이러한 시각은 신부나 목사가 성당이나 교회에서 집행하는 예배만 기독교의식으로 보는 것과 같은 오류이다. 사제자가 없이도 신도들은 나라와 마을과 이웃과 가정, 그리고 가족을 위한 종교의식이나 기도를 올릴 수 있다. 또는 사제자들이 교회가 아닌 곳에서 예배를 보기도 한다. 가정심방이나 구역예배 같은 것들이 여기에 해당된다. 무교의 신앙체계도 마찬가지이다.

'무신(巫神)으로는 하늘신·땅신·산신·물신 등의 자연신과, 시조신·왕신·장군신 등 인위적인 신격들이 일정한 체계 속에서 신계(神系)를 형성하고 있다. 따라서 고대부터 천지신명에게 제의를 바치는 제천행사가 국중대회로 열리는가 하면, 나라의 안위를 지키고 왕권을 보호하는 나라굿이 나라무당으로 불려지는 국무(國巫)에 의해 관장되기도 하였다. 무당과 마을의 풍물잡이들이 참여하여 벌이는 별신굿이라는 이름의 마을굿은 지금도 전승되고 있으며, 집안별로 필요에 따라서 무당에 의한 성주굿·안택굿·조상굿·재수굿·병굿 등 수많은 굿이 행해지고 있다. 사제자인 무당과 신도의 관계를 '단골'로 유지하는 경우, 그 관계는 더욱 뚜렷하다.

전라도지역의 단골무를 보면, 신도인 단골과, 단골무당은 무신들을 함께 섬기면서 정기적인 의례를 한다. 단골은 무당의 수호신령인 몸주에게 의례를 올리고, 무당이 주관하는 각종 의식에 참여한다. 산신에게 바치는 산치성이나 용왕에게 바치는 물치성에 참여하기도 하고, 매달 초하루에 무당집의 정기 치성에도 참여한다. 이때 단골은 신령에게 올리기 위해 양초나향, 과일 등을 준비하고 돈도 마련해간다. 이 밖에도 집안에 어려운 일이있을 때 무당을 찾아가면, 무당은 점을 쳐서 처방을 가르쳐준다. 단골은 신령의 말씀으로 믿고 따른다. 그러면서 단골은 무의 신령들 가운데 집안과 관련된 신들을 두루 모신다. 앞에서 살펴본 것처럼, 조왕·성주·삼신·조령·터주·업·문신 등을 집안에 모시고 필요에 따라 치성을 드리는 것이다. 단골무당의 판단이나 단골의 요청에 따라 무당이 직접 삼신에게 기자(祈子)치성굿을 하거나, 성주를 새로 모시기 위해 성주굿을 하기도 한다. 따라서 집안신앙 역시 무당의 종교적 관행 속에 포함되고 있으며, 무당굿과도 밀접한 관련성이 있다는 것을 확인할 수 있다.

그러므로 집안신들을 민속신앙의 단편들로 제각기 따돌려놓고 그 자체로만 요모조모 가늠해보는 데서 만족할 것은 아니다. 동신과 가신에 얽힌 여러 신앙들을 전통적인 민속종교의 한 양식으로 주목하면서, 무교의 종교적체계 속으로 끌어들여 적극적인 검토를 할 필요가 있다. 그리고 전지전능한 신격을 섬기는 현대종교가 거대한 조직과 막강한 힘으로서, 우리의 전통신앙과 민속종교들을 핍박하고 있는 현실들을 비판적으로 인식한다면, 민속종교가 지닌 문화적 사회적 가치에 대한 논의도 별도로 해야 할 의무를 지게된다. 그러려면, 삶의 일상에서 부닥뜨리는 문제들을 저마다 능력껏 분담하고 있는 민주적인 민속종교의 신권분립 체계를 재조명하고, 삶의 위기와 필요에 따라 일정한 직능의 신격들을 상정하고 적절한 종교적 의례를 바쳐온 다양한 믿음과 섬김의 세계를 종교사회학적 시각에서 검토해야 할 것이다. 역사는 절대권력과 군주의 일인독재를 인정하지 않는 가운데, 점진적으로 민중들 다수가 주권을 행사하게 되는 방향으로 발전되고 있다. 그런데 종교는 이와 같은 역사발전의 방향과 반대방향으로 발전해가고 있는 문제, 즉 유일신 신앙을 강화하는 쪽으로 변모해가는 문제 역시 우리가 풀어나가야 할 하나의 연구과제로 제기된다. 여기서 제기된 문제들은 새로운 연구거리들로서 본격적인 논의가 이루어져야겠지만, 우선은 직능에 따라 분화된 신격들로 이루어진 민속종교의 전통이 민주화를 열어가는 우리의 생활감정과 역사의식과 더 맞아떨어진다는 느낌은 떨쳐버릴 수 없다.

(《草家》, 1991. 1. 20.)

참고문헌

洪錫謨, 《東國歲時記》, 1849.
金泰坤, 《韓國民間信仰硏究》, 집문당, 1983.
金宅圭, 《韓國農耕歲時의 硏究》, 영남대 출판부, 1985.
林在海, 《민속문화론》, 문학과지성사, 1986.
鄭昞浩, 《農樂》, 열화당, 1986.
李杜鉉 외, 《韓國民俗學槪說》, 민중서관, 1974.
조흥윤, 《巫와 민족문화》, 민족문화사, 1990.
《韓國民俗綜合調査報告書》, 문화재관리국, 1969~1981.
玄容駿, 《濟州道巫俗資料事典》, 신구문화사, 1980.

풍농기원의 굿놀이와 모내기노래의 주술성

1. 농경활동의 모의적 형상화

풍농을 기원하는 제의적 행사나 주술적 놀이는 고대부터 계속되어왔다. 《삼국지》 위서 동이전과 같은 3세기경의 문헌을 보면, 부여의 영고, 고구려의 동맹, 예의 무천 등 하늘에 제사를 올리는 의식이 축제형식을 이루며 거국적으로 행해졌음을 알 수 있다. 새해가 시작되는 정월에, 또는 파종기와 수확기인 5월과 10월에 나라 안의 백성들이 두루 참여하는 국중대회를 열어 하늘과 신령에게 제사를 올리고, 남녀가 더불어 술을 마시고 노래 부르며 춤추기를 밤낮을 쉬지 않고 며칠씩 계속했다고 한다. 그리고 그 풍속이 음(淫)했다고 하는 걸 보면, 풍요다산(豊饒多産)을 기원하는 모의적 행위로서 남녀 사이에 사랑의 교섭이 이루어졌을 가능성도 있다.

춤동작을 설명한 내용 가운데는 몸을 함께 일으켰다든가, 땅을 낮게 밟기도 하고, 하늘을 우러러보기도 하며, 손과 발이 서로 상응했다는 기록이 보인다. 특히 이 춤은 5월 파종기에 행해진 국중대회에서 추어진 것으로 밭농사의 과정을 모의적으로 형상화한 셈이다. 몸을 굽혔다가 펴는 동작이나 땅 밟는 동작 등이 땅을 일구어 씨를 뿌리는 일과 관련되어 있다면, 하늘을 우러러보는 동작은 곡식의 성장을 유감(類感)하는 것으로 이해된다. 수족이 상응한 동작은 괭이로 땅을 파거나 수확한 곡식을 타작하는 모습과 일치한다. 괭이질이나 도리깨로 타작하는 동작은 오른손과 오른발이 함께 앞으로 나가거나 위로 들어올려지기 때문이다. 농사를 마친 10월에도 같은 행사를 하는 것으로 기록되어 있어, 풍농을 예축(豫祝)하거나 농경과정을 모의적으로 나타낸 공동체놀이로 볼 수 있을 것이다.

2. 제천의식의 분화와 입춘굿

고대 제천의식에서 행해졌던 예축제(豫祝祭) 또는 수확제로서의 총체적인 국중대회의 모습은 점차 분화되어 그 단편들이 민속문화 일반 속에 부분적으로 남아 있는가 하면, 옛 문화의 전통을 잘 유지하고 있는 제주도에서는 최근까지 '입춘굿'의 형식으로 전승되어왔다. 입춘굿은 24절기 가운데 가장 처음 절기인 입춘에 행해지는 것이므로 자연히 풍농을 기원하는 축제로서 유감주술(類感呪術)적 성격을 강하게 지니고 있다. 관(官)에서 이 굿을 주관하되, 실제 굿은 무당들이 주도하며, 주민들이 공동으로 참여하고 즐기므로, 신민동락(臣民同樂)하던 고대의 국중대회나 다름이 없다. 즉 관의 행정건물인 동헌과 관덕정(觀德亭 ; 조선 초기인 15세기 중엽에 건축하여 훈련병사들의 처소로 쓰임. 현재 제주시 소재)을 중심 장소로 하여, 제주도에 있는 우두머리격 남자 무당들이 굿을 집행하고 향리의 우두머리격인 호장(戶長)이 주민들과 함께 행사에 직접 참여하는 것이다.

입춘 전날 밤에는 동헌에서 전야제를 행한다. 이때 이름난 무당들이 모두 모여서 굿을 하고 미리 제작해두었던 나무로 만든 소를 등장시켜 제사를 올린다. 목우(牧牛)가 출현하는 연극적인 놀이가 연행되었으나, 지금 그 자세한 내용은 알 수 없다. 다만 소에다 쟁기를 매거나, 농민들의 경작과정을 묘사한 점으로 보아 중국의 운남성(雲南省) 대리(大理)의 백족(白族)이 전승하고 있는 '춘우무'(春牛舞)와 비교될 만한다. 특히 전야제 다음에 계속되는 굿놀이의 과정이나 본토에서 연행되는 소놀이굿을 보면 비슷한 점이 더욱 두드러진다.

경기도 양주 소놀이굿은 농경의례의 핵심인 기풍의식(祈豊儀式)에서 비롯된 것으로, 농사에 없어서 안될 가축인 소에 대한 숭배관념이 연희형식으로 형성 전승되는 일종의 제의이다. 세 사람이 큰 명석을 뒤집어써서 어미소를 만들고, 두 사람이 작은 명석으로 분장하여 송아지를 만든 다음 소몰이꾼

마부와 함께 옛 동헌터를 돌아 길놀이를 한다. 그리고 무당과 어울려 엉덩이춤을 추며 소의 동작을 여러 모로 재치있게 보여준다. 마부는 무당과 희롱하며 수작을 하여 사람들을 웃기기도 하고, 소의 신체 각 부위를 입·머리·굴레·이·혀·뿔·눈 등으로 나누어 묘사하는 타령조의 노래를 부른다. 입춘굿의 목우희와 무관하지 않은, 같은 종류의 소놀이들이 각 지역에 널리 전승되고 있다.

입춘굿의 전야제를 끝내고 입춘 아침이 되면, 호장이 예복을 차려입고 관(冠)을 갖추어 쓴 차림으로 등장하여 목우에 쟁기를 맨다. 남자 무당들은 군복차림의 무복을 입고서 앞장서서 목우를 끌고, 그 앞에는 각종 악기를 든 악사들과 여러 가지 탈을 쓴 광대들이 나아간다. 뒤에는 어린 기생들이 북·장구·징 등 무악기를 울리며, 목우 뒤를 따르는 호장을 호위하여 관덕정 앞마당에 이른다. 목우일행이 관덕정 앞에 도착하면 이미 제주도 전역에서 모여든 무당들이 100여 명이나 된다.

관덕정에서 호장과 남자 무당들이 본격적인 굿놀이를 행한다. 먼저 호장은 무당들을 시켜 곡물(穀物)을 구해오게 한다. 그러면 무당들은 민가에 가서 각종 곡물들을 조금씩 얻어온다. 다시 보리싹을 구해오게 하면, 무당들은 보리밭에 나가서 보리를 뿌리째 뽑아온다. 호장은 얻어온 곡물의 여문 정도, 낟알의 굵기 등을 보거나 뽑아온 보리뿌리가 돋아난 세력을 보고서 새해 농상의 풍흉을 점친다. 곡식의 낟알이 굵고 잘 여물었으면 풍년이 들고, 그렇지 않으면 흉년이 든다고 믿는다. 유감주술에 의한 점풍(占豊)행위라 하겠다. 그러나 보리뿌리를 관찰하는 경우는 사정이 다르다. 보리의 뿌리가 세력이 좋게 뻗어 있으면 풍년이 든다고 믿는데, 이것은 보리의 초기 생장을 진단하는 중요한 준거가 되므로 상당히 과학성을 가진다고 하겠다. 새해의 농사에 대한 점풍이 끝나면 객사로 이동한다.

3. 풍요다산을 기원하는 유감주술

동헌에서 관덕정으로 갈 때와 마찬가지로 행렬을 지어 객사에 이르면, 우두머리 무당이 무악소리에 맞추어 주문을 외게 된다. 주문은 풍년을 기원하는 것으로, 그 내용은 대강 다음과 같다.

> 위로 하늘에 계신 옥황상제 대명왕을 위하고 아래로 내려와서 地部의 사천대왕을 위하고 물을 위하며 사직을 위하고 천지개벽이 있은 후에 낸 법으로 위합니다. 올 금년은 오곡이 풍성하여 이 社倉에 넘치도록 하여주옵소서.

무당은 주문을 외며 제자리에서 맴도는 춤을 춘다. 이 의식이 끝나면 다시 동헌으로 간다. 이때부터 구체적으로 경작과정을 연행하게 된다. 전야제 때 목우에게 제사를 올렸고, 또 관덕정과 객사에서 각각 풍농을 점치는 의식과 풍년을 기원하는 의식을 행하였으므로, 이제부터는 농경의 행위를 모의적으로 연행함으로써 유감주술을 수행하는 셈이다.

호장이 쟁기와 따비(땅을 일구는 나무로 된 연모)를 들고 와서 밭을 가는 시늉과 땅을 파는 시늉을 한다. 이어서 광대 한 사람이 긴 수염을 단 붉은 탈을 쓰고 농민차림을 하고서 오곡의 씨앗을 뿌린다. 다른 한 사람은 새의 깃털을 그린 옷을 입고 새로 가장한 채 등장하여 농민이 뿌린 씨앗을 주워 먹는다. 그러면 사냥꾼으로 분장한 사람이 총을 들고 등장하여 그 새를 쏘는 시늉을 한다. 농사가 잘되기를 기대하면서 밭을 갈고 씨를 뿌리는 일을 모의적으로 행한 것이다. 풍농을 기원하는 유감주술을 연극적으로 한 셈이다. 그리고 씨를 뿌린 다음에는 파종에 장애가 되고 농사를 망치게 하는 새를 쫓아야 한다. 사냥꾼이 등장하여 새를 쏘는 시늉을 하는 까닭도 여기에 있다.

모의적인 농경동작이 끝나면, 여자 탈을 쓴 두 광대와 남자 탈을 쓴 광대가 등장하여 남녀 사이의 갈등을 극적으로 연출한다. 즉 본처와 첩이 남편인 영감을 두고 서로 다투는데, 그 말투나 몸짓이 몹시 거칠다. 처첩이 서로 엉켜 싸움을 하게 되면 남편이 등장하여 싸움을 말리는 체하는데, 그 광경이 실로 우습기 그지없다. 관중들의 호응도 대단하다. 동헌에 앉아 구경을 하던 목사(牧使)도 굿판으로 내려와서 관중과 어울리며 술과 담배를 베

풀어 권한다. 관과 민이 하나가 되어 놀이판에 어울리는 입춘굿의 절정에
이르게 되는 것이다. 다시 목사가 사는 관사에 가서 한바탕 같은 놀이를 하
며 즐긴다.

한 남편을 두고 본처와 첩이 싸우는 탈춤은 육지에서도 널리 전승되고 있
는 것이다. 육지의 탈춤에서는 첩이 본처에게 저돌적인 공격을 펴서 본처가
죽어넘어지도록 하며, 마침내 본처의 장례를 치르고 상여가 나간다. 본처는
늙고 못생긴 할미이고 첩은 젊고 싱싱한 여성이다. 따라서 처첩의 싸움과
할미의 패배는 겨울과 여름의 싸움굿 모티프를 형상화한 것으로 볼 수 있
다. 생산력을 지니지 못한 본처(겨울)를 물리치고 생산력이 왕성한 첩(여
름)을 맞이함으로써 풍요다산을 기원하는 것이다. 할미의 장례식 역시 겨울
의 장례식으로 받아들여야 할 것이다. 입춘굿에서의 처첩의 싸움도 풍요다
산을 기원하는 유감주술로 이해할 수 있다.

목사의 관사에서 처첩의 싸움굿이 끝나면, 호장은 물러가고 무격들과 주
민들은 관덕정 마당으로 가서 북과 장구를 치며 한바탕 춤판을 벌인다. 춤
판으로 신명을 올린 뒤에 마지막으로 '초감제'를 올린다. 초감제에는 천지
개벽 신화를 비롯한 각종 무가들이 구송된다. 초감제에 구송되는 신화를 보
면 다음과 같다.

> 옥황상제 밑에 있는 신령 하나가 바깥세상을 내다보니 하늘과 땅이 맞붙어
> 있어서, 한 손으로는 하늘을 떠받들고, 다른 한 손으로는 땅을 눌러서 하늘과
> 땅을 떼어놓았다. 땅에는 산이 솟고 강물이 흘렀으나 해와 달이 없어서 주야로
> 어두웠다. 마침내 하늘의 사방에서 별들이 솟아났다. 하늘과 땅의 음양의 결합
> 으로 '반고'라는 인간이 태어났는데, 앞이마에 눈이 둘, 뒷이마에 눈이 둘이므
> 로, 신령은 앞이마의 두 눈은 해를 만들고 나머지는 달을 만들었다. 이때부터
> 하늘에는 해가 둘, 달이 둘이었다. 하늘과 땅의 구분은 있었으나 질서가 혼란
> 하여 사람과 귀신의 구별이 없었다. 이때 대성왕자와 소성왕자가 태어나서 화
> 살로 해와 달 하나씩을 각각 쏘아 떨어뜨리고 세상의 질서를 바로잡아서 지금
> 에 이르고 있다.

천지개벽과 인류의 기원을 설명하는 신화이다. 새해가 처음 시작되는 입

춘의 제의에서 풍농기원의 주술적 연극과 함께 천지개벽 신화가 구송되는 것은 별도의 의미가 있다. 봄이 다가와 농사를 시작할 무렵 천지창조의 행위를 상징적으로 반복하는 제의를 행하는 것은, 신이 천지창조를 통해 혼돈(chaos)을 질서(cosmos)로 전환시켰듯이, 생산력이 없는 황무지를 개간하여 많은 수확을 보장할 수 있는 살아 있는 땅으로 전환하는 구실을 하는 것이다. 따라서 해마다 입춘에 굿놀이를 하고 천지창조 신화를 되풀이하여 구송함으로써, 죽음과 혼돈의 땅을 생명과 질서의 땅으로 재창조하는 것이다.

4. 보름 축제와 내농작의 주술성

제주도의 입춘굿이 풍농을 기원하는 고대의 축제모습을 잘 전승해온 데비해서, 육지의 민속에서는 이러한 축제의 완전한 모습을 거의 찾아볼 수 없다. 다만 풍농을 기원하는 주술적 연행은 아직도 다양하게 남아서 전한다. 이들 가운데 정월 대보름 축제의 내농작과 모내기노래만을 집중적으로 살펴보기로 한다.

내농작은 정월 대보름에 하는 모의적인 수확의례로서 가농작(假農作)이라고도 한다. 징월 14일에 수수깡과 볏짚으로 벼·보리·기장·조·콩·호박·소·쟁기·지게 등을 만들어 높은 장대에 달아 거름더미 위에 높이 세우고, 곡식의 이삭과 목화 등을 걸어두는데 이것을 화간(禾竿), 화적(禾積) 또는 볏가리(벼를 쌓아놓은 더미)라고 한다. 만든 곡물의 종류가 다양하고 양이 많으면 수확도 많을 것이라고 믿어 집집마다 다투어 볏가리를 만들었으며, 때로는 어느 집이 더 많이 잘 만들었는가 겨루기를 하기도 했다. 경북 경산군 자인면에서는 정월 14일에 수수깡으로 벼이삭과 보리이삭을 만들어 각각 벼 뒤주와 보리 뒤주 위에 놓아두고, 15일 새벽에 새를 쫓는 시늉을 하고 모두 거두어 불사른다. 새를 쫓는 것은 새가 곡물의 낟알을 쪼아먹는 해로운 존재로 인식되었기 때문이다. 이때 농작물 외에 쟁기·지게·써레·물레 등의 농기구의 모형을 만들어 볏가리와 함께 두기도 한다. 볏가리와 농기구를 만들고 해로운 새를 쫓는 시늉을 하는 것은 모두 풍농기원의 유감주술에 해당된다.

모의적인 수확의례는 볏가리를 거두어들일 때 좀더 구체적으로 나타난
다. 볏가리를 많이 만들어 세우는 데서 오는 유감주술에 만족하지 않고, 이
를 지키고 추수하는 동작을 놀이삼아 즐긴다. 볏가리를 저녁 때 추수해들일
때까지 무사히 지키기 위해 개를 풀어놓거나 할아버지, 할머니들이 막대기
를 들고 지키고 서서 다른 집의 아이들이 접근하지 못하게 한다. 그러는 한
편 다른 집의 볏가리를 타작하기 위해 아이들은 장대를 들고 주인 몰래 들
어가서 부수어버린다. 이때 볏가리를 타작하려는 이웃집 아이들과 이를 지
키려는 주인들 사이에 다툼이 벌어진다. 더러 아이들의 접근을 막기 위해
외양간의 오물을 퍼서 뿌리기도 한다.

그러다가 저녁이 되면 볏가리를 추수한다. 마당에 내려놓고 도리깨로 타
작하는 시늉을 하며 볏가리를 모두 부수고서 불로 태운다. 그러고는 꿀밤
껍질과 같은 작은 그릇으로 타고 남은 볏가리의 재를 되면서, 한 번 될 때
마다 백 석 단위로 세어서 "백 석, 이백 석, 천 석, 만 석"까지 되게 한
다. 그러면 새해의 수확량이 천 석, 만 석이 될 것으로 믿는 것이다. 지역
에 따라서는 볏가리를 타작하여 부스러기를 거름더미에 쓸어넣으면서, 아이
들이 "보리이삭 만들자, 나락(벼)이삭 만들자"고 노래를 부르기도 한다. 볏
가리의 부스러기가 거름이 되어 논밭에 뿌려지면 벼농사와 보리농사가 잘될
것으로 기대하는 것이다.

황해도 장연(長淵)지방에서는 경작과정을 상당히 구체적으로 모의하는 내
농작이 이루어졌다. 보름날 아침에 청년들이 산마을과 해변마을로 편을 갈
라서 윷놀이를 하여 이기는 쪽이 풍년이 든다고 여긴다. 윷놀이가 끝나면
청년들이 마을광장에 나와서 모내기 시늉을 모의하는 이앙극(移秧劇)을 한
다. 미리 선발된 산신역의 남자가 암소를 거꾸로 타고 유관도포(儒冠道袍)
차림으로 산쪽에서 내려온다. 청년들은 산신을 맞아 노래 부르고 춤춘다.
모내기를 할 때와 같은 분장으로 손마다 종이나 짚으로 만든 벼이삭을 쥐고
풍물에 맞추어 노래를 하면서 모내기 흉내를 낸다. 산신은 소의 꽁무니를
향해 거꾸로 탄 채로 유유히 둘레를 돈다. 모내기가 끝나면 다시 풍물에 맞

추어서 노래 부르고 춤춘다. 마을의 남녀노소는 거의 이곳에 모여서 하루를 즐긴다. 소 등에 거꾸로 탄 산신은 곧 농신을 상징하는 것으로 곡신내방(穀神來訪) 신앙과 관련되어 있다고 하겠다.

5. 모내기노래의 연기풍과 주술성

내농작에서 보이는 주술적인 의례는 실제 모내기와 논매기에서도 나타난다. 경북 예천군 통명동(通明洞)에는 농요가 다양하게 전승되는데, 모내기소리, 모내기를 끝내고 논에서 나오며 부르는 소리, 논매기소리, 논매기를 끝내고 나오면서 부르는 소리, 일을 마치고 집으로 돌아오면서 부르는 소리 등이 있다. 모내기소리는 교환창으로 부르기에 알맞도록 대구(對句)로 이루어져 있는 것이 일반적이다. 그런데 통명동에서는 다른 고장과 달리 선후창으로 불린다.

앞소리꾼이 "한 톨 종자 싹이 나서 만 갑절이나 열매 맺는 신기로운 이 농사는 하늘 땅의 조화로다" 하고 앞소리를 부르면, 농민들이 다함께 후렴구를 "아부레이수우나"라고 받는다. 이 후렴구의 뜻은 쌍(雙)을 이룬다는 뜻이니, 성적 생산성을 유감하는 의미와, '갑절'로 번성하라는 의미가 함께 내포되어 있다. 그리고 논매기소리의 후렴구에는 "더 움터"라는 말이 되풀이되는데, 이는 모내기하는 모의 움(싹)이 더 많이 벌어져 세력이 좋게 잘 자라라는 의미를 지니고 있다. 일을 마치고 돌아올 때는 제일 상일꾼을 삿갓을 뒤집어쓰게 하고 소에다 거꾸로 태운 채, 풍물을 울리고 춤을 추며 마을로 돌아온다. 일 잘하는 상일꾼이 곧 농신으로 모셔지는 셈이다. 삿갓을 뒤집어쓰거나 소를 거꾸로 타는 것은 모두 비일상적인 존재를 상징하므로 신성을 의미한다.

모내기노래는 남녀간의 사랑을 노래한 화답가(和答歌)로 구연(口演)되는 것이 가장 많다. 노래의 사설과 주술적 상징성을 보면, 먼저 모가 잘 자라라는 내용을 들 수 있다.

예천 통명동 농민들이 농요를 부르며 삿갓을 쓴 일꾼을 소에 거꾸로 태운 채 행진한다.

　　이 논배미 모를 심어 가지가 벌어 정자로다
　　우리야 부모 산소 등에 솔을 심어 정자로다

　　모야모야 노랑모야 언제 커서 열매 열라
　　이달 크고 저달 크고 석달 커서 열매 열지

　앞의 노래는 소나무가 자라서 정자나무가 되듯이, 모도 자라서 소나무 정
자처럼 가지가 크게 벌어지라는 뜻의 노래로 벼의 성장을 왕성하게 하는 것
이라면, 뒤의 노래는 벼의 열매가 빨리 맺기를 기대하며 모의 성장을 부추
기는 것이다. 이 노래가 모의 직접적인 성장을 축원하는 것인 데 비해, 다음
노래는 남녀의 사랑을 통해서 풍요다산을 기원한다.

　　상주야 함창 공검못에 연밥 따는 저 처녀야
　　연밥 줄밥은 내 따줄게 백년약속을 나와 하자

초롱초롱 청사초롱 님의 방에 불 밝혀라
님도 눕고 나도 눕고 저 불 끌 이 누구드냐

앞의 2행은 총각이 못에서 연밥 따는 처녀에게 연밥을 대신 따줄 테니 혼
인을 하자고 유혹하며 접근하는 노래라면, 뒤의 2행은 부부가 되어 잠자리
에 드는 내용을 노래한 것이다. 이처럼 처녀 총각의 연애감정을 노래한 것
에서부터 남녀의 성행위를 노골적으로 묘사한 것까지 다양하게 전승되고 있
다. "여기 꽂고 저기 꽂고 쥔네(주인의) 마누라 거기(성기)도 꽂고" 하여 모
내기하는 행위를 성행위하는 것에 빗대어 노래하기도 한다. 여성을 지모
신, 남성을 일년생산신으로 생각한다면, 일년생산신의 상징인 모를 지모신
의 상징인 논바닥에다 꽂아 심는 것은, 신성혼을 뜻하는 것이자 곧 남녀의
성행위를 뜻하는 것이다. 남녀의 성행위는 자연의 번식을 왕성하게 하는 주
술적인 힘을 지니고 있다고 믿어, 모내기하면서 연가를 주고받으면 논에 심
은 모가 잘 자라 풍년이 들 것이라고 생각하여 이러한 모노래를 부른 것이
다. 지역에 따라서는 이들 노래를 남녀가 패를 갈라서 주거니 받거니 하면
서 부르므로 연가로서의 실감은 물론 주술적 의미도 더 강화된다.

현재는 남녀가 화답하는 연가의 구비전승만 남았지만, 과거에는 연극적
인 행위와 모의적인 놀이들이 더불어 행해졌을 가능성이 높다. 노래의 내
용만 보더라도 입춘굿에서 볼 수 있는 농경과정, 즉 모내기를 하는 작업과
관련된 노래가 불리기도 하고, 입춘굿에 등장하는 처첩의 극적 행위처럼
생산성을 상징적으로 나타내는 사랑의 노래도 불리기 때문이다. 모방주술
로서 내농작과 같은 농경과정을 연극적인 행위로 또는 춤동작으로 연출하
며 천지개벽 신화를 구송하는가 하면, 풍요다산을 기원하는 유감주술로서
남녀 사이의 성행위를 모의적으로 연행하면서 농경활동과 함께 성행위를
묘사하는 노래들을 교환해서 불렀을 것이다. 그러나 점차 주술적인 연행은
약화되고 구비전승의 노래만 남아, 지금의 모내기노래를 이루었을 것으로
생각된다.

최근에는 이들 농요가 새로 발굴 전승되면서 농요만 부르는 것이 아니

라, 농요와 관련된 경작과정을 모방형식으로 재연하는 놀이로 복원되어 농
요와 함께 놀이형식으로 전승되고 있다. 자연히 경작행위를 연극적으로 연
출할 뿐 주술적 의미는 지니지 않는다. 고대의 국중대회 때부터 최근의 모
내기노래에 이르기까지 곡물이 잘 자라게 해달라는 직접적인 표현의 노래와
행위, 그리고 농경의 과정을 나타내는 연극적인 표현들, 풍요다산을 상징하
는 남녀 사이의 사랑노래들은 노래와 춤과 연극적 행위로 계속되고 있지
만, 점차 분절화되고 주술적 의도에서 예술적 표현으로 바뀌어가고 있는 상
태이다. 그러므로 천지창조와 같은 신화는 더 이상 구송되기 어려운 실정에
놓이게 되었다.   (季刊《自然と文化》29, 1990. 6. 15., 일어로 발표)

참고문헌

姜元熙, 〈통명농요〉, 《내고장 醴泉》, 예천군, 1981.

金斗奉, 《清州島實記》, 1936.

金宅圭, 《韓國農耕歲時의 研究》, 영남대 출판부, 1985.

林在海, 《민속문화론》, 문학과지성사, 1986.

임재해, 〈한 동성마을의 민속과 문화적 전통의 양상〉, 《安東文化》11, 안동대 안동문
　　　화연구소, 1990.

조동일, 《탈춤의 역사와 원리》, 홍성사, 1979.

──── , 《慶北民謠》, 형설출판사, 1978.

秦聖麒, 〈演戱〉, 《韓國民俗綜合調査報告書》濟州道篇, 문화재관리국, 1977.

赤松智城 外, 《朝鮮巫俗研究》, 大阪 : 屋號書店, 1937.

玄容駿, 《濟州道巫俗研究》, 집문당, 1986.

제4부 민속연구의 현황과 비판적 검토

세시풍속과 민속문화 연구의 새로운 전망
세시풍속 연구의 반성적 검토와 극복방안
민속연희 연구의 학사적 의의와 구조적 한계
안동지역 민속연구 십년의 성과와 과제

세시풍속과 민속문화 연구의 새로운 전망
— '農耕歲時의 二元性'을 논평하며 —

1. 세시풍속 연구의 성과와 논쟁적 연구

학문은 따지고 가리는 작업이다. 따지고 가리는 작업이란 곧 논쟁을 뜻한다. 논쟁이 없는 상황에서는 학문의 발전을 기대하기 어렵다. 논쟁은 단순한 말싸움이 아니다. 객관적 사실과 정연한 논리에 토대를 둔 시비여야 학문적 논쟁이라 할 수 있다. 이런 논쟁은 치열할수록 좋다. 학문의 토양을 기름지게 하기 때문이다. 수준 높은 논쟁이 치열하게 이루어지려면 적절한 상대가 있어야 한다. 학문적 논쟁을 벌일 만한 상대가 없으면 독백에 그치고 말게 된다. 연구분야에 따라서 논쟁이 활발한 쪽이 있는가 하면, 그렇지 못한 쪽도 있다. 연구업적이 많은 것과 논쟁이 활발한 것은 반드시 일치하지 않는다. 연구업적이 양적으로는 적지만 논쟁적으로 전개되는 경우도 있고, 이와 반대로 업적은 많으나 제각기 자기 주장만을 펴는 경우도 있다. 뒤의 경우는 했던 말을 또 하거나, 남의 말과 나의 말을 가리지 않고 마구잡이로 해대는 상태인데, 이런 경우 말은 많되 논쟁으로 발전하지는 않는다. 학문적 진전도 기대하기 어렵다.

지금까지 세시풍속 연구를 두고 활발한 논쟁이 진행된 경우는 없다. 논쟁적 연구가 이루어지지 않은 데에는 두 가지 원인을 생각할 수 있다. 그 분야의 학문적 역량이 깊이 있게 축적되지 않았거나, 또는 어느 학자가 특히 두드러진 업적을 냈을 때 그러할 수 있다. 세시풍속 연구를 두고 보면 전반

적인 학문적 역량의 부족을 지적하기는 곤란하다. 왜냐하면, 이두현·임동
권·장주근, 그리고 발표자인 김택규 등 학계의 원로들이 이 분야에 고루
관심을 가지고 저마다 단행본 수준의 업적들을 묶어낸 바 있으니, 연구 역
량이 미치지 못한다고 한다면 이분들의 개인적인 섭섭함은 제쳐두고라도,
우리 학계의 학문적 역량을 과소평가하는 결과가 되기 때문이다. 문제는 선
행 연구의 비판적 검토 위에서 자신의 연구를 진전시키려'들지 않고, 각자
의 학문적 성과를 독백 삼아 저마다 과시하고 성급하게 만족하는 데에서 비
롯된 것이 아닌가 하는 생각도 들지만, 한편으로는 특정 연구가 지나치게
앞서가고 있으므로 미처 이를 따라잡아 시비거리로 삼을 형편이 못 되는 데
서 비롯된 것이 아닌가 하는 생각도 가져볼 수 있다.

　뒤의 생각을 가지게 하는 연구가 바로 발표자의 《한국농경세시(韓國農耕
歲時)의 연구》이다. 이 책은 이미 각종 문화상 또는 학술상 수상과 '오늘의
책' 선정 등으로 학문적 성과가 객관적으로 입증된 바 있고, 몇 편의 서평
에서도 연구의 탁월성이 높이 지적된 바 있다. 일찍이 민속학과 문화인류학
계에서 이 정도의 평가와 주목을 받은 연구는 이두현 교수의 《한국가면극》
(韓國假面劇) 이래 처음이 아닌가 한다. 발표자의 세시연구는 어느 날 느닷
없이 생산된 것이 아니다. 1968년에 발표한 〈한국부락관습사〉(韓國部落慣
習史)를 서술하면서부터 이 연구의 포석이 이루어진 것으로 생각된다. 그
이후 이 분야의 조사 연구가 계속되고 학회에서 수차례 발표됨에 따라, 이
른바 단오권과 추석권 및 단오·추석 복합권이라는 말이 국학계에서는 공공
연하게 문화권 설정의 명칭으로 일컬어지게 되었다. 이러한 연구의 전체적
구도가 조감도로 구체화되어 발표된 논문이 1982년의 〈한국기층문화론시고〉
(韓國基層文化論試考 ;《人類學硏究》 2, 영남대 문화인류학과)였다. '시고'(試
考)라는 소박하고도 조심스런 논제를 달아두었지만 사실상 그 동안의 포석
을 마무리하는 거시적이고도 대담한 논의를 전개한 연구였다. 단오권·추
석권이라는 용어들에 이미 어느 정도 익숙해 있었으면서도, 이 연구가 주는
충격과 놀라움을 크게 줄이지는 못했다. 이듬해에는 인류학회에서 다시 〈한
국세시풍속의 구조와 기능〉이라는 논제의 연구발표를 하면서 그간의 성과를

마무리하기에 이르렀고, 이러한 일련의 과정을 거쳐서 단행본으로 묶어진 것이 《한국농경세시의 연구》였다.

세시연구의 포석에서부터 마무리에 이르기까지 20여 년이 경과했지만 그동안 문화권 설정에 대한 시비는 논쟁으로 발전되지 않았다. 저자의 독백만으로 이 연구는 시종일관한 것이다. 따라서 연구의 진전이 더디었는지도 모른다. 이 책이 출판된 이후에도 사정은 마찬가지였다. 간단한 단평이 없었던 것은 아니나, 이 연구를 극복할 만한 진전된 연구는 없었다. 서평이나 논평도 평가의 수준에서 머물러서는 본격적인 논쟁도 촉발시킬 수 없고 연구도 진전시킬 수 없다. 이것은 진정한 의미에서 논쟁적 연구라 하기 어렵다. 논쟁적인 연구는 기존 연구를 비판적으로 검토하고 기존 연구의 성과를 받아들이는 가운데 그 한계를 보완하고 극복하는 연구를 모범적으로 해보이는 것이어야 한다.

2. 자기 연구의 극복과 대안적 연구

발표자는 이 책을 낸 같은 해에 〈동해문화권탐방기〉(東海文化圈探訪記 ; 《日本海文化》12, 金澤大學, 日本海文化硏究所)를 발표하면서 기층문화권 설정의 타당성을 이웃나라의 문화권 조사를 통해서 다지는 한편, 계속해서 고고학 자료와 건축 자료 등을 동원해서 가옥양식을 통한 문화권 설정의 타당성을 다시 입증하고자 하는 발표를 비교민속학회(안동대, 1985. 8.)에서 한 적이 있다. 이러한 전후사정을 고려해보면, 발표자는 마치 혼자서 연구의 신기록을 세우고 이 신기록을 더욱 다져왔으나, 마침내 자신의 기록에 대한 도전자가 아무도 없자, 자신이 세운 신기록을 스스로 갱신하려는 의욕이 오늘의 연구발표로 이어진 것이 아닌가 한다. 그러므로 오늘의 연구발표는 발표자 스스로의 연구를 객관화하여 검토하고 미흡하거나 보완해야 할 부분들을 지적하면서 농경세시의 연구를 새롭게 방향 잡아주는 의의를 지니는 것이다.

여기서 제기한 문제들은 세시연구에 한정되는 것이 아니다. 역사·통시

론적 측면과 사회·공시론적 측면에서 연구의 시야를 확대해야 한다는 논리
아래 다양하게 제시한 연구의 준거틀은 문화연구 일반론에 다름없기 때문이
다. 통시론적 시각에서, 기층문화 형성단계의 문화적 토대와 인접 민족과의
관계에서부터 시작해, 일정한 시기마다 당시 중국의 역법과 세시기(歲時
記)의 수용문제를 우리의 동시대 농서(農書)와 세시기를 검토하여 그 관계
를 살피고, 그러한 영향이 본래의 세시관행과 어떻게 접변되면서 역사적으
로 변용되어왔는가를 검토하는 것이 앞으로의 과제로 제기되었다. 세시의
역사를 단선적으로 서술하지 않고 인접 민족과의 문화접변을 고려해서 변동
론적으로 서술하자는 뜻으로 받아들여도 좋겠다. 그리고 공시론적 시각에
서, 문화권을 좀더 정교하게 설정하기 위해서는 월경지(越境地)와 같은 예
외 현상을 깊이 주목하고, 좀더 조밀한 지역 단위의 조사와 함께 생업체계·
사회조직 등을 주목함으로써, 농어촌과 반상, 상공인의 세시 등을 오늘날의
도시화된 세시와 함께 정리하고 기술해야 한다는 것이다. 끝으로 두 시각을
아우르면서, 인접 지역과 이민족의 세시와의 비교연구를 부각시키는 가운
데, 중국의 지역별·시대별 세시를 작물재배권과 함께 고려하여 우리의 문
화권 형성문제를 고찰하고, 잊혀진 우리의 세시를 재구성하기 위해 일본열
도의 세시도 연구할 필요가 있다는 것을 피력했다. 여기서 제기된 논의는
세시연구뿐만 아니라, 우리의 국학연구 전반에 걸친 포괄적인 연구의 거시
적인 구도로 받아들여야 하겠다.

따라서 지금까지 어떤 분야의 연구든 중국의 영향을 받았다든가, 일본에
영향을 주었다는 식의 막연한 주장을 일삼아온 것이 허용되었는데, 앞으로
는 중국의 어느 시대, 어느 지역의 무엇이 어떠한 경로를 통해서 어떻게 영
향을 미쳤다는 것을 구체적으로 거론하지 않을 수 없게 되었다. 우리의 문
화권도 몇 개로 나누어 설정하고 그것의 시대적 변모과정도 추론하는 판이
니, 인접한 다른 나라의 사정이라고 해서 대충 얼버무릴 수 없는 것이다.
중국문화를 몇 개의 지역으로 나누고 그 작물재배 방식을 고려하면서 시대
적 충위까지 고려하자는 것은, 문화권을 다각도로 고려해온 발표자만이 터
득할 수 있는 탁견이 아닐 수 없다.

발표자의 연구 시야 확대론에 전적으로 동의하면서 극히 세부적인 부분이나마 앞으로의 연구를 전망한다는 뜻으로 몇 가지 고려할 점을 추가해볼 수 있다. 통시론적 연구에서 문제되어야 할 부분은 현지조사 자료든 문헌 자료든 그것이 조사되고 관행화된 시기를 분명하게 밝히고, 뚜렷하게 설정된 시간적 범주 안에서 세시풍속의 서술과 해석이 이루어져야 할 필요가 있다. 세시풍속 관련 연구 단행본들에 수록된 부록 자료들조차도 조사일시와 조사내용의 전승시기가 명시되어 있지 않아, 옛날에 그랬다는 것인지 아직까지 관행이 유지되고 있다는 것인지 분명하지 않은 부분이 적지 않다. 이를테면 안동지역에서 8월 추석에 차례를 올리고 성묘를 하기 시작한 것은 얼마 되지 않는다. 20여 년 전 추석이 공휴일화되지 않고 이농현상이 거의 없었던 시기에는 추석이 있는지조차 모르고 지나칠 정도였다. 이러한 추석 의례들은 모두 9월 중구에 했던 것이다. 아직까지도 두드러진 반촌에서는 추석 차례를 올리지 않는다. 이러한 분별을 구체적으로 하려면 조사의 시기와 관행의 시기를 함께 밝혀두어야 한다. 흔히 문헌자료를 시대적 설정 없이 인용하는 경우가 있어 마치 지금도 그런 관행이 있는 양 오해할 여지가 있다. 문헌의 편찬시기와 문헌에 수록된 내용의 시대적 근거를 분명하게 고증한 다음 서론해야 이러한 오해를 줄일 수 있다. 시간적 기준 없이는 통시적 고찰을 기대하는 것은 물론 자료의 정확한 정리도 불가능하다는 사실을 새겨둘 필요가 있다.

또 다른 문제는 매일의 일상생활을 규정해주는 '주기성'의 문제이다. 문화적인 토대에 따라 시간의 주기를 다르게 인식하고, 거기에 맞추어 생활하는 양식도 일정한 유형을 형성할 것이 틀림없다면 늘 일관성을 지녀왔던 일년 주기 외에 생활에 반복성을 부여하는 다양한 주기의 변화들을 주목할 필요가 있다. 이를테면 삭망을 기준으로 한 보름 주기, 장날을 기준으로 한 5일 주기, 일주일을 기준으로 한 7일 주기 등이 우리의 생활양식을 주기화하는 중요한 틀이 되고 있다. 이러한 주기들은 점차 변화되고 있고 지역과 생업에 따라서도 영향을 미치는 정도가 다르다. 어떤 경우는 두 주기가 함께 통용되기도 한다. 민속사회에서는 제의의 주기는 보름이지만 생업의 주기는 5일장이 기준이 된다. 동제당이나 빈소에 보름 주기의 삭망제를 올리는가 하면, 장에 내다 팔 농산물의 수확과 기타 일용품의 구입 등은 5일장을 염두에 두고 있다. 5일장이 시골사람들의 생활이라면 이와 같은 주기를 무시할 수 없다. 월급쟁이들의 생활은 자연히 7일 주기로 이루어질 수밖에 없는 현실도 고려되어야 발표자가 제기한 도시의 세시도 논의될 수 있다. 세시의 개념이 명절에 국한된 것이 아니라면, 오히려 이러한 나달의 주기성과 계절의 주기성에 따른 생활양식의 반복성에 더욱 주목해야 할 것이다.

3. 통시적 연구와 공시적 연구

공시적인 연구에서는 사회조직과 관련하여 계층과 생업에 따른 다양한 관심을 고루 표명해두었다. 사회조직은 신분의 상하나 생업의 농(農), 어(漁), 공(工), 상(商)에 한정되지 않는다. 어느 나라든 세시풍속에 깊은 영향을 미치는 것이 종교의 세시이다. 또 종교의 세시가 사회의 축제일에 영향을 받아 형성되기도 했다. 기독교의 성탄절이나 부활절이 다 그러한 종교의 세시 가운데 하나이다. 각 종교마다 교조의 탄생과 사망, 부활과 계시, 예배일의 주기 등이 일정하고 그에 따른 세시풍속이 다양하게 존재하며, 그 전승력은 일반 사회의 그것보다 한층 뿌리 깊다. 따라서 불교의 세시를 통해서 옛날의 세시를 되살릴 수도 있고 지금 전승되는 세시의 연원을 고찰할 수 있으며, 기독교의 세시를 통해서 오늘의 세시의 연원과 그 변동시기를 추적할 수 있다. 그러므로 종교의 세시도 역사적 검토와 함께 그 관행을 조사하고 연구할 필요가 있다.

도시지역에서는 전통적인 명절 못지않게 국경일과 공휴일이 생활에 더 큰 영향을 준다. 즉 단오나 보름보다도 공휴일 휴무가 더 큰 의미를 줄 수 있다. 5월 단오보다 더 많은 인구가 5월의 어린이날을 특별한 날로 여기고 적절한 행사를 한다. 먹고 입고 즐기는 것부터 크게 다르다. 적게는 가족 단위 행사에서 지역 단위, 국가 단위의 크고 작은 각종 행사가 해마다 정기적으로 벌어진다. 6월 유두일은 거의 의식하지 못한 채 지나쳐도 현충일은 사정이 다르다. 방송과 같은 대중매체도 이 날의 의의와 행사를 집중적으로 보도하고 공공기관에서는 기념식을 하는가 하면, 국립묘지와 각 지역의 현충탑에서는 유족들의 헌화의식이 대대적으로 벌어진다. 그러므로 오늘의 세시풍속을 서술하고 정리한다는 측면에서는 전통적인 세시풍속 외에 요즘 통용되는 각종 국경일과 기념일, 공휴일 등의 행사에 대한 조사와 기술도 더불어 행해져야 한다. 그리고 관공서에서 하는 시무식과 종무식, 신년교례회 등 새롭게 형성된 세시의식을 비롯하여, 세시의 주기성과 변화의 폭이 큰 사회, 즉 학교와 같은 조직의 세시(입시와 졸업의 세시) 등은 별도로 조사 연구될 필요도 있다.

공시적 통시적 시각에서 함께 주목해야 할 부분은 현재에 겪는 급격한 세시의 변화이다. 논평자가 직접 겪고 조사한 바에 의하면, 안동지역은 단오권이라 할 수 있는데, 이제는 단오가 급격히 약화되고 전에는 쇠지 않았던 추석을 가장 큰 명절처럼 여길 뿐만 아니라, 고향을 방문하고 성묘를 하는 등 추석권 못지않은 모습으로 바뀌어버렸다. 그리고 추석의 성묘가 가을철의 시사(時祀)를 대체하는 결과를 낳아서 문중 단위로 하는 시사 외에는 그 전승이 중단되기에 이르렀다. 물론 이러한 변화의 원인으로는 이농현상에 따른 농촌사회의 해체와 추석의 공휴일화를 들 수 있다. 세시풍속의 변화가 지역 단위로 급변하면서 전국적으로 획일화되고 있는 계기를 분석하고, 이것이 과연 바람직한 현상인가 하는 점도 검토할 필요가 있다. 그 결과 명절의 공휴일화에 대한 문제도 따져보아야 한다. 추석권에서는 추석의 공휴일화가 더 절실하지만 단오권에서는 단오의 공휴일화가 더 절실할 수 있기 때문이다.

그리고 시야를 확대하기 위해서 자료의 폭도 넓혀야 한다. 문헌자료의 경우 세시기나 역사서에 한정시키지 말고, 각 문화권에 전승 기반을 두고 있는 신화는 물론, 달거리계와 월령가류와 같은 고시가와 민요, 문집류까지 검토할 필요가 있다. 국문학계에서 내고 있는 〈한국시가문학(韓國詩歌文學)에 있어서의 세시풍속(歲時風俗)의 의미〉(임기중, 1982), 또는 《한·중(韓中)세시풍속(歲時風俗) 및 가요연구(歌謠研究)》(장정룡, 1988) 등은 세시풍속 연구의 자료적 방법적 시야를 확대하는 데 자극제가 될 것이다. 비교 연구의 경우는 중국과 일본을 주로 문제삼았는데, 만주와 몽고도 빼놓을 수 없다고 생각한다. 만몽(滿蒙)의 세시풍속이 우리의 그것에 끼친 영향은 중국의 경우 못지않게 클 수 있다. 만몽어가 우리의 고어연구에 상당한 비중을 차지하는 것처럼, 우리의 고대 세시의 연원을 밝히는 데 만몽의 세시풍속이 중요한 자료가 될 수 있을 것이다.

발표자 김택규의 〈한국농경세시(韓國農耕歲時)의 이원성(二元性)〉은 연구의 진전 방향이나 방법만을 제기하고 만 것은 아니다. 제기한 내용 가운데한 문제를 잡아 구체적인 분석을 시도함으로써 실증적인 연구의 시범을 보였다. 이전의 연구가 단오와 추석 명절의 드센 정도를 통해서 벼농사 지역과 잡곡농사 지역을 별도의 문화권으로 인식하고, 마침내 명절뿐만 아니라모든 문화 양식이 주곡의 경향에 따라 세 개의 기층문화권을 이루고 있다는것을 밝힌 바 있다. 이 발표는 앞에서의 연구를 좀더 심화시키고 논의의 타당성을 한층 높이고자 추석과 단오 명절이 아닌 설과 보름, 백중일 등으로세시의례의 대상을 일반화하면서, 종래처럼 명절의 지리적 분포가 아니라명절의 시차와 절식(節食)의 의미, 농신대의 정체 등을 한·중·일 세시의례와 주술·종교적 기능 속에서 치밀하게 분석함으로써, 스스로 제기했던세시연구의 전망을 실천적으로 해보이는 시범적 연구를 해냈다. 이러한 논의는 세시풍속의 관행만으로는 도저히 불가능하다.

실제로 이 논의에는 농작물의 원산지, 재배 흔적의 고증, 전래시기와 전래경로, 이웃나라 농경과 세시와의 비교, 농작물이 가지는 주술적 의미 등에 관한 광범위한 자료수집과 해박한 지식이 두루 동원되어 이루어졌다. 이논의의 결과 세시풍속의 변천사와 교섭사를 밝히는 한편 한국 농업사 서술의 새로운 실마리를 제공하는 데까지 이르렀다. 물론 연구의 본디 목적인잡곡재배 문화와 벼재배 문화의 이원성도 충분히 밝혀졌다. 따라서 이제 세시연구는 풍속적 관행의 서술이나 해명에 머물 수 없게 되었다. 절식의 분석과 농경의 양식 등 전통문화와 의식주 생활양식 전반에 걸쳐 싸잡아보지않을 수 없게 되었다. 이른바 단오권과 추석권에서 '떡의 명절'과 '오곡밥의 명절'이라는 새로운 용어로 세시연구의 지평을 넓혀가게 된 것이다.

4. 세시풍속의 이원성과 두 역법의 이치

논평자도 세시연구의 한 방향을 제기한다는 의도로, 〈설과 보름 민속의 대립적 성격과 유기적 상관성〉(《한국민속학》 19, 1986)을 공동체에 기능하는 양상에 따라 분석한 바 있다. 이 논의는 우리의 제의력이 음력에 의한 보름 주기와 상관성을 지니면서 지연과 혈연, 시간과 공간을 종횡으로 얽어짜는 구실을 함으로써 공동체의 유대를 온전히 다진다는 사실을 해명한 외에, 시간의 주기를 읽어내는 근거와 그 근거인 달의 주기에 대한 인식이 세시의례를 여러 모로 규정하고 있다는 사실에 주목했던 것이다.

세시풍속의 이원성을 다른 각도에서 접근해본다면 음력과 양력의 두 역법 체계가 있다. 흔히 우리의 세시는 음력에 기초하고 있어서 비과학적이고 불합리하므로 양력 중심의 세시로 바꾸어야 한다는 생각을 상식적으로 가지고 있다. 선진조국 운운하는 사람들일수록 이러한 편견이 경화된 상식으로 고정되어 있기 일쑤이다. 이를테면 음력설을 부정하고 양력설을 고집하는 그동안의 관변측 시정도 음력에 대한 편견에 근거하고 있는 것이다. 이러한 편견을 깨뜨리기 위해서, 우선 음력도 양력과 동등하게 자연과학적 이치에 토대를 둔 독자적인 합리성을 지니고 있으며, 우리의 농경세시도 음력에만 근거하고 있는 것이 아니라, 필요와 목적에 따라 양력과 음력에 함께 근거하고 있다는 사실을 분명하게 인식시킬 필요가 있다.

발표자의 연구에서도 이미 농업력과 제의력으로 문제되기도·했지만, 농업력의 기준이 된 24절기는 양력에 토대를 두고 있는 세시이다. 그러나 어촌의 생업, 즉 어업은 음력에 근거하여 있다. 이것은 음력을 토대로 한 조수의 자연현상, 즉 바다의 썰물과 밀물이 달의 주기와 일치하기 때문이다. 조수에 따른 간만의 차를 고기잡이에 이용하려면 자연히 음력을 터득하고 있어야 한다. 조수뿐만 아니라, 달의 주기는 생태계에도 큰 영향을 준다. 초승게는 살이 빠지고 보름게는 살이 찐다. 따라서 음력의 주기에 따라 게

잡이의 일정이 잡히게 마련이다. 생업력도 농업과 어업에 따라 양력과 음력
으로 갈라질 수 있다는 사실을 주목하면서 농촌과 어촌의 생업력을 대비하
여 정리함직하다.

음력은 조수의 변화와 어류의 생태와 관계가 있을 뿐 아니라, 여성들의
생리주기와 일치한다. 음력으로 매달 같은 날에 여성들의 생리현상이 일어
나는 것이다. 달의 주기와 생리 리듬의 주기가 일치하기 때문이다. 따라서
여성들의 생리가 달거리, 월사(月事), 월수(月水), 월경(月經) 등으로 일컬
어진다. 여성들의 생리주기가 결국 잉태시기를 결정하므로 생산주기나 다름
없으며, 이 주기는 곧 사람의 태생을 결정짓는 주기이기도 하다. 사람의 사
주팔자가 바로 여성의 생리주기에 따라 결정되는 셈이다. 따라서 생년월일
을 음력에 근거하여 사용했던 것은 여성들의 출산주기에 토대를 둔 과학적
인식이라고 보아야 하겠다. 전통사회에서 음력을 생활화하고 생년월일을 음
력으로 파악한 것도 달과 같은 자연현상의 주기와 사람의 생리주기를 포괄
적으로 인식한 과학적 근거에 의해 주어진 것이다. 엘리아데(M. Eliade)는
"인간의 탄생 · 성장 · 노쇠 · 사멸의 과정은 달의 순환과 일치하고 있는 것
이어서, 이와 같은 달의 순환과 인간의 리듬과의 일치는 참으로 중요한 의
미를 지니고 있다"고 했으며, 반 겐넵(A. van Gennep)은 달이 차오르고 기울
어지는 것과 관련된 의식을 통과의례의 측면에서 제대로 이해하지 못했기
때문에 선행 연구들이 일정한 한계를 지니게 되었다는 것을 지적한 바 있
다. 그러므로 사람이 나고 죽는 의례를 음력에 의해 행한 전통관행도 같은
맥락에서 주목해야 한다.

우리 선조들은 양력과 음력의 두 역법을 생업력으로는 물론, 세시풍속의
주기로서도 함께 쓰는 이원적 역법의 관행을 지녔다. 설과 보름 등이 음력
에 근거했다면, 입춘과 동지 등은 양력에 근거한 세시풍속이다. 양력이 가
지고 있는 한 달 주기의 정확성을 이용한 세시풍속이 입춘과 동지라면, 음
력이 가지고 있는 보름 또는 한 달 주기의 정확성을 이용한 세시풍속이 설
과 보름이다. 따라서 두 역법의 주기를 생태계와 생업력, 제의력의 주기에
적절히 이용한 셈이므로 양력만을 쓰는 것보다 더 과학적이고 합리적인 생

활을 한층 지혜롭게 했다고 볼 수 있다. 그런데 발표자는 설[元旦]은 적어
도 6세기 이전에 태양·태음력을 받아들인 이후, 태양력을 기준으로 제정된
것으로 생각된다고 하면서, 잡곡재배의 축원의례를 주축으로 하는 상원(上
元)의 설이 수도재배가 보급되면서 사회 상층과 관변측에서부터 원단(元
旦)으로 이행되면서 반례화(班禮化)하게 되었다고 주장하고 있다. 이는 음
력에 입각해 있는 설과 보름의 삭망주기를 고려하지 않은 채 농작물의 재배
방식에만 지나치게 집착한 해석이 아닌가 한다. 따라서 설의 차례를 반례
로, 보름의 관행을 민속으로 양분해서 인식한 것도 재검토할 만하다.

달이 이지러진 그믐과 초승의 어둠은 달의 죽음과 재생의 극점에 있을 뿐
아니라, 지나가는 해와 작별을 하고 새해를 맞이하는 전환점이므로 이른바
통과의례의 전이기(transitional period)에 해당된다. 설은 어둠의 기간이자 겨
울을 상징하며 전이기에 속하는 시기이므로 삼가고 자제한다는 설의 말뜻
그대로 몸과 마음을 절제하는 의례(차례와 세배)가 행해지며, 시간적인 기점
이 되는 날이므로 조상신과 웃어른에 의례를 바치는 종적인 관행이 이루어
진다. 보름은 설과 반대로 달이 완전하게 차오른 상태이므로 잠복과 죽음의
시기인 설의 전이기를 끝내고 활동과 재생의 시기인 보름의 통합기를 맞이
한 셈이다. 달이 차오른 상태의 보름은 밝음을 뜻하고 여름을 상징한다. 보
름을 여름으로 인식하고 있기 때문에 '더위팔기' 민속도 이때 행해진다. 어
두운 겨울에는 집안에서 몸과 마음을 절제하는 생활을 한다면, 밝은 여름에
는 바깥에서 개방적으로 풀어내는 생활을 하게 마련이다. 그러므로 보름의
민속은 설의 그것에 상대적으로 집단적이고 적극적이며 활기찬 신명풀이의
성격을 지니는 것이다. 그래야, 설의 동면기를 순조롭게 끝내고 온전하게
차오른 보름달의 여름 회귀를 보장할 수 있기 때문이다.

집안의 제의인 차례에서 마을의 제의인 동제로, 종적인 질서에서 횡적인
연대를 다지는 세시의례의·대립적 원리는 달의 소멸과 생성의 주기성에 토
대를 두고 형성된 설과 보름의 세시이며, 실제로 이들 민속을 통해서 혈연
과 지연 공동체를 종횡으로 얽어짜는 구실을 한다. 보름 축제에 겨울과 여
름의 싸움굿을 하며 겨울을 퇴치하고 여름의 승리를 보장함으로써 풍농기원

을 하는 주술적 의식을 하는 까닭도 설과 보름의 계절적 상징성에 근거하고
있는 것이다.

발표자는 밀양 백중놀이 농신대의 오곡을 주목하고, 이들 오곡이 모심기
전에 수확된 밭작물이라는 사실을 토대로 풋굿인 백중놀이가 원초적으로는
잡곡의 수확의례였음을 논증하고 있다. 그러나 여기서 예기한 오곡 가운데
수수를 제외한 기장·피·콩·팥 등은 모내기 이후 또는 가을에 수확되는
것이다. 수수도 이르게 수확하는 경우에만 7월경에 수확한다. 백중놀이의
농신대라는 특수한 관행을 일반화하기보다는 풋굿 또는 호미씻이가 가지는
민속적 의미 일반에 주목한다면, 백중놀이는 잡곡의 수확의례가 아니라, 논
매기까지를 마친 일꾼들이 벼농사의 작업을 마무리하면서 동신에게 가을의
풍요를 빌며 진인사대천명(盡人事待天命)의 뜻으로 행하는 풍물굿이 아닌가
한다.

보름의 동제가 관념적 사색의 계절에 제관들이 주제하는 공식적 규범을
지닌 종교적 제의라면, 풋굿은 실천적 노동의 계절에 일꾼들이 주제하는 비
규범적이고 실제적인 풀이굿이라 하겠다. 특히 농사일을 직접 담당하는 머
슴들이 중심이 되던 두레 해체의 의식이었으므로, 머슴일을 하는 일꾼이 줄
어들고 두레를 짜서 벼농사를 하지 않게 되자 풋굿의 민속은 점차 약화되어
이제는 본디 모습을 거의 찾아보기 어렵게 되었다. 그러므로 풋굿의 관행과
그 형성 토대, 소멸의 과정을 보면 오히려 벼농사와 더 밀접한 의식으로 볼
수 있겠다.

5. 문화권 설정에 대한 반론과 입론

마지막으로 이광규 교수의 기층문화론에 대한 반론이 특히 흥미를 끈
다. 그동안 발표자는 자신의 연구와 논쟁을 하면서 계속해서 세시연구를 진
전시켜왔는데, 이제 마침내 논쟁의 대상자가 나타난 셈이다. 논평자는 이광
규 교수의 연구를 접하지 못했기 때문에 발표자가 거론한 내용만을 중심으
로 한정해서 살피지 않을 수 없다.

먼저 호남지방에는 모정(茅亭)이라는 건축양식이 있음을 들고 있는데, 이는 영남지방에서도 선비들이 의도적으로 초정(草亭)을 짓고 글을 읽었으며 여름철 밭작물 관리에 쓰이는 원두막 역시 초정이었음을 인식할 필요가 있다. 강강술래와 놋다리밟기 등의 차이도 지적했는데, 이 놀이는 원래 같은 양식의 놀이였다. 다만 전승과정에서 전남지역에서는 원무 형식이 주로 남게 되고 안동지역에서는 밟기 형식이 주로 남게 되었을 따름이다. 옛 형태를 그대로 지닌 놀이를 보면 두 놀이의 양식이 거의 일치한다. 따라서 현재의 전승 상태가 아니라 전승의 본디 양상을 근거로 기층문화권을 논의한다면 오히려 두 놀이의 같은 점이 더 주목되어야 할 것이다. 다음 발표자의 기층문화론을 비판하는 대목에서, "경제체계 세시라는 사회체계에 무속이라는 종교체계까지 포함시킨 이론에 많은 무리가 있었다"고 했는데, 발표자의 세시 체계의 정리가 경제체계에 입각한 것인지 알 수 없으나, 생업을 중심으로 정리한 것임에는 틀림없다. 어느 민족이나 생업에 따라 풍요다산을 빌고 수확을 감사하는 주술적 종교적 의례를 행한다면, 둘의 유기성은 반드시 따져볼 필요가 있고, 문화양식에 따라 종교체계도 다를 수 있다고 한다면 문화권 설정에 종교양식도 더불어 고려하는 것은 오히려 총체적 시각의 확보라는 점에서 바람직한 것으로 보겠다.

발표자의 문화권 설정에 관해 가장 힘들여 지적한 내용이 통시태적(通時態的)인 현상을 공시태(共時態)로 분류하고 설명하는 데 무리가 있었다는 대목과, 문화권을 중심과 주변이라는 개념으로 그 유입 시차를 두고 볼 때 동해문화권·황해문화권·동지나해문화권으로 설정한 대목이다. 문화권의 형성은 역사적으로 이루어지지만 문화권의 설정은 지리적 권역을 정하는 것이다. 따라서 문화권의 형성에 관한 논의는 통시태적인 논의를 펴되 문화권 설정은 공시적으로 테두리를 정할 수밖에 없다. 그리고 이 문제를 바로잡기 위해 문화권의 명칭만 역사적인 것으로 바꾸어놓는다고 해서 통시태적인 문화권 설정이 되는 것은 아니다.

더욱 심각하게 논의되어야 할 문제는 시야를 확대하여 중심과 주변이라는 개념 아래 설정한 발해문화권·동지나해문화권·동해문화권 설정이다. 이 설정은 자칫하면 우리 문화는 중심문화가 아닌 주변부문화라는 사대적이고 종속적인 문화권설에 빠질 염려가 있다. 그리고 한반도를 둘러싸고 있는 외세문화가 마치 우리 문화를 분할 점령하고 있는 양 오도하거나, 민족적 동질성의 구심력 없이 조각난 문화 식민지라는 관점을 엉뚱하게 심어줄 가능성도 있다. 그러나 이광규 교수의 연구는 발표자의 기층문화권 설정에 대한 최초의 비판으로서, 발표자로 하여금 즉각적인 반론을 펴게 하였을 뿐 아니라, 기존 연구의 한계를 보완하는 데 진지한 논쟁자 구실을 했다는 점에서 일정한 의의를 지닌다.

여기서 제기된 발표자 김택규의 세시연구에 관한 분석적 모델은 민속문화연구의 각 분야로 일반화될 수 있고 또 그러한 일반화를 자극하고 있어, 더욱 주목된다. 발표자의 연구는 민속문화 연구가 이제 중대한 고비에 이르렀음을 징표하고 있다. 이를테면 세시 하나로써 우리 문화 전반을 총체적으로 꿰뚫는 동시에 문화권 설정까지 해냈다는 것도 여러 징표들 가운데 하나이다. 이러한 징표를 민감하게 받아들이는 한편, 다른 국면에서 고려해야 될 점은 문화권의 분별에 지나치게 집착하다보면 우리의 문화적 동질성을 여러모로 해체하는 결과를 빚게 되어, 요즘 한창 문제되는 지역감정을 부추기고 이를 당연한 것으로 고착화하는 역기능을 발휘할 수도 있다는 점이다. 그러므로 문화의 생성, 전승과 접변과정에서 야기되는 원심력적 이질성을 다루되, 문화의 생성 모태 구실을 했던 기층문화의 구심력적 동질성의 토대 위에서 논의하여야 민족적 동질성을 훼손하지 않을 것이다.

(《한국문화인류학》 20, 1988.12.31.)

참고문헌

金宅圭, 〈韓國部落慣習史〉, 《韓國文化史大系》風俗·藝術史, 고려대 민족문화연구소, 1968.
──, 〈韓國基層文化論試考〉, 《人類學研究》 2, 영남대 문화인류학회, 1982.

――, 《東海文化圈探訪記》,《日本海文化》12, 金擇大學 日本海文化硏究所, 1985.

――, 《韓國農耕歲時의 硏究》, 영남대 출판부, 1985.

――, 〈韓國農耕歲時의 二元性〉, 《문화인류학》 20, 한국문화인류학회, 1988.

李杜鉉, 《韓國假面劇》, 문화재관리국, 1969.

林基中, 〈韓國詩歌文學에 있어서 歲時風俗의 意味〉, 《韓國民俗學》 15, 민속학회, 1982.

임재해, 〈설과 보름 민속의 대립적 성격과 유기적 관련성〉, 《韓國民俗學》 19, 민속학회, 1986.

張正龍, 《韓中 歲時風俗 및 歌謠硏究》, 집문당, 1988.

Mircea Eliade, *The Myth of the Eternal Return*, Princeton University Press, 1971.

Arnold van Gennep, *The Rites of Passage*, The University of Chicago Press, 1960.

세시풍속 연구의 반성적 검토와 극복방안

1. 논의의 범주와 방법

　민속학 분야 가운데 비교적 이른 시기부터 활발한 자료정리와 연구가 이루어진 것이 세시풍속이다. 18세기말부터 세시풍속의 자료들을 집약적으로 정리한 세시기(歲時記)들이 묶어져나와[1] 지금까지 널리 자료로 이용되는가 하면, 최근 몇 년 동안에는 세시풍속에 관한 괄목할 만한 연구성과들이 단행본 수준으로 다수 출판되었다. 따라서 이제 세시풍속 연구에 한해서는, 각 편으로 발표된 논문 수준의 연구로는 연구사에서 적극적으로 거론될 정도로 중요한 비중을 차지하기 어렵게 되었다. 그러므로 그동안의 세시풍속 연구에 대한 점검도 주로 단행본 중심으로 이루어지는 것이 효율성을 지니게 된다. 그리고 이미 이루어진 연구에서 기존의 연구논문들을 빠뜨리지 않고 두루 망라해서 꼼꼼하게 검토한 장주근의 연구사적 성과가 있으므로,[2] 여기서는 논의의 중복을 피하면서 효율적 검토를 위해 단행본 수준의 연구업적들만 거론하기로 한다.

　기존 연구의 성과를 검토하고 그 과제를 점검하는 작업은 세시풍속에 대한 나름대로의 체계적 관점을 토대로 이루어져야 한다. 기존 연구목록의 단순한 열거나, 목차와 간략한 내용을 소개하는 정도로는 연구사적 검토라 하기 어려울 뿐만 아니라, 새로운 연구의 방향을 모색하는 데도 별도움을 주지 못한 채 소비적 논의에 그치고 말 것이다. 그동안 장주근과 장정룡에[3] 의해서 이러한 검토가 이루어졌지만 그것이 논쟁적인 연구로 발전되지 못한 채 연구의 서론적 모양을 갖추는 구실밖에 할 수 없었던 것도 같은 맥락에

서 이해된다. 그러므로 그동안의 연구성과를 반성하고 앞으로의 연구과제를
새롭게 모색함으로써 논쟁적 연구를 활성화하기 위해서는, 이 글 나름대로
세시풍속을 보는 일정한 관점이 먼저 마련되어 있어야 한다.

이미 이 글에 앞서 〈설과 보름 민속의 대립적 성격과 유기적 상관성〉이라
는 논문과,[4] '한국문화인류학연구 30년'을 주제로 한 문화인류학회 전국대
회(1988. 11. 17~18., 한국정신문화연구원)에서, 김택규의 〈한국농경세시의 이
원성〉에 관한 논평을 통해 세시풍속 연구에 관한 쓴이의 관점을 밝힌 바 있
다.[5] 따라서, 여기서는 이미 밝힌 관점을 수렴하면서 세시풍속 연구를 점
검하는 준거를 몇 가지 측면에서 마련하고 이 준거에 입각해 기존 연구의
반성과 과제를 논의하고자 한다. 그러기 위해서는 연구업적 중심으로 논평
을 끌고가는 것은 바람직하지 않다. 왜냐하면 연구자의 의도에 이끌려[6] 객
관적인 논평에 이르지 못하고 연구내용의 소개에 머물기 쉽기 때문이다. 그
러므로 논평의 준거를 먼저 제시하고 관련 연구의 성과를 점검하는 방법을
취할 것이다. 이러한 방법을 취할 경우 비록 기존 연구성과를 모두 망라하
여 다루지 않더라도 연구의 성과와 한계를 두루 조망할 수 있는 이점도 확
보할 수 있다.

2. 재야학자들의 관심과 기철학적 연구

단행본으로 출판된 것들 가운데는 본격적인 연구서라 할 수 없는 것들도
적지 않다. 이를테면 강무학의 《한국세시풍속기》나[7] 김성원의 《한국의 세
시풍속》[8] 등이 그것이다. 이들 책들은 세시기와 관련하여 역법(曆法)과 역
법(易法)을 설명하는 데 중점을 두면서 12지(支)와 음양오행설, 육십갑자
등을 다루어, 주로 토정비결이나 사주팔자를 보는 데 체계적인 지식을 제공
하거나 옛날의 미풍양속을 알린다는 목적으로 묶어진 것으로, 한결같이 책
의 대부분이 세시기의 번역으로 채워져 있다는 점에서 공통점을 지닌다. 자
연히 이들 단행본은 세시풍속에 대한 학문적 관심을 충족시키는 연구서라기
보다는 전통적인 역법과 풍속에 관한 세간의 호기심을 충족시키는 해설서라

고 하겠다. 따라서 이들 해설서들은 세시풍속 연구사에서 제외시켜도 좋을
것으로 생각된다.

그러나 이와 같은 해설서들이 본격적인 연구서와 더불어 거의 동시대에
간행되었다는 것은 별도로 주목할 만하다. 세시풍속에 관해서는 민속학계에
서 기울이는 학문적 관심 못지않게 대중들의 지적 호기심도 상당히 높아졌
다는 것을 반영하는 동시에, 세시의 주기가 아직도 우리의 운명을 결정하는
것으로 받아들이고 이를 통해서 장래를 점쳐보려는 생각이 아직도 뿌리 깊
게 전승되고 있다는 것을 알 수 있다. 이러한 현상은 정다운의 《인생십이진
법》(人生十二進法)과[9] 같은 운세 보는 법에 관한 책이 판을 거듭하면서 잘
팔리는 것과 더불어, 마의천(麻衣天)의 《육갑》(六甲)이라는[10] 운세풀이 책
이 체계를 갖춘 단행본으로 출판되는 사실과 무관하지 않다. 민속학자들은
대중들의 이러한 관심을 단순한 속신이나 부질없는 운명학으로 취급하면
서, 월력에 따라 주기적으로 반복되는 풍속의 기술과 해석에 만족해서는 안
될 것이다. 왜냐하면, 월력 즉 세시는 천체의 운행을 토대로 이루어진 것이
며, 연월일시에 따른 간지들 또한 음양오행 같은 역법과 일정한 관련을 지
니고 있기 때문이다.

근본적으로 세시의 변화는 우주변화의 원리에 토대를 두고 형성된 것이
며, 세시에 따른 풍속은 천체의 운행과 우주변화의 원리를 나름대로 이해하
고 거기에 대응하는 일정한 세계관에 입각해서 형성된 것이라 보아야 한다
면, 우리는 이러한 문제도 민속학연구의 과제로 적극 끌어들여야 할 것이
다. 이러한 작업이야말로 세시풍속의 이치를 좀더 근원적으로 밝혀나갈 수
있으며, 천문과 지리, 계절과 풍토에 적응하는 삶의 유기적 대응으로서 세
시풍속의 양상을 새롭게 해명할 수 있는 본격적인 문화과학이 될 것이다.
그러려면 자연히 동양철학자와 재야학자들의 연구성과를[11] 받아들이면서
그들과 학문적 교류를 가져야 할 터인데, 현재까지는 민속학계에서 이러한
관심이나 연구를 적극적으로 보여주지 못하고 있을 뿐 아니라, 문제의식조
차 가지지 못하고 있는 실정이다. 세시풍속에 관한 기철학적 연구가 민속학
계의 큰 과제로 남아 있는 셈이다.

세시풍속에 관한 기철학적 연구에 관해서는 이 글의 성격상 이 연구에 대해 깊이 있게 다룰 형편이 아니지만 토론자의 요청에 따라[12] 내용을 보완한다. 기철학은 우주에 가득 차 있는 기가 응집과 확산을 거듭하면서 끊임없이 움직임으로써 만물과 만사가 생성 변화 소멸하는 일이 일어난다고 보고, 모든 현상을 기의 교섭에 의한 역동적 관계로 파악하는 것이다. 따라서 세시풍속의 기철학적 연구란, 우주만물의 생성과 움직임을 유기적 관계 속에서 인식하면서, 계절과 절후, 시기에 따라 사람들이 어떻게 이에 적응하는 문화양식을 생산하게 되었는가 하는 문제, 즉 세시풍속의 양상을 자연의 변화와 관련지어 생산된 유기적 상관물로 보고 그 체계를 탐구하는 것이라 하겠다. 따라서 특정한 날을 잡아서 일을 쉬며 일정한 음식을 먹고 일정한 의식과 놀이를 하는 것, 또는 특정한 시기를 기점으로 하여 어떤 일을 시작하고 어떤 옷을 입는 것은 천체의 운행이나 계절의 변화와 무관한 것이 아니라 서로 상관관계가 있다는 것이다. 천체의 운행을 근거로 한 역법이 삶의 시간을 의미 있게 규정할 뿐 아니라, 적어도 일년 주기의 생활양식을 창출하는 근거가 된다. 그러므로 사람들이 천체의 운행과 계절의 변화를 자각적으로 인식하고 거기에 따라 선택적 행동을 한 결과물이 세시풍속이라고 본다면, 기철학적 연구가 가능하고 또 필요하다.

기철학적 관점에서, 가장 구체적으로는 사람 개인과 우주 전체와의 관계도 유기적으로 본다. 전통적으로는 음양오행 또는 12간지에 따라 날을 잡고 거기에 따라 각종 크고 작은 일들을 하는 것처럼——날이 맞지 않으면 때를 기다리고, 날이 고정적으로 정해져 있으면 생기(生氣)가 맞는 사람을 가린다——최근에는 인간의 생체리듬을 매일매일 조사하여 생활에 응용하기까지 한다.[13] 인간의 생체리듬이 생활에 이용되는 것은, 개인적으로 고유하게 타고난 생기, 즉 생년월일시와 당일의 연월일시가 유기적인 관련을 맺고 있다는 것이 과학적으로 검증되었기 때문이다. 따라서 개인적인 행사인 경우 그들의 사주팔자에 따라 날을 잡지만, 역법에 따라 날이 고정되어 있는 공동체 단위의 연중행사, 즉 세시풍속에서 그 일을 주관하는 사람들을 생기복덕에 맞는 사람 가운데서 택하는 전통적인 관행은[14] 결국 생체리듬을 근

거로 생활의 일정을 짜는 과학적 인식과 일치하는 것이다. 생체리듬에 따른
생활계획이나 세시풍속이 모두 기철학적 세계관에 토대를 두고 있는, 같은
범주의 문화현상이라고 생각한다면, 세시풍속의 기철학적 연구의 필요성이
좀더 쉽게 인식될 것이다.

3. 논의의 진전을 위한 논쟁적 연구

먼저 적극적인 검토의 대상이 될 만한 단행본 수준의 연구업적을 연구서
의 간행 차례대로 들어보면 아래와 같다.

    ㈎ 李杜鉉, 《韓國民俗學論考》(학연사, 1984).
    ㈏ 張籌根, 《韓國의 歲時風俗》(형설출판사, 1984).
    ㈐ 任東權, 《韓國歲時風俗研究》(집문당, 1985).
    ㈑ 金宅圭, 《韓國農耕歲時의 研究》(영남대 출판부, 1985).
    ㈒ 張正龍, 《韓·中 歲時風俗 및 歌謠研究》(집문당, 1988).

연구의 일반적인 관점에서, 이들 연구들이 기존 연구의 비판적 검토에 의
한 논쟁적 연구로 나아갔는가 하는 점에서 살펴보면, 이미 지적한 바와 같
이 대부분 그렇지 못하다. ㈎와 ㈐에는 선행 연구에 관한 검토가 없으며,
㈏와 ㈒에서는 기존 연구의 소개에 머물렀다. 그래도 기존 연구에 관한 비
판적 논의가 어느 정도 이루어진 것이 ㈑이다.[15] ㈑에서는 학제적 연구의
소홀성과 분석모형에 대한 탐구가 미비했다는 점을 들고 역사민족학·비교
문화론적 시각에서 세시풍속을 정리하고[16] 농경의례를 중심으로 이러한 논
의를 발전시켜 한국기층문화권의 영역을 설정하는가 하면, 우리나라 세시풍
속의 특질과 구조를 밝히는 일련의 발전적인 연구성과를 올린 것이다.[17] 기
존 연구에 대한 비판적 인식 없이 연구가 이루어지는 경우, ㈎, ㈐와 같이
단편적으로 발표된 옛 원고를 모아서 책으로 묶어낸 경우는 논외로 하더라
도, ㈏, ㈒는 단행본 수준의 연구업적을 겨냥하면서 본격적인 연구를 새롭
게 시도했지만 일정한 한계를 보인다.

(내)에서는 서술체계가 세시풍속의 시간적인 순차에 따라 민속적인 항목을 평면적으로 서술함으로써 종래의 틀을 깨지 못했다. 그 결과 서설적 논의를 체계적으로 하고, 기존 연구의 성과들을 자세하게 검토하는 한편, 월별 세시풍속을 어느 연구에서보다 면밀하고 자세하게 논의했지만 일정한 성과로 끌어낼 수 있는 결론이 보이지 않게 되었다. (매)에서는 한·중 세시풍속의 본격적인 비교연구를 시도했음에도 불구하고 (래)와 같은 선행 연구보다 오히려 무딘 시각을 드러내고 말았다. 결국 (내), (매)는 일관된 체계를 지닌 연구서를 냈으면서도 독자적인 뚜렷한 연구성과를 결론으로 도출해낼 수 없었던 것이다. 이것은 다음에 논의할 문제의식의 결여와도 관련이 있다.

이를테면 (래)의 연구에서는 우리의 세시를 중국과 비교하면서 우리나라는 물론 중국까지 몇 개의 문화권으로 나누고 또 시대별 층위를 고려해서 그 영향관계와 한국 기층문화 형성관계를 논의하고 있는데,[18] 본격적인 비교 연구를 의욕적으로 시도한 (매)에서는 두 나라의 지역적 권역과 시대적 전후를 고려하지 않은 채 막연한 비교를 하고 있는 것이다. 따라서 우리의 세시를 중국과 비교하면서 전국 공통의 민족명절인 설날을 제쳐두고 문화권에 따라 상당한 차이를 보이는 추석을 기준으로 삼는가 하면, 중국의 경우는 한대(漢代)부터 8대 축일의 하나로 여겨왔던 정월 보름은[19] 제외시킨 채 도식화하여, 한국의 세시는 교차구조(交叉構造)인 데 비해 중국의 그것은 순환구조(循環構造)를 이룬다는 성급한 결론에 이르게 된다.[20]

이 부분의 논평을 좀더 구체적으로 보완하고 연구자의 오해를 줄이기 위해[21] (매)의 연구를 인용하여 검토할 필요가 있다.

> 한국세시풍속은 보름민속인 1월 15일 대보름날과 8월 15일 가윗날, 그리고 5월 수릿달과 10월의 상달이 의미하는 농경의례적 교차세시가 특징이 된다. 1월 15일 대보름날의 예축의례와 8월 15일 가윗날의 경축의례, 5월 수릿달의 파종의례와 10월 상달의 수확의례가 교차구조를 형성하였다.
> 반면에 중국의 세시풍속은 1월 1일 원단, 3월 3일 상사(上巳), 5월 5일 단오, 7월 7일 칠석, 9월 9일 중구절 등 순환적 기수민속으로 음양사상에 의한 중일세시로 파악된다.[22]

앞의 인용을 보면 우선 한국과 중국의 세시풍속을 상당히 작위적으로 구
분하고 있음을 알 수 있다. 최근의 세시풍속을 근거로 했든 고대의 것을 근
거로 했든 우리의 세시풍속이 앞에서 인용한 것처럼 넷만 있는 것은 아니
다. 그리고 그것이 대표적인 것도 아니다. 한국과 구분하기 위해 제시한 중
국의 세시풍속도 우리 것으로 두루 전승되어왔고, 우리의 풍속으로 알려진
것이 중국에도 있다. 구체적인 증거는 ㈐의 연구 자체가 된다. 마치 중국에
는 설이 있고 한국에는 설이 없는 것처럼, 또는 한국에는 보름이 있고 중국
에는 보름이 없는 것처럼 대비시키고 있으나, 한국의 설 풍속에 관해서 ㈐
의 책은 가장 비중 높게 다루었으며, 중국의 보름 풍속에 대해서도 한국의
사례와 계속해서 비교하며 상당히 길게 다루고 있다. 중국의 명절로 제시된
이른바 기수민속이 한국에도 두루 있음을 ㈎, ㈑의 책에서는 물론, ㈐의
책에서도 자세하게 다루고 있다.

뿐만 아니라, 한국의 세시가 교차구조를 이루고 있다는 준거로 내세운 네
명절 가운데 둘, 즉 5월 수릿달과 8월 15일 가윗날은 단오와 추석 명절인
데, 이는 전국적인 현상이 아니라 지역적 특징에 한정된다는 것은 이미 ㈑
의 연구에서 밝혀진 지 오래이다.[23] ㈎의 연구에서도 "남한에서 추석이 보
다 중요한 명절일인 데 비하여 북한에서는 단오가 보다 더 즐거운 명절인 것
은 기후와 농작 등의 지방 차로써 생겨지는 고유한 차이성인 것"이라고 지
적하고 있다.[24] 따라서 단오권과 추석권으로 갈라져 있는 민속을 전국으로
일반화한 무리 역시 기존 연구, 특히 ㈑의 연구성과를 주목하지 않은 탓이
다. 그럼 우리의 대표적인 명절은 무엇인가 하는 것을 따져보자.

우선 역사적 기록을 살펴보면 고려시대에는 설·보름·한식·상사·단
오·중구·동지·팔관·추석 등을 9대 명절로 삼았고,[25] 조선시대에는 설
날·한식·단오·추석을 4대 명절로 삼았다.[26] 이들 자료를 통해 볼 때,
고려·조선 어느 시기를 기준으로 잡아도 설을 대표적인 명절에서 제외시킬
수 없으며, 오히려 보름 이상으로 한식이 중요한 명절로 다루어지고 있음을
볼 수 있다. 중국과 한국 명절의 시기를 대비한 선행 연구 ㈏에서도 한·중
공통 명절인 설을 제외하고서, 한국의 경우 정월 대보름, 6월 유두, 7월 백

중, 8월 추석을 들고서 보름 명절이 강함을 들고 있다. [27] 따라서 ㈒의 연구에서 교차구조임을 맞추기 위해 무리하게 제시한 5월 수릿달과 10월 상달이라는 막연한 표현은[28] 어느 준거에도 맞지 않는다. [29] 5월 수릿달은 결국 5월 5일 단오절에 근거하는 여름 명절임을 ㈒의 연구에서도 인정하고 있는 동시에, 성장을 도모하는 시기라는 사실까지 명시하고 있어, [30] 제 스스로 앞에서 제기한 파종의례가 잘못된 것임을 뒤집어버린 셈이다. 세시풍속을 농경의 원리에 입각해서 연구한 ㈓에서도 물론 단오를 성장의례로 규정하고 있다. [31] 5월의 명절은 단오임에도 불구하고 이를 5월 5일로 명시하지 않은 것은, 설을 우리의 고유한 명절로 인정하지 않은 채 제외시킨 것과 마찬가지의 의도로, 중국의 기수민속과 우리의 민속이 일치되지 않는다는 것을 작위적으로 나타내기 위한 것이다.

이러한 작위는 수확의례로 규정한 10월 상달에서도 나타난다. 10월의 대표적인 풍속으로는 고사와 시제(時祭)가 있는데, 이것은 어느 경우든 날짜가 유동적이다. 집안에서 날을 잡는 데 따라서 고사일과 시제일은 집집마다 다르게 정해진다. 그리고 고사나 시제일을 우리의 4대 명절로 치지도 않으며, 수확의례로 규정하는 것도 좀더 세심한 검토가 필요하다. ㈒의 연구에서도 "추절은 음력 7월에서 9월까지의 시기로 수확에 따른 세시풍속이 대부분"이라고[32] 하여 10월 민속은 동절의 세시풍속으로 따로 거론하고 있다. 시제는 조상의 산소에 제사를 올리는 묘사(墓祀)일 따름이며, 고사는 "개인이나 집단에 액운이 없어지고 행운이 오도록 신령에게 비는 제사를 뜻하는"[33] 것으로 봄철에도 한다. 5월 수릿달과 무리하게 교차구조로 그려내기 위해 10월 상달을 상정한 것 같다. ㈒에서는 8월 추석도 경축의례라 했는데, ㈓의 연구에서 천신의례로 분석한 선행 연구를[34] 비판함이 없이, 또는 새로운 전거의 제시나 논증 없이 일방적인 규정으로 교차구조임을 내세우고 있다.

더욱 문제가 되는 것은 세시풍속의 순환체계에 관한 선행 연구의 무시이다. 이미 우리의 세시풍속이 지닌 순환체계, 순환의 의미와 원리를 자세하게 밝힌 김명자의 연구가 〈세시풍속의 순환의미〉라는[35] 제목으로 학회지를

통해 발표되었음에도 불구하고, 이에 대한 아무런 비판이나 언급 없이 작위
적인 규정으로 교차구조라고 한 것은 아무래도 납득하기 어렵다. 세시풍속
의 체계나 구조를 밝히는 작업을 위해 얼마나 많은 예증과 논의를 거쳐야
하느냐는 문제도 이 논문을 통해 일깨울 필요가 있다. 이른바 한·중 세시
풍속을 중심으로 한·중 문화유형을 밝힌다고 하면서 책의 한 쪽에도 못 미
치는 분량의 단순한 언급을 통해서, 단행본 분량의 연구 가운데 가장 중요
한 성과로 결론지으려는 것은[36] 자료 중심의 작업에만 익숙해 있는 탓이 아
닌가 한다. 결국 여기서 지적된 몇 가지 오류나, 전거와 검증 없는 규정들
은 모두 기존 연구에 대한 진지한 검토 없이 일방적인 독백을 하고 말았기
때문이다. 그리고 세시풍속에 관한 한·중 비교연구도 (라)의 선행 연구에서
는 이미 두 나라의 지역과 역사성을 고려해서 구체적인 비교를 하고 있는데
비해, (마)에서는 막연히 중국과 한국을 비교하고 있어 오히려 퇴보한 비교연
구의 모습을 보여준다.

따라서 (라)의 연구를 올바르게 계승한다면, 이제 한·중 문화의 비교는
종래와 달리 한국은 물론 중국의 사례까지 지역성과 시대성을 분명하게 명
시하지 않은 채 대충 비교하여 얼버무릴 수 없는 수준에 이르렀다. 그러므
로 논쟁적 연구가 이루어지지 않으면 일방적 독백에 빠지게 되어 학문적 교
류에 의한 연구의 진전을 기대하기 어렵게 된다.

4. 세시풍속은 천체운행의 유기적 상관물

연구대상에 대한 기본적인 인식을 올바르게 갖추지 못한다면, 그 이치와
본질을 정확하게 밝혀낼 수 없다. 세시풍속의 경우도 마찬가지이다. 세시풍
속의 가장 기본적인 특질은 천체의 운행에 따른 일시와 나달의 기준을 밝힌
역법과 이를 바탕으로 되풀이되는 주기성을 토대로 한다는 점이다. 음양의
역법에 대한 이치와 자연환경의 변화, 그리고 이에 대한 인간의 문화적 대
응의 관계를 주목하지 않거나, 주기성의 바탕에 관한 올바른 체계를 이해하
지 못하면 세시풍속의 이론적 체계화는 상당히 어렵게 된다. 기존 연구 가

운데서 이런 문제에 최소한의 관심을 가진 것이 ㈏와 ㈑이다. ㈏에서는 역법과 세시풍속에 관한 서론적 논의를 편 바 있어 주목되나,[37] 이러한 논의가 본격적으로 세시의 이치를 규명하는 방향으로 진전되지 않았다. 그러나 ㈑에서는 이러한 논의를 좀더 치밀하게 하면서 역법을 생업력과 제의력으로 나누어 분석하고,[38] 생업력에 입각해서 축원의 세시, 생장의 세시, 수확의 세시로 구조화하여 분석함으로써, 농경 세시연구의 독창적인 성과를 올렸다. 하지만 우주의 변화체계와 이에 적응하는 유기적 상관물로서 세시풍속 일반을 총체적으로 다루는 데까지 나아가지는 못했다.[39]

이를테면 단오에 쑥떡을 먹고 동지에 팥죽을 먹는다든가, 설에 차례를 지내고 보름에 동제를 올리며, 단오에 그네를 타고 보름에 줄당기기를 하는 등 절기에 알맞은 음식과 의례, 놀이 등이 독특하게 이루어지고 있는데, 이는 천체의 운행과 계절의 변화에 적응하여 인간의 삶을 좀더 건강하고 풍요롭게 하려는 문화적 대응으로 보아야 할 것이다. 이러한 문화적 대응은 우주의 변화를 읽어내는 세계관적 인식과 자연과의 교감을 통해서 터득한 경험을 토대로 형성된 것이므로, 해와 달과 별자리의 운행주기와 계절의 순환에 따른 생태계의 변화 등과, 각종 세시풍속은 유기적인 관계를 맺고 있게 마련이다. 그러므로 세시를 인식하는 역법의 체계와 주기성의 원리가 어떻게 수용되고 거기에 상응하는 모든 문화들이 어떻게 창출되었는가 하는 것이 해명되어야 한다.

이러한 문제를 깊이 의식하지 않게 되면 세시에 따라 전통적으로 행해지는 명절이나 제의·생업·음식·복식·놀이·예술 등 다양한 관행을 그 자체로 묘사하는 데 집중되어, 정월 초하루부터 섣달 그믐까지 순차적인 관행의 서술이나, 인접 국가와의 비교 검토에 만족해버리고 마는 것이다. 이러한 한계를 소박하게나마 극복하기 위해서는 각 시기의 풍속이 왜 그때 그렇게 행해졌는가, 또 그때 풍속은 앞뒤의 그것들과 어떤 관계에 놓여 있는가 하는 문제들이 상호관계 속에서 유기적으로 논의되어야 할 것이며,[40] 좀더 적극적으로는 우주의 변화와 천체의 운행에 따라 인간의 생활양식이 어떻게 결정되고 있는가 하는 문제들이 기철학적 연구로 이어져야 할 것이다.

5. 세시풍속의 시점문제와 역사적 연구

세시풍속은 그야말로 시간적인 인식의 소산물이다. 따라서 시간적인 문제를 떠나서 논의하는 경우 그것은 단순히 제의연구나 놀이연구, 또는 음식연구 등 다른 갈래의 연구로 빠지게 된다. 공시적으로 볼 때도 일년 주기 가운데 어느 시점에 놓여 있는가 하는 것을 가장 중요하게 문제삼아야 하며, 통시적으로 볼 때도 어느 시대, 어느 연도에 행해졌는가 하는 것이 구체적으로 드러나야 한다. 일반적으로 공시적 관점의 시점은 자세하게 밝혀져 있으나, 통시적 관점의 시점은 무시되어 세시풍속의 이해에 상당한 혼란을 가져온다. 그러므로 기존의 자료나 연구로는 세시풍속의 역사적 연구가 어렵게 된다.

지금까지의 연구를 보면, 상황에 따라 고문헌의 자료를 거론하기도 하고 기원이나 유래를 밝히는 논의도 하다가, 최근에 조사된 자료를 소개하며 단편적인 해설을 덧붙이기도 했다. 이처럼 전승시기가 서로 다른 자료들을 시점의 기준 없이 두루 거론함으로써 공시적인 연구인지 통시적인 연구인지 그 성격도 규정하기 어려운 형편이다. 따라서 현지조사 자료든 문헌자료든 그것이 조사되고 관행화한 시기를 분명하게 밝히고, 뚜렷하게 설정된 시간적 범주 안에서 세시풍속의 서술과 해석이 이루어져야 할 필요가 있다. 세시풍속 관련 연구 단행본들에 수록된 부록자료들조차도 조사일시와 조사내용의 전승시기가 명시적이지 않아, 옛날에 그랬다는 것인지 아직까지 관행이 유지되고 있다는 것인지 분명하지 않은 부분이 적지 않다. 이런 식의 자료 정리는 문화변동론적 연구를 불가능하게 한다.

세시풍속의 시점문제에 상당히 충실한 연구를 한 것이 ㈐이다. ㈐에서는 세시풍속의 변화가 민속사회의 구조적인 변동과 함께 문화변용의 문제로서 고찰되어야 할 것을 주장하면서, 머독(Murdock)의 문화변화 과정을 소개하는 등 변동론적 연구의 필요성을 부각시켰다.[41] 실제로 본론에서 민속놀이나 예술이 언제부터 전승되다가 어느 때 사라졌으며, 언제 다시 부활되었는가 하는 점에 상당한 관심을 보였다. 그러나 서론에서 제기한 것처럼 민속 사회의 구조 변동과 관련하여 분석하는 데까지는 이르지 못했다. 앞으로 문화변동론에 근거한 역사적 연구가 기대된다. 특히 다른 연구서와는 달리 조사일시와 자료의 전승시기를 일일이 밝혀둔 과학적 세시풍속지를 유일하게 갖추고 있다는[42] 점에서 이러한 기대가 헛되지 않을 것으로 믿는다.

6. 세시풍속의 전승주체와 사회적 연구

세시풍속 연구의 사회적 문제에는 실제로 세시풍속을 향유하는 공동체의 성격문제와 공동체에 미치는 기능문제가 함께 걸려 있다. 공동체의 성원들이 세시풍속의 관행에 어떻게 참여하며, 세시풍속은 공동체의 삶에 어떠한 영향을 미치는가 하는 것이 체계적으로 논의되어야 세시풍속의 문화적 기능이 온전하게 드러날 수 있다. 이와 같은 관심은 그동안의 연구에서 거의 찾아보기 어렵다.[43] (라)에서는 항목에 따라 상당한 논의를 하고 있다. 특히 제Ⅴ편의 〈세시와 협동관행〉에서는 이 문제를 집중적으로 다루었는데,[44] 협동관행과 세시의 관계를 좀더 유기적으로 다루어야 할 과제는 여전히 남아 있다.

세시풍속은 그 향유주체인 공동체의 계층·지역·직업 등에 따라 뚜렷한 차이를 보이며 세시풍속의 변화양상도 다르게 나타난다. 따라서 지역·계층·직업 등을 고려하지 않은 채 한국의 세시풍속 일반을 뭉뚱그려 다루는 것은 과학적인 자세가 아니다. 기존 연구 가운데 (라)는 농촌을 중심으로 한 농경세시를 구체적으로 다루면서 지역적인 문화권까지 설정했으며, (가)와 (다)는 세시풍속을 지역별로 다루고 있다. (가)가 주로 행정구역 단위의 지역성을 염두에 두었다면, (다)는 지역의 성격을 주로 고려했다. 여기서 특히 (다)의 연구가 주목되는 것은 대부분의 연구가 농촌의 세시풍속을 주로 다룬 데 비하여, 서울과 같은 대도시의 세시풍속과 어촌과 바다의 세시풍속까지 관심을 가졌다는 점이다.[45] 적어도 우리의 공동체를 도시와 시골로 나누고 시골을 다시 농촌과 어촌으로 나누어본다면, (다)의 연구로써 도시·농촌·

어촌의 세시풍속적 특징을 어느 정도 조망할 수 있게 된 셈이다. 그리고 ㈎
에서 중요하게 취해야 할 점은 북한지역과 수몰지역의 세시풍속 자료를 정
리했다는 점이다. 조사하기 어렵거나 시기를 놓치면 영원히 조사할 수 없는
지역과, 다른 사람들이 미처 관심을 기울이지 못한 지역을 놓치지 않고 주
목했다는 것은[46] 별도의 학문적 의의를 지닌다. 그러나 ㈎와 ㈐가 지역의
행정구역과 지역적 성격을 문제삼아 다루기는 했지만, 각 편의 연구들이 제
각기 독자적으로 이루어진 것을 한데 모아놓은 것에 불과하므로, 지역적 특
징이나 생업에 따른 풍속의 차이를 체계적으로 분석 정리하는 단계에까지
이르지 못했다. 그러므로 ㈐에서처럼 문화권 설정의 성과와 같은 발전적인
결론은 얻을 수 없게 된 것이다. 이제는 지역적 문화권의 이해에서 계층·
직업·종교 등에 따른 문화적 층위를 설정하는 데까지 세시풍속 연구가 나
아가야 할 것이다.[47]

7. 세시풍속 연구의 시야 확대

세시풍속 연구의 시야 확대를 위해서는 폭넓은 자료의 확보와 비교연구
가 필요하다. 그래야 우리 세시풍속의 실체를 좀더 완연하게 드러낼 수 있
고 문화적 위상과 특징도 상호관계 속에서 확인할 수 있다. 따라서 익히 알
려진 세시기에만 매달리지 말고, 달거리노래나 월령가와 같은 고시가와[48]
민요·설화·문집류 등의 고문헌까지 검토해야 한다. 그리고 방법론적으로
이웃나라와의 비교연구도 필요하다. 이러한 성과로 주목되는 것이 ㈑이
다. ㈑는 자료를 가요로까지 확대해서 가사문학을 세시풍속 연구의 대상으
로 끌어들였을 뿐 아니라, 본격적으로 한·중 세시풍속을 비교연구하여 이
방면 연구의 모범적 성과를 올린 셈이다. 그러나 세시풍속과 가요에 관한
두 나라의 자료를 비교하여 꼼꼼하게 제시하는 데 치우쳐, 가요의 자료가
세시풍속 연구에 긴요하게 연결되지 않은 느낌이 있으며, 비교연구의 방법
론적 모색의 성과가 드러나지 않는다.

㈐에서도 문화의 영향과 전파경로를 주목하면서 비교연구가 이루어졌

다. 전면적인 비교연구는 아니지만, 중국문화의 전파문제에서는 지역적 시
차적 성격을 고려하여 치밀하게 이루어졌다. 전파론에 입각한 영향문제에
관심을 가지면서, 우리의 문화권을 단오권, 추석권, 단오·추석 복합권의
3권역으로 나누는 것과 함께, 중국의 문화권도 화북권·화중권·화남권으
로 나누어서 북방문화의 남하 정착과 남방문화의 도래 정착과 북상을 고려
했다. 그리고 그 전래시기를 선사시대, 역사시대, 벼농사 문화의 도래시기
로 구체적으로 분별해서 고찰하고 있다. 49)

㈑는 구체적인 자료의 차이를 통해 문화유형을 추론하고자 했으나, 앞에
서 지적한 바와 같이, 그 방면의 선행 연구에 대한 검토와 비판적인 수용
없이 이루어졌기 때문에, 연구의 진전을 이루지 못한 채 구체적인 비교연구
성과를 결론으로 이끌어내지 못하고 있다. 다만 방대하고 꼼꼼한 자료의 정
리가 돋보일 뿐이다. ㈐에서는 본격적인 비교연구는 시도하지 않았지만,
틈틈이 중국과 일본의 자료를 언급하고 있어 자료의 대비에 많은 참고가 되
며, 부록의 한·중·일 세 나라의 국정공휴일 자료를 비교해서 별도로 수록
한 것은 앞으로의 비교연구에 중요한 자료가 될 것이다. 50)

지금까지의 비교연구는 주로 중국과 일본만을 문제삼았는데, 만주와 몽
고도 구체적인 비교연구의 대상으로 삼아야 한다. 만몽어(滿蒙語)가 우리의
고어연구와 고대문화의 연원을 이해하는 데 상당히 중요한 자료 구실을 하
는 것처럼, 만주와 몽고의 세시풍속 자료가 우리의 고대 세시의 연원을 밝
히는 데도 특히 중요한 자료가 될 것이다. 그리고 인도를 포함한 동남아 일
대까지 비교연구를 확대할 필요가 있다. 앞에서도 언급하였지만 비교연구에
서 유념해야 할 점은 막연히 중국의 어떤 풍속으로부터 영향을 받았다는 식
의 논의는 곤란하다는 것이다. 우리의 문화권도 그 기층이 다른 만큼 중국
이나 일본의 경우도 일정한 문화권역이 있을 것이며 시대에 따른 문화적 특
징도 구분되어 있을 것이다. 그러므로 특정 시대와 지역을 명시적으로 밝히
지 않은 상태에서 나라 차원의 비교를 시도하는 경우에는 학문적 엄정성이
문제될 수 있다.

8. 요즘 통용되는 세시풍속 연구

세시풍속 연구가 늘 전통적인 관행이나 이미 사라진 풍속을 주로 다루어
야 하는 것은 아니다. 물론 이러한 연구의 중요성을 그 자체로 인정한다
하더라도, 최근에 형성되고 지금 통용되고 있는 세시풍속 또는 연중행사를
논외로 다룰 수는 없다. 세시풍속 연구도 현재의 문화적 상황에 주목하고
바람직한 문화의 창조와 문화정책의 방향에 실질적인 기여를 할 수 있어야
하기 때문이다. 요즘 도시지역에서는 전통적인 명절 못지않게 국경일과 공
휴일이 생활에 더 큰 영향을 준다. 즉 단오나 보름보다도 공휴일 휴무가 더
큰 의미를 줄 수 있다. 5월 단오보다 더 많은 인구가 5월 5일 어린이날을
특별한 날로 여기고 적절한 행사를 한다. 6월 유두는 거의 의식하지 못한
채 지나쳐도 현충일은 사정이 다르다. 방송 같은 대중매체도 이 날의 의의
와 행사를 집중적으로 보도하고, 공공기관에서는 기념식을 하는가 하면, 국
립묘지와 각 지역의 현충탑에서는 유족들의 헌화의식이 대대적으로 벌어진
다. 그러므로 오늘의 세시풍속을 서술 정리한다는 측면에서도 전통적인 세
시풍속 외에 요즘 통용되는 각종 국경일과 기념일, 공휴일 등의 행사에 대
한 조사와 기술도 더불어 행해져야 한다.[51]

또 다른 문제는 매일의 일상생활을 규정해주는 '주기성'의 문제이다. 문
화적인 토대에 따라 시간의 주기를 다르게 인식하고, 거기에 맞추어 생활하
는 양식도 일정한 유형을 형성할 것이 틀림없다면, 늘 일관성을 지녀왔던
일년 주기 외에 생활에 반복성을 부여하는 다양한 주기의 변화들을 주목할
필요가 있다. 이를테면 봉급생활자들의 한달 주기, 삭망을 기준으로 한 보
름 주기, 장날을 기준으로 한 5일 주기, 일주일을 기준으로 한 7일 주기 등
이 우리의 생활양식을 주기화하는 중요한 틀이 되고 있다. 이러한 주기들은
점차 변하고 있고 지역과 생업에 따라서도 영향을 미치는 정도가 다르다.
어떤 경우는 두 주기가 함께 통용되기도 한다. 세시의 개념이 명절에 국한
된 것이 아니라면, 오히려 이러한 나달의 주기성과 계절의 주기성에 따른

생활양식의 반복성에 더 주목해야 할 것이다.[52] 그러나 현재의 세시풍속이나 생활주기에 관해 널리 주목한 연구는 보이지 않는다.

9. 음력과 양력은 모두 과학적인 역법

세시풍속의 주기를 결정짓는 근간으로서 역법에 대한 주목이 필요하다. 역법을 제쳐두고 세시풍속을 논의할 수 없을 만큼 세시와 역법은 불가분의 관계에 있다. 기본적으로 우리의 세시풍속을 결정짓는 역법으로는 음력과 양력의 두 체계가 있다. 흔히 우리의 세시는 음력에 기초하고 있어 비과학적이고 불합리하므로 양력 중심의 세시로 바꾸어야 한다는 생각을 상식적으로 가지고 있다. 이러한 편견을 깨기 위해서, 우선 음력도 양력과 동등하게 자연과학적 이치에 토대를 둔 독자적인 합리성을 지니고 있으며, 우리의 농경세시도 음력에만 근거하고 있는 것이 아니라 필요와 목적에 따라 양력과 음력에 함께 근거하고 있다는 사실을 분명하게 인식시킬 필요가 있다.

㈃의 연구에서는 농업력과 제의력으로 문제되기도 했지만, 농업력의 기준이 된 24절기는 양력에 토대를 두고 있는 세시이다. 그러나 어촌의 생업, 즉 어업은 음력에 근거하고 있다. 이것은 음력을 토대로 한 조수의 자연현상, 즉 바다의 썰물과 밀물이 달의 주기와 일치하기 때문이다. 조수에 따른 간만의 차를 고기잡이에 이용하려면 자연히 음력을 터득하고 있어야 한다. 조수뿐만 아니라, 달의 주기는 생태계에도 큰 영향을 준다. 초승게는 살이 빠지고 보름게는 살이 찐다. 따라서 음력의 주기에 따라 게잡이의 일정이 잡히게 마련이다. 생업력도 농업과 어업에 따라 양력과 음력으로 갈라질 수 있다는 사실을 주목하면서 농촌과 어촌의 생업력을 대비하여 정리함직하다.

음력은 조수의 변화와 어류의 생태와 관계 있을 뿐 아니라 여성들의 생리주기와도 일치한다. 그러므로 우리 선조들은 양력과 음력의 두 역법을 생업력으로는 물론, 세시풍속과 통과의례의 주기로서도 함께 쓰는 이원적 역법

의 관행을 지녔다. 설과 보름 등이 음력에 근거했다면, 입춘과 동지 등은
양력에 근거한 세시풍속이다. 양력이 가지고 있는 일년 주기의 정확성을 이
용한 세시풍속이 입춘과 동지라면, 음력이 가지고 있는 보름 또는 한 달 주
기의 정확성을 이용한 세시풍속은 설과 보름이다. 따라서 두 역법의 주기를
생태계와 생업력 및 제의력의 주기에 적절히 이용한 셈이므로 양력만을 쓰
는 것보다 더 과학적이고 합리적인 생활을 한층 지혜롭게 했다고 볼 수 있
다. 그러므로 양력과 음력에 의한 이원적 주기의 세시풍속이 지니고 있는
장점과 의의를 별도로 논의할 필요가 있다. [53)]

10. 기존 연구의 한계와 극복방안

마지막으로 점검해볼 일은 세시풍속에 관한 문제의식의 여부이다. 세시
풍속을 별문제의식 없이 그 자체로 논의하게 되면 자료의 자세한 서술이나
민속적 해설에 머물기 쉽다. 지금까지 대부분의 연구들은 뚜렷한 문제의식
없이 이루어졌으므로 현상적인 자료 서술에 그쳤다. 논문 수준의 각 편들을
모아 단행본으로 묶어낸 경우도 일관된 문제의식이 없기 때문에 일정한 논
지를 발견하기 어렵고, 자료의 서술이나 해설이 중복되어 있어 양적 성과는
있되 질적 성과는 기대하기 어려운 사정이다. 이런 가운데서도 유기적인 체
계를 겨냥하면서 단행본 수준의 연구서를 낸 것이 (내), (래), (매)이다.

(내)는 가능한 한 우리 세시풍속을 총체적으로 두루 보여줌으로써 발전적
인 연구의 디딤돌을 마련하고자 했다. (래)의 경우는 생업력과 제의력을 중심
으로 한국 농촌사회의 문화체계를 정립하는 가운데 세시풍속의 사회적 기능
과 문화적 가치, 역사적 변동 등을 주목하면서 촌락사회의 생활질서를 포착
하는 데 관심을 가졌으므로, 우리 문화의 복합적 성격을 해명하는 거시적
분석의 틀을 마련하는 동시에 문화권 설정의 성과까지 올리게 되었다. 따라
서 이 연구는 세시풍속 연구뿐만 아니라 민속문화 연구의 모범적인 사례를
보여준 셈이다. (매)는 한·중 세시풍속의 비교연구를 겨냥한 것으로, 두 나
라의 자세한 세시풍속 자료와, 관련된 시가의 내용들을 자세하게 소개하고

대비하였다. 그러나 기존 연구의 성과를 비판적으로 수용 극복하려는 적극
성이 보이지 않고 독창적인 논지가 없어서, 단순히 두 나라의 자료를 대비
하는 데 머무르고 말았다. 상대적으로 방대한 고문헌의 섭렵과 두 나라의
자료 수집력이 크게 돋보인다. 이러한 성실성이 토대가 되어 세시풍속을 보
는 문제의식이 독창적으로 마련된다면 앞으로 비약적인 연구가 가능할 것으
로 기대된다.

지금까지 여러 각도에서 세시풍속 연구의 성과를 점검해보았으나, 학문
적 업적으로서 뚜렷한 성과를 올린 것으로는 ㈑를 들 수 있다. ㈑는 이미
그동안 각종 학술상이나 저작상들을 다수 수상함으로써 그 연구성과가 객관
적으로 입증되고 있다. 그러면, 민속연구의 어느 분야 못지않게 세시풍속
연구가 많이 축적되었으면서도 왜 학문적 성과로 손꼽힐 만한 연구가 ㈑에
한정될 만큼 상대적으로 낮은가 하는 것에 대한 의문이 당연히 제기될 만하
다. 이러한 의문에 대해 우리는 두 가지 이유를 들 수 있다.

첫째, 이미 지적한 바와 같이 논쟁적 연구로 발전하지 않고 각자의 학문
적 독백에 만족했기 때문이다. 이 점은 크게 반성해야 할 것이다.

둘째, 세시풍속 전공자가 없었다는 것이다. 대부분의 연구성과들은 다른
분야의 전공자들이 자기 전공의 연구성과를 올리면서, 세시풍속을 보충적으
로 연구한 것이다. 그러니 깊이 있는 연구가 이루어질 리 없다. ㈎의 연구
자는 민속극과 연극사 전공자이며, ㈏의 연구자는 신화와 민속신앙 전공자
이고, ㈐의 연구자는 민요 전공자이다. 이 사람들은 각각 자기 전공분야에
서 획기적인 업적을 내고 있다. 그러면서 세시풍속에 대해서까지 그런 업적
을 기대하는 것은 무리이다. ㈑의 연구자는 이 분야의 전공자라 해도 좋을
만큼, 〈한국부락관습사〉를 서술하면서부터 이 연구의 포석을 놓고 최근까
지 근 30년 동안 줄곧 일련의 연구를 계속한 결과 마침내 ㈑와 같은 연구성
과를 거둔 것이다. ㈒의 연구자도 학위논문으로 세시풍속을 다루었으니 이
분야의 전공자로 보아야 할 것이다. 앞으로 ㈒의 연구자에게 기대를 모으면
서, 세시풍속 연구의 질적 발전을 위해서도 세시풍속을 집중적으로 전공하
는 학자들이 많이 배출되기를 바란다. 전공자들이 본격적인 연구를 충실히

하게 되면 자연히 인접분야에서 만만하게 넘보지 못할 것이다.

(《韓國民俗學》20, 1990. 9. 30.)

주

1) 대표적인 것으로 柳得恭의 《京都雜志》(1777~1800), 金邁淳의 《洌陽歲時記》
   (1819), 洪錫模의 《東國歲時記》(1849)가 있다.
2) 張籌根, 《韓國의 歲時風俗》, 형설출판사, 1984, pp. 44~51.
3) 위와 같음.
   張正龍, 《韓・中 歲時風俗 및 歌謠硏究》, 집문당, 1988, pp. 31~32.
4) 임재해, 〈설과 보름 민속의 대립적 성격과 유기적 상관성〉, 《韓國民俗學》19, 민
   속학회, 1986, pp. 295~297 (임재해, 《한국민속과 전통의 세계》, 지식산업사, 1991,
   pp. 191~220에 증보 재수록). 이 연구는 기존연구의 한계를 지적하고 이를 극복하
   는 방향에서 이루어진 것이다.
5) 임재해, 〈'한국농경세시의 이원성'에 관한 논평〉, 《한국문화인류학》20, 한국문화
   인류학회, 1988, pp. 138~151.
6) 이미 있었던 세시풍속에 관한 연구사적 검토가 이러한 방법론적 한계를 잘 증명해
   주고 있다.
7) 강무학, 《한국세시풍속기》, 동호서관, 1981.
8) 金星元, 《韓國의 歲時風俗》, 明文堂, 1987.
9) 정다운, 《人生十二進法》, 밀알, 1985.
10) 麻衣天, 《六甲》, 보성출판사, 1988.
11) 이 방면의 연구서로서 우선 눈에 들어오는 것들로는 韓圭性, 《老少問答 易學原理
    講話》, 동양사상연구소, 1927, 재판 ; 韓東錫, 《宇宙變化의 原理》, 행림출판,
    1985 ; 申天浩, 《陰陽五行의 槪論》, 명문당, 1987 ; 마루야마 도시아키 지음, 박
    희준 옮김, 《氣란 무엇인가》, 정신세계사, 1989 등이 있다.
12) 제18회 전국민속학대회(1989. 9. 23., 국립중앙박물관)에서 이 글을 20매 정도로
    요약해서 발표요지로 제출하고 세시풍속 분야의 연구사를 검토하는 발표를 한 바 있
    다. 이때 장정룡은 토론을 통해서 쓴이가 연구과제로 제기한 세시풍속의 기철학적
    연구에 관해 납득이 가지 않는지, 자세한 설명을 요청한 바 있다. 민속학대회에서
    발표하기 두 달 전에 민속학회에 제출했던 약 80매 정도의 원고에 아래 두 단락을
    덧붙여 보완한다.
13) 서구에서는 개인적인 생체리듬에 따라 출퇴근과 장거리 여행 등을 스스로 결정하
    는 한편, 일본에는 자동차도 이와 같은 리듬이 있다 하여 출고의 시기에 따라 차의

성능과 고장 부위와 시기가 다르다는 사실까지 연구하려 든다.

14) 집에서 고사를 지낸다든가 누가 혼인을 할 때는 고사일과 혼례일을 당사자의 생년 월일에 따라 날을 골라잡아서 하는 데 비해, 세시에 따라 날이 고정되어 있는 민속행 사, 즉 동제와 같은 경우는 주체자인 제관이나 축관 등을 정할 때 앞의 경우와 반대 로 생년월일시가 맞는 사람을 가려서 뽑는다.

15) 金宅圭, 《韓國農耕歲時의 研究》, 영남대 출판부, 1985, pp. 14~19.

16) 金宅圭, 〈韓國部落慣習史〉, 《韓國文化史大系》 Ⅳ, 고려대 민족문화연구소, 1969.

17) 임재해, 〈'한국농경세시의 이원성'에 관한 논평〉, pp. 138~140에서 자세하게 다 루었다.

18) 金宅圭, 앞의 책, 제2장 2·3·4절과 제19장 1절, 〈基層文化領域과 文化要 素〉에서 소상하게 논의되었으며, 〈한국 농경세시의 이원성〉, 《한국문화인류학》 20, 한국문화인류학회, 1988에서 좀더 구체적인 논의가 이루어졌다.

19) 張籌根, 앞의 책, p. 126.

20) 張正龍, 앞의 책, pp. 22~24, p. 252, 이 결론은 ㈐의 연구에서 가장 주목되는 부분인데, 이 책의 Ⅱ장 〈韓·中歲時風俗의 槪念과 研究史〉라는 서론적 논의에 서, 연구사에 앞서 간단하게 다룬 채 본격적인 논의 없이 결론으로 삼은 것은 납득 하기 어렵다. 논문의 체계로서도 문제가 된다.

21) 주 12)와 같은 상황에서, 장정룡은 토론을 통해서 자신이 연구한 한·중 세시풍속 의 구조에 관해서 쓴이가 제대로 그 성과를 포착하지 않은 것이 아닌가 하는 의문을 제기한 적이 있어, 본디 원고에 아래 인용문과 논평 내용 몇 단락을 덧붙여서 보완 한다.

22) 張正龍, 앞의 책, p. 22.

23) 임재해, 〈'한국농경세시의 이원성'에 관한 논평〉, pp. 139~140에 자세한 사정을 언급했다.

24) 李杜鉉, 《韓國民俗學論考》, 학연사, 1984, p. 291.

25) 《高麗史》 권 84, 志 권 38, 禁刑條에 의하면 元正·上元·寒食·上巳·端午· 重九·冬志·八關·秋夕을 9대 명절로 삼았다고 한다.

26) 洪錫模, 《東國歲時記》에는 正朝·寒食·端午·秋夕을 4대 명절로 삼았다.

27) 張籌根, 앞의 책, p. 32.

28) 다른 명절은 모두 월일을 분명히 밝히고 있는데, 이 경우만은 달만 표시하고 있 다. 물론 전거도 밝히지 않았다.

29) 李杜鉉, 앞의 책, p. 291에도 대표적인 명절을 자세하게 제시하고 있지만, ㈐의 그것과 전혀 다르다.

30) 張正龍, 앞의 책, p. 178에서 "5월은 하절의 세시풍속상 중심이 되는 달로서 이때 에는 절기로는 망종과 하지가 들어 있다. 망종은 '芒之種穀可稼種'의 시기이므로 성장을 도모하기 위한 행사가 이때 열린다. 대표적인 풍속으로는 5월 5일의 단오절

을 들 수 있다"고 했다.

31) 金宅圭, 앞의 책, p. 260.

32) 張正龍, 앞의 책, p. 194에서도 칠석·백중·추석·중양 등만을 거론하고 있다.

33) 張籌根, 앞의 책, p. 293.

34) 金宅圭, 앞의 책, 제13장 3절 〈秋夕薦新〉 참조.

35) 金明子, 〈歲時風俗의 循環意味〉, 《韓國民俗學》 16, 민속학회, 1983, pp. 101~118.

36) 張正龍, 앞의 책, 250여 페이지 가운데 pp. 22~23에 각각 반쪽씩 언급한 것이 양국 세시풍속의 구조에 관한 결론을 이끌어내는 논의의 전부이다.

37) 張籌根, 앞의 책, pp. 32~40, 제1장 4절 〈曆法과 歲時風俗〉.

38) 金宅圭, 앞의 책, pp. 48~69, 제3장 1절 〈生業曆과 祭儀曆〉, 2절 〈農耕儀禮의 母胎〉.

39) 崔吉城, 〈歲時風俗과 儀禮〉, 《韓國人의 生活風俗》, 시사영어사, 1982, pp. 45~61에, 천체와 세시풍속의 관계, 자연현상과 세시풍속, 세시풍속에 나타난 시간구조 등 주목할 만한 논의를 한 바 있다.

40) 임재해, 〈설과 보름 민속의 대립적 성격과 유기적 상관성〉은 이런 관점에서 연구되었으나 시도에 불과하다.

41) 李杜鉉, 앞의 책, pp. 288~289.

42) 위의 책, pp. 328~363.

43) 임재해, 〈설과 보름 민속의 대립적 성격과 유기적 상관성〉은 이러한 시각에서 다룬 것이다.

44) 金宅圭, 앞의 책, pp. 363~446.

45) 任東權, 《韓國歲時風俗研究》, 집문당, 1985, 6·8·9장은 각기 서울·어촌·바다의 세시를 다루었다.

46) 李杜鉉, 앞의 책에서는 黃海道, 平南·北道, 咸南·北道, 會寧郡과 같은 이북지역과 안동댐 수몰지역의 세시풍속을 다루었다.

47) 이 문제에 관한 자세한 논의는 임재해, 〈'한국농경세시의 이원성'에 관한 논평〉, p. 143 참조.

48) 고시가를 대상으로 한 연구로는 林基中, 〈韓國詩歌文學에 있어서의 歲時風俗의 意味〉, 《韓國民俗學》 15, 민속학회, 1982 ; 朴焌圭, 《韓國歲時歌謠의 研究》, 전북대 박사학위논문, 1983이 있다.

49) 金宅圭, 앞의 책, pp. 451~452.

50) 임재해, 〈'한국농경세시의 이원성'에 관한 논평〉, p. 145.

51) 위의 글, pp. 143~144.

52) 위의 글, pp. 142~143.

53) 임재해, 《한국민속과 전통의 세계》, 지식산업사, 1991, pp. 191~220에 주 4)의 논문을 증보 재수록하면서 이 문제를 자세하게 다루었다.

민속연희 연구의 학사적 의의와 구조적 한계

1. 민속극 연구의 동향과 연구의 위상

한국 민속학 분야에서 가장 괄목할 만한 연구성과를 거둔 분야 가운데 하나가 민속극 연구이다. 민속극 연구의 선구적인 업적으로는 1933년에 간행된 김재철의 《조선연극사》를 들 수 있다. 일찍이 국학의 어느 분야에서도 사적인 체계를 갖춘 연구서가 간행되지 않은 시기에, 특히 자료가 부족하고 학계의 관심이 소홀한 민속극에 관한 역사가 체계적으로 정리되었다는 것은 대단한 성과로 주목하지 않을 수 없다. 김재철의 《조선연극사》는 민속극 연구의 활성화를 가져왔을 뿐 아니라, 한국 민속학의 발전을 부추기는 커다란 계기를 마련했다고 하겠다. 《조선연극사》가 민속극에 관한 사적 연구의 윤곽을 잡아 그 전모를 드러내는 성과를 거두었다면, 뒤를 이은 이두현은 《한국가면극》에서 한층 꼼꼼한 문헌 섭렵과 현장자료의 채록을 토대로 한국 민속극의 실상과 역사적 자취를 생생하게 부각시켰다고 하겠다.

특히 이두현의 연구는 동아시아의 탈과 탈춤에 관한 연구성과뿐만 아니라, 이 분야의 세계적인 연구업적을 두루 참고하고 현장에서 수집한 각종 연희본과 광대들에 대한 자료들을 사진과 함께 정리해두어서 자료집으로서 지닌 가치도 대단하다. 그러나 이들 두 연구는 민속극이 지닌 연극미학적 성격을 논리적 체계로 해명하는 일이나 구조적 형상을 통해 드러내고자 하는 숨은 뜻을 깊이 있게 분석하는 작업을 감당하지는 못했다. 현장조사는 자료의 채록으로, 연구는 문헌자료의 추적으로 분리되어 있다. 분석적 논리보다는 잡다한 문헌적 지식이 풍부하게 제시되어 있어, 읽는 이로 하여금

기억력에 의한 지식의 축적을 지루하게 강요할 뿐, 민속극에 대한 창조적 이해력을 길러주는 소박한 감상의 단계를 벗어나지 못한다. 주제가 무엇이라고 해설을 했으되, 왜 그러한가 하는 체계적 해명은 없다. 한마디로 인용할 정보는 많되 해석의 길을 열어주는 신선한 충격은 적다. 한문세대이면서 명사세대인 두 학자들이 거둔 의의이자 한계라 하겠다.

이러한 한계를 뛰어넘은 연구가 조동일의 《탈춤의 역사와 원리》이다. 민속극의 역사를 다루되 문헌적 주석에 사로잡혀 있지 않고, 세간에서 전승되는 탈춤과 풍물굿의 원리를 구조적으로 분석하여 그 발전적 전개과정을 역사적으로 추적했을 뿐 아니라, 작품의 미학적 형상성과 그 형상을 통해 드러내고자 하는 주제를 명쾌하게 분석하여 제시한다. 주제가 그럴 수밖에 없는 까닭이 작품의 갈등구조를 통해서 해명되고, 그러한 갈등구조의 연원이 여름과 겨울의 싸움굿과 남녀의 성행위굿 화소로부터 비롯되었다는 사실을 밝힘으로써 민속극의 풍농굿기원설도 추론된다. 민속극뿐만 아니라, 민중의식의 성장과 민중문화의 발전과정을 역사적 맥락 속에서 이해할 수 있는 역량을 길러준다. 현장에서 조사한 경험이 논리를 개척하고 작품을 분석하는 체계로 연결되어 있다. 민속극에 관한 잡다한 정보나 탈춤에 대한 이러저러한 지식을 나열하지도 않았으며, 문헌을 토대로 한 역사적 기록도 두루 제시되어 있지 않다. 민속극의 원리를 해명하는 일관된 논리가 책의 전편을 꿰뚫고 있을 따름이다. 논리를 따라 흥미진진하게 읽어나가다가 보면 수수께끼가 하나씩 풀린다. 인용할 만한 새로운 정보는 그리 많지 않되 민속극을 보는 안목이 밝게 트임을 자각할 수 있다. 한글세대이자 동사세대인 연구자가 거둔 성과이자 문제점이라 할 만하다.

이러한 연구사의 큰 줄기 사이에서 새로운 줄기들을 이루고 있는 것이 정상박의 《오광대와 들놀음 연구》, 장정룡의 《강릉관노가면극연구》 등이다. 이들 연구들은 두 갈래의 연구경향을 수렴하되 일정한 민속극을 구체적으로 한정하여 역사적 문제도 따지고 작품도 정교하게 분석하는 시도를 하였다. 서연호는 일련의 연구를 계속하여 이들 작품별 연구에 만족하지 않고 한국 민속극 연구를 《한국의 탈놀이》라는 이름 아래 5권의 책으로 집

대성함으로써, 연구사의 줄기에 한 매듭을 이루게 되었다. 이러한 연구사의 줄기들 속에서 《한국의 연희》는 어떤 위상을 차지하고 있는가 하는 것은 흥미를 끈다.

저자 윤광봉은 우선 머리말에서 이 연구의 위상을 자신의 연구사 속에서 자리매김해두고 있다. 저자의 연구는 두 가지 목표를 겨냥하고 이루어졌다. 하나는 그의 첫 저작이자 박사학위논문인 《한국연희시연구》의 후속편을 내고자 한 것이다. 물론 후속편이라 하여 연희시 연구의 속편이거나 그것의 확대재생산을 말하는 것은 아니다. 연희시를 다루면서 떠올랐던 여러 가지 착상과 당시에 제기되었으되 연희시 연구에서 미처 다루지 못했던 논제들을 발전적으로 다루는 일일 터이다. 그것은 두번째 목적으로 연결되기도 한다. 그 둘은 바로 한국 연희사를 쓰는 일이다. 그러나 이 연구는 책의 표제가 드러내는 바처럼 본격적인 연희사라 할 수 없다. 저자의 주장대로 "그동안 논문 형식으로 썼던 것을 되도록이면 사적으로 정리히여 쉽게 풀어낸 것"이다. 그렇기는 하되, 책의 서술 체계를 보면 고구려와 백제를 포함한 고대연희에서 비롯하여 신라의 각종 연희를 다루고 이어서 고려시대·조선시대의 연희를 차례로 다루고 있어, 거의 '연희사'라고 해도 좋을 듯하다.

그럼에도 불구하고 연희사로 표방하지 않는 까닭은 어디에 있을까. "이제 겨우 시작"이라는 저자의 겸허한 마음가짐에서 비롯된 것일 수 있다. 다른 한편으로는 저자 나름대로 틀 지워놓고 있는 역사에 대한 인식을 염두에 두고 있기 때문이다. 저자는 머리말에서 "연희의 용어에 대한 개념 정리를 더 생각해보아야 하겠다는 생각 때문"이라고 했으나, 용어에 대한 개념이 일정하게 정리되었다고 하더라도 연희의 형성과 전승에 따르는 역사적 전개 과정을 일관된 논리 속에서 통시적으로 서술하지 못한다면 그것은 진정한 연희의 역사, 곧 연희사라 하기 어렵기 때문이다. 이두현의 《한국가면극》이 각 시대별로 민속극과 연희의 여러 모습들을 서술하였지만 가면극사를 표방하지 않는 것처럼, 저자 또한 한국의 연희를 각 시대별로 서술하였으나 연희사를 포기하였다고 하며 다음의 연구로 미룬 것도 같은 사정이다.

우리는 여기서 저자의 연구사 속에서 이 책이 지닌 위상을 가늠하게 된

다. 《한국연희시연구》에서 시작된 연희연구의 단초를 《한국연희사》 연구로
까지 이끌어가는 중간단계의 노작이 바로 이 연구인 것이다. "몇 군데는
《한국연희시연구》와 겹치는 곳도 있지만 거의 다 새로운 원고임을 확인하게
될 것"이라면서, "사실은 연희사를 염두에 두고 쓴 것이지만 이번에도 이것
을 포기했다"는 진술이 이러한 사실을 단적으로 드러내주고 있다. 그러면서
이 책이야말로 저자가 한국 연희사를 쓰는 전단계의 작업임을 예고하는 강
한 징표임을 가늠하게 된다.

2. 민속극 연구의 폭과 놀이연구의 깊이

저자가 밝힌 개인 연구사 속의 위상이 곧 한국 민속극 연구사 또는 연희
연구사에서 이 책이 차지하는 위상을 그대로 드러내는 것은 아니다. 따라서
우리는 저자 자신이 가늠해놓은 연구사적 좌표에서 물러서서, 한국 연희 연
구사의 좌표를 별도로 가늠해보고, 그 위에서 차지하고 있는 이 책의 위상
을 가닥잡아보는 일이 주요 관심거리이다. 앞에서 거론한 그동안의 작업들
은 사실 연희를 다소 다루기는 해도 구체적으로 표방하는 바는 '연극사'이
거나 '가면극' 또는 '탈춤'이었다. 따라서 민속극을 연극적 시각에서 사적
으로 정리하는 한편, 민속연희를 탈춤의 형성과 역사적 전개과정을 이해하
기 위한 보조자료로 주목했을 따름이다. 따라서 그 사이 탈춤을 중심으로
한 연극사의 정리는 어느 정도 이루어졌으나, 연희연구의 폭을 온전히 확보
하지는 못했다.

김재철의 《조선연극사》에서 제기된 '연극사'의 문제의식과 연구의 폭이
이두현의 《한국연극사》에서 지속 발전되었다. 민속극에서 신극까지 다루는
역사적 길이의 확장이 연극사의 면목을 새롭게 갖추었다고 하겠다. 그러나
《한국가면극》에서 확보된 문헌자료의 기록을 중심으로 시대별 연극의 자취
를 통시적으로 정리하는 것이 곧 연극사 서술이라는 인식에 큰 변화가 나타
나지 않았다. 역사적 연구의 새로운 변화는 조동일과 박진태의 탈춤연구에
서 보이기 시작한다.

조동일의 《탈춤의 역사와 원리》에서는 민중의식의 성장과 함께 민중문화가 지배층의 문화에 맞서면서 인간과 자연 또는 인간과 신령 사이의 주술적 갈등이, 어떻게 인간과 인간 또는 인간과 사회 사이의 예술적 갈등으로 변화 발전하는가에 주목하였다. 그 결과 굿에서 극으로 또는 농촌탈춤에서 도시탈춤으로 성장해간 자취를 여러 모로 추론하는 가운데 탈춤의 역사적 원리를 밝혔지만, 탈춤이 지닌 변혁성에 관한 분석이나 그 전망을 가늠하는 데까지 나아가지 못했다. 탈춤은 굿의 주술적 해결을 예술적 표현으로 형상화하는 한편, 사회과학적 해결을 추구하는 변혁성을 갈무리하고 있다. 이러한 변혁성이 사회변동과 더불어 실천운동으로 발전해나가는 최근의 마당굿 운동 현상을 다루지 못한 것은, 이 연구가 이두현의 1960년대적 연구를 한 걸음 진전시킨 1970년대적 연구로 그 성과에 만족하면서 더 이상의 진전된 연구로 지속되지 않은 까닭이다.

박진대의 《탈놀이의 기원과 구조》에서는 별신굿을 중심으로 무당굿기원설을 펴면서 무당굿의 진행절차를 중심으로 탈춤의 서사적 구조를 해명하고 있다. 자연히 무당굿을 일정한 틀로 정형화하고 탈춤도 이와 같은 틀과 연관지우면서 탈춤이 어떻게 변화 발전되었는가 하는 것을 설명하고 있다. 이는 김열규가 《한국신화와 무속연구》에서 탈춤의 연행을 굿의 문맥 속에서 살펴야 한다고 주장한 것처럼 탈춤을 무당굿의 테두리 속에서 보아야 한다는 견해의 연장선상에 있는 작업으로서, 무당굿과 탈춤의 형식적 연관성을 체계적으로 드러냈다. 따라서 이 연구는 탈춤의 연구이면서도 사실은 굿의 연구라고 해도 좋을 만큼 굿에 대한 방대한 논의를 펴고 있다. 이러한 성과는 탈춤을 민중이 주체가 된 민중문화의 한 양상으로 이해하는 길을 차단하고, 민중의식의 성장과 역사발전이 맞물리면서 굿의 주술성을 청산한 것이 탈춤이라는 인식을 흐려놓는 한편, 굿을 보는 시각도 민중이 주체인 풍농굿에서 특정 사제자 주체의 무당굿으로 무게중심을 옮겨감으로써 모처럼 확보되었던 굿의 진면목을 상투적 인식으로 환원시킬 가능성이 있다. 이와 관련하여 백기완의 주장은 주목할 만하다.

"봉건 지배계층은 끊임없이 우리 민중의 굿을 파괴하기에 이르렀다. 그것은
먼저 민중적 쟁점과 굿거리와의 연결을 차단코자 하였다. 굿이 백성들의 삶으
로 되어 있으니 그 자체를 전적으로 막을 수는 없었으므로, 편법으로 굿의 알
맹이를 빼고자 하였다는 것이다. 다시 말하면 민중굿의 비정치화, 요샛말로 하
면 연희적 성격만 남기는 순수성에로의 굿의 퇴화공작이다. ……이 탄압과정은
봉건적 수탈체제가 강화되어감에 따라 더욱 죄어져, 민중 스스로 담당했던 굿
이 굿쟁이(전문가)가 담당하는 계기를 이루고, 따라서 굿쟁이의 신분변화(농민
층으로부터 유한층)에 따라 굿거리의 내용이 변해버리는 계기를 가져오기도 했
었다." (〈민족과 굿〉, 《민족과 굿》, 학민사, 1987, p. 10.)

물론 앞의 연구들은 어느 것이나 연희까지 논의의 폭을 확장하는 데에도
인색했다. 연희연구의 범주로 삼아 그 연구성과를 거론할 수 있는 민속놀이
의 경우는 아직 본격적인 연구서 하나 제대로 내지 못하고 있다. 놀이자료
의 정리와 민속적 해설에 머문 연구서가 심우성·장주근·김광언 등에 의
해 이루어졌을 뿐, 한국 민속놀이의 역사와 원리를 체계적으로 밝히는 연구
는 아직 진행되지 못했다. 한국 민속놀이의 자료와 해설은 있어도 총체적
연구는 없다고 해도 지나친 말이 아닐 정도로 민속놀이 연구는 부진한 편이
다. 저자의 뜻매김대로 "연희는 연극 이전의 가무백희를 말한다"고 한다
면, 민속놀이에 관한 역사적 연구가 없이는 연희사 서술이 불가능하다. 민
속극과 굿 뿐만 아니라 민속놀이에 관한 확장된 논의가 유기적으로 서술될
때 한국 민속연희연구의 체계적 서술이 터잡을 수 있다.

이런 상황 속에서 저자 윤광봉이 낸 《한국의 연희》는 박진태의 《탈놀이
의 기원과 구조》와 함께 1980년대말에서 1990년초의 연구로서 어깨를 나란
히 하되, 그 맥락을 달리하고 있다. 가면극 중심의 논의에서 부수적으로 거
론되던 각종 잡희와 곡예·가무·제의 등 연행예술 일반, 그래서 흔히들
민속극과 민속놀이까지 싸잡아 일컫는 '연희'들을 다루고 있다. 그동안 대
부분의 연구들이 유행처럼 탈춤의 연구에 몰입하고 있는 동안, 저자는 그
관심의 폭을 넓혀서 연희 일반에 대한 연구를 지속적으로 해왔다. 그러면서
탈춤과 굿에 대한 논의에 맞서 탈춤과 놀이에 대한 연관성을 주목하였다.

따라서 그동안의 연구가 굿의 테두리 속에서 탈춤을 보려는 시각을 유지하고 있었다면, 저자는 연희, 곧 가무백희의 테두리 속에서 탈춤을 보려는 남다른 시각을 지녔다. 굿과 놀이가 별개의 것이 아니라, 놀이가 곧 굿이요 굿이 곧 놀이라면 탈춤을 둘러싸고도 당연히 같은 비중의 논의가 있어야 마땅할 터인데, 그동안 탈춤을 비롯한 우리 민속극은 상대적으로 굿의 원리 속에서 해명하는 논의로 치우쳐 있었다. 그러므로 저자의 연구는 우리 민속극에 대한 연구의 균형을 잡아주는 구실을 하는 동시에, 민속놀이에 관한 역사적 연구의 깊이를 확보해준 성과로 평가할 만하다.

말을 달리하면, 민속극 연구의 논의 폭을 넓히는 의의와 민속놀이 연구의 깊이를 획득하는 성과를 올림으로써, 이 책은 민속학의 두 분야 연구가 안고 있던 불균형과 한계를 한꺼번에 해결해준다. 곧 민속극 연구에서는 논의의 대상을 확장시킴으로써 그 불균형을 해소시키고, 민속놀이 연구에서는 민속적 해설의 한계를 극복하는 역사적 연구의 단초를 마련한 것이다. 이것이 곧 '연희사'를 표방하는 이 책의 연구사적 위상이 자리잡고 있는 긍정적인 면이다. 이러한 성과와 의의를 뒤집어서 말하면, 곧 다음과 같은 문제와 한계를 지적할 수도 있다. 민속극 연구에서는 기존 논의를 극복할 수 있는 진전된 성과를 거두지 못함으로써 연구의 깊이와 문제의식의 한계를 드러내는 한편, 민속놀이에서 현재 전승되고 있는 생생한 자료들에 관한 논의가 거의 없다는 문제를 안고 있다. 이러한 한계와 문제점들은 '연희'라는 이름으로 대상을 바라볼 때 필수적으로 지닐 수밖에 없는 이 책의 연구사적 위상이 처한 부정적인 면이다.

문제는 연희라는 개념으로 연극이나 놀이를 보는 데서 비롯된다. 연희라는 용어는 역사적 문헌적 용어이다. 그러면서 연극과 놀이를 포괄해서 나타내던 옛말이다. 역사적 문헌적 용어라거나 옛말이라고 하는 까닭은 연극과 놀이의 전승주체인 민중들 가운데서는 쓰임새로 나타나지 않던 관념적 용어이자, 한때 가면극 연구서에 등장한 학술용어이긴 해도 일상생활 속에서 쓰이는 생활말이 아니라는 뜻이다. 따라서 '연희'라는 이름으로 대상을 다루는 한 역사적 논의로 기울어질 수밖에 없다. 저자의 의도대로 역사적 연구의 성과는 계속해서 기대할 수 있되, 현장연구로서 대상을 주목할 때는 일정한 한계를 가질 수밖에 없다. 실제로 이 책에서 다루는 대상을 보면, 고대 가무백희에서 나례·오기·무애무·검무·기악·처용가무·팔관회·연등회·나례·산대극·괴뢰잡희·판소리·사당놀이·씨름·추천·곡예 등에 이르기까지 참으로 다양하다. 그러므로 각종 연행물의 역사적 모습을 헤아려보는 데는 '연희'라는 용어만큼 포괄성을 지니는 말은 없을 법하다.

그러나 오늘날의 학문적 갈래에 따르거나 실제생활에서 보이는 문예활동의 처지에서 보면 어느 쪽이든 기대하는 성과에 이르기 어렵다. 이를테면 민속극에 관심을 가진 이든 전통춤에 관심을 가진 이든, 이 책을 통해 민속극과 전통춤의 역사적 자취를 체계적으로 이해하는 데는 한계를 가진다. 놀이와 곡예, 굿과 축제, 노래와 판소리 등 어느 갈래의 경우든, 극이나 춤과 마찬가지로 이 책을 통해서 그 역사적 전모를 이해하는 데는 흡족한 성과를 제공하지 못하고 있다. 한편으로는 이들 다양한 갈래를 두루 포괄하는 총체성을 지니면서, 다른 한편으로는 어느 갈래 한 분야도 온전하게 다루지 못하는 부분적 성과의 집성에 만족할 수밖에 없었다. 그것은 연희사를 표방하는 한 이러한 의의와 한계는 구조적으로 공존할 수밖에 없지 않을까 하는 것이 서평자의 생각이다. 연극이든 놀이든, 또는 축제든 가무든 어느 한 갈래를 논의의 중심축으로 삼고서 관련된 다른 연희의 갈래들을 두루 끌어들이면서 역사적 연구를 진행하지 않는 한, 이 책에서 형성하고 있는 논지의 체계를 바로잡기란 여간 어렵지 않을 것으로 생각된다.

3. 세 가지 연구성과와 다섯 가지 미덕

저자가 이 책에서 거둔 연구성과는 크게 세 가닥으로 나누어서 정리할 수 있다. 첫째는 앞에서 거론한 바와 같이, 선행 연구들이 저마다 각기 제 분과학문의 영역이나 민속학의 구체적 대상을 중심으로 연구를 진행시키고 있는데, 저자는 이를 포괄하여 '연희사'라는 논제로 수렴하고 이를 하나의 문화체계로 관철하는 논의를 시도한 점이다. 이를테면 그동안 민속놀이·탈

춤 · 꼭두각시놀음 · 민속춤 · 굿 · 판소리 등 분류사 중심의 논의가 어느 정
도 이루어진 반면에, 시대사 중심의 논의는 미흡했을 뿐 아니라 축제와 곡
예에 관한 연구는 논의의 범주에서 제외되기 일쑤였다. 이 책은 이러한 한
계를 보완하여 각 시대별 연회 양상들을 통시적으로 다루었을 뿐 아니라,
축제와 곡예 등 그동안 주목하지 않았던 연회의 갈래들까지 두루 끌어들이
는 넉넉함을 보여주고 있다는 점이다.

　둘째, 이 분야의 연구에서 가장 빈번하게 지적되는 어려움 가운데 하나인
문헌자료의 부족을 들면서, 문헌자료에 대한 진지한 관심과 치밀한 자료 탐
색의 작업을 포기하는 경향이 있었다. 그런데 저자는 '연회시'라는 독자적
시가 이름을 부여해가면서 각종 문헌에 수록되어 있는 연회 관련 시가를 성
실하게 수집하고 이를 꼼꼼하게 분석함으로써, 빈곤한 문헌자료의 한계를
극복해내는 동시에 연회연구의 새로운 논의마당을 만들어놓았다는 사실이
다. 물론 이러한 성과는 그의 첫 저서인 《한국연회시연구》에서부터 마련된
연구역량의 진전에서 비롯된 것이다. 한시를 온전하게 이해하고 분석할 수
있는 한문학 또는 시가문학에 대한 일정한 수준의 학문적 역량과, 방대한
문헌자료를 지속적으로 섭렵해나가는 성실성이 뒷받침한 결과라 하겠다.

　그런 까닭에 저자의 연구를 주목할 때 그 자료를 보면 한시 또는 고시가
연구자로 인식되다가도, 그 논지를 보게 되면 민속사 연구자로 인식되기도
하는 등 학문적 양면성을 지니고 있음을 알 수 있다. 저자의 학문적 양면성
은 종래 경학 중심의 한문학과 문예학 중심의 시가학이 좁고 높은 세계에
머물러 있던 학문을, 문화 중심의 한문학과 생활 중심의 시가학으로 끌어내
리면서 그 좁은 테두리의 학문 세계를 넓게 확장하는 구실까지 한 셈이다.
결국 귀족학의 하나였던 한시연구의 오랜 관례를 깨고 민중학을 지향하는
한시연구의 가능성을 적극적으로 열어놓는 성과를 거둔 것이다.

　셋째는 문헌을 주자료로 삼는 경우 흔히 소홀히 하기 쉬운 것이 현장연구
인데, 저자는 동사세대답게 관련 현장을 찾아 이웃나라들까지 두루 답사를
다니고, 거기서 수집한 문헌자료와 현지조사 내용을 종횡으로 참고하여 논
증의 전거로 삼음으로써 한국 연회의 원류 또는 영향관계를 실감나게 논의

한 사실이다. 그동안 한국 연희의 영향관계를 논의한 경우 문헌자료의 기록
이나 기존 연구의 성과를 인용하여 거론하는 데서 머무르기 일쑤였다. 여기
서 더 나아간 경우에도 국내에서 전승되는 현장자료 조사가 고작이었다. 그
런데 저자는 중국의 운남·귀주·돈황석굴 등지를 직접 돌아보고 나희(儺
戲), 탈춤, 민속가무의 현장공연을 참관했을 뿐 아니라, 기악의 비천(飛
天) 그림들을 분석하여 한국 연희의 양상을 해석하고 그 관련성을 따져봄으
로써 막연하게 가늠해보았던 중국 연희와의 상관성을 소상하게 드러내고자
한 것이다.

  현장에서 찍어온 공연장면 사진이나 박물관과 벽화 자료사진들은 논거를
보완하는 실증적 자료로서 연희사 이해의 폭을 넓히게 하였다. 이만한 답사
를 하고 자료를 정리하자면 적지않은 시간과 경비를 투입했으리라 짐작된
다. 적어도 민속현상의 영향관계를 논의할 경우에는 영향을 주고받은 나라
의 현지조사는 필수적이라는 사실을 일깨워준 셈인데, 후학들은 이 책에서
소개하는 자료와 분석들을 통해 상당히 수월한 연구를 하게 되었다. 연희사
로 일컬어지는 많은 문헌기록과, 이웃나라에서 현지조사하여 보고하는 내용
들은 다음 연구를 위해서도 중요한 자료 정리가 되었다고 하겠다.

  이와 같은 학문적 성과에 이어, 이 연구가 보여주고 있는 몇 가지 미덕도
들어두지 않을 수 없다. 우선 한국 연희를 다루면서 시간적 공간적 좌표를
상당히 넓게 설정하고 그 위에서 우리 연희의 위상을 드러내려고 한 사실이
다. 어떤 대상에 관한 연구이든 언제, 어디서라는 시·공간적 좌표가 고려
되지 않은 채 분석 해석되는 경우 그 대상의 실체를 온전하게 포착할 수 없
다. 이 책은 연희사를 염두에 두고서 정리한 글이므로 우리 연희의 통시적
흐름에 관한 논의는 자연스레 이루어질 수 있다고 하겠으나, 동아시아 여러
나라의 연희문화를 함께 고려하고 그 교섭관계도 더불어 논의함으로써, 동
아시아 연희문화의 공간적 좌표 속에서 우리 연희의 독자성을 새롭게 조명
한 것은 별도의 의의로 주목할 만하다. 그리고 종래의 독자적 연희로 실제
이상의 높은 평가를 받아오던 연희양상에 관해서도 동아시아의 보편성 속에
서 그 위상을 점검하게 됨으로써, 객관적 이해에 이를 수 있게 되었다.

　다음으로는 한·중문화의 교섭관계를 다룰 때 상투적으로 빠지기 쉬운 중국문화의 막연한 영향론을 극복한 점이다. 중국에는 수많은 나라들이 흥망성쇠를 거듭했을 뿐 아니라, 지역에 따른 문화차이도 엄청나서 단순한 중국영향론은 무의미하게 된다. 어느 시대, 어느 지역의 중국이라는 것이 구체화되지 않은 채 중·한·일의 문화전파를 말하기 일쑤인데, 이 책에서는 중국사 속에서 차지하는 일정한 시대와 지역, 국가까지 거론하여 논의의 구체성을 획득하고 있다. 이를테면 기악(技樂)의 전파를 다루면서 천산산맥 남쪽 기슭의 고차(庫車)를 거쳐 서쪽으로 가면 구자국(龜玆國)의 옛 땅 배성(拜城)이 있는데, 이 지역의 극자이(克孜爾) 석굴(2~3세기)에 그려진 악무벽화를 중심으로, 구자의 기악이 위진남북조(魏晉南北朝)시대 중국을 거쳐 백제와 일본에 전해진 과정을 각종 문헌과 벽화자료를 전거로 자세하게 논증하고 있는 것이 좋은 보기가 되겠다.

　그리고 고대문화에 관한 한·중교섭사를 논의할 때 으레 중국문화가 한반도로 전래해온 일방적 영향론을 펴기 쉬운데, 이 책에서는 한국문화가 중국에 영향을 준 것까지 밝혀두었다는 점도 보기 드문 미덕으로 꼽을 수 있다. 이를테면 백희(百戱)의 연원으로 삼고 있는 치우희(蚩尤戱)는 그동안 중국 고유의 것으로 인식되고, '치우'는 그들의 전쟁신으로 떠받들어지고 있었으나, 사실 이 치우희는 배달민족의 오랜 놀이였음을 밝혔다. 송나라의 악서(樂書)에 의하면 치우의 머리에 있는 뿔은 황제와 다툴 때 사용한 것이라 하였으므로, 이것이 유래가 되어 지금껏 익주에서 치우희가 전승되는 것으로 해석되었다. 그러나 《단군고기》에 의하면, 고조선의 자조지환웅(慈鳥支桓雄)을 '치우천황'으로 일컬었으며, 치우천황은 최초로 투구를 만들어 썼을 뿐만 아니라 쇠머리에 구리머리를 가진 이로 이야기되는가 하면, 바람·번개·구름·안개를 능숙하게 부리고, 칼과 창, 활과 큰 도끼를 만들었으며, 모든 금수와 물고기를 잘 다스렸다고 한다. 그러므로 이 논의를 확장하면 백희의 연원은 고조선에 뿌리를 두고 있는 셈이다.

　또 고구려 춤이 당의 궁정에서 공연되었다는 사실이나, 남북조시대에 고려악과 백제악이 중원으로 들어갔다는 지적도 좋은 보기이다. 북조(北朝)에

서 북위(北魏)가 북연(北燕)을 멸망시킨 뒤 고려악과 백제악이 들어갔으
며, 북주(北周)가 북제(北齊)를 멸한 뒤에 고구려와 백제에서 악을 보냈다
고 한다. 그래서 수·당 궁정에서 칠부악과 구부악, 십부악 가운데 고려악
을 고루 넣게 되었다는 것이다.

또 다른 미덕으로는 한시를 주자료로 한 역사적 논의는 어떤 논지로 전개
되는 글이든 한문투성이의 문장으로 이루어져 있어 한글세대들의 독서에 장
애를 줄 뿐 아니라, 한시구나 한문장을 그대로 본문에 옮겨둔 까닭에 이해
불가능한 문장이 많은 편인데, 이 책에는 한자가 거의 노출되어 있지 않고
한시를 비롯한 각종 한문장들이 본문에 온전히 번역되어 있으므로 이해에
많은 도움을 주었으며, 그에 해당되는 한문장들을 각주에 그대로 인용해두
었으므로 전거를 확인하는 데도 수월하다. 독자의 사정을 염두에 둔 저자의
배려라 하겠다.

4. 연희연구의 자료적 한계와 논지의 일관성

우리는 이 책의 성과와 미덕을 이어받으면서 이 책의 한계를 극복해야,
한층 진전된 '연희사' 서술을 기대할 수 있다. 한국 연희사 연구의 진전을
기대하면서 이 책의 한계를 몇 가지로 요약해본다. 우선 연희의 대상과 연
구의 논지가 뚜렷하게 부각되어 있지 않다는 점이다. 가장 처음으로 부닥뜨
리는 것은 연희의 개념이다. "연희는 연극 이전의 가무백희를 말한다"고 했
지만, 탈춤과 꼭두각시놀음과 같은 민속극을 두루 다룰 뿐 아니라, 추천희
와 같은 놀이는 다루면서 널뛰기나 윷놀이, 동채싸움과 같은 놀이는 다루지
않았다. 연희와 연극, 연희와 놀이의 관계를 분명하게 정리할 필요가 있겠
다. 이 방면의 기존 정리를 수렴하든지 아니면 비판적 검토를 거쳐 연희에
대한 범주를 조작적으로나마 잡아두어야 연희사 서술의 체계가 일관성을 지
닐 수 있을 것이다.

다음으로는 연구의 논지가 살아나지 않은 점을 한계로 들 수 있다. 저자
가 머리말에서 밝힌 바처럼 "그동안에 논문 형식으로 썼던 것을 되도록이면

쉽게 풀어낸 것"이므로, 글의 장과 절 사이의 유기성이 쉽게 확보될 수 없다는 점을 받아들여야 할 것이다. 그러나 제각기 쓴 논문이라도 연희를 보는 연구자의 일정한 관점이나 세계관이 통일성을 지니고 하나의 목표로 귀결될 수 있다면 책의 전체 논지도 가닥잡힐 수 있다. 이를테면 가장 첫글이 〈전통 연희 속의 민중의식〉일 뿐 아니라, 이 글을 마무리하면서 "지금부터 서술하고자 하는 한국의 연희도 바로 이러한 민중의 염원과 의지에 바탕을 둔 것임은 말할 것도 없다"고 했는데, 실제로 이어지는 글의 내용은 연희를 통해서 민중의식의 실상을 여러 모로 분석해내고, 민중의 문화적 역량이 한국 연희사를 이끌어간 동력이었다는 사실을 밝혀나가는 데는 소홀히 하고 있다. 오히려 이 대목에서 바로 이어지는 다음 서술을 보면 왕조 중심의 연희연구를 시도하고 있는 느낌이 든다. 그것은 연희의 주체를 왕조로 보는 데서 드러난다.

> 올바른 한국 연극사가 이루어지려면 바로 이 가무백희를 중심으로 한 한국 연희사가 따로 정리되어야 할 것이다. 예부터 통치자의 입장에서는 연극보다는 가무백희를 필요로 했다. 왜냐하면 그들은 사회에서 일어나는 여러 가지 갈등을 표면화시키기보다는 가무백희의 갖가지 놀이로 왕조의 번영을 상징하면서 화해와 단합을 꾀하는 것이 유리했기 때문이다. 따라서 이러한 가무백희를 중심으로 한 이른바 연희문화에 대한 연구는 우리 연희사의 정립을 위해서도 긴요하다.

실제 논의에서도 민중의 일상적인 삶 속에서 벌어지는 연희보다는 궁중 중심의 나례의식 때 베풀어지는 가무백희들을 주로 다루었다. 그리고 세간에서 민중에 의해 벌어지는 연희들조차도 지배층의 눈으로 보고 해석하는 데 치우쳐 있다는 사실도, 연희 속에 나타난 민중의식을 읽어내는 데 장애가 된다. 그것은 주요자료들이 지배층들에 의해 지어지고 기록된 한시였던 탓이다. 연희시를 다른 시각에서 보면 '귀족관료들의 연희 관전시'에 지나지 않는다. 이를테면 성현(成俔)의 연희시를 통해 조선조 초기의 연희를 정리하면서, 글의 서두에 성현의 의식세계를 다음과 같이 서술하고 있다. "그의 관심은 질서관을 다지는 것이었는데, 특히 예악에 의한 질서관을 중시했다. 즉 예악이 질서를 잃으면 임금과 백성, 일과 물건의 구별이 곤란해진다"고 했다. 이런 관점에서 연희를 본 것이 그의 연희시이다. 임금과 백성의 차별화를 질서로 보는 것이다.

따라서 성현의 시 〈관나희〉(觀儺戱)를 보면, "나랏님께서야 광대놀이 즐기시지 않지만 오로지 뭇신하와 태평성대 즐기시럼이지" 하는 구절이 있는데, 백성들은 광대놀이를 마음껏 즐기지만 왕은 이를 탐탁하게 여기지 않는다는 뜻을 드러내면서, 왕이 백성을 위해 시혜적으로 참여한다고 미화하고 있다. 연희를 담당하는 광대들이나 이를 즐기는 백성들의 시각과 판이한 관점임을 알 수 있다. 연희시의 작자들을 보면 한결같이 당대의 최고 지성이자 지배층 인물들이다. 연희 주체인 광대를 포함한 민중의 처지에서 연희를 해석하는 데 상당한 장애를 준다. 이 점은 저자가 연희시 연구에서 연희사 연구로 나아가려면 반드시 뛰어넘어야 할 자료적 한계라 하겠다. 편중된 자료에서 오는 문제를 줄이기 위해서도 엄격한 자료비판이 따라야 할 것이며, 다른 자료의 확장에도 관심을 쏟아야 할 것이다.

한·중 연희의 비교 논의에서 충분한 근거를 갖추지 않은 채 중국 연희의 영향으로 해석하는 경향이 여러 곳에 보인다. 책의 곳곳에 중국 연희가 '습합'(習合)되어 전승된 것이 한국 연희인 것처럼 서술하고 있다는 말이다. 우리 것은 본디 어떤 양상을 띠었고 중국 것은 어떤 양상을 띠었는데, 이것이 언제 어디서 왜 섞여들어 새로 어떠한 양상을 띠게 되었는가 하는 것이 구체적으로 서술되지 않는 한 '습합론'을 빈번하게 펴는 것은 위험하다. 이른바 문화의 다원발생설이나 독립발생설을 굳이 들지 않더라도, 문화의 보편성과 인간정신의 일반성을 고려한다면, 같은 시대에 여러 나라에서 같은 양상의 문화가 발전의 앞뒤를 이루면서 그 자체로 생성 전승될 수 있기 때문이다. 더러는 기존 연구에서 중국전래설을 부정하고 어원설과 작품구조, 극작술의 발전과정 등을 통해서 자생설을 입증한 바 있는 것까지, 이에 대한 비판적 검토도 없이 중국 연희를 고스란히 이어받은 것으로 단정하기도 했다.

이를테면 성현의 〈관괴뢰잡회〉(觀傀儡雜戱)에서 "나무에 매인 줄타기 뛰어난 재주/송나라 꼭무만 어찌 장하랴"는 구절을 두고서, 이 시를 이해하기 위해서는 중국의 괴뢰희를 이해하지 않으면 안된다고 전제한다. 그러고는 곧바로 "우리 인형극은 결코 자생적인 요소보다는 중국의 영향이 컸음을 부인할 수가 없다"고 규정하며, 중국의 괴뢰희를 묘사한 시나 다름없이 해석하고 있다. 그 결과 결론은 "당시까지만 해도 괴뢰희는 중국 연희를 그대로 이어받은 것으로 우리 자체의 창작은 없었던 듯하다"고 단정한다. 우선 시의 표현만 보더라도 "송나라 꼭두만 어찌 장하랴"고 한 것은 조선의 꼭두가 송나라의 그것 못지 않다는 말이니 영향은커녕 오히려 독자적 우수성을 평가한 것으로 보아야 할 것이다. 다음의 "조정 위해 화려하게 베푼 예의에/사신도 놀라서 조롱 못하네"라고 한 구절은 중국 사신이 우리 꼭두를 보고서 자못 놀라는 상황을 묘사한 것으로서, 우리 꼭두의 자생적 독자성을 반증해주는 좋은 증거가 된다. 비슷한 것은 곧 같은 것이고, 같은 것이라면 으레 중국에서 한국으로 전래되었다는 전파론은 극복되어야 할 것이다.

저자는 머리말에서 "말이 한국의 연희이지 이 책은 완전히 중국의 연희를 우리 것에 맞추어본 비교연희에 가깝다 할 것"이라고 하여, 이미 이러한 저술의 경향성을 밝혀두었다. 스스로 자료 빈곤의 한계 탓으로 그럴 수밖에 없음을 인정한다. 그러나 비교연희 또는 비교연구의 시각과 방법에 관한 이론적 점검 없이 비교연구를 하게 되면, 두 나라 연희의 같고 다른 까닭이 두 나라의 역사와 문화와 자연환경과 어떤 연관성이 있는가 하는 비교연구의 본디 목적에서 이탈하기 쉽다. 그러면 비교연구의 본디 의도와 달리 영향론이나 따지는 전파론적 방법에 머물게 된다. 비교연구와 역사지리학적 방법(또는 전파론적 시각)의 관점은 일정한 차이를 지니고 있음을 염두에 두어야 저자가 이어서 시도하고 있는 《동아시아의 연희》 연구도 본디 의도를 충분히 살려낼 수 있을 것이다.

그리고 우리 연극이 빈곤했다는 전제도 더 따져보아야 할 문제이다. 고려왕조가 형성되던 10세기에서 14세기 사이에 동양과 유럽 각국에서는 연극이 상당히 발전했는데, "우리는 중국으로부터 들어오는 연희를 즐기기에 급

급했던 것"이라고 하며 "우리 선인들이 연극에 대한 자각이 늦었다"는 주장
은 다소 성급하지 않았는가 한다. 왜냐하면 연극은 고사하고 연희조차 중국
것을 수입해서 즐기는 데 급급했다고 하는 까닭이다. 그렇다면 우리는 놀이
든 연극이든 자생적인 것이 없다는 말인데, 고대의 가무백희 또는 제천의식
에 연행하였던 가무들조차 전래된 것으로 볼 뿐 아니라, 앞서 고구려와 백
제의 '악'이 수·당의 궁정에 진출했다는 주장까지 스스로 부정하는 것이
된다. 이 전제를 그대로 따르면 신라 때부터 형성 전승된 처용희의 존재까
지 부정하는 당착에 이른다.

풍농굿 기원설을 염두에 두지 않더라도 굿과 탈춤의 관계를 다룬 연구가
거듭되어 굿에서 연극의 기원을 찾는 것은 거의 정설화되어 있다. 고려 이
전의 굿문화는 곧 극의 존재를 뒷받침한다. 특히 백제의 미마지(味摩之)가
오(吳)나라에서 배워 일본에 전했다는 기악(伎樂)은 지금의 산대놀이와 같
은 연극성을 지닌 것으로 학계에 보고되었다. 그렇다면 고려 훨씬 이전인
백제 때부터 이 땅에도 연극문화가 있었을 뿐 아니라, 당시에 벌써 일본에
다가 백제의 연극문화를 가르쳐줄 정도로 연출 역량까지 갖추었다고 보아야
겠다. 또 하회별신굿에서 연행된 탈춤은 고려 중기 이전까지 소급된다. 지
금 남아 있는 탈의 연대를 추정해도 입증되는 사실이다. 이러한 연극적 전
통은 탈춤에 한정되지 않는다. 만석중놀이와 같은 일종의 인형놀이를 비롯
한 인형극이 고려조부터 있었을 가능성이 높다. 그러므로 연극 부재설과 더
불어 짝하고 있는 연희 전래설은 함께 재검토가 기대된다.

자질구레한 문제들까지 언급한다면, 우리는 이 책의 성과를 정확하게 이
해하기 위해서도 한층 자세하고 구체적인 주석이 필요하다는 사실을 지적하
지 않을 수 없다. 우선 각주의 체계가 일정하게 잡혀져 있지 않다는 사실은
(이를테면 출판사와 출판연도, 쪽수의 위치, 또는 쉼표와 마침표 등 각주 기호가 분
별 없음) 편집상의 문제로 덮어두더라도, 자료의 출처와 기존 연구의 전거
가 정확하게 밝혀져 있지 않은 부분이 상당히 많을 뿐 아니라, 주석을 붙여
야 할 부분에 주석을 붙이지 않은 곳이 더러 눈에 띈다. 구체적으로 보기를
들면, 우선 기존 연구 성과를 거의 고려하지 않은 채, 원자료 중심의 인용

만 각주의 자리를 차지하고 있다는 사실이다. 더러 연구논문이나 연구서가 전거로 제시된 경우에도 졸저 또는 졸고, 그리고 그 주변의 연구물들에 치우쳐 있고, 그나마 쪽수가 정확하게 밝혀져 있지 않아 전거 확인이 번거로움을 알 수 있다. 학계에서 널리 인정받고 있는 연구성과들이 자세하게 거론되고 비판적으로 점검되지 않는 상태에서 연구자의 주장을 일방적으로 펴는 것은 읽는 이로 하여금 연구의 객관성을 의심하게 만들 뿐 아니라, 연구의 깊이를 확보하기 어렵고, 연회 연구사의 발전도 기대하기 어렵다. 꼼꼼하고 자세한 전거와 주석이 기대된다.

5. 연희연구의 가능성과 문제의식

한마디로 이 책은 포석이 대단히 크다. 종래의 탈춤 중심의 연극사 연구를 극복하고자 시도한 연희사 서술의 한 모색이다. 지연히 대상도 다양하고 역사적 폭도 깊다. 게다가 중국과 일본, 또는 티베트의 연회 자료까지 상호 관계 속에서 검토하고 있다. 워낙 포석이 크기 때문에 일관된 논지로 대상과 문제를 휘어잡기 어렵다. 이것은 저자가 계획하고 있는 다음 연구《한국 연희사》와 같은 통시적 역사연구와, 《동아시아연회》와 같은 공시적 비교연구를 염두에 두고 보면, 이 책의 포석이 클 수밖에 없는 까닭을 쉽게 알 수 있다. 이 책은 앞으로 한국 연희사의 역사연구로 체계와 깊이를 갖출 것이며, 동아시아 연회의 비교연구로 시각과 폭이 확대될 것이다.

연회의 범주 폭이 시대별로 들쭉날쭉하듯이, 논의의 깊이도 다양한 층차를 보인다. '기악'과 '구나회', '처용회'에 관한 논의는 연회시의 꼼꼼한 분석으로 그 깊이와 폭을 더 했다. 그러나 가면극과 인형극에 대한 논의는 기존 연구의 성과를 넘어서지 못했다. 연회시에 의한 해석에 만족하고 말았다. 이처럼 예상 외로 치밀한 해석을 방대하게 전개한 갈래가 있는가 하면, 특정 갈래의 논의는 흥미를 가지고 논지를 따라가다가 보면 문득 논지가 중단되어버리는 경우를 만나게 된다. 주자료가 연회시였으므로, 특정 연회에 관하여 노래한 시 작품이 많고 적은 데 따라서 논의의 층차가 생길 수밖에 없다. 특정 연희의 경우 이를 다룬 연희시가 시대별 또는 작자별로 분석됨으로써 특정 연희 갈래에 대한 통사적 논의의 맥이 끊어지게 되었다. 연희의 갈래들을 중심으로 통사적 논의를 하지 않고, 연희시 작품이나 작가 중심으로 연희를 다루는 한 이러한 한계는 필수적이다.

따라서 연희의 각 갈래별 논의가 일정한 체계와 논지를 유지하면서 그 깊이를 확보하는 데에는 한계를 보이기는 하지만, 연희 일반에 대한 새로운 자료들이 다수 거론되고 많은 논의거리들이 두루 제기되었으므로, 이 방면의 기성 연구자들은 진전된 연구의 자극을 받게 될 것이며, 연희에 관심을 가지고 연구에 입문하려는 이들은 신선한 연구 주제들을 다수 암시받을 수 있을 것이다. 그러므로 이 책은 저자 개인의 연구 깊이와 관심의 폭을 보여주는 것이자, 우리 학계에서 안고 있는 연희연구의 가능성과 숙제거리들을 함께 던져준 문제작이라 하겠다.　　　　　　　　　（《比較民俗學》9，1992.10.15.）

참고문헌

金烈圭,《韓國神話와 巫俗硏究》, 일조각, 1977.

金在喆,《朝鮮演劇史》, 학예사, 1939.

朴鎭泰,《탈놀이의 기원과 구조》, 새문사, 1986.

백기완,〈민족과 굿〉, 민족굿회 편,《민족과 굿》, 학민사, 1987.

서연호,《한국의 탈놀이》 1-5, 열화당, 1987~1991.

尹光鳳,《韓國演戱詩硏究》, 이우출판사, 1985.

──,《韓國의 演戱》, 반도출판사, 1992.

李杜鉉,《韓國假面劇》, 문화재관리국, 1969.

──,《韓國演劇史》, 민중서관, 1973.

임재해,《꼭두각시놀음의 이해》, 홍성사, 1981.

張正龍,《江陵官奴假面劇硏究》, 집문당, 1989.

정상박,《오광대와 들놀음연구》, 집문당, 1986.

조동일,《탈춤의 역사와 원리》, 홍성사, 1979.

안동지역 민속연구 십년의 성과와 과제

1. 연구성과의 전체적 경향

이 논의의 대상은 1980년에서 1989년까지 10년 동안에 걸쳐 발표된 안동지역 민속의 자료보고서와 연구논문에 한정하되, 학부 학생들의 글과 학부 졸업논문은 제외한다. 논의의 대상을 안동지역으로 한정함에 따라 논제에 '안동'이라는 말을 거론한 것은 물론, 논제에는 밝혀두지 않았지만 안동지역을 주 대상으로 한 관련 연구물까지 대상으로 삼았다.[1] 그러나 안동문화권에 속하는 인접 지역의 시·군에 관한 연구물들은 끌어들이지 않았다.

연구의 전체적 경향을 보면 양적으로 상당한 성과를 올리고 있다. 그동안 단행본으로 간행된 것이 17권 정도가 되는데, 이 가운데 향토지 성격의 자료집이 대부분을 차지한다. 그동안 민속자료나 관련 연구논문이 수록될 수 있는 학술지 형식의 논문집도 다수 개발되었다. 안동문화연구소 논문집인 《안동문화》(安東文化)가 9집까지 간행된 것을 비롯하여, 안동문화연구회의 《안동문화연구》(安東文化硏究) 3집, 영가상록회의 《영가문화》(永嘉文化) 1집, 예총 안동지부의 《전통과 예술》 2집, 안동시향토사연구회의 《향토안동》(鄕土安東)이 1집까지 간행되었다. 이들 기관이나 단체의 논문집·기관지를 통해서 연구물이 발표될 수 있는 기회가 늘어남에 따라 자연스럽게 연구물이 축적되기에 이른 것이다.

단행본 수준의 연구물 못지않게 논문 수준의 연구물도 다수 발표되어, 자료보고서를 포함한 연구물의 편수는 무려 80여 편에 이른다. 이 가운데는 석사학위논문 14편과 박사학위논문 4편도 포함되어 있다. 연구의 양적 성

과와 함께, 질적 수준도 상당히 높아졌다는 것을 일단 학위논문에서 확인할
수 있다. 석사학위논문도 본격적인 연구로서 일정한 수준에 이른 객관성을
지니고 있지만, 특히 박사학위논문의 경우는 질적 수준을 새삼스레 거론할
필요가 없겠다. 외국의 대학에서 안동지역 민속을 조사 연구하여 박사학위
논문을 쓴 경우도 있어 주목된다.

2. 자료집의 성과와 문제

단행본은 대부분이 자료집이다. 지방지의 성격을 지닌 것과 조사보고서
의 성격을 지닌 것이 있는데, 지방지에 속하는 것은 주로 관찬으로 이루어
졌다. 관찬으로 이루어진 것은 표제와 내용이 거의 일정한 틀을 지니고 있
어 획일성을 보인다. 자연히 자료집의 내용도 충실하지 못한 형편이다. 보
고서 형식을 취한 것은 관의 연구 위촉을 받은 교수들에 의해 이루어졌다.
관찬 형식의 지방지보다는 자료의 수집이나 해석에 깊이를 지니고 있지만,
보고서에 따라서는 내용의 유기성을 확보하지 못하고 있는 것도 있다. 오히
려 사찬 지방지인 송지향의 《안동향토지》(安東鄕土誌)가[2] 체제나 내용면에
서 돋보여, 그동안에 출간된 자료집으로서는 가장 훌륭한 업적으로 평가할
만하다. 이 향토지는 흔히 읍지 또는 군지로 불리는 지방지를 여러 가지 사
정으로 펴내지 못하고 있는 안동 사람들의 한계를 개인적으로 극복한 가장
본격적인 지방지라 하겠다. 이 향토지 상권은 《영가지》(永嘉誌)를 비롯하여
안동읍지와 옛문헌들을 참고하는 한편, 실제 현지조사를 통해서 구전자료들
을 널리 수집하고 현장상황을 기술하는 동시에, 사진자료들도 함께 수록하
여 역사적 변모와 함께 현재의 사정을 현장감 있고 생생하게 보고하고 있
다. 그 결과 과거의 사정은 물론 오늘의 안동모습을 다각적으로 조사 기술
하고 있어, 현대사 자료집으로도 의의가 크다. 다만 전통적인 지방지의 틀
을 크게 벗어나지 못하고 있어 새로운 감각의 민속지로서는 아무래도 일정
한 한계가 있다.

하권의 인물편은 우리 지역의 신천 강씨부터 진양 하씨에 이르기까지 50여

씨족을 관향별·지역별로 구분하여 마을에 입향한 이후 세거(世居)한 내력과 드러난 인물을 중심으로 서술하고, 기록의 정확성을 기하기 위해 각 씨족대표의 모임을 열어 원고를 공람하는 절차까지 가졌다. 각 성씨마다 드러난 수많은 인물들의 행적을 기록하기 위해 방대한 문헌들을 섭렵하여 자료를 수집한 셈이다. 문헌에 드러나지 않는 예사 사람들 가운데서, 오늘날에 귀감이 될 만한 행적을 한 사람들을 구전자료를 통해서 추적하고 기술했다면, 좀더 현대감각에 맞는 인물지가 되었을 것이다. 송지향의 《안동향토지》상·하권으로 인해, 안동에서도 비로소 본격적인 지방지와 인물지를 함께 갖추게 되었으므로, 최근까지 계속해서 지방지를 펴내고 있는 이웃고장에 다소간의 부끄러움을 덜 수 있게 되었다.

순전히 이 지역 민속자료집으로 꾸며진 보고서로는 《안동민속자료지》(安東民俗資料誌)를[3] 들 수 있다. 이 보고서는 안동군의 위촉을 받아 성병희 교수가 기획을 하였으며, 민속을 크게 6분야로 나누어, 전공에 따라 모두 16명의 교수가 참여했다. 이 보고서는 그동안 간행된 민속지로서는 가장 방대하다. 다른 민속자료집에서 흔히 제외되기 쉬운 경제생활·민간의료·음악·무용·채집·천렵·수공기술 등의 분야까지, 해당전공자들이 두루 참여해 조사 보고했다는 점에서 이 자료집이 가지는 의의는 대단하다. 한 지역의 민속을 온전하게 조사 연구하는 데는 민속학자뿐만 아니라, 경제학·음악·무용·미술·의상학·영양학·건축학 등의 다양한 전공 학자들이 함께 참여해야 한다는 사실도 이 자료집을 통해 확인할 수 있다. 이런 장점에도 불구하고 조사기간이 짧고 보고분량이 한정되어 군의 전지역 민속을 두루 조사 보고할 수 없는 한계가 있다. 비교적 밀도 있게 서술된 분야는 한두 마을로 한정되고, 여러 마을을 두루 보고한 분야는 자연히 간략한 서술에 머물 수밖에 없었다. 구체적인 마을을 대상으로 하지 않은 개괄적인 보고는 자료의 신뢰성에 문제를 안고 있기도 하다.

조사보고서로서 주목할 만한 특징으로 두 가지를 들 수 있다. 하나는 임하댐 건설과 더불어 이루어진 수몰지역 지표조사 보고서이다. 초기에 성병희 외 두 사람이 공동으로 참여한 〈임하댐 수몰예정지역 향토문화조사〉를[4]

비롯하여, 본격적인 조사보고서인《임하댐 수침지역 문화재 지표조사보고
서》가[5] 안동대박물관에서 나왔다. 뒤의 보고서는 모두 6개 분야에 걸쳐
30명에 가까운 교수들이 전국적으로 참여해 이루어진 것으로서, 민속분야
는 성병희 외 세 교수가 참여하여 세시풍속・관혼상제・민간신앙・민속문
학・방언・속담 등에 관한 내용이 조사 보고되었다. 결국 댐의 건설로 인
해 수몰지역의 조사보고서가 이 방면의 자료집을 양적으로 더 보태게 한 것
이다. 이 보고서는 민속 분야를 비롯한 여러 영역의 학술조사가 두루 망라
된 것이므로 안동지역의 문화・사회・자연환경을 이해하는 데 중요한 자료
집이 될 것이다. 그러나 수몰로 그 지역의 문화가 완전히 해체된다는 점을
고려한다면, 좀더 장기적이고 심층적인 조사보고서가 필요하나, 현지조사
에 대한 지원의 제약으로 그럴 기회를 마련하지 못한 것이 아쉽다.

조사보고서 가운데, 다른 하나의 특징은 조사보고서에 머물지 않고 보존
과 개발계획을 수립한 자료집《안동지구 전통문화유적 보존개발계획》이[6] 나
왔다는 점이다. 이 연구는 경상북도의 위촉을 받아 안동대박물관에서 주관
한 것으로, 성병희 외 안동대 교수 4명과 다른 대학 교수 2명이 공동으로
참여하여 이루어졌다. 안동지역을 도산서원 지구, 임하댐 지구, 미림동굴
지구로 나누어 문화유적을 조사하고, 그 보존대책과 함께 관광지로서의 개
발계획을 세웠다. 여기에는 안동지역의 문화적 특징인 전통문화의 형성과정
과 유학의 정착과 발전과정이 다루어져 있을 뿐만 아니라, 역사유적, 고건
축, 향토음식, 특산물, 경승지, 천연기념물과 그 도래지 등이 분야별로 조
사되어 있으며, 관광지로서의 토지이용, 교통체계와 관광환경이 평가되어
있다. 단순한 조사보고서에 그치지 않고 문화재의 보존과 관광자원으로서의
개발계획까지 수립하는 쪽으로 나아감으로써, 활용성 있는 생산적 연구를
한 셈인데, 앞으로 이용이 주목된다.

특정 분야의 전문적인 자료집으로는 임재해의《한국구비문학대계》(韓國
口碑文學大系) 7-9, 안동시・군편을[7] 들 수 있다. 한국정신문화연구원에
서 중・장기 계획으로 실시한 전국 구비문학 조사사업에 따라 이루어진 이
자료집은 안동시・군의 구비문학 자료들을 집중적으로 수록하고 있어, 이

지역의 구비문학을 연구하는 데 중요한 자료가 될 것이다. 수록된 자료들을 보면 설화 270편, 민요 143편, 무가 4편으로 보고서의 분량이 총 1,273쪽 이나 된다. 이 조사는 안동시·군 14개 읍면 가운데 8개 읍면을 표집하고, 조사마을로서는 반촌과 민촌, 도시와 시골, 농촌과 산촌, 동성촌과 각성촌 등을 두루 대상으로 삼아 이루어졌다. 민속 각 분야의 본격적인 연구를 위해서는 이와 같은 분야별 자료보고서가 전문성을 갖추어서 간행되어야 할 것이다. 그러나 방대한 조사지역과 풍부한 구비문학 자료를 두루 조사하고 보고하는 데는 역시 미흡하다.

3. 연구서의 성과와 문제

자료집은 많은데 연구서는 상대적으로 적다. 공식적으로 간행된 연구서는 임재해·임세권이 함께 낸 《안동문화의 재인식》이[8] 유일하다. 이 책은 안동을 유학의 본고장으로 인식하고 안동문화를 성리학의 틀 속에서 이해하려는 기존의 인식을 극복하고자 '재인식'이라는 논제를 내걸고서, 공간적으로는 양반계층을 중심으로 한 성리학의 범주와 대척적인 관계에 있는 민중의 전통문화, 시간적으로는 조선조의 문화를 넘어서 상고시대까지 안동문화의 역사를 확장하는 것을 목표로 삼아 이루어졌다. 그러나 일관된 체계를 갖춘 저서가 아니라 관련 논문들을 모아 엮은 것이기 때문에, 쓴이들이 표방하는 바와 같은 성과를 올리지 못하고 산만한 논의에 그치고 말았다. 특히, '추로지향'(鄒魯之鄕)이란 비유를 비판한 대목은 보수적인 지역사회 인사를 자극해 반발을 일으키는 물의를 빚기도 했다.

이 시기에 처음 출판된 것은 아니나 개정신판으로 다시 간행된 김택규의 《씨족부락의 구조연구》는[9] 여전히 학계의 주목을 끌고 있다. 이 책은 하회마을을 조사 연구한 것으로 1964년에 《동족부락의 생활구조연구》라는[10] 제목으로 청구대 출판부에서 간행된 내용을 새로 출판한 것인데, 초판의 내용에 〈한국의 혈연관습에 대한 일고찰── 전통적 가족의 문화인류학적 연구〉와 〈한국의 동족공동체── 이른바 '동족·동족부락'에 관한 관견〉이라는 두 논문을 덧붙여 수록했다. 하회와 같은 단일 성씨의 집성마을을 동족부락으로 일컬은 데 대해 스스로 용어의 한계를 지적하고 씨족부락으로 고쳐 지칭할 것을 제안하면서 책제목까지 바꾸었다. 따라서 이 책은 세 가지 면에서 마을 연구의 선구적 업적이 되고 있다. 첫째는 마을 조사 연구와 마을 단위 민속지로 우리 학계에 최초의 모범을 보임으로써, 그 이후 마을 조사 연구는 한결같이 이 책을 본으로 삼았다는 점이다. 둘째는 하회마을이 유명하게 된 것은 이 책의 출판과 밀접한 관련을 지니고 있으며, 셋째는 자기 연구의 결함을 스스로 발견하고 이를 극복 수정했다는 점이다. 일반적으로 자신의 연구에 대해서는 옹호하는 입장을 취하는 경우가 많은데, 다른 학자들이 지적하기 전에 스스로 이를 비판 수정했다는 점은 널리 본받을 만하다. 이 책의 저자는 하회마을의 변화과정을 추적 연구하기 위해 처음 조사를 끝낸 다음 10년 만에 다시 조사를 했으나, 아직 그 보고서는 나오지 않고 있다.

현재 연구로서 출판은 되지 않았지만, 박사학위논문은 단행본 수준의 연구서로 보아도 그 연구분량이나 수준에서 전혀 손색이 없다. 지금 출판작업 가운데 있는 것도 있다. 최성기의 박사학위논문인 〈조선후기 지방상업연구──챗거리 어물장을 중심으로〉는[11] 안동지방의 챗거리의 어물장, 특히 마방을 중심으로 관련 경제활동을 총체적으로 조사 분석하고 있는 한국경제사 연구의 주목할 만한 성과인 동시에, 임동장을 중심으로 전통적인 5일장을 체계적이고도 실증적으로 분석해 민속학 논문으로도 의의가 적지 않다. 민속학적인 측면에 한정해서 보면, 임동을 중심으로 한 교통과 화물운송의 체계를, 수로를 이용한 소금배와 육로를 이용한 달구지의 운행경로를 자세히 검토하고 그 운반품목과 운반량, 걸리는 시간, 운임 등을 자세하게 분석하여 그동안의 억측을 바로잡기도 했다. 소금생산법에 대한 현지조사 연구는 독자적인 제염법을 새로 밝히고 제염산에 따른 각종 시설과 기물 등을 생업 기술론적인 측면에서 실증적인 연구를 하였으며, 임동장을 중심으로 상권의 변화와 5일장의 흥망성쇠를 역사적으로 검증한 것은 앞으로 이 방면 연구의 좋은 길잡이가 될 것으로 평가된다. 무엇보다도 이 연구의 미덕은 10여 년에 걸친 현지조사와 실증적 검증을 토대로 이루어졌다는, 연구자의 성실성과 과학성에서 찾아야 할 것이다.

박진태의 박사학위논문인 〈하회별신굿탈놀이의 형성과 구조 연구〉도[12] 그동안에 얻은 큰 연구성과이다. 이 연구는 다양한 굿의 구조를 몇 개 단위의 연속체로 파악하고 이러한 연속체에 따른 굿의 유형을 분류하고, 신내림과 신체(神體)의 이동방식을 주목하면서 하회별신굿탈놀이의 위상을 포착해 내는가 하면, 그것의 형성·전개·발전과정을 자세하게 추적하고 있다. 이러한 논의의 자료로서 관련되는 굿은 물론, 당본풀이와 같은 신화자료와 민속극의 자료들을 종횡으로 동원함으로써, 종래의 연극적 고찰에 치우쳐 있던 하회탈놀이의 연구를 굿문화 일반의 총체적 시각 속으로 끌어들이는 계기를 마련했다. 자연히 드러난 탈놀이의 구조는 연극적 구조라기보다는 제의적 구조로 문제된다. 다만 이러한 형성과정과 구조적 성격을 입증하기 위해 동원된 굿자료들이 지나치게 작위적이고 임의적이라는 데 다소 문제가 있다.

외국 대학에서 연구된 박사학위논문들은 공교롭게도 모두 하회마을을 대상으로 한 것이다. 펜실베이니아대학에서 학위논문으로 제출된 김성균의 〈하회마을 : 한국적 경관의 시학〉(Winding River Village : Poetic of a Korean Landscape)는[13] 하회마을의 현지조사를 통해서 민족지적 방법과 문화지리학적 방법을 사용해서, 풍수설과 예술, 그리고 제의적인 측면에서 나타나는 마을 경관(landscape)에 대한 관념을 밝히고자 했다. 그래서 마을의 형상과 집의 구조를 조사 기술하는 동시에, 속담·민화·신화·전설·민요 등의 구비문학과, 한시·산문과 같은 기록문학 자료들, 그림·춤·음악과 같은 예술작품, 그리고 마을의 역사를 분석자료로 삼아, 개별적인 집과 정원에서부터 마을과 들, 산과 물을 중심으로 한 자연환경에 이르기까지 경관에 관한 미적 양상을 밝힘으로써, 한국인의 전통적인 경관 요소들과 그것의 의미들을 자세하게 분석했다. 그 결과 경관의 의미와 미의식은 자연환경의 요소들뿐만 아니라, 다른 상징적 체계들, 즉 예술(시·그림·음악·춤)과 종교·제의·풍수설과 일정한 관련을 맺고 있다는 결론을 얻고 있다.

뉴저지주립대학에서 학위논문으로 제출된 〈지역적 조망에서 본 한국친족
조직 연구〉(A Study of Korean Lineage Organization From a Regional Perspective)
는[14] 하회마을의 친족 조직을 연구한 김용환의 논문이다. 하회마을이 현대
화의 영향에도 불구하고 동성마을의 권위가 유지되고 있음을 주목하면서,
친족관계의 현상을 외적인 요소들과 내적인 구조의 양면성에서 검토하고 있
다. 산업화의 영향으로 격심한 도시 이주와 함께 전통적인 가족 체계의 와
해가 일어났지만, 풍산 류씨 일가들은 문화적으로 이탈성을 보이며 유동적
인 거주양상과 경제적 지배를 통해서 마을의 완고한 통제를 유지하고 있
다. 왜 류씨들이 아직도 하회마을에 열심히 매달리고 있는가 하는 문제는
전통적인 가치의 유지, 즉 선조의 신분에 의하여 사회적 명성이 결정되고
있기 때문이며, 이러한 가치는 류씨 일가들의 파벌 조직을 가능하게 하는
기본적인 동기이자, 한국의 전통적인 상속 체계와도 기본적으로 관련된다는
사실을, 중국의 경우와 비교한 연구이다.

본격적인 연구서로 보기 어렵지만 김용직의 《안동하회마을》은[15] 하회마
을을 손쉽게 이해하는 개설서로서 대중성을 확보하고 있다는 점에서 독자적
인 의의를 지닌다. 사진작가의 사진자료를 곁들이면서 하회의 자연환경과
인문지리적 특징, 역사적인 유래, 문화적인 유물과 고가옥들, 그리고 마을
의 가장 특징적인 민속인 별신굿과 줄불놀이 등을 초심자들도 알기 쉽게 서
술하고 있다. 직접적인 경험과 구전자료들을 토대로 하여 서술하였으므로
현장감과 친근감을 주는 한편, 문화재, 고가옥의 구조, 하회별신굿놀이 등
에 관한 내용들은 전공자들의 연구를 참조하여 쉽게 풀이했으므로 이 방면
연구자들의 학술적 입문서 구실까지 해내고 있다. 적어도 안동의 10여 개
마을들에 대해서는 마을마다 이 정도의 입문서는 서둘러 간행할 필요가 있
으며, 그럴 경우 적어도 이 책은 마을 입문서의 한 보기가 될 수 있다. 그
러나 지나치게 류씨들 중심으로 기술되고 있다는 문제는 다른 연구서들과
마찬가지로 적지 않은 흠으로 남아 있다. 류씨들이 정착하기 이전 하회마을
의 역사와 문화에 관한 연구가 이제는 필요한 때이다.

연구서의 전반적인 문제는 연구대상이 지나치게 하회마을에 편중되어 있

다는 점이다. 따라서 하회마을의 구체적인 이해에는 많은 성과를 거두고 있
지만, 안동지역의 문화적 전모를 두루 밝히는 데는 한계가 있을 수밖에 없
다. 그리고 하회마을의 문화적 현상을 한국의 전통문화 일반으로 쉽게 확대
하여, 한국인의 전통적 조경관이나 친족관념으로 상정하는 것은 성급하다
하겠다. 하회의 문화는 안동문화 또는 한국문화로서의 일반성도 지니고 있
지만 하회만이 가지는 특수성도 있다. 따라서 특수성을 고려하지 않고 한국
전통마을의 전형으로 삼아 중국의 현상들과 한·중비교론을 펴는 것은 아무
래도 무리가 있다. 이러한 비교연구는 하회마을과 다른 전통을 지닌 마을들
을 다양하게 선정하여 대비연구를 거친 다음에 이루어지는 것이 바람직할
것으로 생각한다. 이를테면 각성마을이나 하회마을처럼 반촌으로 여겨지지
않는 마을의 전통도 함께 고려할 필요가 있다는 것이다.

4. 연구논문의 성과와 문제

단행본 수준의 보고서나 연구서를 제외한 현지조사 보고문과 연구논문을
함께 다룬다. 양적으로 70여 편이 넘기 때문에 연구물 각 편에 따른 논의는
사실상 불가능하다. 따라서 주목할 만하거나 특징적인 연구물만 거론하면서
성과와 문제들을 검토하기로 한다.

연구논문 역시 하회에 관한 것이 가장 많아서 13편의 글이 발표되었다.
13편 가운데 마을에 관한 것 한 편을 제외하면 모두 하회별신굿놀이에 관한
것이다. 단행본 수준의 연구서들은 대부분 하회마을이나 친족조직에 관한
것인데, 논문의 경우는 92퍼센트 이상이 별신굿에 관한 것이다. 이런 사실
로 미루어 보아 별신굿은 연구자의 관심을 끌 만큼 문화적 가치와 의미를
폭넓게 지니고 있으나, 단행본 수준의 연구거리는 되지 못하는 셈이다. 별
신굿에 관한 11편의 논문 가운데는 석사학위논문도 2편이 있어, 학문적 전
망을 열어나가는 초학자들에게 상당한 주목을 끄는 한편, 타분야 전공자나
비전문가들까지 연구물을 발표할 정도로 연구의욕을 다각적으로 불러일으키
고 있다. 이색적인 연구로는 미술 전공자인 송명수의 병따개 개발을 위한

하회탈 연구,[16] 복식학 전공자인 권광희의 탈광대들의 복식연구[17] 등을 들 수 있으며, 주목할 만한 평가를 받은 연구로는 성병희의 탈춤 전승자 발굴에 따른 하회별신굿탈놀이의 조사보고서를[18] 통해, 이를 무형문화재 121호로 지정받은 일과, 하회탈의 조형성에 대한 다각적인 분석을 토대로 하회탈이 지닌 예술성과 사회성을 체계적으로 규명한 임재해의 연구를[19] 들 수가 있다. 그리고 학계에 충격을 준 연구로는 김완배의 〈양반탈과 선비탈의 재검토〉로서[20] 지금 학계에 알려져 있는 것과 달리, 양반탈과 선비탈이 서로 바뀌었다는 논지를 편 것이다. 논의의 근거에는 상당한 문제점이 있었지만 그럴 가능성을 완전히 배제할 수 없어 관련 학자들을 긴장시키게 한 연구라 하겠다.

다음으로 나타나는 집중적인 연구로는 임하댐 수몰지역 연구와, 마을 연구로서 임동면 수곡동 무실을 들 수 있다. 임하댐 수몰지역을 대상으로 한 조사 연구의 글은 모두 11편이 발표되었다. 이 가운데는 임하댐 또는 수몰지역 조사 연구를 제목으로 밝힌 것이 6편이나 된다. 수몰지역을 대상으로 한다는 것을 제목으로 드러내지 않고 이 지역의 마을을 대상으로 한 경우도 조사 연구의 의도는 댐으로 수몰된다는 사실과 관련되어 있다. 즉 수몰되기 전에 이 지역의 민속자료들을 조사 연구해야 한다는 당위성 때문에 집중적인 연구가 이루어졌다고 보겠으나, 본격적인 연구의 경우는 마을이 이주되기 때문에 현지조사를 좀더 깊게 할 수 있고, 주민들도 자신들의 문화를 숨김 없이 드러내게 된다는 점을 고려해서 이 지역을 연구의 대상으로 삼았다고 볼 수도 있다. 이들 연구 가운데는 댐이 가져오는 문화적 황폐화, 주민들의 삶과 자연환경에 미치는 역기능들을 중점적으로 다루어서, 댐 건설에 따른 부작용에 대중적 관심을 모으게 하고자 쓴 계몽적인 내용이 있는가 하면,[21] 수몰지역의 문화재를 어떻게 이전해서 잘 보존하고 활용할 수 있는가 하는 실제적인 문제들을 소박하게 다룬 글도[22] 있다.

본격적인 학술논문으로는 석사학위논문 3편을 들 수 있다. 공교롭게도 이들 논문은 모두 수몰지역 가운데 수곡동 무실 마을을 연구대상으로 삼고 있다. 하회마을 다음으로 연구대상으로 떠오른 마을이 무실이라 하겠다. 김

덕현의 〈조선시대 안동지방의 씨족부락 형성과정〉,[23] 박종환의 〈동족부락의 형성과정 및 문화경관의 특색〉,[24] 류숭무의 〈한국씨족집단의 해체과정 연구〉가[25] 그것이다. 논제에서 드러난 바와 같이, 모두 무실 마을이 전주 류씨 동성반촌이라는 사실에 초점을 두고 그 형성과정과 문화경관, 그리고 해체과정을 다루고 있다. 무실 마을이 근래에 초학자들의 관심을 모으게 된 것은 안동의 전형적인 동성반촌일 뿐 아니라 수몰되어 곧 해체되는 마을이기 때문이다. 그러면서 세 논문이 씨족부락의 형성에서 해체에 이르기까지 통시적으로 다른 문제에 접근한 것은 안동문화의 이해에 머물지 않고 마을의 생존사 일반을 이해하는 데 중요한 참고가 될 것이며, 이러한 연구는 동성반촌이자 수몰지역이기 때문에 사실상 가능한 것이다. 그러면서 아직 이러한 동성반촌 마을을 가리켜 '씨족부락', 또는 '동족부락'과 같이 용어를 달리 쓰고 있는 점 또한 우리 학계의 한계로 지적하지 않을 수 없다. 특히 동족부락이라는 용어를 제일 처음 쓴 김택규 스스로 이 용어의 한계를 지적하고 씨족부락이라는 용어를 새로 잡아 쓴 것이 꽤 오래인데도, 아직 이를 답습하고 있는 것은 용어문제를 좀더 진지하게 검토하려는 의식이 결여되어 있다고 할 만하다.

연구자 개인의 성과와 연구의 특징도 무관하지 않다. 이를테면 성병희의 〈무녀의 생활〉, 〈상장례에 있어서의 여성의 역할〉, 〈제례에 있어서의 여성의 역할〉 등 여성의 역할을 주목하는 3편의 논문은[26] 안동지역의 여성문화를 밝혀나가는 작업으로서, 그동안의 연구가 주로 남성문화 위주로 이루어진 점에 대해 중요한 의의를 지닌다고 하겠다. 그리고 남명희의 〈한국의례에 따른 배례형태 고찰〉을 비롯한 3편의 의례에 관한 논문과,[27] 장철수의 〈관혼상제〉와 〈예속편〉에 관한 자료를 정리한 글, 또는 〈경북지역 예서의 저술과 의의〉와 같은 발표들은[28] 예향(禮鄕)으로서 안동문화의 전형을 적절히 연구로 연결시켜주고 있다.

김명자는 〈원두들의 민간신앙과 세시풍속〉을 비롯하여 이 분야의 자료조사 결과를 3편의 보고서로[29] 발표함으로써, 세시풍속과 민간신앙 자료들을 확충한 바 있으며, 특히 마을의 경관문제와 민속지 작성에 지속적인 관심을

보여온 이남식은 〈송천동 하리 친족집단의 소민족지〉, 〈촌락경관과 주민의
식〉 등 총체적인 마을 민속지 기술의 모범을 보이는 일련의 연구물을 5편이
나[30] 발표하고 있어, 안동문화 연구의 새로운 성과로 주목할 만하다. 마을
단위의 현지조사와 민속지를 작성하려는 경우 이남식의 연구는 좋은 보기가
될 것이며, 계속해서 안동지역을 주로 다루어왔다는 사실도 안동문화 연구
의 입장에서 보면 큰 미덕이 아닐 수 없다.

  윤숙경의 〈안동식혜 조리법의 유래에 따른 역사적 연구〉는[31] 식품영양학
을 전공하는 연구자의 학문적 테두리와 관심을 넘어 실험실 작업을 벗어나
서, 문헌조사와 현지조사를 통해 식혜의 역사적 유래를 검토하는 한편 전승
분포를 지리적으로 확정하는 데까지 이르렀다. 그 결과 식혜의 다양한 유형
과 조리방법을 통시적 공시적 시각으로 체계적으로 해명하는 성과를 올림으
로써, 한국 식문화 학계의 주목을 받은 바 있다.

  임재해는 구비문학에 관한 자료를 조사 보고하는 한편, 놋다리밟기·기
우제·하회탈·하회탈춤·길쌈·세시풍속·주민의식·마을공동체민속·
댐·성주풀이 등에 관하여 두루 관심을 보이면서, 이 지역 민속에 관한 논
문과 보고서를 약 20편[32] 정도 발표한 바 있다. 이들 연구를 통해서, 당초
안동문화에 대하여 표방했던 연구의 방향을 실천적으로 지켜나가고 있는 셈
이다. 즉 안동문화 연구가 조선조 중·후기 사대부문화로서 틀지어 이해되
는 상황을 비판하면서, 시간적으로 조선조 이전의 문화까지 소급하고, 공간
적으로 민중의 문화까지 다루어야 안동문화의 온전한 모습을 드러낼 수 있
다고 주장했다.[33] 그러한 연구로 나아가기 위해서는 자료를 문헌으로 한정
하지 않고 유물자료와 구비전승 자료를 함께 주목해야 한다는 것을 강조하
는 동시에, 안동문화와 민속의 전체적인 양상을 역사적으로, 또는 안동 사
람들의 의식형성과 관련지어 논의하기도 했다. 안동문화에 관한 총체적 이
해를 위해서는 민속학의 세부적인 전공분야를 넘어서 안동의 민속 전반에
관한 포괄적 연구와 역사적 연구까지 요청되는 것이기는 하지만, 한 개인으
로서는 짧은 기간에 너무 많은 문제들을 성급하게 다룬 것이 아닌가 하는
비판을 받을 만하다.

안동문화연구회의 결성과 함께 비전문가에 의한 연구도 상당한 성과를 올리고 있다. 두드러진 작업에는 서주석의 〈안동지방 씨족의 정착과정(1·2·3)〉으로 발표된 3편의 글과,[34] 권진량의 〈서지동지〉를 비롯한 와룡면 태일동지·중가구동지 등 동지(洞誌)에 관한 글 3편을[35] 들 수 있다. 이들 내용은 주로 자료를 정리해주는 것들이지만, 안동문화연구회지의 발간과 함께 같은 주제의 글을 계속해서 발표하고 있다는 점에서는 기대를 모을 만하다. 비전문가의 연구로 관심을 모으는 것은 문화재 활용법과[36] 양반 선비탈의 재검토를[37] 비롯하여, 김영식의 〈답사기 작성을 위한 현지측량의 기초〉,[38] 강창원의 〈동채싸움에 대한 사적 고찰〉,[39] 김복영의 〈마령동의 동제와 별신굿〉,[40] 장숙진의 〈안동지방의 윷놀이〉[41] 등을 들 수 있다.

특히 김영식의 연구는 연구자 자신의 직무와 밀접한 관련성을 지니면서 현지조사의 특수 기술을 다루었다는 점에서 의의가 크다. 그러나 이러한 평가는 어디까지나 비전문가의 연구라는 점을 전제로 한 것이다. 사언히 전문적인 관점에서 보면 일정한 한계를 지니게 마련이다. 그럼에도 불구하고 강창원의 동채싸움에 관한 연구는 돋보인다. 이 연구는 동채싸움에 대한 문헌자료를 섭렵하고 실제 관행을 함께 주목하면서 상당히 깊이 있는 부분까지 논의하고 있다는 점에서 그동안의 연구성과를 뛰어넘은 것이라고 평가할 만하다.

분야별로는 역시 안동지역의 두드러진 민속이라고 할 수 있는 대상들에 많은 연구가 쏠려 있다. 이미 거론한 바와 같이 하회별신굿놀이와 의례 분야 밖에도, 동채싸움[42], 놋다리밟기에[43] 관한 글이 각각 3, 4편씩, 안동포와 길쌈에 관한 글이 4편,[44] 제비원과 성주풀이에 관한 글이 2편으로[45] 나타나 있다. 비전문가들이 가장 먼저 관심을 가질 만한 주제이자, 현실적으로 이들 문제에 대한 지적 요구가 높기 때문이다. 따라서 앞으로 이 방면의 연구는 계속해서 축적되리라 본다. 특히 임재해의 놋다리밟기 연구는 전남의 해남과 진도지역에서 전승되는 강강술래, 영덕·영해지역의 월월이청청과 대비되어 공통성이 제기됨으로써 학계에 새로운 관심을 불러일으킨 바 있다. 이 논문은 뒤늦게 KBS 교양특집부의 관심을 끌어 실제로 세 지역의 자

료를 현지조사하고 서로 대비 분석하는 교양프로그램이 제작 방영되기까지
했다. 임재해는 이때 현지조사를 보강하고 각 지역의 문화적 역사적 환경을
고려하여 강강술래와 놋다리밟기가 왜 같으면서 다른 모습을 보이게 되었는
가 하는 연구결과를 안동문화연구회에서 발표하기에 이르렀다. [46] 이 연구
결과, 그동안 강강술래는 전남 해남지역 고유의 전통적 여성놀이였으며 놋
다리밟기는 안동지역 고유의 전통적 여성놀이로 이해되어온 사실을 뒤집어
엎고, 이들 놀이의 전모를 직접 조사해서 구체적으로 대비 검토하고 놀이양
식이 서로 일치하고 있음을 확인함으로써, 원래 같은 놀이였다는 사실을 새
로 밝혔을 뿐 아니라, 지역에 따라 다소 차이를 보이는 특징들은 해당지역
의 문화적 역사적 전통에 의한 것임을 해명하게 되었다.

5. 연구성과의 특징과 그 배경

시·군 단위의 한 지역에 관한 민속연구가 10년 만에 80편 이상의 논문
과 15권 정도의 책으로 발표되었다는 것은 한국적 상황에서 대단하다고 하
지 않을 수 없다. 다른 어느 지역도 이만한 연구의 성과를 올린 경우는 없
을 것으로 본다. 이러한 연구의 집중현상은 다른 학계에서도 이미 지적된
바 있다. 인류학 연구의 경우도 지역적으로는 안동, 계층적으로는 지배
층, 주제의 측면에서는 친족문제 등에 편중되어 있다는 연구결과도 발표된
바 있다. [47] 민속연구가 활발한 까닭은 두 가지 각도에서 설명할 수 있다.
첫째는 안동이 민족문화의 동질성과 전통성의 전형을 잘 갖추고 있는 전통
문화의 고장이라는 점이며, 둘째는 그동안 지역문화를 연구하는 각종 단체
가 다수 결성되고 따라서 연구매체가 다양하게 개발되었다는 점이다. 그 결
과 지역문화와 민속에 대한 주민들의 의식이 높아지고 이와 더불어 주민들
의 연구역량이 상당한 수준까지 오르게 되었다. 과거의 연구성과 못지않게
연구역량이 축적되었다는 데서, 앞으로의 연구성과에 더욱 큰 기대를 모으
게 한다.

또 다른 성과로 주목할 만한 것은 국내외에서 안동의 민속을 대상으로 한

석·박사학위논문이 쏟아졌다는 점과, 연구의 다양성을 두루 확보하고 있다는 점이다. 그러한 성과로 인해 여성 민속연구, 마을가기[48] 등 특수하고 두드러지지 않는 민속현상까지 주목되는 한편, 마을과 씨족의 형성과 해체과정 등이 심도 있게 다루어졌다. 임하댐의 건설과 동성반촌의 특수성으로 수몰지역의 자료수집, 하회마을과 무실마을의 연구가 많았다는 점도 특징으로 들 수 있다. 연구의 층위도 아주 기초적인 자료보고서에서 이론적인 문제를 제기한 본격적인 연구논문에 이르기까지 아주 다양하며, 연구자도 비전문가의 호기심 섞인 관심에서 원로학자의 10여 년에 걸친 조사 연구까지 그 폭이 상당히 넓다. 따라서 1970년대와 달리, 다양한 폭과 연구의 깊이를 다지면서 양적 질적 성과를 거둔 것은 안동대학의 설립과 무관하지 않다. 민속학 전공교수들의 연구가 계속 축적되는 것과 더불어, 민속학과에서 배출된 학생들의 석사학위논문으로 이 지역 민속을 다루는 상황에까지 이르렀다. 특히 민속학과가 전국에서 처음 자리잡음으로써, 학과 교수들 자신의 개인적인 연구는 물론, 지역사회와 기타 연구단체들에 참여하면서 연구인력을 확보하고 다른 지역의 연구자들까지 끌어들여 이 지역 민속연구에 관심을 가지게 한 영향이 적지 않다고 하겠다.

6. 앞으로의 연구과제

가장 중요한 과제는 자료보고서와 연구논문이 함께, 좀더 과학적인 체계를 갖춘 장기적인 현지조사에 입각하여 이루어져야 한다는 점이다. 단기적이고 일면적인 현지조사를 극복해야 온전한 자료보고서와, 자료적 근거가 확실한 연구가 이루어질 수 있기 때문이다. 그리고 이론적인 연구방법론을 개척하는 연구로 나아가야 안동지역 민속연구에 머물지 않고 민속연구 일반, 또는 문화연구 일반에 이론적인 모형을 제시할 수 있어, 학문적 성과를 높일 수 있다. 앞으로는 안동의 민속을 이해하기 위해서가 아니라, 민속학연구의 방법 또는 이론을 터득하기 위해 이 지역 민속연구 논문을 찾지 않을 수 없도록, 안동지역 민속의 해명에 머물지 않고 이론적 분석모델을 개척하는 데까지 관심을 기울여야 할 것이다.

그동안의 연구가 지닌 한계는 이 고장 민속이나 문화에 대한 일방적인 애착 때문에 의의와 한계를 객관적으로 검토하지 못한 데 있다. 이러한 경향 탓으로 이 지역 사람이나 문화에 관해 비판적인 연구를 발표하는 경우에 공격적인 비난을 펴는가 하면, 다른 지역에도 널리 있는 민속현상을 이 지역 고유의 것으로 과장하거나, 그 특수성을 확대해서 지나치게 긍정적인 평가를 하는 연구가 적지 않다. 가치나 장점과 더불어 한계와 단점도 지적할 수 있는 객관적 연구가 필요하다.

다음으로 문제가 되는 것은 특정 지역이나 대상에 연구가 편중되어 있다는 점이다. 전국적으로 두드러진 하회별신굿탈놀이나 동채싸움, 놋다리밟기, 안동포 등 특수한 민속에 연구가 집중되거나, 아니면 동성반촌인 하회와 무실에 마을연구가 편중되어 있어, 이 고장 민속문화의 고른 연구가 이루어지지 못하고 있다. 따라서 '마을가기'와 같은 드러나지 않는 민속, 지나쳐보이는 마을 등 사소하고 예사로운 것에 관한 따뜻한 관심과 세심한 조사가 요청된다. 이와 더불어 오랜 전통을 자랑하고 전승력이 강한 민속뿐만 아니라, 산업사회로의 이행에 따라 지금 급격하게 바뀌고 있는 민속의 변모 양상도 주목할 필요가 있으며, 시골마을의 민속과 함께 면 소재지와 시·군 소재지에 새롭게 형성되고 있는 도시형 민속에도 별도의 관심을 기울여야 할 것이다.

그동안의 연구를 보면 책과 글을 합하여 약 100편 가까운 연구물을 자랑하지만, 공동연구로 이루어진 기획연구나 다학문적 접근을 한 학제적 연구가 보이지 않는다는 점을 연구의 한계로 지적할 수 있다. 더러 공동연구의 형식을 빌린 경우가 없지 않지만 그것은 개별적인 연구의 단순한 집합에 불과하여 학제적 연구나 기획연구로서의 의의를 살리지 못하고 있다. 따라서 좀더 심층적인 연구를 위해서, 그리고 전공분야에 따른 개별적인 연구로 대상의 총체적 해명에 이르기 어려운 논제를 다루기 위해서는, 다양한 전공자가 공동참여하는 학제적 연구와 기획연구가 요청된다. 그리고 다른 지역의 민속현상과 견주어보는 대비연구도 함께 요청된다.

마지막으로 이 작업을 수행하면서 깨닫게 된 연구과제로는 이 고장 민속
연구에 관한 연구물 목록을 정리하고, 내용을 간략하게 해제하는 작업이 정
기적으로 이루어질 필요가 있다는 점이다. 논제해제와 목록색인 작업이 이
루어져야 다음 연구자에게 이 지역의 민속연구에 관한 정보를 효과적으로
전달할 수 있어, 연구의 능률을 올릴 수 있고, 편중된 연구를 막을 수 있
다. 그런 의미에서 이 글 말미에 그동안의 연구목록들이라도 우선 부록으로
덧붙여두고자 한다.　　　　　　　　　　　《安東文化》10, 1989. 12. 31.）

　　주

1) 여기서 구체적으로 대상이 된 연구물은 1989년 11월 29일, '안동문화연구소 10주
　　년 기념발표회'가 있기 전까지 연구자가 수집한 자료에 한정한다.
2) 宋志香, 《安東鄕土誌》上·下, 대성문화사, 1983.
3) 成炳禧 외, 《安東民俗資料誌》, 안동군, 1981.
4) 成炳禧 외, 〈臨河댐 水沒豫定地域 鄕土文化調査〉, 《安東文化》4, 안동문화연
　　구소, 1983.
5) 成炳禧 외, 《臨河댐 水沈地域 文化財地表調査報告書》, 안동군·안동대박물
　　관, 1986.
6) 成炳禧 외, 《安東地區 傳統文化遺蹟 保存開發計劃》, 경상북도·안동대박물
　　관, 1986.
7) 林在海, 《韓國口碑文學大系》7-9　安東市郡篇, 한국정신문화연구원, 1982.
8) 林在海·任世權, 《安東文化의 再認識》, 안동문화연구회, 1986.
9) 金宅圭, 《氏族部落의 構造硏究》, 일조각, 1982, 개정신판.
10) 金宅圭, 《同族部落의 生活構造硏究》, 청구대 출판부, 1964.
11) 崔晟基, 〈朝鮮後期 地方商業硏究——쟁거리 어물장을 中心으로〉, 영남대 박사
　　학위논문, 1989.
12) 朴鎭泰, 〈河回別神굿탈놀이의 形成과 構造硏究〉, 고려대 박사학위논문, 1988.
13) Sung-Kyun Kim, "Winding River Village : Poetics of a Korean Landscape," The
　　University of Pennsylvania in Partial Fulfillment of the Requirements for the Degree of
　　Doctor of Philosophy, 1988.
14) Yongwhan Kim, "A Study of Korean Lineage Organization From a Regional
　　Perspective : A Comparison with the Chinese System," The State University of New

Jergy in Partial Fulfillment of the Requirements for the Degree of Doctor of Philosophy, 1989.

15) 金容稷, 《安東河回마을》, 열화당, 1981.

16) 宋明洙, 〈河回탈을 利用한 병따개 開發에 관한 硏究〉, 홍익대 석사학위논문, 1984.

17) 權光熙, 〈河回별신굿탈놀이의 服飾〉, 이화여대 석사학위논문, 1986.

18) 成炳禧, 〈河回별신탈놀이〉, 《韓國民俗學》 12, 민속학회, 1980.
    이 글에서 처음으로 전승자 이창희 할아버지가 발굴 소개되었으며, 뒤에 이를 참고하여 무형문화재 지정을 위한 조사를 별도로 하게 되었다. 이 일은 이두현 교수가 담당했으며, 그 보고서는 李杜鉉, 〈河回別神굿탈놀이〉, 《韓國文化人類學》 14, 한국문화인류학회, 1982로 발표된 바 있다.

19) 林在海, 〈탈과 조각품으로 본 하회탈의 예술성과 사회성〉, 《예술과 비평》 9, 1986년 봄호, 서울신문사, 1986.

20) 金完培, 〈양반탈과 선비탈의 재검토〉, 《安東文化硏究》 3, 안동문화연구회, 1989.

21) 林在海, 〈臨河댐, 그 얻는 것과 잃는 것〉, 《安東文化硏究》 1, 안동문화연구회, 1987.

22) 金元吉, 〈水沒地域 文化財 —— 그 活用을 通한 生産的 保存을 爲하여〉, 《安東文化硏究》 1, 안동문화연구회, 1986.

23) 金德鉉, 〈朝鮮時代 安東地方의 氏族部落 形成過程〉, 서울대 석사학위논문, 1983.

24) 朴鍾煥, 〈同族部落의 形成過程 및 文化景觀의 特色〉, 공주사대 석사학위논문, 1986.

25) 柳承茂, 〈韓國氏族集團의 解體過程硏究〉, 한국정신문화연구원 석사학위논문, 1986.

26) 成炳禧, 〈巫女의 生活〉, 《女性問題硏究》 8, 효성여대 한국여성문제연구소, 1980 ; 〈喪葬禮에 있어서의 女性의 役割〉, 《女性問題硏究》 9, 효성여대 한국여성문제연구소, 1983 ; 〈祭禮에 있어서의 女性의 役割〉, 《女性問題硏究》 12, 효성여대 여성문제연구소, 1983.

27) 南明熙, 〈韓國儀禮에 따른 拜禮形態 考察 —— 安東地域 中心〉, 《安東文化》 1, 안동문화연구소, 1980 ; 〈韓國儀禮(祭祀)에 따른 拜禮考察 —— 安東地域 中心〉, 《安東文化》 2, 안동문화연구소, 1981 ; 〈韓國家禮에 따른 拜禮意識考察 —— 安東地域의 女性을 中心으로〉, 《安東文化》 3, 안동문화연구소, 1982.

28) 張哲秀, 〈冠婚喪祭 —— 慶北北部地域의 傳統文化〉, 안동문화연구소, 1988 ; 〈禮俗篇〉, 《慶北禮樂誌》, 영남대, 1989 ; 〈慶北地域 禮書의 著述과 意義〉, 제 21차 한국문화인류학회 전국대회, 1989. 11. 17~18.에서 발표.

29) 金明子, 〈원두들의 民間信仰과 歲時風俗〉, 《安東文化》 7, 안동문화연구소, 1987 ; 〈'岳砂'의 洞祭와 家神信仰〉, 《安東文化》 8, 안동문화연구소, 1987 ; 〈松

川洞의 家神信仰과 歲時風俗〉,《安東文化》9, 안동문화연구소, 1988.

30) 李南植,〈農耕生產神의 役割構造와 民間信仰體系 — 가사리 穀靈信仰의 民俗誌的 考察〉,《社會文化論叢》3, 사회문화영남학회, 1983;〈五鳳山城 山神祭와 堂告祀〉,《韓國民俗學叢書》4, 민속학회, 1989;〈村落社會의 傳統性과 새 環境에의 適應〉,《안동문화》7, 안동문화연구소, 1986;〈松川洞 下里 親族集團의 小民俗誌〉,《안동문화》9, 안동문화연구소, 1988;〈村落景觀과 住民意識〉,《慶北北部地域의 傳統文化》, 경상북도·안동문화연구소, 1988.

31) 尹淑潯,〈安東食醢의 調理法에 關한 研究 I — 調理法의 由來에 따른 史的 考察〉,《韓國食文化學會誌》Vol. 3, No. 1, 한국식문화학회, 1988.

32) 연구물 목록을 주에서 일일이 밝히는 것은 번거로우므로, 임재해의 연구에 한해서 이 글 말미에 소개한 연구물 목록을 참조하기 바란다.

33) 이러한 주장은 그동안 여러 차례 한 바 있다. 자세한 내용은 다음 글에 표명되어 있다.

　　임재해 외,〈안동문화의 성격규명과 안동문화권 설정에 관한 토론〉,《안동문화》5, 안동문화연구소, 1984, pp. 11~13.

　　林在海·任世權, 앞의 책, p. 1.

　　임재해,〈안동사람들의 의식형성과 그 비판적 인식〉, 林在海·任世權, 위의 책, p. 116, pp. 125~127.

34) 徐周錫,〈安東地方 氏族의 定着過程(1)〉,《안동문화연구》1, 안동문화연구회, 1986;〈安東地方 氏族의 定着過程(2)〉,《안동문화연구》2, 안동문화연구회, 1987;〈安東地方 氏族의 定着過程(3)〉,《안동지방연구회》3, 안동문화연구회, 1989.

35) 權鎭良,〈西枝洞誌〉,《安東文化研究》1, 안동문화연구회, 1986;〈臥龍面 台一洞誌〉,《安東文化研究》2, 안동문화연구회, 1987;〈와룡면 중가구동지〉,《安東文化研究》3, 안동문화연구회, 1989.

36) 金元吉, 앞의 글.

37) 金完培, 앞의 글.

38) 金永式,〈답사기 작성을 위한 현지측량의 기초〉,《安東文化研究》2, 안동문화연구회, 1987.

39) 강창원,〈동채싸움에 對한 史的 考察〉,《鄕土安東》1, 안동시향토사연구회, 1988.

40) 金復榮,〈馬嶺洞의 洞祭와 별신굿〉,《安東文化研究》1, 안동문화연구회, 1986.

41) 張淑鎭,〈安東地方의 윷놀이〉,《安東文化研究》1, 안동문화연구회, 1986.

42) 강창원, 앞의 글.

　　權眞良,〈동채싸움과 놋다리밟기〉,《안동문화의 이해》1, 안동문화연구회, 1988.

　　成東琅,〈차전놀이의 창조적 계승발전〉上·下,《護國》, 1982.

43) 林在海,〈놋다리밟기의 유형과 풍농기원의 의미〉,《韓國文化人類學》17, 한국

문화인류학회, 1985.

朴在烈, 《놋다리밟기》, 경상북도, 1981.

鄭昞浩 외, 〈安東地方의 노래춤〉, 《노래춤》, 문화재관리국, 1988.

44) 金義晶, 〈慶北 安東 大麻織布에 관한 研究 ── 安東市를 中心으로〉, 이화여대 석사학위논문, 1981.

林在海, 〈안동의 길쌈 전통과 두레 공동체〉, 《民俗學研究》 1, 안동대 민속학회, 1989.

조영연, 〈길쌈용어 의미의 분석적 연구〉, 공주사대 석사학위논문, 1985.

李南植, 〈農村社會에 있어서 女性勞動力의 交換慣行 ── 安東地方 삼두레의 形態와 機能〉, 《女性問題研究》 12, 효성여대 한국여성문제연구소, 1983.

45) 吳淑子, 〈제비원 성주풀이〉, 《鄕土安東》 1, 안동시향토사연구회, 1988.

임재해, 〈성주의 본향 제비원의 노래와 이야기〉, 《안동문화의 이해》 1, 안동문화연구회, 1988.

46) 임재해, 〈놋다리밟기와 강강술래의 춤놀이 양식〉, 안동문화연구회, 1989.4.13.에서 발표.

47) 조옥라, 〈지역연구의 편중성〉, 제21차 한국문화인류학회 전국대회, 1989.11.17~18.에서 발표.

48) 千鎭基, 〈農村의 '마을가기' 慣行研究〉, 영남대 석사학위논문, 1989.

최근 10년 동안(1980~1989)의 안동지역 민속연구 목록

1. 단행본 목록

權重輝 외, 《永嘉文化》 1, 영가상록회, 1982.

金容稷, 《安東河回마을》, 열화당, 1981.

金漢重 외, 《安東誌》, 고향문화사, 1981.

金宅圭, 《氏族部落의 構造研究》, 일조각, 1982, 개정신판.

朴在烈, 《놋다리밟기놀이》, 경상북도, 1981.

成炳禧 외, 《安東民俗資料誌》, 안동군, 1981.

──, 《安東地區 傳統文化遺跡 保存開發計劃》, 경상북도·안동대박물관, 1986.

──, 《臨河댐 水沈地域文化財地表調査報告書》, 안동군·안동대박물관, 1986.

宋志香, 《安東鄕土誌》 上·下, 대성문화사, 1983.

任世權 외, 《慶北北部地域의 傳統文化》, 경상북도·안동문화연구소, 1988.

──, 《안동문화의 이해》, 안동문화연구회, 1988.

林在海, 《韓國口碑文學大系》 7-9, 안동시군편, 한국정신문화연구원, 1982.

林在海·任世權, 《安東文化의 再認識》, 안동문화연구회, 1986.

안동군문화공보실, 《내 고장 전통 가꾸기》, 안동군, 1981.

안동시문화공보실, 《내 고장의 자취》, 안동시, 1982.

《安東댐 水沒地區 古家移轉 復原報告》, 영남대박물관, 1982.

2. 일반 논문과 보고서

강창원, 〈동채싸움에 對한 史的 考察〉, 《鄕土安東》 1, 안동시향토사연구회, 1988.

權眞良, 〈西枝洞誌〉, 《安東文化硏究》 1, 안동문화연구회, 1986.

───, 〈臥龍面 台一洞誌〉, 《安東文化硏究》 2, 안동문화연구회, 1987.

───, 〈와룡면 중가구동지〉, 《安東文化硏究》 3, 안동문화연구회, 1989.

金明子, 〈원두들의 民間信仰과 歲時風俗〉, 《安東文化》 7, 안동문화연구소, 1986.

───, 〈'岳砂'의 洞祭와 家神信仰〉, 《安東文化》 8, 안동문화연구소, 1987.

───, 〈松川洞의 家神信仰과 歲時風俗〉, 《安東文化》 9, 안동문화연구소, 1988.

───, 〈河回탈놀이의 構成과 傳承〉, 《溪村閔丙河敎授停年紀念 史學論叢》, 1988.

金復榮, 〈馬嶺洞의 洞祭와 별신굿〉, 《安東文化硏究》 1, 안동문화연구회, 1986.

金永式, 〈답사기 작성을 위한 현지측량의 기초〉, 《安東文化硏究》 2, 안동문화연구회, 1987.

金完培, 〈하회별신굿탈놀이〉, 《안동문화의 이해》 1, 안동문화연구회, 1988.

───, 〈양반탈과 선비탈의 재검토〉, 《安東文化硏究》 3, 안동문화연구회, 1989.

金容稷, 〈한국의 전통마을 河回〉, 《건축사》 174, 1983.

金佑鉉, 〈율노래〉, 《鄕土安東》 1, 안동시향토사연구회, 1988.

金元吉, 〈水沒地域 文化財──그 活用을 通한 生產的 保存을 爲하여〉, 《安東文化硏究》 1, 안동문화연구회, 1986.

金眞明, 〈聖·俗의 生活을 통해 본 男·女世界의 區分〉, 《人類學論集》 7, 서울대인류학연구회, 1984.

南明熙, 〈韓國儀禮에 따른 拜禮形態 考察──安東地域 中心〉, 《安東文化》 1, 안동문화연구소, 1980.

───, 〈韓國儀禮(祭祀)에 따른 拜禮考察──安東地域 中心〉, 《安東文化》 2, 안동문화연구소, 1981.

───, 〈韓國家禮에 따른 拜禮意識考察──安東地域의 女性을 中心으로〉, 《安東文化》 3, 안동문화연구소, 1982.

徐淵昊, 〈하회탈춤의 연극적 구조〉, 《傳統社會의 民衆藝術》, 민음사, 1980.

徐周錫, 〈安東地方 氏族의 定着過程(1)〉, 《安東文化硏究》 1, 안동문화연구회, 1986.

――, 〈安東地方 氏族의 定着過程(2)〉, 《安東文化硏究》 2, 안동문화연구회, 1987.

――, 〈安東地方 氏族의 定着過程(3)〉, 《安東文化硏究》 3, 안동문화연구회, 1989.

成東琅, 〈차전놀이의 창조적 계승발전〉 上・下, 《護國》, 1982.

成炳禧, 〈巫女의 生活〉, 《女性問題硏究》 8, 효성여대 한국여성문제연구소, 1980.

――, 〈河回별신굿탈놀이〉, 《韓國民俗學》 12, 민속학회, 1980.

――, 〈喪葬禮에 있어서의 女性의 役割〉, 《女性問題硏究》 9, 효성여대 한국여성문제
연구소, 1982.

――, 〈臨河댐 水沒地域의 冠婚喪祭〉, 《安東文化》, 안동문화연구소, 1983.

――, 〈祭禮에 있어서의 女性의 役割〉, 《女性問題硏究》 12, 효성여대 한국여성문제연
구소, 1988.

성병희 외, 〈安東文化의 性格糾明과 安東文化圈 設定에 관한 討論〉, 《安東文化》 5, 안
동문화연구소, 1984.

吳淑子, 〈제비원 성주풀이〉, 《鄕土安東》 1, 안동시향토사연구회, 1988.

尹淑濚, 〈安東食醯의 調理法에 關한 硏究 I── 調理法의 由來에 따른 史的 考察〉, 《韓
國食文化學會誌》, Vol. 3, No. 1, 한국식문화학회, 1988.

李南植, 〈農耕生産神의 役割構造와 民間信仰體系 ── 가사리 穀靈信仰의 民俗誌的 考
察〉, 《社會文化論叢》 3, 사회문화영남학회, 1983.

――, 〈農村社會에 있어서 女性勞動力의 交換慣行 ── 安東地方 삼두레의 形態와 機
能〉, 《女性問題硏究》 12, 효성여대 한국여성문제연구소, 1986.

――, 〈村落社會의 傳統性과 새 環境에의 適應〉, 《安東文化》 7, 안동문화연구소, 1986.

――, 〈松川洞 下里 親族集團의 小民俗誌〉, 《安東文化》 9, 안동문화연구소, 1988.

――, 〈村落景觀과 住民意識〉, 《慶北北部地域의 傳統文化》, 경상북도・안동문화연구
소, 1988.

――, 〈五鳳山城 山神祭와 堂告祀〉, 《韓國民俗學叢書》 4, 민속학회, 1989.

李杜鉉, 〈河回別神굿탈놀이〉, 《韓國文化人類學會》 14, 한국문화인류학회, 1982.

任世權, 〈고대 안동사람들의 무덤〉, 《安東文化硏究》 3, 안동문화연구회, 1989.

林在海, 〈臨河댐 水沒地域의 口碑文學〉, 《安東文化》 4, 안동대 안동문화연구소, 1984.

――, 〈놋다리밟기의 유형과 풍농기원의 의미〉, 《韓國文化人類學》 17, 한국문화인류학
회, 1985.

――, 〈마을공동체 민속의 통합적 기능과 생산적 기능〉, 《공동체문화》 3, 도서출판공동
체, 1986.

――, 〈설과 보름民俗의 對立的 性格과 有機的 相關性〉, 《韓國民俗學》 19, 민속학
회, 1986.

――, 〈안동사람들의 의식형성과 그 비판적 인식〉, 《安東文化의 再認識》, 안동문화연구

회, 1986.

───, 〈임하댐, 그 얻는 것과 잃는 것〉, 《安東文化硏究》 1, 안동문화연구회, 1986.

───, 〈탈과 조각품으로 본 하회탈의 예술성과 사회성〉, 《예술과 비평》 9, 1986 봄호, 서울신문사, 1986.

───, 〈하회탈춤에 나타난 민중적 세계관과 대동성〉, 《전통과 예술》 창간호, 한국예총안동지부, 1986.

───, 〈臨河댐 水沒地域 陶淵 祈雨祭의 주술성〉, 《安東文化硏究》 2, 안동문화연구회, 1987.

───, 〈說話〉, 《慶北北部地域의 傳統文化》, 경상북도·안동문화연구소, 1988.

───, 〈여성 민요에 나타난 시집살이와 여성생활의 향방〉, 《韓國民俗學》 21, 민속학회, 1988.

───, 〈성주의 본향 제비원의 노래와 이야기〉, 《안동문화의 이해》 1, 안동문화연구회, 1988.

───, 〈松川洞의 口碑文學〉, 《安東文化硏究》 9, 안동문화연구소, 1988.

───, 〈기우제의 제의적 성격과 주술의 원리〉, 《斗山金宅圭博士華甲紀念 文化人類學論叢》, 斗山金宅圭博士華甲紀念論文集刊行委員會, 1989.

───, 〈단오에서 추석으로──안동지역 세시풍속의 지속과 변화〉, 《한국문화인류학》 21, 한국문화인류학회, 1989.

───, 〈안동의 길쌈 전통과 두레 공동체〉, 《民俗學硏究》 1, 안동대 민속학회, 1989.

───, 〈안동지역의 이야기꾼과 이야기〉, 《安東文化硏究》 3, 안동문학연구회, 1989.

張淑鎭, 〈安東地方의 윷놀이〉, 《安東文化硏究》 1, 안동문화연구회, 1986.

張哲秀, 〈冠婚喪祭〉, 《慶北北部地域의 傳統文化》, 경상북도·안동문화연구소, 1988.

───, 〈禮俗篇〉, 《慶北禮樂誌》 1, 안동문화연구회, 1989.

───, 〈慶北地域 禮書의 著迹과 意義〉, 제21차 한국문화인류학회 전국대회(1989. 11. 17~18.) 발표.

鄭昞浩 외, 〈安東地方의 노래춤〉, 《노래춤》, 문화재관리국, 1988.

黃蓮花, 〈河回假面劇의 原始的 意味〉, 《語文論集》 21, 고려대 국어국문학연구회, 1980.

3. 석·박사학위논문

權光熙, 〈河回別神굿탈놀이의 服飾〉, 이화여대 석사학위논문, 1986.

金基奉, 〈親族用語體系에 관한 成分分析的 硏究── 문헌사료와 安東地方의 5개 村落을 中心으로〉, 영남대 석사학위논문, 1983.

金義晶, 〈慶北 安東 大麻織布에 관한 硏究── 安東市를 中心으로〉, 이화여대 석사학위논문, 1981.

柳承茂, 〈韓國民族集團의 解體過程硏究〉, 한국정신문화연구원 석사학위논문, 1981.

朴鍾煥, 〈同族部落의 形成過程 및 文化景觀의 特色〉, 공주사대 석사학위논문, 1986.

배주옥, 〈河回別神굿 탈놀이 춤사위 구성에 관한 연구〉, 이화여대 석사학위논문, 1985.

宋明洙, 〈河回탈을 利用한 병따개 開發에 관한 硏究〉, 홍익대 석사학위논문, 1984.

李英淑, 〈都市花樹會의 組織과 機能硏究 —— 安東權氏花樹會의 경우를 중심으로〉, 영남대 석사학위논문, 1984.

이영조, 〈안몽눗다리밟기와 해남강강술래의 춤비교연구〉, 이화여대 석사학위논문, 1984.

조영연, 〈길쌈용어 의미의 분석적 연구〉, 공주사대 석사학위논문, 1985.

趙龍基, 〈河回別神굿탈놀이硏究〉, 서울대 석사학위논문, 1980.

千鎭基, 〈農村의 '마을가기' 慣行硏究〉, 영남대 석사학위논문, 1980.

朴鎭泰, 〈河回別神굿탈놀이의 形成과 構造硏究〉, 고려대 박사학위논문, 1988.

崔晟基, 〈朝鮮後期 地方商業硏究 —— 챗거리 어물장을 중심으로〉, 영남대 박사학위논문, 1989.

Kim, Sung-Kyun, "Winding River Village : Poetics of a Korean Landscape," The University of Pennsylvania in Partial Fulfillment of the Requirements for the Degree of Doctor of Philosophy, 1988.

Kim, Yongwhan, "A Study of Korean Lineage Organization From a Regional Perspective : A Comparison with the Chinese System," The State University of New Jergy in Partial Fulfillment of the Requirements for the Degree of Doctor of Philosophy, 1989.